MAGDALENA BECKER

Mittelbare Eingriffe in das Recht am Gewerbebetrieb

Schriften zum Bürgerlichen Recht

Band 476

Mittelbare Eingriffe in das Recht am Gewerbebetrieb

Das Konzept der Verkehrspflichten im Anwendungsbereich des Rechts am Gewerbebetrieb

Von

Magdalena Becker

Duncker & Humblot · Berlin

Die Juristische Fakultät der Julius-Maximilians-Universität Würzburg
hat diese Arbeit im Sommersemester 2017 als Dissertation angenommen.

Bibliografische Information der Deutschen Nationalbibliothek

Die Deutsche Nationalbibliothek verzeichnet diese Publikation in
der Deutschen Nationalbibliografie; detaillierte bibliografische Daten
sind im Internet über http://dnb.d-nb.de abrufbar.

Alle Rechte vorbehalten
© 2018 Duncker & Humblot GmbH, Berlin
Satz: L101 Mediengestaltung, Fürstenwalde
Druck: buchbücher.de gmbh, Birkach
Printed in Germany

ISSN 0720-7387
ISBN 978-3-428-15347-3 (Print)
ISBN 978-3-428-55347-1 (E-Book)
ISBN 978-3-428-85347-2 (Print & E-Book)

Gedruckt auf alterungsbeständigem (säurefreiem) Papier
entsprechend ISO 9706 ♾

Internet: http://www.duncker-humblot.de

Für meine Tochter

Vorwort

Die vorliegende Arbeit wurde im Sommersemester 2017 von der Juristischen Fakultät der Julius-Maximilians-Universität Würzburg als Dissertation angenommen. Sie entstand im Zeitraum von Oktober 2014 bis Januar 2017, einzelne Änderungen konnten noch bis März 2017 berücksichtigt werden.

Herzlich bedanken möchte ich mich bei meinem Doktorvater Herrn Professor Dr. Jan Dirk Harke, an dessen Lehrstuhl ich schon als Studentin viele Jahre in einer überaus freundlichen Atmosphäre und später als Doktorandin in großer wissenschaftlicher Freiheit arbeiten durfte. Ebenso danke ich Frau Professor Dr. Eva-Maria Kieninger für die ausgesprochen schnelle Erstellung des Zweitgutachtens.

Von ganzem Herzen danke ich auch meinen Eltern, die mich in meiner Ausbildung wie im Privaten stets liebevoll begleitet und unterstützt haben. Zuletzt bin ich ganz besonders meinem Mann zu Dank verpflichtet, mit dem ich zahllose inspirierende Gespräche führen konnte und ohne den diese Arbeit nicht entstanden wäre.

Würzburg, im Oktober 2017   *Magdalena Becker*

Inhaltsverzeichnis

A. Einleitung und Problemstellung 17
   I. Problemstellung 17
   II. Beispiele und aktuelle Erscheinungsformen 17
   III. Bisherige Rechtsprechung und Literatur zur Vereinbarkeit von Verkehrspflichten und dem Recht am Gewerbebetrieb 21
      1. Rechtsprechung 21
         a) Vereinbarkeit 21
         b) Nichtvereinbarkeit 23
      2. Literatur 24
         a) Vereinbarkeit 25
         b) Nichtvereinbarkeit 26
      3. Fazit 27
   IV. Vorgehensweise 28

B. Die Funktion der Verkehrspflichten und die Lehre vom Verhaltensunrecht 29
   I. Grundprinzip und Zweck der Verkehrspflichten 29
   II. Grundsatz der Verantwortlichkeit für Gefahrenquellen im eigenen Herrschaftsbereich 30
   III. Interessenabwägung zur Bestimmung von Verkehrspflichten 32
   IV. Der Geltungsbereich der Verkehrspflichten 33
      1. Klassische Vorstellung 34
      2. Hintergründe 35
      3. Konsequenzen 37
         a) Unmittelbare Handlung und Verkehrspflichtverstoß 37
         b) Vorsätzliche Handlung und Verkehrspflichtverstoß 38
         c) Ergebnis 39
      4. Weitere Geltungsbereiche 39
         a) Wettbewerbsrecht 39
         b) Immaterialgüterrecht 40
            aa) Rechtsprechung 40
            bb) Schrifttum 41
            cc) Fazit 43
   V. Die systematische Stellung der Verkehrspflichten 43
      1. Zuordnung der Verkehrspflichten zu einem Deliktstatbestand 43
         a) Zuordnung zu § 823 II BGB 43
         b) Zuordnung zu § 823 I BGB 44

		c) Erfassung als gewohnheitsrechtlich anerkannte Schutzgesetze in § 823 II BGB	47
		d) Ergebnis	47
	2.	Stellung innerhalb von § 823 I BGB	48
		a) Kein Rechtfertigungsgrund	48
		b) Positive Bestimmung der Rechtswidrigkeit	48
		c) Konkretisierung der verkehrserforderlichen Sorgfalt	49
		d) Tatbestandsmerkmal	49
VI.	Ergebnis		51

C. Mittelbare und fahrlässige Handlungen als Eingriffe in das Recht am Gewerbebetrieb 52
    I. Zweck des Kriteriums des betriebsbezogenen Eingriffs 52
    II. Mittelbar kausale Handlungen als betriebsbezogene Eingriffe 54
        1. Rechtsprechung 54
            a) Reichsgericht: unmittelbarer Eingriff als bestandsverletzender Eingriff 54
            b) Bundesgerichtshof: unmittelbarer Eingriff als betriebsbezogener Eingriff 55
        2. Literatur 58
        3. Stellungnahme 58
    III. Fahrlässiges Handeln als Eingriff in das Recht am Gewerbebetrieb ... 59
        1. Rechtsprechung 59
        2. Literatur 61
        3. Stellungnahme 62
    IV. Ausschluss durch Störerhaftung? 64
    V. Ergebnis und Schlussfolgerungen 65

D. Die These von der Unvereinbarkeit von Recht am Gewerbebetrieb und Verkehrspflichten 66
    I. Der Vergleich zwischen der Figur der Verkehrspflichten und dem Recht am Gewerbebetrieb 66
        1. Die Interessenabwägung beim Recht am Gewerbebetrieb 66
            a) Zweck 66
            b) Systematische Stellung 67
                aa) Rechtsprechung 67
                bb) Literatur 70
                      (1) Materielle Bestimmung der Rechtswidrigkeit im offenen Tatbestand 70
                      (2) Stellung als Tatbestandsmerkmal 71
                cc) Stellungnahme 72
            c) Ergebnis 73
        2. Formaler Vergleich der Interessenabwägung mit dem Konzept der Verkehrspflichten 73
        3. Zwischenergebnis 74

Inhaltsverzeichnis

II. Die materiellen Beziehungen zwischen Interessenabwägung, Betriebsbezogenheit und Verkehrspflichtverletzung 74
   1. Betriebsbezogener Eingriff als Variable für andere rechtliche Wertungen... 74
      a) Betriebsbezogenheit als Schutzzweckkriterium zum Ausschluss des allgemeinen Lebensrisikos und reiner Vermögensschäden ... 75
         aa) Formulierungen aus Rechtsprechung und Literatur 75
         bb) Deutung 76
            (1) Keine Aussagekraft des Vermögensbegriffs........... 76
            (2) Keine Aussagekraft der Schutzbereichslehre.......... 77
            (3) Betriebsbezogenheit als Synonym für die Realisierung des allgemeinen Lebensrisikos..................... 78
      b) Betriebsbezogenheit zur Ausklammerung mittelbarer Schäden .. 79
         aa) Formulierungen aus Rechtsprechung und Literatur 79
         bb) Deutung... 80
      c) Betriebsbezogenheit zur Abgrenzung innerhalb der Rechtsgüter des § 823 I BGB 82
         aa) Formulierungen aus Rechtsprechung und Literatur 82
         bb) Deutung... 83
            (1) Hintergrund des Subsidiaritätsgrundsatzes............ 83
            (2) Betriebsbezogener Eingriff und Subsidiaritätsgrundsatz als Versuche der Negativabgrenzung des Rechts am Gewerbebetrieb von reinen Vermögensschäden 84
            (3) Insbesondere Abgrenzung zu Eigentum und Besitz 85
                (a) Rechtsprechung 85
                (b) Literatur 86
                (c) Historische Betrachtung...................... 87
            (4) Stellungnahme 89
      d) Betriebsbezogenheit zur Bestimmung von Verhaltensnormen im wirtschaftlichen Verkehr.................................. 91
         aa) Formulierungen aus Rechtsprechung und Literatur 91
         bb) Deutung... 92
            (1) Keine Erkenntnisse durch Rechtsprechungsanalyse 92
            (2) Nur scheinbarer Rückbezug auf Verhaltensnormen des UWG 93
                (a) Recht am Gewerbebetrieb als Ersatz für eine wettbewerbsrechtliche Generalklausel 93
                (b) Vorrang des UWG 94
                (c) Konsequenz 95
            (3) Freie Entwicklung von Verhaltensnormen 96
            (4) Verkehrspflichten nur zum Schutz Gewerbebetreibender 96
            (5) Vorsätzliches Verhalten als Verkehrspflichtverletzung .. 98
            (6) Fazit 99
      e) Ergebnis 100

Inhaltsverzeichnis

2. Interessenabwägung und betriebsbezogener Eingriff 102
   a) Das Verhältnis von betriebsbezogenem Eingriff und Interessenabwägung 102
      aa) Rechtsprechung 102
      bb) Literatur 103
      cc) Stellungnahme 103
   b) Interessenabwägung und grundrechtsrelevante Anwendungsfälle 104
   c) Ergebnis 106
3. Betriebsbezogenheit und Interessenabwägung als Verkehrspflichtverletzung 107
   a) Theoretische Zusammenfassbarkeit von Betriebsbezogenheit und Interessenabwägung zur Verkehrspflichtverletzung 107
   b) Autonome Wurzeln beider Rechtsinstitute 108
   c) Unklare weitere Entwicklung 108
III. Anwendung auf die Fälle aus der Einleitung...................... 109
   1. Zweistufige Prüfung des Rechts am Gewerbebetrieb 109
      a) Rechtsgutsverletzung und Organisationspflicht 109
      b) Konsequenz 110
   2. Einstufige Prüfung des Rechts am Gewerbebetrieb 111
      a) Sonstige Verhaltenspflichten 111
      b) Konsequenz 112
   3. Fazit 112

E. **Dogmatisierungsansätze für das Recht am Gewerbebetrieb** 114
   I. Zweistufige Ansätze 114
      1. Das sonstige Recht 114
         a) Anknüpfung an § 903 S. 1 BGB 115
         b) Ausschlussgehalt als entscheidendes Merkmal 116
         c) Weitere Begründungsansätze 118
            aa) Sozialtypische Offenkundigkeit 118
            bb) Teleologische Deutung 119
         d) Stellungnahme 119
      2. Ansatz 1: Das Recht am Gewerbebetrieb als „sonstiges Recht" 120
         a) Rechtsprechung 120
            aa) Formulierungen aus der Rechtsprechung 120
            bb) Erläuterungen und Stellungnahme 122
         b) Literatur 123
            aa) Ablehnung eines absoluten Rechts 123
            bb) Befürworter 126
            cc) Stellungnahme 128
               (1) Einerseits: Keine Aussagekraft des Merkmals der Rechtswidrigkeitsindikation 129
               (2) Andererseits: Keine brauchbaren Eingrenzungsmöglichkeiten 130

> (a) Nur vage Schutzbereichsformulierungen 130
> (b) Konkurrenz eines verdinglichten Rechts am
>   Gewerbebetrieb zum Eigentumsschutz 131
> (c) Konkurrenz des Schutzes des geschäftlichen
>   Ansehens zum allgemeinen Persönlichkeitsrecht ... 131
> (3) Fazit 132
> dd) Ergebnis 132
> 3. Ansatz 2: Das Recht am Gewerbebetrieb als Gewohnheitsrecht 132
> a) Darstellung 132
> b) Kritik 133
> c) Fazit 134
> 4. Ansatz 3: Analoge Anwendung von § 823 I BGB 134
> a) Darstellung 134
> b) Kritik 135
> c) Fazit 136
> 5. Ergebnis 136
> II. Einstufige Ansätze 137
> 1. Ansatz 4: Das Recht am Gewerbebetrieb als Generalklausel 137
> a) Darstellung 137
> b) Kritik 139
> aa) Gegen die Rechtsfortbildung innerhalb von § 823 I BGB .. 139
> bb) Gegen eine Rechtsfortbildung außerhalb von § 823 I BGB 141
> (1) Das Recht am Gewerbebetrieb als Verkehrspflicht zum
>   Schutz fremden Vermögens 141
> (2) Sperrwirkung des § 826 BGB 142
> (3) Sperrwirkung des UWG 143
> c) Fazit 145
> 2. Ansatz 5: Das Recht am Gewerbebetrieb über § 823 II BGB
>   erfassen 145
> a) Darstellung 145
> b) Kritik 146
> c) Fazit 148
> 3. Ergebnis 148
> III. Zusammenfassung 148
> IV. Zwischenergebnis 149
> **F. Praktisches Bedürfnis nach speziellem Unternehmensschutz** 150
> I. Das Überflüssigkeitsargument 150
> 1. Vorrang des Vertragsrechts sowie der §§ 823 I, 823 II, 824 BGB ... 151
> 2. Vorrang des Wettbewerbsrechts und des § 826 BGB 152
> II. Überprüfung des Überflüssigkeitsargumentes 154
> 1. Alternative Lösung der Einleitungsfälle 154
> 2. Haftung der Medien und Presse für die Verbreitung von
>   Ehrverletzungen 155

14 Inhaltsverzeichnis

    3. Angriffe auf informationstechnologische Systeme von Unternehmen   157
       a) Spam-E-Mails 158
       b) Computerviren 160
       c) Überlastungsangriffe 161
  III. Fazit 162

G. Lösungsvorschläge für die Fallgruppe der geschäftsschädigenden Äußerungen 163
  I. Heranziehung des allgemeinen Persönlichkeitsrechts juristischer Personen 163
    1. Das allgemeine Persönlichkeitsrecht natürlicher Personen 163
       a) Schutzbereich 163
       b) Die Legitimation des allgemeinen Persönlichkeitsrechts 165
       c) Die Anwendbarkeit des Konzepts der Verkehrspflichtverletzung   166
    2. Das allgemeine Persönlichkeitsrecht juristischer Personen und Verbände 167
       a) Rechtsprechung 167
       b) Literatur 168
       c) Stellungnahme 169
          aa) Kein Menschenwürdebezug 169
          bb) Keine sonstige verfassungsrechtliche Grundlage für generalklauselartigen Schutz 170
          cc) Negativer Schutzbereich des Rechtsguts Freiheit in § 823 I BGB 171
          dd) Keine Ableitung über das Persönlichkeitsrecht der mittelbar betroffenen natürlichen Personen 172
          ee) Fazit 172
    3. Das Recht auf freie wirtschaftliche und berufliche Entfaltung 172
       a) Darstellung 173
       b) Kritik 175
       c) Stellungnahme 176
    4. Ergebnis 177
  II. Geschäftsschädigende Äußerungen als Ehrverletzungen im Sinne von § 823 I BGB 178
    1. Faktische Anerkennung der Ehre als Rechtsgut in § 823 I BGB ... 178
    2. Ehre als absolutes Recht 182
       a) Der grundsätzliche Schutzbereich der Ehre 182
       b) Kein Entgegenstehen von Grundrechten, insb. Art. 5 I GG 183
       c) Kein Entgegenstehen der Wettbewerbsordnung 184
       d) Irrelevanz der Einordnung als Persönlichkeits- oder Vermögensrecht 185
       e) Ergebnis 186
    3. Rechtsfortbildung gegen den Willen des Gesetzgebers 186
       a) Art. 1 I GG zur Rechtfertigung allein nicht ausreichend 186

b) Hinzuziehung von Art. 12 I GG 187
c) Zweigleisigkeit des Rechtsgut Ehre 188
   aa) Ehrenschutz natürlicher Personen 188
   bb) Ehrenschutz juristischer Personen
       und Personengesellschaften 189
4. Gleichbehandlung von Privatpersonen und Unternehmern 190
III. Ergebnis 191

H. Lösungsvorschläge für die Fallgruppe der Angriffe auf informationstechnologische Systeme von Unternehmen 193
I. Bestehen einer Verkehrspflicht zur Sicherung eigener IT-Systeme 193
   1. Verkehrspflichten von Unternehmen 193
   2. Verkehrspflichten von Privatpersonen 195
   3. Ergebnis 196
II. Eigentumsverletzung durch Substanzbeeinträchtigung an Daten 197
   1. Substanzverletzung im engen Sinne: Zerstörung oder Beschädigung 197
      a) Definition 197
      b) Substanzbeschädigung unmittelbar an betroffener Hardware 197
      c) Mittelbare Substanzbeschädigung durch Ausfall von Regelungssystemen und anderen Systemen 198
   2. Substanzverletzung im weiteren Sinne: Einwirkung auf die Substanz einer Sache 199
      a) Definition 199
      b) Substanzverletzung durch Datenveränderung oder -löschung ... 201
      c) Anwendung dieser Grundsätze 202
         aa) Unwissentliche Weiterverbreitung von Computerviren 202
         bb) Automatisierter Spamversand 203
            (1) E-Mail-Server auf im Eigentum des Empfängers stehendem Rechner 203
            (2) E-Mail-Server auf nicht im Eigentum des Empfängers stehendem Rechner 204
               (a) Besitz am Rechner 205
               (b) Kein Besitz am Rechner 206
               (c) Umsetzung der Datenschutzrichtlinie 2002/58/EG 207
            (3) Ergebnis 209
         cc) Überlastungsangriffe 210
   3. Fazit 211
III. Eigentumsverletzung durch Nutzungsbeeinträchtigung 211
   1. Eigentumsverletzung durch Nutzungsbeeinträchtigung 211
      a) Die bisherige Diskussion 211
      b) Stellungnahme 216
      c) Ergebnis 221
   2. Nutzungsbeeinträchtigung durch DDoS 221
      a) Quasi-Sachentzug durch Überlastungsangriff 222

           b) Exkurs: Vergleich einer DDoS-Attacke mit einer Flashmob-
              Aktion 223
           c) Besitznutzungsbeeinträchtigungen und das Recht am eigenen
              Datenbestand 225
           d) Ergebnis 226
        3. Nutzungsbeeinträchtigungen durch Verkehrspflichtverletzungen 227
           a) Die Problematik der „Stromkabelfälle" 227
           b) Kein verhaltensorientiertes Verständnis des Kriteriums der
              tatsächlichen oder rechtlichen Einwirkung 228
        4. Zwischenergebnis 229
        5. Exkurs: Lösung der „Stromkabelfälle" 230
     IV. Ergebnis 232
  I. **Ergebnisse** 233
  J. **Zusammenfassung** 235

Literaturverzeichnis 238

Sachregister 262

A. Einleitung und Problemstellung

I. Problemstellung

Das Recht am Gewerbebetrieb steht im Verdacht, einen gesetzlich nicht allgemein vorgesehenen Haftungstatbestand für fahrlässig verursachte reine Vermögensschäden zu bilden. Um dem entgegenzutreten, wird in der Rechtsprechung auf zwei eingrenzende Korrektive zurückgegriffen: Erstens hat der Eingriff des Schädigers *betriebsbezogen* bzw. *unmittelbar* zu sein; zweitens wird eine umfassenden Güter- und Interessenabwägung im Einzelfall vorgenommen.

Schon in begrifflichen Konflikt zu dem Erfordernis des *unmittelbaren* Eingriffs steht die ebenfalls von der Rechtsprechung herausgearbeitete Figur der Verkehrspflichten. Mit ihnen sollen im Rahmen des § 823 I BGB, insbesondere bei Fahrlässigkeitsdelikten, *mittelbare* Verursachungsbeiträge einer Person einem Schaden zugerechnet werden. Daher stellt sich die Frage, ob schon rein formal ein *unmittelbarer* Eingriff in den Gewerbebetrieb *mittelbar* und fahrlässig durch Verkehrspflichtverletzung begangen werden kann und in welchem materiellen Verhältnis die Interessenabwägung bei der Prüfung eines Eingriffs in das Recht am Gewerbebetrieb zu der Bestimmung von Inhalt und Umfang der Verkehrspflichten im Einzelfall steht.

II. Beispiele und aktuelle Erscheinungsformen

Relevant wird das Verhältnis zwischen dem Recht am Gewerbebetrieb und der Haftung wegen eines Verkehrspflichtverstoßes vor allem dann, wenn konstruktiv Fälle mittelbarer Täterschaft[1] vorliegen und eine etwaige Haftung der „Vordermänner" beziehungsweise „Werkzeuge" im Raum steht: Ihnen kann in entsprechenden Fallgestaltungen nur der Vorwurf gemacht werden, dass sie sich im Vorfeld der eigentlichen Schädigung fahrlässig und verkehrspflichtwidrig zum „Werkzeug" des Hintermanns haben machen lassen und dadurch von diesem zu einem *unmittelbar betriebsbezogenen* Eingriff in das Recht am Gewerbebetrieb benutzt werden konnten. Ihre mögliche

---

[1] Zur mittelbaren Täterschaft im Zivilrecht *Eberl-Borges*, in: Staudinger, § 830 BGB, Rdnr. 46; *Spindler*, in: Bamberger/Roth, § 830 BGB, Rdnr. 10.

Verantwortlichkeit für die Verletzungshandlung kann daher nur auf einem vorwerfbaren *mittelbaren* Tun oder Unterlassen beruhen.

Typisch hierfür ist zum einen die Verbreitung von geschäftsschädigenden Äußerungen oder Boykott- oder Streikaufrufen in Presse, Rundfunk, Fernsehen oder in Internetmeinungsforen, für die die administrativ Verantwortlichen wegen einer möglichen Verletzung ihrer Aufsichts- und Organisationspflichten[2] haftbar gemacht werden sollen[3].

Zum anderen kann es durch den Missbrauch von Informationstechnologie (IT) zu mittelbaren Eingriffen in den geschützten Bereich von Unternehmen kommen. Ein bekannt gewordener Fall ist das Einschleusen virenverseuchter[4] USB-Sticks. Hierbei wurden diese von den vorsätzlich handelnden Schädigern scheinbar „zufällig" auf Firmenparkplätzen verloren, um sodann von arglosen Mitarbeitern an firmeneigene Computer angeschlossen zu werden und dort Schäden, z. B. durch das Auspähen von Daten, anzurichten[5].

Häufiger noch wird ganz ohne Kenntnis der Betroffenen zur Schädigung anderer Internetnutzer missbräuchlich auf Rechner und Netzwerke zugegriffen. Der Urheber eines virtuellen Angriffes verschleiert seine Identität, indem er heimlich diese fremden Computersysteme vorschaltet[6]. Gehackte E-Mail-Accounts werden so etwa für den Versand von Spam-E-Mails genutzt[7]. Ein besonders anschauliches Beispiel für unbemerkten Zugriff auf fremde Sys-

---

[2] Zu Organisationspflichten als Verkehrspflichten siehe beispielsweise *Kleindiek*: Deliktshaftung und juristische Person, S. 284 ff.; *Larenz/Canaris*: Schuldrecht II/2, § 76 III 3 a, S. 408; § 76 III 5 c, S. 420; *Schiemann*, in: Erman, § 823 BGB, Rdnr. 83 f.; *Spindler*: Unternehmensorganisationspflichten, S. 760 m. w. N.; *Wagner*, in: Münch-Komm-BGB, § 823 BGB, Rdnr. 76 ff.

[3] Vgl. BGHZ 24, 200, 210 ff.; BGH NJW 1963, 484, 485; OLG Hamburg, MMR 2006, 744, 745; OLG Stuttgart NJW-RR 2014, 680, 681, 683.

[4] Zur Definition von Viren als nichtselbstständige Schadprogramme sowie weiterer Schadprogramme vgl. *Spindler*: Verantwortlichkeiten, Rdnr. 58 ff.; *Werner*: Verkehrspflichten privater IT-Nutzer, S. 59 ff.

[5] Vgl. *heise.de*, USB-Spionageköder: Niederländische Firma beißt nicht an, http://www.heise.de/newsticker/meldung/USB-Spionagekoeder-Niederlaendische-Firma-beisst-nicht-an-1641190.html, zuletzt geprüft am 20.03.2017. Zu einer ähnlichen Konstellation schon LG Köln NJW 1999, 3206. Dazu *Libertus*, MMR 2005, 507 (509). Auch der berühmte Computervirus Stuxnet soll sich so anfänglich verbreitet haben, vgl. *Martin-Jung*, Stuxnet legt Irans Rechner lahm, Süddeutsche Zeitung 27. September 2010, abrufbar unter http://www.sueddeutsche.de/digital/virenattacke-stuxnet-legt-irans-rechner-lahm-1.1004774; zuletzt geprüft am 20.03.2017; dazu auch unten H.II.1.c).

[6] *Roos/Schumacher*, MMR 2014, 377 (378).

[7] Vgl. die Pressemitteilung des BSI v. 7.4.2014, Neuer Fall von großflächigem Identitätsdiebstahl: BSI informiert Betroffene, abrufbar unter: https://www.bsi.bund.de/DE/Presse/Pressemitteilungen/Presse2014/Neuer_Fall_von_Identitaetsdiebstahl_07042014.html, zuletzt geprüft am 20.03.2017. Dazu *Hoeren*, NJW 2004, 3513 (3513 f.);

II. Beispiele und aktuelle Erscheinungsformen

teme sind auch die sogenannten „Bot-Netze"[8], deren Bezeichnung sich von dem englischen Wort „robot" ableitet[9]. Dabei handelt es sich um ein Netzwerk aus einer großen Anzahl von Computern oder anderen internetfähigen Geräten[10] – beispielhaft dafür ist der internetfähige Kühlschrank geworden, der Spam-E-Mails versendet[11] –, die über die Welt verstreut sind und unter der Kontrolle des Angreifers stehen, indem sie von diesem über eine laufende Internetverbindung ferngesteuert werden können[12]. Voraussetzung dafür ist, dass zuvor unter Ausnutzung einer Sicherheitslücke eine entsprechende Schadsoftware möglichst unbemerkt installiert worden ist[13].

Diese Form von Angriffen wird insbesondere für DDoS-(„Distributed-Denial-of-Service-")Attacken benutzt[14]. Dabei handelt es sich um Überlastungsangriffe, bei denen zeitgleich eine sehr große Anzahl von Anfragen an einen Zielrechner übermittelt und dieser dadurch überlastet wird[15]. Das hat zur Folge, dass die von dem betroffenen Rechner angebotenen Services nicht mehr oder nur mit erheblicher Verzögerung abrufbar sind und die reguläre Kommunikation für einen gewissen Zeitraum nicht mehr möglich ist[16]. Dadurch kann es zu Produktionsausfällen IT-gesteuerter Industrieanlagen[17] und Geschäftsausfällen auf e-commerce-Plattformen kommen[18]. Solche Attacken

---

Roos/Schumacher, MMR 2014, 377 (378). Zu Spam-E-Mails als Eingriff in das Recht am Gewerbebetrieb siehe unten F.II.3.a).

[8] *Spindler:* Verantwortlichkeiten, Rdnr. 81.

[9] Vgl. *Werner:* Verkehrspflichten privater IT-Nutzer, S. 70; für das deutsche „Roboter" auch *Spindler:* Verantwortlichkeiten, Rdnr. 81.

[10] *Roos/Schumacher*, MMR 2014, 377 (378).

[11] Vgl. *golem.de*, Botnetz infiziert Kühlschrank, http://www.golem.de/news/thingbot-botnetz-infiziert-kuehlschrank-1401-103978.html, zuletzt geprüft am 20.03.2017; *heise.de*, Internet of Things: Mein Kühlschrank als Spammer http://www.heise.de/newsticker/meldung/Internet-of-Things-Mein-Kuehlschrank-als-Spammer-2088336.html, zuletzt geprüft am 20.03.2017.

[12] Vgl. *Spindler:* Verantwortlichkeiten, Rdnr. 81; *Werner:* Verkehrspflichten privater IT-Nutzer, S. 70.

[13] *Roos/Schumacher*, MMR 2014, 377 (378); *Spindler:* Verantwortlichkeiten, Rdnr. 81; *Werner:* Verkehrspflichten privater IT-Nutzer, S. 70.

[14] *Roos/Schumacher*, MMR 2014, 377 (378); *Spindler:* Verantwortlichkeiten, Rdnr. 87. Zu DDoS-Attacken vgl. OLG Hamburg MMR 2006, 744, 745; AG Gelnhausen CR 2006, 208.

[15] *Roos/Schumacher*, MMR 2014, 377 (378); *Spindler:* Verantwortlichkeiten, Rdnr. 87; *Werner:* Verkehrspflichten privater IT-Nutzer, S. 71.

[16] *Bär*, MMR 2011, 625 (625 f.); *Gerke*, MMR 2006, 552 (552); *Möhlen*, MMR 2013, 221 (223); *Werner:* Verkehrspflichten privater IT-Nutzer, S. 116; *Wieck-Noodt*, in: MünchKomm-StGB, § 303b StGB, Rdnr. 12.

[17] Vgl. *Spindler:* Verantwortlichkeiten, Rdnr. 1, 113.

[18] *Roos/Schumacher*, MMR 2014, 377 (378); *Werner:* Verkehrspflichten privater IT-Nutzer, S. 72, 116.

haben folglich ein großes wirtschaftliches Schadenspotential[19] und fordern Sicherheitsmaßnahmen heraus[20], die mit hohen Vorhaltekosten[21] verbunden sind.

Die Durchsetzbarkeit von Schadensersatzansprüchen gegen die originären Angreifer ist jedoch kaum möglich, da diese durch das vorgeschaltete Botnetz nahezu nicht mehr identifizierbar sind und die Angriffe zudem häufig aus dem Ausland vorgenommen werden[22]. Es liegt daher nahe, Ansprüche gegen denjenigen zu richten, dessen Systeme unbemerkt infiziert worden sind und darüber am Angriff – wenn auch unwissentlich – mitgewirkt hat[23]. Der Vorwurf an den einzelnen Internetnutzer kann dabei jedoch nur im Unterlassen von Schutzmaßnahmen gegen diesen Missbrauch durch Dritte gesehen werden[24]. Unterstellt man, dass derartige Angriffe Eingriffe in das Recht am Gewerbebetrieb darstellen[25], käme damit bei Vorliegen einer entsprechenden Verkehrspflicht eine Haftung einzelner Internetnutzer in Betracht[26]; ebenso gegebenenfalls eine persönliche Haftung der Mitglieder der Geschäftsleitung gegenüber dem Unternehmen unter dem Gesichtspunkt der IT-Compliance[27].

Ein weiterer Aspekt der Haftung wegen mittelbaren und fahrlässigen Eingriffs in das Recht am Gewerbebetrieb ist schließlich die deliktische Produzentenhaftung gem. § 823 I BGB, die ebenfalls auf dem Konzept der Verkehrspflichtverletzung beruht[28]: Denkbar ist hier eine Haftung nach § 823 I

---

[19] *Spindler:* Verantwortlichkeiten, Rdnr. 89.

[20] Dazu *Spindler:* Verantwortlichkeiten, Rdnr. 382.

[21] Zu Vorhaltekosten als Schaden: BGH NJW 1966, 589, 589 f.; BGH NJW 1976, 286, 286 f.

[22] *Schuster,* DuD 2006, 424 (424); *Werner:* Verkehrspflichten privater IT-Nutzer, S. 17. Vgl. auch *Spindler:* Verantwortlichkeiten, Rdnr. 276.

[23] *Werner:* Verkehrspflichten privater IT-Nutzer, S. 17. Bislang sind jedoch keine Fälle einer Inanspruchnahme bekannt, so auch *Libertus*, MMR 2005, 507 (508); *Spindler:* Verantwortlichkeiten, Rdnr. 330; *Werner:* Verkehrspflichten privater IT-Nutzer, S. 103; zumal auch hier die Rechtsdurchsetzung schwierig ist, vgl. *Spindler:* Verantwortlichkeiten, Rdnr. 327; *Spindler*, MMR 2008, 7 (11). Vgl. aber die Forderung des IT-Verbands" Forums InformatikerInnen für Frieden und gesellschaftliche Verantwortung" nach einer Haftung für fahrlässig implementierte Systeme und nicht beseitigte Sicherheitslücken, *heise.de,* Experten: IT-Sicherheitsgesetz „nicht verfassungsgemäß", http://www.heise.de/security/meldung/Experten-IT-Sicherheitsgesetz-nicht-verfassungsgemaess-2548808.html, zuletzt geprüft am 20.03.2017.

[24] *Mantz*, K&R 2007, 566 (567); *Spindler:* Verantwortlichkeiten, Rdnr. 280; *Spindler*, CR 2016, 297 (310); *Werner:* Verkehrspflichten privater IT-Nutzer, S. 127.

[25] Siehe dazu unten F.II.3.

[26] *Koch*, CR 2009, 485 (486); *Spindler:* Verantwortlichkeiten, Rdnr. 280; *Spindler*, CR 2016, 297 (310 f.); *Werner:* Verkehrspflichten privater IT-Nutzer, S. 127.

[27] *Koch*, CR 2009, 485 (486).

[28] Vgl. *Förster*, in: Bamberger/Roth, § 823 BGB, Rdnr. 663 m.w.N.

BGB von Softwareherstellern wegen des Inverkehrbringens von Software, die die entsprechenden Sicherheitslücken ausweist, oder wegen mangelnder Produktbeobachtung beim Bekanntwerden von Sicherheitslücken in Programmen (sog. „exploits"[29])[30]. Auch unter diesem Aspekt kommen also mittelbare und fahrlässige Verletzungen des Rechts am Gewerbebetrieb in Betracht[31].

III. Bisherige Rechtsprechung und Literatur zur Vereinbarkeit von Verkehrspflichten und dem Recht am Gewerbebetrieb

In Rechtsprechung und Literatur finden sich nur wenige klare Aussagen zum Verhältnis der Haftung wegen Verstoßes gegen eine Verkehrspflicht zu einem Eingriff in das Recht am Gewerbebetrieb.

1. Rechtsprechung

Die einschlägige Rechtsprechung weist – im Gegensatz zu der Lage beim allgemeinen Persönlichkeitsrecht, wo Verkehrspflichten schon vor längerer Zeit Eingang in die Argumentation gefunden haben[32] – ein uneinheitliches Bild auf, wie die folgenden Entscheidungen beispielhaft zeigen.

a) Vereinbarkeit

In einigen Entscheidungen wurde eine Schadensersatzhaftung aus § 823 I BGB wegen Verletzung des Rechts am Gewerbebetrieb durch Verkehrspflichtverletzung angenommen.

---

[29] *Spindler:* Verantwortlichkeiten, Rdnr. 85.
[30] Vgl. dazu *Bartsch*, CR 2000, 721 (721 ff.); *Rockstroh/Kunkel*, MMR 2017, 77 (79 ff.); *Spindler*, NJW 2004, 3145 (3145 f.); *Spindler:* Verantwortlichkeiten, Rdnr. 104 ff., 119, 122; *Spindler*, CR 2005, 741 (741 ff.); *Spindler*, CR 2016, 297 (309 f.); *Taeger:* Außervertragliche Haftung, S. 225 ff.
[31] Vgl. BGH NJW 1992, 41, 42. A.A.: BGH NJW 1983, 812, 813, wo grundsätzlich eine Produzentenhaftung wegen Eingriffs in das Recht am Gewerbebetrieb für möglich gehalten wird, im konkreten Fall aber mangels Betriebsbezogenheit verneint wurde. Kritisch zu BGH NJW 1992, 41 auch *Larenz/Canaris:* Schuldrecht II/2, § 81 III 5 c, S. 559; *Riedl:* Das Recht am eingerichteten und ausgeübten Gewerbebetrieb, S. 188 ff.; *Sack*, VersR 2006, 582 (585); *Sack*, VersR 2006, 1001 (1008); *Sack:* Das Recht am Gewerbebetrieb, S. 223, 297; *Spindler*, NJW 2004, 3145 (3146); *Spindler*, CR 2005, 741 (742).
[32] Vgl. BGHZ 14, 163, 177 f.; BGHZ 24, 200, 211 f.; BGHZ 39, 124, 129 f.; BGHZ 197, 213, 223 f.; BGH NJW 1977, 626, 627; BGH NJW 1978, 2151, 2152; BGH NJW 1980, 994, 995 f.; BGH NJW 1980, 2810, 2811.

Zu diesen zählt der bekannte „Spätheimkehrerfall"[33]. Hierbei ging es um einen gesellschaftlich-moralisch motivierten Aufruf zu einem Geschäftsboykott gegen ein Textilhandelsgeschäft, der in einer Zeitschrift veröffentlicht worden war. Dieser Boykottaufruf wurde für sich genommen als Eingriff in das Recht am Gewerbebetrieb bewertet[34]. Für die dadurch entstandenen Einnahmeausfälle des boykottierten Ladenlokals wurden der für die Veröffentlichung des Artikels verantwortliche Redakteur sowie die herausgebende Verlagsgesellschaft zur Verantwortung gezogen, obwohl sie den Aufruf jeweils nicht eigenhändig verfasst hatten. Dem Redakteur wurde vorgehalten, er habe „fahrlässig gehandelt, denn ihm als Fachkundigen habe bei Anwendung der erforderlichen Sorgfalt nicht verborgen bleiben dürfen, daß [...] damit in sachlich nicht gerechtfertigter Weise der Gewerbebetrieb der Klägerin geschädigt werde"[35], während der Verlagsgesellschaft ein „Mangel in der Organisation [...], für den der Geschäftsherr wegen Vernachlässigung der allgemeinen Aufsicht aus § 823 Abs. 1 BGB haftbar ist"[36] vorgeworfen wurde. Diese Verantwortlichkeit ist nichts anderes als die Haftung wegen Verletzung einer Verkehrspflicht[37].

Dementsprechend wurde einem Mantelhersteller ein Schadensersatzanspruch wegen Eingriffs in den Gewerbebetrieb gegen einen Fernsehsender zugesprochen, nachdem eine Moderatorin in einer Fernsehsendung fahrlässig eine abfällige Bemerkung über einen Pelzmantel des Herstellers gemacht hatte[38]. Die Haftung des Fernsehsenders für diese Äußerung wurde damit begründet, dass Vertreter des Senders schon bei der Vorbesprechung der Sendung und in der Durchlaufprobe „aus Mangel an der verkehrserforderlichen Sorgfalt" versäumt hätten, „die nach Lage der Sache notwendigen Vorkehrungen gegen eine solche ‚Panne' zu treffen"[39]. Auch hier wurde das vorwerfbare Verhalten in der mangelnden Organisation innerhalb des Senders erblickt und so eine Haftung auf Schadensersatz wegen eines Eingriffs in den Gewerbebetrieb auf Grund verkehrspflichtwidrigen Unterlassens hergeleitet.

Interessant ist auch eine Entscheidung des OLG Frankfurt am Main[40]: Sie betrifft die Klage einer Werbeagentur gegen eine Stadtverwaltung. Der Stadt gehörte ein Jugendcafé, in dem regelmäßig kulturelle Veranstaltungen für

---

[33] BGHZ 24, 200, 210 ff.; in NJW 1957, 1315 insoweit nicht abgedruckt. Dazu *Schapiro*: Unterlassungsansprüche, S. 135.
[34] BGHZ 24, 200, 206.
[35] BGHZ 24, 200, 211.
[36] BGHZ 24, 200, 214.
[37] Zu Organisationspflichten als Verkehrspflichten siehe oben A.II.
[38] BGH NJW 1963, 484, 485.
[39] BGH NJW 1963, 484, 485.
[40] OLG Frankfurt a.M., OLGZ 1991, 81, 82 f.

III. Bisherige Rechtsprechung und Literatur

Jugendliche stattfanden, darunter auch Musikgruppenauftritte. Plakate, die auf diese Musikveranstaltungen hinwiesen, tauchten auf Bauzäunen auf, für die die Werbeagentur das ausschließliche Nutzungsrecht hatte. Die Stadtverwaltung sollte wegen Eingriffes in das Recht am Gewerbebetrieb der Werbeagentur auf Unterlassung weiterer Plakatierungen in Anspruch genommen werden. Die Klage blieb jedoch ohne Erfolg, weil die Stadt ausreichende organisatorische Vorkehrungen zur Verhinderung von Wildplakatierung getroffen habe, und damit ihren Verkehrssicherungspflichten nachgekommen sei[41]. Die Entscheidung beruhte damit auf der Vorstellung, dass Verkehrspflichten auch bei Unterlassungsansprüchen wegen Eingriffen in das Recht am Gewerbebetrieb relevant sind.

b) Nichtvereinbarkeit

Einem anderen Teil der einschlägigen Entscheidungen liegt das gegenteilige Verständnis zu Grunde, dass es sich bei einer Haftung wegen Eingriffs in das Recht am Gewerbebetrieb und der Einstandspflicht wegen Verkehrspflichtverletzung um zwei unabhängig voneinander anzuwendende, eigenständige Anspruchsbegründungen innerhalb von § 823 I BGB handelt. Ein Beispiel hierfür ist der bekannte „Stromkabelfall"[42]. Dabei hatte ein in einem Tiefbauunternehmen beschäftigter Baggerführer auf einem Fabrikgrundstück ein unterirdisch verlegtes, dem Elektrizitätswerk gehörendes Starkstromkabel zerstört. Dieses hatte die Fabrik mit Strom versorgt, sodass infolge der Stromunterbrechung der Betrieb in der Fabrik stillstand. In Bezug auf die Haftung des Tiefbauunternehmers für die in Folge des Betriebsstillstandes entstandenen Schäden hatte der Bundesgerichtshof eine Schadensersatzpflicht wegen Verletzung des Rechts am Gewerbebetrieb einerseits und wegen Verkehrspflichtverletzung andererseits geprüft.

Trennt man derart den Tatbestand der Haftung wegen Eingriffs in das Recht am Gewerbebetrieb von dem der Haftung wegen Verkehrspflichtverletzung, resultieren daraus auch Entscheidungen, die trotz einer gewissen Ähnlichkeit im Tatbestand mit der soeben angesprochenen „Jugendcafé-Entscheidung" eine völlig andere Argumentation und Lösung aufweisen.

Ein gutes Beispiel hierfür ist ein neueres Urteil des Kammergerichts[43]. Hier wurde der administrative Ansprechpartner (Admin-C) einer Domain auf Unterlassung in Anspruch genommen, nachdem über diese Domain unerwünschte Werbe-E-Mails verschickt worden waren. Der Versand der Werbe-

---

[41] OLG Frankfurt a. M., OLGZ 1991, 81, 83 f.
[42] BGHZ 29, 65, 75.
[43] KG NJW 2012, 3044, 3045.

E-Mails an sich wurde zwar als Eingriff in das Recht am Gewerbebetrieb behandelt[44]. Das Gericht führte aber weiter aus: „Täterschaft scheidet aus. Dem Antragsgegner wird nicht vorgeworfen, die E-Mails selbst abgeschickt zu haben."[45] Dies impliziert, dass das Recht am Gewerbebetrieb nur eigenhändig und nicht mittelbar durch Verkehrspflichtverstoß verletzt werden könne. Schadensersatzansprüche aus § 823 I BGB gegen den mittelbar Verantwortlichen scheiden so von vornherein aus. Ganz ähnlich ist eine Entscheidung des OLG Hamburg[46] begründet, die einen Unterlassungsanspruch gegen den Betreiber eines Internetforums behandelt: In diesem Internetforum waren Beiträge von Forumsnutzern eingestellt worden, in denen zu einer konkreten DDoS-Attacke aufgerufen worden war[47]. Auch eine Entscheidung des OLG Stuttgart[48] in Bezug auf die negatorische Haftung eines Hotelbewertungsportals für die Bewertungen einzelner Nutzer folgt diesem Muster. In all diesen Fällen wurde stattdessen die Haftung als Störer[49] als spezielle, aus § 1004 BGB analog abgeleitete und daher verschuldensunabhängige Haftungsform für Unterlassungsansprüche[50] auf Grund mittelbarer Rechtsverletzungen in Betracht gezogen.

2. Literatur

Auch das Schrifttum erweist sich in der Frage nach dem Verhältnis der Verkehrspflichten zu dem Recht am Gewerbebetrieb als gespalten.

---

[44] Zu unerwünschten Werbe-E-Mails als Eingriff in das Recht am Gewerbebetrieb siehe unten F.II.3.a).

[45] KG NJW 2012, 3044, 3045. Vgl. auch BGHZ 191, 219, 225 f. in Bezug auf eine Persönlichkeitsrechtsverletzung.

[46] OLG Hamburg MMR 2006, 744, 745. Vgl. auch schon die Vorinstanz LG Hamburg, MMR 2006, 491.

[47] Zu DDoS-Attacken als Eingriff in das Recht am Gewerbebetrieb siehe bereits oben A.II. sowie unten F.II.3.c).

[48] OLG Stuttgart NJW-RR 2014, 680, 681 sowie 683. Unklar hingegen die ähnliche Entscheidung bzgl. eines Ärztebewertungsportals OLG Düsseldorf NJW-RR 2016, 656, 658 und 661.

[49] Dazu zusammenfassend, auch unter Berücksichtigung der unterschiedlichen Verständnisse des Störerbegriffes der verschiedenen Zivilsenate zuletzt BGH GRUR 2015, 1223, 1226; BGH NJW 2016, 56, 59 f.; *Hager*, in: Staudinger, § 823 BGB, C 62e; *Krüger*, ZUM 2016, 335 (337); *Peifer*, NJW 2016, 23 (24 f.) m. w. N.; *v. Pentz*, AfP 2014, 8 (16).

[50] Vgl. BGHZ 191, 19, 35; BGHZ 158, 236, 253; BGH GRUR 2002, 618, 619; BGH, GRUR 2015, 264, 266; BGH GRUR 2015, 672, 679; BGH GRUR 2015, 1223, 1226; OLG Stuttgart NJW-RR 2014, 680, 681 sowie 683; OLG München GRUR 2016, 612, 616.

III. Bisherige Rechtsprechung und Literatur

a) Vereinbarkeit

Nach einer Ansicht kommt die Haftung wegen Verletzung einer Verkehrspflicht bei allen Rechten und Rechtsgütern des § 823 I BGB zum Tragen[51]. Sie gilt also nicht nur für die kodifizierten Rechte und Rechtsgüter, sondern grundsätzlich auch für das allgemeine Persönlichkeitsrecht[52] und das Recht am Gewerbebetrieb[53]. Zur Begründung wird angeführt, dass Verkehrspflichten der Gefahrvermeidung dienten und es bei allen Deliktstatbeständen gleichermaßen um Gefahrvermeidung gehe[54].

Als Beispiel für einen Eingriff in das Recht am Gewerbebetrieb durch Verkehrspflichtverletzung wandelt *Schapiro* den oben erwähnten Fall des OLG Hamburg ab[55]. Er befürwortet unter dem Gesichtspunkt der Verletzung einer Verkehrspflicht zum Schutz des Rechts am Gewerbebetrieb die Verantwortlichkeit eines Online-Portalbetreibers für Unternehmensboykottaufrufe, die von Nutzern verfasst werden[56]. Ähnlich deutet *Koch*[57] das fahrlässige Weiterverbreiten von Computerviren an ein Unternehmen als Verletzung des Rechts am Gewerbebetrieb durch Verkehrspflichtverletzung.

---

[51] Vgl. *Kötz/Wagner:* Deliktsrecht, Rdnr. 132; *Larenz/Canaris:* Schuldrecht II/2, § 76 III 2 c, S. 406; *Libertus*, MMR 2005, 507 (508); *Schapiro:* Unterlassungsansprüche, S. 135 f.

[52] Vgl. *Hager*, AcP 196 (1996), 168 (194 f.); *Hager*, in: Staudinger/Hager, § 823 BGB, Rdnr. C 119, E 6; *Koch*, NJW 2004, 801 (803); *Larenz/Canaris:* Schuldrecht II/2, § 76 III 2 c, S. 406; § 80 II 6 b, S. 514; § 80 IV 2, S. 521; *Schapiro:* Unterlassungsansprüche, S. 135 f.; *Stoll:* Richterliche Fortbildung, S. 39; *Weller*, NJW 2007, 960 (963); *Werner:* Verkehrspflichten privater IT-Nutzer, S. 118.

[53] Vgl. *Hager*, in: Staudinger, § 823 BGB, E 6; *Koch*, NJW 2004, 801 (803); *Schapiro:* Unterlassungsansprüche, S. 141; *Stoll:* Richterliche Fortbildung, S. 41; *Voss:* Die Verkehrspflichten, S. 78 f.; *Werner:* Verkehrspflichten privater IT-Nutzer, S. 118 ff. Vgl. auch *Schiemann*, in: Erman, § 823 BGB, Rdnr. 51 ff.; 66 f., der die Verkehrspflichtverletzung regelmäßig auf zweiter Stufe nach der Herausarbeitung des geschützten Rechtsguts als Teil des Eingriff in das Recht am Gewerbebetrieb anerkennt. A.A. (ausdrücklich zwischen allgemeinem Persönlichkeitsrecht und Recht am Gewerbebetrieb differenzierend): *Larenz/Canaris:* Schuldrecht II/2, § 80 II 7 b, S. 516.

[54] Vgl. *Larenz/Canaris:* Schuldrecht II/2, § 76 III 2 c, S. 406; *Werner:* Verkehrspflichten privater IT-Nutzer, S. 118.

[55] Angelehnt an OLG Hamburg, MMR 2006, 744; LG Hamburg, MMR 2006, 491. Dort ging es allerdings sogar um eine DDoS-Attacke. Auf diese Problematik wurde im Urteil jedoch nicht weiter eingegangen.

[56] *Schapiro:* Unterlassungsansprüche, S. 141.

[57] *Koch*, NJW 2004, 801 (803).

b) Nichtvereinbarkeit

Die von der Gegenansicht vertretene Nichtvereinbarkeit der Haftung auf Grund einer Verkehrspflichtverletzung und wegen eines Eingriffs in das Recht am Gewerbebetrieb stützt sich vor allem auf zwei Punkte:

Erstens wird auch in Teilen der Literatur die Haftung wegen Verkehrspflichtverletzung, wegen Verletzung des allgemeinen Persönlichkeitsrechts und wegen Eingriffs in das Recht am Gewerbebetrieb als jeweils eigenständige Anspruchsgrundlage behandelt. Beruhend auf der Lehre vom Verhaltensunrecht[58] werden die Verkehrspflichten, das Recht am Gewerbebetrieb sowie das allgemeine Persönlichkeitsrecht als drei nebeneinander stehende Generalklauseln[59] oder als drei Rahmentatbestände[60] verstanden, mit denen rechtsfortbildend Lücken des gesetzlichen Deliktssystems in § 823 I BGB geschlossen worden seien[61]. Diese drei Tatbestände seien über die jeweils erforderliche Bildung freier Verhaltensnormen eng miteinander verwandt[62], da sie jeweils schwerpunktmäßig gegen fahrlässige Taten[63] Schutz in generalklauselartiger Weite böten und jeweils die gleichen Erwägungen – vor allem über eine umfassende Güter- und Interessenabwägung im Einzelfall – anzustellen seien[64]. In Folge dessen seien Verkehrspflichten zum Schutz des Rechts am Gewerbebetrieb „ein Widerspruch in sich"[65], sogar „ein methodisches Unding"[66], das „lediglich das Nichtssagende zweier aneinandergekoppelter partieller Generalklauseln"[67] verdunkele. Die Verkehrspflichten schützten daher nur die in § 823 I BGB aufgeführten absolut geschützten

---

58 Dazu unten B.IV.1.
59 Vgl. *Arnold:* Das Recht am Unternehmen, S. 103; *Brüggemeier,* AcP 182 (1982), 385 (419); *v. Caemmerer,* in: Hundert Jahre deutsches Rechtsleben II, S. 113; *Möschel,* JuS 1977, 1 (1). Vgl. auch *v. Bar:* Verkehrspflichten, S. 81, 157; *Weitnauer,* VersR 1963, 101 (103).
60 Vgl. *Deutsch:* Allgemeines Haftungsrecht, Rdnr. 68. Vgl. auch *Fikentscher/ Heinemann:* Schuldrecht, Rdnr. 1412. Der Begriff „Rahmenrecht" stammt ursprünglich von *Fikentscher,* so *Fikentscher/Heinemann:* Schuldrecht, Rdnr. 1571.
61 Vgl. *Börgers:* Von den „Wandlungen" zur „Restrukturierung"?, S. 61; *Brüggemeier,* AcP 182 (1982), 385 (419); *v. Caemmerer,* in: Festschrift Rabel, S. 400; *v. Caemmerer,* in: Hundert Jahre deutsches Rechtsleben II, S. 71, 113; *Deutsch,* JZ 1968, 721 (723 f.); *Emmerich:* Schuldrecht BT, § 20 Rn. 7.
62 Vgl. *v. Bar,* in: 25 Jahre Karlsruher Forum, S. 83; *Fikentscher,* in: Festgabe Kronstein, S. 287. Ähnlich: *Mertens,* VersR 1980, 397 (400).
63 *v. Bar:* Verkehrspflichten, S. 81.
64 *v. Bar:* Verkehrspflichten, S. 81, 83; *v. Bar,* in: 25 Jahre Karlsruher Forum, S. 83.
65 *v. Bar:* Verkehrspflichten, S. 81; *v. Bar,* in: 25 Jahre Karlsruher Forum, S. 83.
66 *v. Bar:* Verkehrspflichten, S. 74.
67 *v. Bar:* Verkehrspflichten, S. 74.

III. Bisherige Rechtsprechung und Literatur

Rechtsgüter, vor allem Gesundheit und Eigentum[68], nicht aber das allgemeine Persönlichkeitsrecht sowie das Recht am Gewerbebetrieb als Rahmenrechte[69], die bereits selbst die Wertungen der Verkehrspflichten bei der Prüfung des offenen Tatbestandes in sich auffingen[70].

Zweitens ist der Rekurs auf Verkehrspflichten beim Recht am Gewerbebetrieb dann ausgeschlossen, wenn man der stark vertretenen Meinung folgt, dass es bei fahrlässigem Handeln regelmäßig an der erforderlichen Betriebsbezogenheit[71] des Eingriffs in den Gewerbebetrieb fehle[72]. Denn gerade bei fahrlässigen Verhaltensweisen liegt der Schwerpunkt der Bedeutung der Verkehrspflichten für das Deliktsrecht[73].

3. Fazit

Weder in der Rechtsprechung noch in der Literatur besteht eine einheitliche Meinung über die Beziehung der Figur der Verkehrspflichtverletzung zu der Haftung wegen Eingriffs in das Recht am Gewerbebetrieb. Teilweise

---

[68] *v. Caemmerer*, in: Hundert Jahre deutsches Rechtsleben II, S. 94.
[69] *Fikentscher/Heinemann:* Schuldrecht, Rdnr. 1413, 1418.
[70] *v. Bar:* Verkehrspflichten, S. 81. Dazu *Schapiro:* Unterlassungsansprüche, S. 135.
[71] Dazu ausführlich unten in Abschnitt C. sowie D.II.1.
[72] Vgl. *Arnold:* Das Recht am Unternehmen, S. 70; *Beater*, in: Soergel, Anh. V § 823 BGB, Rdnr. 34; *Emmerich:* Schuldrecht BT, § 22 Rn. 9; *Riedl:* Das Recht am eingerichteten und ausgeübten Gewerbebetrieb, S. 99, 144; *Sack*, VersR 2006, 582 (585); *Sack*, VersR 2006, 1001 (1003, 1008); *Sack:* Das Recht am Gewerbebetrieb, S. 146 ff., 149, 297; *Schwitanski:* Deliktsrecht, Unternehmensschutz und Arbeitskampfrecht, S. 82 ff.; *Seiter:* Streikrecht und Aussperrungsrecht, S. 460 f.; *Staake/Bressensdorf*, JuS 2016, 297 (300); *Zeuner*, in: Soergel, 12. Aufl., § 823 BGB, Rdnr. 109. Bzgl. Datenlöschungen, der Verbreitung von Computerviren und der Teilnahme an DDoS-Angriffen: *Meier/Wehlau*, NJW 1998, 1585 (1589); *Schultze-Melling*, CR 2005, 73 (77); *Spindler*, NJW 1999, 3737 (3738); *Spindler:* Verantwortlichkeiten, S. 108, 117, 279; *Werner:* Verkehrspflichten privater IT-Nutzer, S. 119. Bzgl. fahrlässiger Unternehmensblockaden ebenso *Wagner*, in: MünchKomm-BGB, § 823 BGB, Rdnr. 288. Vgl. auch *Hager*, in: Staudinger, § 823 BGB, D 12, 17, 44 f.; *Stadtmüller:* Schutzbereich und Schutzgegenstände, S. 51; *Zeuner*, JZ 1961, 41 (45); *Ziegelmayer*, GRUR 2012, 761 (762). A.A.: *Bieling:* Unternehmensschädigende Demonstrationen, S. 27; *v. Caemmerer*, in: Hundert Jahre deutsches Rechtsleben II, S. 90; *Katzenberger:* Recht am Unternehmen, S. 31; *Möschel*, JuS 1977, 1 (4); *Neumann-Duesberg*, NJW 1968, 1990 (1991); *Preusche:* Unternehmensschutz und Haftungsbeschränkung, S. 80 ff.; *Ramm*, AuR 1966, 161 (161) in Bezug auf fahrlässige Rechtsirrtümer; *Schiemann*, in: Erman, § 823 BGB, Rdnr. 63; *K. Schmidt*, JuS 1993, 985 (988); *Taupitz:* Haftung für Energieleiterstörungen, S. 180; *Wielthölter*, KritJ 1970, 121 (126), der damit u. a. seine Kritik am Recht am Gewerbebetrieb begründet. Offen lassend *Brüggemeier*, ZVglRWiss 82 (1983), 62 (69).
[73] Siehe unten Abschnitt B, insbesondere B.IV.3.b).

wird das Recht am Gewerbebetrieb wie die geschriebenen Rechte und Rechtsgüter des § 823 I BGB behandelt, bei denen für eine Verantwortlichkeit nach dieser Norm der Verstoß gegen eine Verkehrspflicht ausreichend ist. Teilweise wird das Recht am Gewerbebetrieb aber auch als ein von diesem Konzept losgelöster, eigenen Regeln folgender Haftungstatbestand verstanden.

IV. Vorgehensweise

Zunächst sollen die wesentlichen Grundzüge der Lehre von den Verkehrspflichten und deren Relevanz für das Deliktsrecht zusammengetragen werden. Die dort gewonnenen Erkenntnisse ebnen den Weg zur Untersuchung des Recht am Gewerbebetrieb, insbesondere des Begriffs des betriebsbezogenen Eingriffes und der Güter- und Interessenabwägung. Auf dieser Grundlage wird das Verhältnis des Rechts am Gewerbebetrieb zu der Figur der Verkehrspflichten analysiert und kritisch gewürdigt. Dem folgt ein eigener Lösungsansatz, in den die bisherigen Ergebnisse zusammenfließen.

Die Arbeit befasst sich mit Sachverhalten außerhalb von Wettbewerbsbeziehungen, wie es dem Geltungsbereich des Rechts am Gewerbebetrieb entspricht[74]. Wegen der Subsidiarität[75] des Rechts am Gewerbebetrieb gegenüber dem Wettbewerbsrecht wird auf dieses nur soweit eingegangen, wie es zum Verständnis erforderlich ist. Letzteres gilt auch in Bezug auf die Schnittstellen zum allgemeinen Persönlichkeitsrecht[76].

---

[74] Siehe unten D.II.1.d)bb)(2)(b).
[75] Siehe unten D.II.1.c)bb)(1).
[76] Siehe unten G.I.1.

B. Die Funktion der Verkehrspflichten und die Lehre vom Verhaltensunrecht

Ausgangspunkt der Untersuchung ist die Darstellung der Bedeutung und Stellung der Verkehrspflichten innerhalb des Deliktsrechts, um darauf aufbauend später die Bezüge zum Recht am Gewerbebetrieb herstellen zu können.

I. Grundprinzip und Zweck der Verkehrspflichten

Die Tatbestände des Deliktsrechts können nach ganz herrschender Meinung grundsätzlich durch jedes willentliche Tun oder Unterlassen erfüllt werden[1]. Haftungsrelevant ist also nicht nur die für den Eintritt des tatbestandlichen Erfolgs zeitlich und kausal letztursächliche Handlung[2]. Da es aber keine allgemeine Rechtspflicht gibt, Dritte vor Schäden zu bewahren[3], erfordert die Begründung einer Haftung auf Grund Unterlassens neben der Möglichkeit der Erfolgsabwendung das Bestehen einer Pflicht zum Tätigwerden gegenüber dem Geschädigten[4]. Vergleichbares gilt, wenn ein Verletzungserfolg erst durch Zwischenursachen vermittelt und nicht im unmittelba-

---

[1] Vgl. *Schiemann*, in: Erman, § 823 BGB, Rdnr. 13; *Spickhoff*, in: Soergel, § 823 BGB, Rdnr. 3. Vgl. auch *Medicus/Lorenz:* Schuldrecht II, Rdnr. 1242; *Zeuner*, in: 25 Jahre Karlsruher Forum, S. 198: „verletzen" als unbestimmtes Tatbestandsmerkmal. Grundsätzlich kritisch *Picker*, JZ 2010, 541 (544).

[2] Vgl. *Canaris*, in: Festschrift Larenz, S. 78; *Hager*, in: Staudinger, § 823 BGB, A 9 f.; *Kleindiek:* Delikshaftung und juristische Person, S. 113 f.; *Krause*, in: Soergel, Anh. II § 823 BGB, Rdnr. 6 f.; *Schapiro:* Unterlassungsansprüche, S. 128; *Schwitanski:* Deliktsrecht, Unternehmensschutz und Arbeitskampfrecht, S. 210 ff.; *Spickhoff*, in: Soergel, § 823 BGB, Rdnr. 8; *Steffen*, VersR 1980, 409 (410); *Steffen*, in: RGRK, § 823 BGB, Rdnr. 71, 107; *Voss:* Die Verkehrspflichten, S. 70, 82; *Wagner*, in: MünchKomm-BGB, § 823 BGB, Rdnr. 298 ff. A.A.: *Fraenkel:* Tatbestand und Zurechnung, S. 53, 242. Vgl. auch *v. Bar:* Verkehrspflichten, S. 156 f.; *Mertens*, VersR 1980, 397 (398); *Mertens*, in: MünchKomm-BGB, 3. Aufl., § 823 BGB, Rdnr. 2. Zur Kritik an der These *Fraenkels* insb.: *Kramer*, AcP 180, 523 (524); *Schapiro:* Unterlassungsansprüche, S. 129; *Wagner*, in: MünchKomm-BGB, § 823 BGB, Rdnr. 303. Siehe dazu ausführlich unten B.IV.

[3] So bereits RGZ 97, 11, 12 sowie BGHZ 9, 301, 307.

[4] Vgl. *Deutsch*, JZ 1968, 721 (722); *Fikentscher/Heinemann:* Schuldrecht, Rdnr. 1544, 1595; *Hager*, in: Staudinger, § 823 BGB, H 5; *Kreuzer*, AcP 184, 81 (84); *Raab*, JuS 2002, 1041 (1047); *Reinhardt*, in: Karlsruher Forum 1961, S. 9; *Reinhardt*, JZ 1961, 713 (718); *Schiemann*, in: Erman, § 823 BGB, Rdnr. 13; *Sprau*, in: Palandt, § 823 BGB, Rdnr. 2.; *Wandt:* Gesetzliche Schuldverhältnisse, § 16 Rn. 106.

ren Anschluss an die ursächliche Handlung eintritt[5]. Hier wie dort stellt sich ein Zurechnungsproblem[6], wenn aus der theoretisch unendlich großen Zahl von potentiellen Verursachern derjenige ermittelt werden soll, der für den eingetretenen Schaden tatsächlich verantwortlich gemacht werden kann[7]. In einem solchen Fall werden zur Bestimmung der Einstandspflicht einer konkreten Person die Verkehrspflichten herangezogen, die auch als Gefahrvermeidungs- und -abwendungspflichten[8] oder allgemein als deliktische Sorgfalts-[9] bzw. Verhaltenspflichten[10] bezeichnet werden.

II. Grundsatz der Verantwortlichkeit für Gefahrenquellen im eigenen Herrschaftsbereich

Die maßgeblichen Prinzipien wurden bereits kurz nach Inkrafttreten des BGB in zwei grundlegenden Entscheidungen des Reichsgerichts[11] herausge-

---

[5] Für eine Gleichbehandlung von mittelbarem Handeln und Unterlassen: *Canaris*, in: Festschrift Larenz, S. 79; *Fikentscher/Heinemann*: Schuldrecht, Rdnr. 1595; *Kreuzer*, AcP 184, 81 (84); *Larenz/Canaris*: Schuldrecht II/2, § 76 III 2 d, S. 406; *Medicus/Petersen*: Bürgerliches Recht, Rdnr. 646; *Schapiro*: Unterlassungsansprüche, S. 134; *Schiemann*, in: Erman, § 823 BGB, Rdnr. 78. Mittelbares Handeln und Unterlassen gelten zudem vielfach als kaum voneinander unterscheidbar, so *v. Bar*: Verkehrspflichten, S. 67; *Brüggemeier*, AcP 182 (1982), 385 (434); *Brüggemeier*, JZ 1986, 969 (974 f.); *v. Caemmerer*, in: Hundert Jahre deutsches Rechtsleben II, S. 75; *v. Caemmerer*, in: Karlsruher Forum 1961, S. 21; *Medicus/Petersen*: Bürgerliches Recht, Rdnr. 644; *Nipperdey/Säcker*, NJW 1985 (1990); *Raab*, JuS 2002, 1041 (1042); *Schapiro*: Unterlassungsansprüche, S. 134; *Schiemann*, in: Erman, § 823 BGB, Rdnr. 78; *Spickhoff*, in: Soergel, § 823 BGB, Rdnr. 116; *Zöllner*, JZ 1997, 293 (294).

[6] Aus diesem Grund will *Brüggemeier*: Haftungsrecht, S. 53 inzwischen bei mittelbaren Verletzungshandlungen auf den Begriff der Verkehrspflicht verzichten und stattdessen nur vom Zurechnungszusammenhang sprechen.

[7] *Medicus/Petersen*: Bürgerliches Recht, Rdnr. 646 f.; *Nipperdey*, in: Karlsruher Forum 1959, S. 4; *Raab*, JuS 2002, 1041 (1042).

[8] *Emmerich*: Schuldrecht BT, § 23 Rn. 4; *Fikentscher/Heinemann*: Schuldrecht, Rdnr. 1591; *Larenz/Canaris*: Schuldrecht II/2, § 76 III 1 d, S. 402; *Rosenbach*: Eigentumsverletzung durch Umweltveränderung, S. 53; *Schwitanski*: Deliktsrecht, Unternehmensschutz und Arbeitskampfrecht, S. 254.

[9] *Harke*: Besonderes Schuldrecht, Rdnr. 527; *Kötz/Wagner*: Deliktsrecht, Rdnr. 129.

[10] *Fikentscher/Heinemann*: Schuldrecht, Rdnr. 1592; *Krause*, in: Soergel, Anh. II § 823 BGB, Rdnr. 4.

[11] RGZ 52, 373, 377; RGZ 54, 53, 58 f. Dazu *v. Bar*, JZ 1979, 332 (332 ff.); *Hager*, in: Staudinger, § 823 BGB, Rdnr. 1; *Kleindiek*: Deliktshaftung und juristische Person, S. 82 f.; *Larenz/Canaris*: Schuldrecht II/2, § 76 III 1 a, S. 400; *Pick*: Verkehrspflichten und Handlungsfreiheit des „Schädigers", S. 17 f.; *Schwitanski*: Deliktsrecht, Unternehmensschutz und Arbeitskampfrecht, S. 257 ff.; *Werner*: Verkehrspflichten privater IT-Nutzer, S. 128 ff.

II. Grundsatz der Verantwortlichkeit für Gefahrenquellen

arbeitet: In der einen ging es um einen Schadensersatzanspruch wegen der Schädigung eines Gebäudes durch einen umgestürzten morschen Baum und die Frage, ob der Eigentümer eines Baumes dazu verpflichtet ist, derartige Schäden zu verhindern. Der zweite Fall behandelte die Verantwortlichkeit der Eigentümerin einer verfallenen und unbeleuchteten Treppe, die bei Schneeglätte nicht geräumt und gestreut gewesen war und auf der daher eine Person zu Fall kam. In beiden Fällen wurde zur Begründung einer Einstandspflicht zum einen der Rechtsgedanke des § 836 BGB zu einer allgemeinen Sorgfaltspflicht für den eigenen räumlichen Herrschaftsbereich abstrahiert[12]; zum anderen betonten beide Entscheidungen die Bedeutung der Umstände des Einzelfalls für das Bestehen und den Umfang einer solchen Sorgfaltspflicht[13]. Diese Aspekte prägen die Dogmatik der Verkehrspflichten bis heute. Sie lassen sich, inzwischen als allgemeiner Rechtsgrundsatz[14], in der Formel wiedererkennen, mit der der Bundesgerichtshof in ständiger Rechtsprechung den Inhalt der Verkehrspflichten umschreibt: Derjenige, der in seinem Verantwortungsbereich eine Gefahrenquelle schafft oder andauern lässt, ist verpflichtet, alle geeigneten, erforderlichen und zumutbaren Vorkehrungen zu treffen, die zur Abwendung der daraus Dritten drohenden Gefahren notwendig sind[15].

Derartige Vorkehrungen können dabei grundsätzlich auch gegen solche Gefahren zu treffen sein, die sich erst aus dem vorsätzlichen Handeln eines weiteren Schädigers ergeben. Bedingung hierfür ist, dass dessen Handeln nach den Umständen in wertender Betrachtung noch dem Verantwortungsbereich des Verkehrspflichtigen zugerechnet werden kann[16]. Dies ist insbeson-

---

[12] Zu der Bedeutung der §§ 831 ff. BGB für die Bestimmung von Verkehrspflichten auch *v. Caemmerer*, in: Hundert Jahre deutsches Rechtsleben II, S. 72; *Canaris*, in: Festschrift Larenz, S. 78 f.; *Hager*, in: Staudinger, § 823 BGB, E 2; *Krause*, in: Soergel, Anh. II § 823 BGB, Rdnr. 9; *Looschelders:* Schuldrecht BT, Rdnr. 1178; *Larenz/Canaris:* Schuldrecht II/2, § 76 III 2 a, S. 404. Kritisch dazu *v. Bar*, JZ 1979, 332 (334); *v. Bar:* Verkehrspflichten, S. 19, 25: Aus Mot. II, S. 816 ließe sich ableiten, dass § 836 BGB gerade als nichts analogiefähige Ausnahmevorschrift gestaltet sei. Die Entwicklung der Verkehrspflichten als allgemeines Prinzip sei also „genau genommen contra legem", aber inzwischen Gewohnheitsrecht. Vgl. auch *Zeuner*, in: 25 Jahre Karlsruher Forum, S. 199. Zur Gegenkritik: *Kleindiek:* Deliktshaftung und juristische Person, S. 85 ff.

[13] RGZ 52, 373, 379; RGZ 54, 53, 59.

[14] BGH, NJW 2008, 758, 761. Vgl. auch schon BGHZ 58, 149, 156 m.w.N.: „allgemeine Rechtsgedanke"

[15] Etwa BGHZ 5, 378, 380 f; BGHZ 14, 83, 85; BGHZ 60, 54 55; BGHZ 123, 102 105 f.; BGHZ 136, 69, 77; BGHZ 173, 188, 201; BGH NJW 1973, 463, 463 f.; BGH NJW 1977, 1965, 1965; BGH NJW 1980, 283, 284; BGH GRUR 2013, 301, 304; BGH GRUR 2014, 883, 884; BGH NJW 2015, 3443, 3446.

[16] BGHZ 58, 162, 165 ff.; BGH NJW 1979, 712, 713; BGH NJW 1990, 1236, 1237; OLG Köln VersR 1992, 1241; sowie *Hager*, in: Staudinger, § 823 BGB, E 33

dere dann der Fall, wenn die Gefahr einer vorsätzlichen Schädigung durch Dritte für den fahrlässig Handelnden vorhersehbar ist. Von der Rechtsprechung bejaht wurde dies etwa in Bezug auf Schädigungen an Grünstreifen und Gehwegen, die dadurch entstanden sind, dass nachfolgende Kraftfahrzeuge nach einem schuldhaft verursachten Verkehrsunfall die am Unfallort entstandene Engstelle verkehrswidrig umfahren hatten[17], für die Zerstörung eines Weidezaunes, die zum Diebstahl zweier Kühe führte[18] oder für den Sturz in einen offenen Lichtschacht eines Hauses, dessen Abdeckung wegen mangelnder Sicherung von Dritten entfernt worden war[19]. Die Haftung der fahrlässig sowie der vorsätzlich handelnden Personen besteht dann als Nebentäterschaft unabhängig nebeneinander[20]. In Anspruch genommen wird regelmäßig aber nur der mittelbar Verantwortliche, da die vorsätzlich handelnden Personen meist unbekannt oder unauffindbar sind.

III. Interessenabwägung zur Bestimmung von Verkehrspflichten

Über die einzelnen Entstehungsgründe[21] sowie Maßstäbe zur konkreten Bestimmung von Inhalt und Umfang von Verkehrspflichten[22] lassen sich in

---

m.w.N.; *Hofmann*, ZUM 2014, 654 (657); *Lange*, JZ 1976, 198 (206); *Larenz/Canaris*: Schuldrecht II/2, § 76 III 4 d, S. 415; *Rössel/Kruse*, CR 2008, 35 (36); *Spindler*, NJW 2004, 3145 (3146); *Spindler*: Verantwortlichkeiten, Rdnr. 119. Vgl. auch *Kleinmanns*: Mittelbare Täterschaft im Lauterkeitsrecht, S. 90.

[17] BGHZ 58, 162, 165 ff.
[18] BGH NJW 1979, 712, 713.
[19] BGH NJW 1990, 1236, 1237.
[20] *Schapiro*: Unterlassungsansprüche, S. 136; vgl. auch *Harke*: Besonderes Schuldrecht, Rdnr. 536; *Wagner*, in: MünchKomm-BGB, § 840 BGB, Rdnr. 2.
[21] Vgl. etwa die Aufstellungen von *v. Bar*: Verkehrspflichten, S. 94 ff.; *Edenfeld*, VersR 2002, 272 (272 ff.); *Hager*, in: Staudinger, § 823 BGB, E 12 ff.; *Harke*: Besonderes Schuldrecht, Rdnr. 529 ff.; *Krause*, in: Soergel, Anh. II § 823 BGB, Rdnr. 19 ff.; *Larenz/Canaris*: Schuldrecht II/2, § 76 III 3 a-e, S. 407 ff.; *Looschelders*: Schuldrecht BT, Rdnr. 1179 ff.; *Medicus/Lorenz*: Schuldrecht II, Rdnr. 1244 ff.; *Pick*: Verkehrspflichten und Handlungsfreiheit des „Schädigers", S. 114 ff.; *Schiemann*, in: Erman, § 823 BGB, Rdnr. 79, 88 ff.; *Spickhoff*, in: Soergel, § 823 BGB, Rdnr. 16, jeweils m.w.N.
[22] Vgl. etwa die Aufstellungen von *Hager*, in: Staudinger, § 823 BGB, E 27 ff.; *Harke*: Besonderes Schuldrecht, Rdnr. 527 f.; *U. Huber*, in: Festschrift E. Huber, S. 279; *Krause*, in: Soergel, Anh. II § 823 BGB, Rdnr. 27 ff.; *Larenz/Canaris*: Schuldrecht II/2, § 76 III 4 a-h, S. 412 ff.; *Mertens*, VersR 1980, 397 (401 ff.); *Pick*: Verkehrspflichten und Handlungsfreiheit des „Schädigers", S. 104 ff.; *Schapiro*: Unterlassungsansprüche, S. 215; *Schiemann*, in: Erman, § 823 BGB, Rdnr. 79; *Spindler*: Verantwortlichkeiten, Rdnr. 12 ff.; *Steffen*, in: RGRK, § 823 BGB, Rdnr. 141 ff.; *Wilhelmi*: Risikoschutz durch Privatrecht, S. 231 jeweils m.w.N.

der Literatur zahlreiche Zusammenfassungen und Systematisierungen finden. Sie beruhen auf außergesetzlichen Wertungen wie Risikoveranlassung, Vertrauensschutz, Selbstschutzobliegenheiten, wirtschaftlicher Zumutbarkeit, der Verkehrsauffassung, den Wertigkeiten einzelner Rechtsgüter sowie gesetzlichen Regelungen, insbesondere des Verfassungsrechts[23]. Die Bedeutung des Verfassungsrechts für das Deliktsrechts ergibt sich aus der aus Art. 1 III GG abgeleiteten Verpflichtung der Gerichte, die Vorschriften des BGB den Maßgaben des Grundgesetzes entsprechend auszulegen und anzuwenden[24]. Auf Grundlage der dargestellten Wertungen ist in jedem konkreten Einzelfall zur Ableitung der Verantwortlichkeit einer Person und zur Bestimmung des Umfanges dieser Verantwortlichkeit eine eigene Güter- und Interessenabwägung vorzunehmen[25]. Das macht die Güter- und Interessenabwägung zum Herzstück der Verkehrspflichten.

IV. Der Geltungsbereich der Verkehrspflichten

Die Ableitung der deliktischen Verantwortlichkeit einer Person für durch sie verursachte Gefahren auf Grund einer Güter- und Interessenabwägung gilt inzwischen als allgemeiner Rechtsgrundsatz[26]. Entstanden ist sie jedoch ursprünglich aus der Absicht, eingetretene Schäden im Rahmen von § 823 I BGB wertend einer nur mittelbar kausalen Verletzungshandlung oder einem vorwerfbaren Unterlassen zurechnen zu können[27]. Diese Entwicklung der Verkehrspflichten von Einstandspflichten für einen räumlichen Bereich hin zu einer universellen Rechtsfigur ist nur vor dem Hintergrund der dahinterstehenden Lehren nachvollziehbar und wird auch für das Verhältnis zum Recht am Gewerbebetrieb entscheidend sein.

---

[23] Zur Bedeutung des Grundgesetzes zur Bestimmung von Verhaltenspflichten insbesondere *Wilhelmi:* Risikoschutz durch Privatrecht, S. 30. Vgl. auch BVerfG NJW-RR 2004, 1710, 1710; *Spickhoff,* in: Soergel, vor § 823 BGB, Rdnr. 20 f.

[24] Zur Diskussion um die Bedeutung des Verfassungsrechts für das Deliktsrecht vgl. *Wagner,* in: MünchKomm-BGB, Vor §§ 823 ff., Rdnr. 63 ff. m.w.N.

[25] *Hager,* in: Staudinger, § 823 BGB, E 27 f.; *Kleinmanns:* Mittelbare Täterschaft im Lauterkeitsrecht, S. 105; *Koch,* NJW 2004, 801 (804); *Libertus,* MMR 2005, 507 (509); *Medicus,* JZ 1983, 778 (780); *Spindler,* in: Bamberger/Roth, 37. Edition, § 823 BGB, Rdnr. 225; *Werner:* Verkehrspflichten privater IT-Nutzer, S. 134; *Wilhelmi:* Risikoschutz durch Privatrecht, S. 65. Vgl. auch *Larenz,* in: Festschrift Dölle, S. 171.

[26] Siehe oben B.II.

[27] Siehe oben B.I.

1. Klassische Vorstellung

Nach klassischer und herrschender Ansicht ist innerhalb von § 823 I BGB eine Differenzierung zwischen unmittelbaren und mittelbaren Verletzungshandlungen erforderlich. Bei unmittelbaren Verletzungshandlungen sei der Verstoß gegen eine Verkehrspflicht nicht erforderlich. Sie seien vielmehr nach der Lehre vom Erfolgsunrecht[28], nach welcher der eingetretene Verletzungserfolg im Sinne von § 823 I BGB als zentrales Merkmal der Haftung gilt, „eo ipso pflichtwidrig"[29]. Auch die Rechtswidrigkeit der Verletzungshandlung sei hier indiziert[30]; diese soll also immer tatbestandsmäßig und rechtswidrig im Sinne des § 823 I BGB sein, sofern nicht ausnahmsweise ein Rechtfertigungsgrund eingreife. Aus diesem Grund werden die Rechte und Rechtsgüter des § 823 I BGB als vertypte Unrechtstatbestände bezeichnet[31].

Nur zur Begründung einer Haftung bei mittelbaren Verletzungshandlungen und Unterlassungen wird zusätzlich zu den übrigen Tatbestandsmerkmalen des § 823 I BGB der Verstoß gegen eine Verhaltenspflicht gefordert[32]. Inso-

---

[28] Für eine grundsätzliche Beibehaltung der Lehre vom Erfolgsunrecht: *Förster*, in: Bamberger/Roth, § 823 BGB, Rdnr. 20; *Jansen*, AcP 202 (2002), 517 (545 ff.); *Körner*: Rechtsschutz des Unternehmens, S. 20 ff.; *Larenz*, NJW 1955, 521 (523), der die essentielle Funktion des gesetzlichen Tatbestandes des § 823 I BGB in der Typisierung des Unrechts sieht; *Larenz*, in: Karlsruher Forum 1959, S. 13, 15; *Reinhardt*, in: Karlsruher Forum 1961, S. 7 f.; *Reinhardt*, JZ 1961, 713 (716); *Stoll*, JZ 1958, 137 (143). Ähnlich (Abstellen auf schädigende Handlung nur bei Recht am Gewerbebetrieb und allgemeinem Persönlichkeitsrecht) *Hellwig*, NJW 1968, 1072 (1076); *Teichmann*, in: Jauernig, § 823 BGB, Rdnr. 48 f.

[29] *U. Huber*, in: Festschrift E. Huber, S. 275.

[30] Vgl. dazu BGHZ 24, 21, 27 f. Allgemein zur Indikation der Rechtswidrigkeit durch die Tatbestandserfüllung *Deutsch*: Allgemeines Haftungsrecht, S. 38; *Katzenberger*: Recht am Unternehmen, S. 18 f.; *Larenz/Canaris*: Schuldrecht II/2, § 75 II 2 c, S. 363; *Peukert*: Güterzuordnung als Rechtsprinzip, S. 251. A.A.: *Börgers*: Von den „Wandlungen" zur „Restrukturierung"?, S. 96 f.; *Münzberg*: Verhalten und Erfolg, S. 327 ff., 334.

[31] Vgl. *Bieling*: Unternehmensschädigende Demonstrationen, S. 31 f.; *Deutsch*, JZ 1963, 385 (389); *Fikentscher/Heinemann*: Schuldrecht, Rdnr. 1399; *Katzenberger*: Recht am Unternehmen, S. 17 ff.; *Larenz*, NJW 1955, 521 (523); *Sack*: Das Recht am Gewerbebetrieb, S. 149 ff. Vgl. dazu auch *Raiser*, JZ 1961, 465 (469); *Reinhardt*, JZ 1961, 713 (716); *Reinhardt*, in: Karlsruher Forum 1961, S. 6 ff.; *Steindorff*, JZ 1960, 582 (583); *Wielthölter*, KritJ 1970, 121 (129); *Zeuner*, JZ 1961, 41 (44). Dazu auch unten E.2.b)aa).

[32] Vgl. *v. Bar*: Verkehrspflichten, S. 79, 156 f.; *v. Bar*, JuS 1988, 169 (170); *v. Caemmerer*, in: Hundert Jahre deutsches Rechtsleben II, S. 77; *v. Caemmerer*, in: Karlsruher Forum 1961, S. 19 (nur für das Eigentum); *Canaris*, JZ 1963, 655 (656); *Canaris*, in: Festschrift Larenz, S. 77; *Deutsch*: Allgemeines Haftungsrecht, Rdnr. 83; *Fikentscher/Heinemann*: Schuldrecht, Rdnr. 598; *Hager*, in: Staudinger, § 823 BGB, H 16; *K. Huber*, in: Festschrift v. Caemmerer, S. 379; *U. Huber*, in: Festschrift E. Huber, S. 275 ff.; *J. Lange*, in: jurisPK-BGB, § 823 BGB, Rdnr. 53; *Larenz*, in:

weit wird der Lehre vom Verhaltensunrecht gefolgt, die nicht nur den Verletzungserfolg, sondern vor allem den Verstoß gegen eine Verhaltensnorm als für eine Haftung erforderliches Moment ansieht[33]. Die Verkehrspflichten sollen dabei den „Prototyp"[34] solcher Verhaltenspflichten darstellen.

2. Hintergründe

Diese dogmatische Unterscheidung zwischen den unterschiedlichen Verletzungsformen beruht im Grundsatz auf der Vorstellung, dass § 823 I BGB nach dem Willen des historischen Gesetzgebers auf unmittelbare und eigenhändige Delikte beschränkt sei und sich daher nur diese Verletzungsformen ohne Weiteres unter den Tatbestand des § 823 I BGB subsumieren ließen. Die allgemeine Haftung für Unterlassen und mittelbare Verletzungshandlungen auf Grund einer Verkehrspflichtverletzung habe sich daher seit den An-

---

Festschrift Dölle, S. 193 f.; *Larenz/Canaris:* Schuldrecht II/2, § 75 II 3 b, S. 365 ff.; *Medicus/Lorenz:* Schuldrecht II, Rdnr. 1243; *Mertens*, VersR 1980, 397 (400); *Raab*, JuS 2002, 1041 (1046); *Schiemann*, in: Erman, § 823 BGB, Rdnr. 146; *Schrauder:* Wettbewerbsverstöße, S. 168 f.; *Schwitanski:* Deliktsrecht, Unternehmensschutz und Arbeitskampfrecht, S. 176; *Spickhoff*, in: Soergel, § 823 BGB, Rdnr. 18; *Spindler*, in: Bamberger/Roth, 37. Edition, § 823 BGB, Rdnr. 10; *Steffen*, in: RGRK, § 823 BGB, Rdnr. 109, 116; *Stoll*, AcP 162 (1963), 203 (206); *Voss:* Die Verkehrspflichten, S. 76 ff.; *Zeuner*, in: Soergel, 12. Aufl., § 823 BGB, Rdnr. 10. Inkonsequent ist jedoch *Mertens*, VersR 1980, 397 (400); *Mertens*, in: MünchKomm-BGB, 3. Aufl., § 823 BGB, Rdnr. 5, der zwar grundsätzlich nicht bei unmittelbaren Eingriffen auf die Figur der Verkehrspflichten zurückgreifen will, für ärztliche Heileingriffe und Sportverletzungen jedoch eine Ausnahme macht. Kritisch zu dieser Differenzierung: *Münzberg:* Verhalten und Erfolg, S. 311 ff.

[33] Zur Lehre vom Verhaltensunrecht vgl. etwa *Brüggemeier*, AcP 182 (1982), 385 (433); *v. Caemmerer*, in: Hundert Jahre deutsches Rechtsleben II, S. 80; *Deutsch*, JZ 1968, 721 (722); *Fikentscher/Heinemann:* Schuldrecht, Rdnr. 598, 1543; *Harke:* Besonderes Schuldrecht, Rdnr. 524; *Hubmann:* Das Persönlichkeitsrecht, S. 145; *Hubmann*, ZHR 117, 41 (77); *Löwisch:* Der Deliktsschutz relativer Rechte, S. 51 f.; *Mertens/Reeb*, JuS 1971, 409 (410 ff.); *Möschel*, JuS 1977, 1 (3); *Münzberg:* Verhalten und Erfolg, S. 49 ff., 61 ff.; *Nipperdey*, in: Karlsruher Forum 1959, S. 3 ff.; *Nipperdey*, NJW 1957, 1777 (1777); *Nipperdey/Säcker*, NJW 1985 (1990 ff.); *Säcker*, ZRP 1969, 60 (62); *Stoll*, AcP 162 (1963), 203 (206); *Taupitz:* Haftung für Energieleiterstörungen, S. 131; *Wagner*, in: MünchKomm-BGB, § 823 BGB, Rdnr. 4 ff., 21 f.; *Zeuner*, JZ 1961, 41 (43); *Zimmermann*, VersR 1980, 497 (498). Dazu aus der Rechtsprechung auch BGHZ 24, 21, 25 f.; BAG NJW 1955, 882, 884. Zur zugrunde liegenden finalen Handlungslehre *Münzberg:* Verhalten und Erfolg, S. 199 f.; *Welzel*, JuS 1966, 421 (423). Dagegen: *Esser*, in: Karlsruher Forum 1959, S. 15 f.; *Weitnauer*, in: Karlsruher Forum 1961, S. 28 f. Zur Entwicklung der Lehre vom Verhaltensunrecht auch *Börgers:* Von den „Wandlungen" zur „Restrukturierung"?, S. 21 ff.; *Rosenbach:* Eigentumsverletzung durch Umweltveränderung, S. 1 ff.

[34] *Deutsch*, JZ 1968, 721 (722).

fängen in der Rechtsprechung des Reichsgerichts „genau genommen contra legem"[35] entwickelt[36].

Diese Grundthese ist jedoch so nicht zu halten[37]. Denn die Haftung für mittelbare Verletzungshandlungen war bereits im Gemeinen Recht als Weiterentwicklung der *lex Aquilia*[38] anerkannt und sollte bei der Konzeption des BGB nicht abgeschafft werden[39]. Vielmehr gewährt § 823 I BGB bereits selbst umfassenden Schutz für die dort genannten Rechte und Rechtsgüter[40]. Die Haftung für Unterlassungen und mittelbare Verletzungshandlungen gehört damit genauso wie die Haftung für unmittelbare Verletzungshandlungen zum „genuinen Anwendungsbereich"[41] des § 823 I BGB[42]. Dies legt auch die offene Formulierung des Wortlautes des § 823 I BGB („Wer [...] verletzt [...]") nahe, die nicht auf eine bestimmte Art und Weise des Erfolgseintrittes beschränkt ist[43].

---

[35] *v. Bar:* Verkehrspflichten, S. 25.
[36] Vgl. etwa *v. Bar*, JZ 1979, 332 (334); *v. Bar:* Verkehrspflichten, S. 156 f. unter Verweis auf § 836 BGB (siehe dazu schon oben B.II.) als nicht analogiefähig ausgestalteten Spezialfall des allgemeinen Gedankens der Verkehrssicherungspflicht; *v. Caemmerer*, in: Hundert Jahre deutsches Rechtsleben II, S. 80; *Esser*, JZ 1953, 129 (132); *Fraenkel:* Tatbestand und Zurechnung, S. 53, 242; *Mertens*, VersR 1980, 397 (398); *Mertens*, in: MünchKomm-BGB, 3. Aufl., § 823 BGB, Rdnr. 2. Dazu auch *Schiemann*, in: Erman, § 823 BGB, Rdnr. 2, 5; *Zeuner*, in: 25 Jahre Karlsruher Forum, S. 199.
[37] Vgl. *Kleindiek:* Deliktshaftung und juristische Person, S. 20 ff.; *Looschelders:* Schuldrecht BT, Rdnr. 1177; *Wagner*, in: MünchKomm-BGB, § 823 BGB, Rdnr. 298 ff.
[38] Dazu *Hager*, in: Staudinger, vor §§ 823 ff. BGB, Rdnr. 2 m. w. N.
[39] Vgl. *Kleindiek:* Deliktshaftung und juristische Person, S. 85; *Krause*, in: Soergel, Anh. II § 823 BGB, Rdnr. 6 f.; *Spickhoff*, in: Soergel, vor § 823 BGB, Rdnr. 15; *Wagner*, in: MünchKomm-BGB, § 823 BGB, Rdnr. 298 ff.; *Werner:* Verkehrspflichten privater IT-Nutzer, S. 128 ff.; *Zeuner*, in: Soergel, 12. Aufl., § 823 BGB, Rdnr. 210 mit Nachweisen aus der Rechtsprechung vor 1900.
[40] Vgl. *Stoll:* Richterliche Fortbildung, S. 13; *Voss:* Die Verkehrspflichten, S. 80; *Wagner*, in: MünchKomm-BGB, § 823 BGB, Rdnr. 308.
[41] *Wagner*, in: MünchKomm-BGB, § 823 BGB, Rdnr. 291.
[42] Vgl. auch *Canaris*, in: Festschrift Larenz, S. 78; *Esser/Weyers:* Gesetzliche Schuldverhältnisse, § 55 II 3 e, S. 173 f.; *Kleindiek:* Deliktshaftung und juristische Person, S. 112 ff.; *Kötz/Wagner:* Deliktsrecht, Rdnr. 127; *Säcker*, ZRP 1969, 60 (62); *Schwitanski:* Deliktsrecht, Unternehmensschutz und Arbeitskampfrecht, S. 255; *Steffen*, VersR 1980, 409 (409); *Wagner*, in: MünchKomm-BGB, § 823 BGB, Rdnr. 298 ff.
[43] Dazu *Medicus/Lorenz:* Schuldrecht II, Rdnr. 1242; *Zeuner*, in: 25 Jahre Karlsruher Forum, S. 198 sowie bereits oben B.I.

3. Konsequenzen

a) Unmittelbare Handlung und Verkehrspflichtverstoß

Für den Tatbestand des § 823 I BGB ist es daher weder vom Telos noch vom Wortlaut der Norm her geboten, zwischen unmittelbaren und mittelbaren Verletzungshandlungen zu differenzieren. Konsequenter Weise ist damit auch die Funktion der Verkehrspflichten als Tatbestandsmerkmal zur Einzelfallkonkretisierung des § 823 I BGB nicht auf mittelbare Verletzungshandlungen und Unterlassungen zu beschränken[44], sondern vielmehr ein einheitliches Konzept der Haftung für verkehrspflichtwidrige Handlungen aufzustellen[45]. Auch bei unmittelbaren und eigenhändigen Handlungen lässt sich der eingetretene Verletzungserfolg, insbesondere bei einem räumlichen Eindringen in den „Tabubereich"[46] des Geschädigten, als Indiz für einen meist ohnehin recht offensichtlichen Verstoß gegen eine Verhaltensnorm heranziehen[47] und in diesem Sinne auch das Modell der Rechtswidrigkeitsindikation[48] verstehen. Umgekehrt kann man der Bezeichnung eines Eingriffs als unmittelbar die implizite Feststellung einer Verhaltenspflichtverletzung entnehmen[49]. Mittelbare Verletzungshandlungen unterscheiden sich von unmittelbaren Verletzungshandlungen dann lediglich im Begründungsaufwand[50].

---

[44] So aber *Esser/Weyers*: Gesetzliche Schuldverhältnisse, § 54 I 1 b, S. 146; *Hager*, in: Staudinger, § 823 BGB, E 2; *J. Lange*, in: jurisPK-BGB, § 823 BGB, Rdnr. 53; *Schwitanski*: Deliktsrecht, Unternehmensschutz und Arbeitskampfrecht, 255; *Steffen*, VersR 1980, 409 (409); *Steffen*, in: RGRK, § 823 BGB, Rdnr. 113, 140; *Stoll*: Richterliche Fortbildung, S. 13; *Voss*: Die Verkehrspflichten, S. 78 ff., 80: „Akt der Rechtserkenntnis". Vgl. auch *Larenz/Canaris*: Schuldrecht II/2, § 76 III 2 a, S. 404 f.; *Mertens*, VersR 1980, 397 (400).

[45] Vgl. auch *Brüggemeier*, AcP 182 (1982), 385 (433 f.); *Brüggemeier*, JZ 1986, 969 (975); *Brüggemeier*, AcP 191 (1991), 33 (50 f.); *Canaris*, in: Festschrift Larenz, S. 79; *Harke*: Besonderes Schuldrecht, Rdnr. 524; *Looschelders*, JR 2000, 265 (269); *Looschelders*: Schuldrecht BT, Rdnr. 1176; *Münzberg*: Verhalten und Erfolg, S. 311 ff.; *Nipperdey/Säcker*, NJW 1985 (1990 ff.); *Spickhoff*, in: Soergel, § 823 BGB, Rdnr. 13; *Wagner*, in: MünchKomm-BGB, § 823 BGB, Rdnr. 21 f.; *Zeuner*, in: Soergel, 12. Aufl., § 823 BGB, Rdnr. 10.

[46] *Looschelders*, JR 2000, 265 (269).

[47] *Looschelders*, JR 2000, 265 (269); *Looschelders*: Schuldrecht BT, Rdnr. 1176; *Wagner*, in: MünchKomm-BGB, § 823 BGB, Rdnr. 21 f. Ähnlich *Spickhoff*, in: Soergel, § 823 BGB, Rdnr. 13: Allgemeine Pflicht, die von der Rechtsordnung als unerlaubt bezeichneten Handlungen zu unterlassen.

[48] Siehe dazu oben B.IV.1.

[49] Vgl. *Harke*: Besonderes Schuldrecht, Rdnr. 524; *Nipperdey/Säcker*, NJW 1985 (1991).

[50] Vgl. *Harke*: Besonderes Schuldrecht, Rdnr. 527; *Wagner*, in: MünchKomm-BGB, § 823 BGB, Rdnr. 21 f. Vgl. auch *Kötz/Wagner*: Deliktsrecht, Rdnr. 110; *Looschelders*: Schuldrecht BT, Rdnr. 1177; *Löwisch*: Der Deliktsschutz relativer Rechte, S. 51 f.

Einem solchen Verständnis folgend, bleiben mittelbare Verletzungshandlungen für die Figur der Verkehrspflichten zwar charakteristisch, da diese hier in der Regel besonderer Erläuterungen bedürfen. Sie ist jedoch nicht darauf beschränkt[51].

b) Vorsätzliche Handlung und Verkehrspflichtverstoß

Ein ähnliches Bild ergibt sich in Bezug auf vorsätzliche Handlungen. Denn der Wortlaut des § 823 I BGB unterscheidet bei den Tatbestandsmerkmalen und Rechtsfolgen des § 823 I BGB ebenfalls nicht zwischen Vorsatz und Fahrlässigkeit[52]. Dennoch wird, wohl auch, weil der Schwerpunkt des praktischen Anwendungsbereichs der Haftung wegen Verkehrspflichtverletzung im Bereich der Fahrlässigkeitsdelikte liegt[53], die letzte Konsequenz einer Vereinheitlichung des § 823 I BGB, nämlich die Vorsatzdelikte in ein umfassendes Konzept der Haftung wegen Verkehrspflichtverletzung miteinzubeziehen, teilweise selbst von Vertretern der Lehre vom Verhaltensunrechts nicht gezogen[54].

In diesen Fällen kann aber durchaus in der bewussten Überschreitung des erlaubten Risikos[55] und in der Inkongruenz des Verhaltens des Verletzers mit den Geboten und Verboten der Rechtsordnung[56] eine Verhaltenspflichtverletzung erblickt werden. Diese Deutung setzt freilich voraus, dass man dem Vorsatzdelikt keine Sonderstellung einräumt und auch bei Vorsatz auf Seiten des Täters das – regelmäßig vorliegende – Erfordernis einer Verletzung der allgemeinen Verhaltenspflicht, fremde Rechtsgüter nicht bewusst und zweckgerichtet zu gefährden, anerkennt[57].

---

51 *Hager*, AcP 196 (1996), 168 (195).
52 *Kötz/Wagner:* Deliktsrecht, Rdnr. 169.
53 Vgl. *v. Bar:* Verkehrspflichten, S. 171 sowie *Brüggemeier*, ZVglRWiss 82 (1983), 62 (84): „Modernes Deliktsrecht ist zum Großteil Fahrlässigkeitsrecht".
54 So etwa von *Brüggemeier*, AcP 191 (1991), 33 (50 f.); *v. Caemmerer*, in: Hundert Jahre deutsches Rechtsleben II, S. 77; *v. Caemmerer*, in: Karlsruher Forum 1961, S. 19; *Esser/Weyers:* Gesetzliche Schuldverhältnisse, § 55 II 3 a, S. 170; *Larenz*, in: Festschrift Dölle, S. 171; *Medicus/Petersen:* Bürgerliches Recht, Rdnr. 647; *Nipperdey*, in: Karlsruher Forum 1959, S. 6.
55 Darauf abstellend: *Kötz/Wagner:* Deliktsrecht, Rdnr. 107; *Wagner*, in: MünchKomm-BGB, § 823 BGB, Rdnr. 26.
56 Darauf abstellend: *Löwisch:* Der Deliktsschutz relativer Rechte, S. 51 f. Vgl. auch *Spickhoff*, in: Soergel, § 823 BGB, Rdnr. 13; *Nipperdey/Säcker*, NJW 1985 (1992).
57 So auch *Harke:* Besonderes Schuldrecht, Rdnr. 524 Fn. 11; *Wagner*, in: MünchKomm-BGB, § 823 BGB, Rdnr. 23 f. A.A.: *Brüggemeier:* Haftungsrecht, S. 54 f.

c) Ergebnis

Erstreckt man die Lehre vom Verhaltensunrecht auf den gesamten Anwendungsbereich des § 823 I BGB, gelangt man zu einer harmonisierten Dogmatik: Wie im Strafrecht[58], wo das Tatbestandserfordernis eines Verhaltensnormverstoßes für alle Fahrlässigkeits- und Vorsatztaten gleichermaßen gilt[59], können mit unmittelbaren und mittelbaren sowie vorsätzlichen und fahrlässigen Verletzungshandlungen alle denkbaren Varianten der Tatbestandsbegehung einheitlich konstruiert werden[60]. Dies wird für das richtige Verständnis des Rechts am Gewerbebetrieb wichtig werden[61].

4. Weitere Geltungsbereiche

a) Wettbewerbsrecht

Der Rechtsgedanke der Verkehrspflichten, dass den für eine Gefahrenquelle Verantwortlichen eine Pflicht zur Vornahme zumutbarer gefahrverhütender Maßnahmen trifft[62], soll nach Meinung der Rechtsprechung unabhängig davon gelten, ob sich die Gefahr in einem Erfolgs- oder in einem Handlungsunrecht realisiert[63]. Daher werden heute die innerhalb des § 823 I BGB entwickelten Verkehrspflichten auch im Wettbewerbsrecht als Sonderdeliktsrecht[64] herangezogen und ersetzen dort das Konzept der Störerhaftung[65]. Im Rahmen der Generalklausel des § 3 I UWG dienen sie der Auslegung des verhaltensbezogenen Tatbestandsmerkmals „unlauter"[66]. Dieser Entwicklungsschritt ist entscheidend für das moderne Verständnis von der Figur der Verkehrspflichten: Einerseits ist sie nicht mehr auf § 823 I BGB beschränkt,

---

[58] Zu dieser Parallele auch *Kötz/Wagner:* Deliktsrecht, Rdnr. 107.
[59] Vgl. stellvertretend etwa *Freund*, in: MünchKomm-StGB, Vor §§ 13 StGB, Rdnr. 157.
[60] Dies befürworten auch *Nipperdey/Säcker*, NJW 1985 (1991); *Kötz/Wagner:* Deliktsrecht, Rdnr. 133; *Wagner*, in: MünchKomm-BGB, § 823 BGB, Rdnr. 26.
[61] Siehe dazu insbesondere unten Abschnitte D. und E.
[62] Siehe oben B.II.
[63] BGH NJW 2008, 758, 761 f. unter Verweis auf *Schieferdecker:* Die Haftung der Domainvergabestelle, S. 153.
[64] *Köhler*, in: Köhler/Bornkamm, Einleitung, Rdnr. 7.2; *Schapiro:* Unterlassungsansprüche, S. 210 f.
[65] BGH GRUR 2011, 152, 156.
[66] BGHZ 173, 188, 200 f.; BGH NJW 2015, 3443, 3446; BGH NJW 2016, 804, 805. Dazu aus der Literatur: *Döring*, WRP 2007, 1131 (1136 f.); *Leistner/Stang*, WRP 2008, 533 (535 ff.); *Kleinmanns:* Mittelbare Täterschaft im Lauterkeitsrecht, S. 101 ff.; *Köhler*, GRUR 2008, 1 (2 ff.); *Spindler/Volkmann*, WRP 2003, 1 (7).

was ihren Anwendungsbereich weiter ausdehnt. Andererseits bleibt sie jedoch stets an ein Tatbestandsmerkmal geknüpft. Gerade Letzteres wird sich als noch wichtig erweisen[67].

b) Immaterialgüterrecht

Ob die Haftung auf Grund Verkehrspflichtverletzung und damit grundsätzlich auch auf Schadensersatz im Immaterialgüterrecht zum Tragen kommen kann, ist umstritten.

aa) Rechtsprechung

Von der Rechtsprechung wird die Möglichkeit einer Haftung wegen Verletzung einer Verkehrspflicht, insbesondere im Urheberrecht, unter Verweis auf die dort aufgeführten Benutzungshandlungen, die nach Ansicht der Rechtsprechung eigenhändig als Täter oder als Teilnehmer i.S. von § 830 II BGB begangen werden müssen[68], überwiegend[69] abgelehnt. Daraus entsteht gerade bei Rechtsverstößen im Internet ein beweisrechtliches Problem, wenn zum Zeitpunkt der Rechtsverletzung auch andere Personen einen Anschluss benutzen durften oder wegen unzureichender Sicherungsvorkehrungen benutzen konnten, da in diesen Fällen nicht klar ist, wer die Verletzungshandlung eigenhändig begangen hat[70]. Konsequenz dessen ist, dass eine Haftung als unmittelbarer wie auch als mittelbarer Täter häufig ausscheidet und lediglich über das Konzept der Störerhaftung ein Unterlassungsanspruch gewährt wird. Hierfür benutzt die Rechtsprechung häufig die Formel, dass

---

[67] Siehe insbesondere unten E.II.1.b)bb)(1); E.IV.

[68] BGHZ 185, 330, 333 f.; BGH NJW 2011, 3443, 3444; BGH GRUR 2012, 304, 306; BGH NJW 2013, 1441, 1444; BGH NJW 2016, 794, 795; OLG München GRUR 2016, 612, 613.

[69] Eine Haftung wegen Verletzung einer Verkehrspflicht auch im Immaterialgüterrecht grundsätzlich befürwortend wohl auch BGHZ 173, 188, 200 f. unter Hinweis auf BGH GRUR 1984, 54, 55 sowie BGHZ 182, 245, 254, 256 m.w.N. Auch die Entscheidung BGHZ 180, 134, 138 ff. folgt einer eigenen, aber ähnlichen Begründungslinie. Zu diesen Entscheidungen *Leistner*, GRUR-Beilage 2010, 1 (3); *Stang/Hühner*, GRUR 2010, 636 (637).

[70] Besonders deutlich wird das an der Entscheidung BGHZ 200, 76, 80, wo es vor allem um beweisrechtliche Probleme (tatsächliche Vermutung und sekundäre Darlegungslast) geht, dem Internetanschlussinhaber den eigenhändigen Rechtsverstoß nachzuweisen, und daher auf die Störerhaftung zurückgegriffen wird. Dementsprechend wurde in BGH NJW 2016, 942, 947; BGH NJW 2016, 953, 955; BGH NJW 2017, 78, 80 ff. jeweils Täterschaft angenommen, da dieser Beweis hier geführt werden konnte.

IV. Der Geltungsbereich der Verkehrspflichten

Störer sei, „wer – ohne Täter oder Teilnehmer zu sein – in irgendeiner Weise willentlich und adäquat-kausal zur Verletzung des geschützten Rechtsguts beiträgt"[71].

Anwendung findet allerdings auch nach Ansicht der Rechtsprechung § 832 I BGB: Wird etwa eine Urheberrechtsverletzung durch einen Minderjährigen begangen, so haften dessen Eltern aus dieser Norm selbst auf Schadensersatz, auch wenn sie erwiesener Maßen den Verstoß nicht selbst begangen haben[72].

bb) Schrifttum

Im Schrifttum wird hingegen ein einheitliches Haftungskonzept für Fälle der mittelbaren Verletzung von gewerblichen Schutzrechten gefordert, das auf der Verletzung von Verkehrspflichten als allgemeinem Rechtsgrundsatz der Haftung für Gefahren im eigenen Verantwortungsbereich[73] beruht[74].

Dafür wird vorgebracht, dass das in der Rechtsprechung für das Immaterialgüterrecht aufgestellte Erfordernis einer eigenhändigen Begehung im Ergebnis dem ansonsten nahezu einhellig abgelehnten Ansatz *Fraenkels* entspreche[75], nur unmittelbare Handlungen als tatbestandlich im Sinne des § 823 I BGB anzuerkennen[76]. Dies verkenne, dass Täterschaft bei einem Fahrlässigkeitsdelikt gerade keine Tatherrschaft voraussetzt[77] und die Immaterialgüterrechte schon deswegen, weil sie ebenfalls absolute Rechte im Sinne von § 823 I BGB sind, umfassend auch gegen mittelbare Verursa-

---

[71] Zuletzt so BGH NJW 2017, 333, 333 m.w.N. Siehe auch die eingangs zitierten Entscheidungen OLG Stuttgart NJW-RR 2014, 680, 681. A.A.: BGHZ 197, 213, 221 f.; BGH NJW 2016, 56, 59 f. m.w.N.; sowie dem folgend OLG Düsseldorf NJW-RR 2016, 656, 658.

[72] BGH NJW 2013, 1441, 1444; BGH, NJW 2016, 950, 953. Zu letzterem *Obergfell*, NJW 2016, 910 (912).

[73] Siehe oben B.II.

[74] Aus der umfangreichen Literatur etwa *Ahrens*, WRP 2007, 1281 (1286 f.); *Borges*, NJW 2014, 2305 (2309); *Czychowski/Nordemann*, GRUR-Beilage 2014, 3 (7); *Freytag*: Haftung im Netz (1999), S. 66 ff.; *Gräbig*, MMR 2011, 504 (508 f.); *Hofmann*, ZUM 2014, 654 (657); *Köhler*, GRUR 2008, 1 (7); *Leistner*, GRUR-Beilage 2010, 1 (18 ff.); *Schapiro*: Unterlassungsansprüche, S. 143 ff., 159 ff., 179 ff.; *Schapiro*, MMR 2014, 201 (207); *Schaub*, GRUR 2016, 152 (154 f.); *Sesing*, MMR 2016, 82 (86); *Spindler/Volkmann*, WRP 2003, 1 (7); *Stang/Hühner*, GRUR 2010, 636 (637).

[75] *Schapiro*: Unterlassungsansprüche, S. 143 Vgl. auch *Sesing*, MMR 2016, 82 (85) m.w.N.; *Stang/Hühner*, GRUR 2010, 636 (637).

[76] Siehe dazu oben B.IV.1., 2.

[77] BGHZ 182, 245, 256.

chungshandlungen geschützt sein müssen[78]. Außerdem stelle der von der Rechtsprechung herangezogene § 832 BGB[79] zur Begründung einer Haftung wegen Verletzung eines Urheberrechts anerkanntermaßen einen Sonderfall der Haftung für eine Verkehrspflichtverletzung dar[80]. Hier werde also bereits auf das Erfordernis einer eigenhändigen Begehung verzichtet[81].

Ferner sei die strikte Trennung zwischen Täterschaft und der Haftung als Störer auch dogmatisch verfehlt, da der Begriff des Störers lediglich den Schuldner eines Unterlassungsanspruchs bezeichne[82] und Unterlassungs- und Schadensersatzansprüche einander nicht ausschlössen. Eine Person könne damit grundsätzlich zugleich Täter und Störer sein. Die von der Rechtsprechung gebrauchte Formel, wonach Störer ist, „wer – ohne Täter oder Teilnehmer zu sein – in irgendeiner Weise willentlich und adäquatkausal zur Verletzung des geschützten Rechtsguts beiträgt"[83] sei daher schon im Ausgangspunkt falsch[84].

Einer unüberschaubaren Erweiterung der Haftung insbesondere auch auf Schadensersatz bei Annahme einer täterschaftlichen Haftung kraft Verkehrspflichtverletzungen stünden dabei das Verschuldenserfordernis in § 823 I BGB, die Ausgestaltung der Verkehrspflichten sowie spezialgesetzliche Haftungseinschränken wie das TMG[85] entgegen[86].

---

[78] Vgl. *Hofmann*, ZUM 2014, 654 (657); *Leistner*, GRUR-Beilage 2010, 1 (19); *Schapiro*, MMR 2014, 201 (207); *Schaub*, GRUR 2016, 152 (154 f.).

[79] Siehe oben B.IV.4.b)aa).

[80] *Sesing*, MMR 2016, 82 (85) m.w.N. Das gleiche gilt auch für die Aufsichtspflicht gem. § 831 BGB, vgl. *Brüggemeier*, JZ 1986, 969 (977); *Fikentscher/Heinemann*: Schuldrecht, Rdnr. 1592; *Kötz/Wagner*: Deliktsrecht, Rdnr. 316.

[81] Vgl. zur Kritik am Erfordernis einer eigenhändigen Begehung auch *Sesing*, MMR 2016, 82 (85) m.w.N.

[82] *Borges*, NJW 2014, 2305 (2309) m.w.N. Vgl. auch *Köhler*, GRUR 2008, 1 (7). Kritisch zum Begriff des Störers auch *Döring*, WRP 2007, 1131 (1134).

[83] Siehe soeben B.IV.4.b)aa).

[84] Vgl. dazu auch BGH NJW 2016, 56, 59 f., der auch den abweichenden Störerbegriff, nach dem auch der Täter Störer sein kann, diskutiert.

[85] Zum Haftungsprivileg aus § 8 TMG (Art. 12 der Richtlinie 2000/31/EG („E-Commerce-RL") zuletzt EuGH NJW 2016, 3503, 3505 f. Zum Verhältnis von TMG und Verkehrspflichten siehe *Wagner*, in: MünchKomm-BGB, § 823 BGB, Rdnr. 581 m.w.N., der die §§ 7 ff. TMG heranzieht, um zu bestimmen, ob eine Verkehrspflicht vorliegt.

[86] *Czychowski/Nordemann*, GRUR-Beilage 2014, 3 (7); *Gräbig*, MMR 2011, 504 (508); *Hofmann*, ZUM 2014, 654 (657); *Leistner*, GRUR-Beilage 2010, 1 (22); *Schaub*, GRUR 2016, 152 (154 f.); *Stang/Hühner*, GRUR 2010, 636 (637).

cc) Fazit

Es ist kein Grund erkennbar, warum – im Gegensatz zum übrigen Deliktsrecht – gerade im Immaterialgüterrecht nur derjenige, der den Tatbestand eigenhändig und unmittelbar kausal erfüllt, für eine entsprechende Rechtsverletzung haften sollte. Auch im Bereich des Immaterialgüterrechts ist daher die Figur der Verkehrspflichtverletzung richtigerweise gültig. Insbesondere das Konzept der Störerhaftung steht dem nicht im Wege; vielmehr kann sich gleichermaßen in Bezug auf Schadensersatzansprüche wie auch auf Unterlassungsansprüche die Verantwortlichkeit einer Person aus ihrem nur mittelbar kausalen, aber verkehrspflichtwidrigen Handeln oder Unterlassen ergeben. Der auch von der Rechtsprechung herangezogene § 832 I BGB bei Verletzungen der Aufsichtspflicht beruht auf keinem anderen Rechtsgedanken. Hierauf wird auch in Bezug auf das Recht am Gewerbebetrieb noch zurückzukommen sein[87].

V. Die systematische Stellung der Verkehrspflichten

Aus dem soeben Gesagten[88] ergibt sich auch die Zuordnung der Haftung wegen Verkehrspflichtverletzung zu § 823 I BGB.

1. Zuordnung der Verkehrspflichten zu einem Deliktstatbestand

a) Zuordnung zu § 823 II BGB

Im Schrifttum wird teilweise vertreten, die Haftung auf Grund einer Verkehrspflichtverletzung sei in § 823 II BGB zu verorten[89] oder wäre als ein vom Gesetzestext losgelöster und eigenständiger generalklauselartiger Tatbestand an § 823 II BGB anzulehnen[90]. Begründet wird dies damit, dass die

---

[87] Siehe unten C.IV.
[88] Siehe oben B.IV.2., 3.
[89] Vgl. *v. Bar*, JZ 1979, 728 (729 f.); *v. Bar:* Verkehrspflichten, S. 165; *Brüggemeier*, AcP 182 (1982), 385 (435); *Deutsch*, JuS 1967, 152 (157); *Deutsch*, JZ 1968, 721 (724); *Deutsch/Ahrens:* Deliktsrecht, Rdnr. 360; *K. Huber*, in: Festschrift v. Caemmerer, S. 380 f.; *Larenz*, in: Festschrift Dölle, S. 189; *Mertens*, in: MünchKomm-BGB, 3. Aufl., § 823 BGB, Rdnr. 10; *Reinhardt*, in: Karlsruher Forum 1961, S. 5; *Schmiedel:* Deliktsobligationen, S. 37 f. Vgl. auch *Medicus/Petersen:* Bürgerliches Recht, Rdnr. 655.
[90] In diese Richtung *v. Bar:* Verkehrspflichten, S. 157, 319; *Brüggemeier*, AcP 182 (1982), 385 (433); *Brüggemeier*, JZ 1986, 969 (974); *v. Caemmerer*, in: Hundert Jahre deutsches Rechtsleben II, S. 80, 113; *Esser/Weyers:* Gesetzliche Schuldverhältnisse, § 55 II 3 d, S. 171; *Deutsch:* Allgemeines Haftungsrecht, Rdnr. 71; *U. Huber*, in: Festschrift E. Huber, S. 257; *Mertens*, AcP 178 (1978), 227 (232); *Schrauder:* Wettbewerbsverstöße, S. 168 f.; *Welzel*, JuS 1966, 421 (424).

B. Funktion der Verkehrspflichten und die Lehre vom Verhaltensunrecht

Haftung wegen eines Verkehrspflichtverstoßes als richterrechtlich entwickeltes, verhaltensbezogenes Pflichtenkonzept angeblich nicht zum originären Anwendungsbereich des § 823 I BGB gehöre[91], sondern vielmehr den Schutzgesetzen im Sinne von § 823 II BGB ähnele[92]. Daher seien die Verkehrspflichten statt in § 823 I BGB in § 823 II BGB als ungeschriebene Schutzgesetze zu verorten und damit den Rechtsnormen im Sinne des Art. 2 EGBGB gleichzustellen[93]. Insbesondere für die Berufshaftung[94] seien damit sachgerechte Ergebnisse zu erreichen, indem für die Verletzung berufsspezifischer Verkehrspflichten eine allgemeine Fahrlässigkeitshaftung für Vermögensschäden unabhängig von der Verletzung eines Rechtsguts des § 823 I BGB konstruiert werden könne[95].

b) Zuordnung zu § 823 I BGB

Nach der Ansicht der Rechtsprechung[96] und des größten Teils der Literatur[97] werden die Verkehrspflichten im allgemeinen Deliktsrecht jedoch

---

[91] Dazu oben B.IV.2.

[92] So etwa *v. Bar*, JZ 1979, 728 (729 f.); *v. Bar:* Verkehrspflichten, S. 165; *Deutsch/Ahrens:* Deliktsrecht, Rdnr. 360; *K. Huber*, in: Festschrift v. Caemmerer, S. 382; *U. Huber*, in: Festschrift E. Huber, S. 280; *Medicus/Petersen:* Bürgerliches Recht, Rdnr. 655; *Mertens*, VersR 1980, 397 (397). Vgl. dazu auch *Brüggemeier*, ZVglRWiss 82 (1983), 62 (84); *v. Caemmerer*, DAR 1970, 283 (290); *Lange*, JZ 1976, 198 (204); *Löwisch:* Der Deliktsschutz relativer Rechte, S. 132; *Medicus/Petersen:* Bürgerliches Recht, Rdnr. 655; *Preusche:* Unternehmensschutz und Haftungsbeschränkung, S. 161; trotz Ablehnung auch *Schiemann*, in: Erman, § 823 BGB, Rdnr. 153; *Spickhoff*, in: Soergel, § 823 BGB, Rdnr. 7; *Zeuner*, in: Soergel, 12. Aufl., § 823 BGB, S. 4, die dennoch die Verkehrspflichten in § 823 I BGB verorten.

[93] *Deutsch*, JZ 1968, 721 (722). Nur für gewohnheitsrechtliche gefestigte Verkehrspflichten *Esser/Weyers:* Gesetzliche Schuldverhältnisse, § 55 II 3 e, S. 174, § 56 I, S. 199.

[94] Allerdings teilweise mit Beschränkung auf bestimmte Berufsgruppen mit fremdvermögensbezogenen Funktionen, etwa Anwälten, Wirtschaftsprüfern, Schätzern, Bankern und Versicherungen: *v. Bar*, JZ 1979, 728 (729 f.); *v. Bar:* Verkehrspflichten, S. 237; *Spindler*, in: Bamberger/Roth, 37. Edition, § 823 BGB, Rdnr. 25. Vgl. auch *Mertens*, AcP 178 (1978), 227 (252). Weitergehend der Vorschlag von *Taupitz:* Haftung für Energieleiterstörungen, S. 230 ff., wonach auch z. B. Tiefbauunternehmen hierunter fallen sollen.

[95] Vgl. *v. Bar:* Verkehrspflichten, S. 234 ff.; *K. Huber*, in: Festschrift v. Caemmerer, S. 378 f., 383 ff.; *Stadtmüller:* Schutzbereich und Schutzgegenstände, S. 252; *Taupitz:* Haftung für Energieleiterstörungen, S. 230 ff. A. A. insbesondere *Larenz/Canaris:* Schuldrecht II/2, § 76 III 3 b, S. 409.

[96] Ausdrücklich in BGH NJW 1987, 2671, 2672.

[97] Vgl. *Canaris*, in: Festschrift Larenz, S. 80; *Fikentscher/Heinemann:* Schuldrecht, Rdnr. 1413; *Hager*, in: Staudinger, § 823 BGB, E 4; *Harke:* Besonderes Schuldrecht, Rdnr. 524; *Hönn*, in: Soergel, § 826 BGB, Rdnr. 4; *Kleindiek:* Delikts-

V. Die systematische Stellung der Verkehrspflichten

richtigerweise innerhalb des § 823 I BGB angesiedelt. Denn um die Entscheidung des BGB-Gesetzgebers gegen eine deliktische Generalklausel und für das Enumerationsprinzip als System gesetzlich normierter Einzeltatbestände[98] nicht zu umgehen, kann nicht schon bei jeder Verletzung einer Verkehrspflicht, sondern nur soweit gesetzlich vorgesehen, d. h. über §§ 823 II, 824, 826 BGB, Ersatz für primäre Vermögensschäden und eine Verletzung der allgemeinen Handlungsfreiheit verlangt werden[99].

Im Ergebnis bedeutet das, dass gerade fahrlässig verursachte reine Vermögensschäden nur bei einer gleichzeitigen Verletzung eines Rechts oder

---

haftung und juristische Person, S. 31 f.; *Kreuzer*, AcP 184, 81 (84 ff.); *Larenz/Canaris*: Schuldrecht II/2, § 76 III 2 b, S. 405; *Looschelders*, JR 2000, 265 (266 mit Fn. 17); *Medicus*, JZ 1983, 778 (780); *Pick*: Verkehrspflichten und Handlungsfreiheit des „Schädigers", S. 74 ff.; *Picker*, AcP 183 (1983), 369 (495 ff.); *Picker*, JZ 1987, 1041 (1047); *Rosenbach*: Eigentumsverletzung durch Umweltveränderung, S. 53 f.; *Schiemann*, in: Erman, § 823 BGB, Rdnr. 6; *Schwitanski*: Deliktsrecht, Unternehmensschutz und Arbeitskampfrecht, S. 252 ff.; *Spickhoff*, in: Soergel, § 823 BGB, Rdnr. 7; *Steffen*, VersR 1980, 409 (409); *Steffen*, in: RGRK, § 823 BGB, Rdnr. 140; *Wagner*, in: MünchKomm-BGB, § 823 BGB, Rdnr. 306; *Werner*: Verkehrspflichten privater IT-Nutzer, S. 131; *Zeuner*, in: Soergel, 12. Aufl., § 823 BGB, Rdnr. 4; *Zöllner*, JZ 1997, 293 (294).

[98] Vgl. *Deutsch*, JuS 1967 152 (152); *Esser/Weyers*: Gesetzliche Schuldverhältnisse, § 54 I 1 a, S. 144; *Fikentscher/Heinemann*: Schuldrecht, Rdnr. 1407; *Krause*, in: Soergel, Anh. II § 823 BGB, Rdnr. 14; *Larenz/Canaris*: Schuldrecht II/2, § 75 I 3 a, S. 355; § 76 III, S. 399 f.; *Medicus/Lorenz*: Schuldrecht II, Rdnr. 1236 ff.; *Peukert*: Güterzuordnung als Rechtsprinzip, S. 245; *Schildt*, WM 1996, 2261 (2261); *Schwitanski*: Deliktsrecht, Unternehmensschutz und Arbeitskampfrecht, S. 98, 121 ff.; *Stoll*, AcP 187 (1987), 505 (506). A.A. (kein Enumerationsprinzip) *Börgers*: Von den „Wandlungen" zur „Restrukturierung"?, S. 96 f. Vgl. auch *Brüggemeier*, AcP 182 (1982), 385 (450), der von einem ungeschriebenen deliktischen Generaltatbestand der Haftung für (verhaltens-)pflichtwidrige Verletzung rechtlich geschützter Interessen ausgeht.

[99] Vgl. *Canaris*, in: Festschrift Larenz, S. 81 ff.; *Deutsch*, JZ 1963, 385 (385); *Esser/Weyers*: Gesetzliche Schuldverhältnisse, § 55 II 3 e, S. 173 f.; *Fikentscher/Heinemann*: Schuldrecht, Rdnr. 1412; *Frank*, JA 1979, 583 (583); *Grunewald*, AcP 187 (1987), 285 (297); *Hager*, in: Staudinger, vor §§ 823 BGB, Rdnr. 20; *Harke*: Besonderes Schuldrecht, Rdnr. 522; *Kleindiek*: Delikthaftung und juristische Person, S. 31; *Kötz/Wagner*: Deliktsrecht, Rdnr. 96 ff.; *Kreuzer*, AcP 184, 81 (84 ff.); *Larenz/Canaris*: Schuldrecht II/2, § 76 III 2 c, S. 406; *Looschelders*: Schuldrecht BT, Rdnr. 1170, *Pick*: Verkehrspflichten und Handlungsfreiheit des „Schädigers", S. 74 ff.; *Schiemann*, in: Erman, § 823 BGB, Rdnr. 75 f.; *Schildt*, WM 1996, 2261 (2265 f.); *Spickhoff*, in: Soergel, § 823 BGB, Rdnr. 87; *Stoll*: Richterliche Fortbildung, S. 42 f. 1172; *Stoll*, AcP 187 (1987), 505 (508 f.); *Wagner*, in: MünchKomm-BGB, § 823 BGB, Rdnr. 296; *Wielthölter*, KritJ 1970, 121 (138). Vgl. auch BGHZ 29, 65, 75: „Denn die schuldhafte Unterlassung der Verkehrssicherung löst nur dann einen Schadensersatzanspruch aus, wenn ein anderer dadurch in seinen nach § 823 Abs. 1 BGB geschützten Rechtsgütern oder Rechten beeinträchtigt wird." A.A.: *Börgers*: Von den „Wandlungen" zur „Restrukturierung"?, S. 96 f.; *Brüggemeier*, AcP 182 (1982), 385 (446). Anders auch *Buchner*: Die Bedeutung des Rechts am Gewerbebetrieb, S. 49 ff.

Rechtsguts im Sinne von § 823 I BGB ersatzfähig sind[100] und eine darüber hinausgehende Rechtsfortbildung außerhalb dieser Normen unzulässig ist[101]. Die durch Integration der Verkehrspflichten in § 823 II BGB geschaffene Möglichkeit einer Haftung für fahrlässige Vermögensschädigungen aller Art wäre daher nicht mit dem Gesetz vereinbar; sie würde zudem entgegen der systematischen Stellung beider Normen § 823 I BGB überflüssig machen und § 823 II BGB zur zentralen Haftungsnorm des Deliktsrechts erheben[102].

Auch das Erfordernis eines Schutzgesetzverstoßes in § 823 II BGB i.V.m. Art. 2 EGBGB bestätigt, dass sich der demokratisch legitimierte[103] Gesetzgeber die Entscheidung über die Fahrlässigkeitshaftung für reine Vermögensschäden vorbehält[104]: Denn Schutzgesetze im Sinne von Art. 2 EGBGB sind solche, die als formelle oder materielle Gesetze, Rechtsverordnungen oder Satzungen[105] außerhalb des Deliktsrechts[106] gerade als Schutzgesetze bestimmt sind[107] und dann ins Deliktsrecht überführt werden[108]. Eine Überwindung dieser gesetzgeberischen Grundsatzentscheidung durch die Anerkennung der Verkehrspflichten als ungeschriebene Schutzgesetze wäre ein Verstoß gegen die verfassungsrechtlichen Grundsätze der Gewaltenteilung und des Vorrangs des Gesetzes aus Art. 20 III GG sowie der Bindung des Richters an das Gesetz (Art. 97 I GG)[109].

---

[100] Vgl. *Förster*, in: Bamberger/Roth, § 823 BGB, Rdnr. 96; *Frank*, JA 1979, 583 (590); *Harke*: Besonderes Schuldrecht, Rdnr. 522; *Hönn*, in: Soergel, § 826 BGB, Rdnr. 4. Vgl. auch *Esser/Weyers*: Gesetzliche Schuldverhältnisse, § 55 II 3 e, S. 173 f.; *Preusche*: Unternehmensschutz und Haftungsbeschränkung, S. 137; *Schiemann*, in: Erman, § 823 BGB, Rdnr. 75 f. Anschaulich *Steffen*, VersR 1980, 409 (409): „Hierarchie zwischen Schutzgütern und Verkehrspflichten".

[101] Vgl. *Deutsch*, JuS 1967, 152 (152); *Deutsch*, JZ 1963, 385 (386); *Preusche*: Unternehmensschutz und Haftungsbeschränkung, S. 104.

[102] Vgl. *Canaris*, in: Festschrift Larenz, S. 78; *Kreuzer*, AcP 184 (1984), 81 (84 ff.); *Larenz/Canaris*: Schuldrecht II/2, § 76 III 2 b, S. 405; *Spickhoff*, in: Soergel, vor § 823 BGB, Rdnr. 15; *Hager*, in: Staudinger, § 823 BGB, E 4; *Wagner*, in: MünchKomm-BGB, § 823 BGB, Rdnr. 296.

[103] *Canaris*, VersR 2005, 577 (581).

[104] *Picker*, JZ 1987, 1041 (1047); *Spickhoff*, in: Soergel, vor § 823 BGB, Rdnr. 16.

[105] *Kötz/Wagner*: Deliktsrecht, Rdnr. 225.

[106] *Hager*, in: Staudinger, § 823 BGB, E 4; *Larenz/Canaris*: Schuldrecht II/2, § 76 III 2 b, S. 405.

[107] Vgl. *Deutsch*, JuS 1967, 152 (157); *Larenz/Canaris*: Schuldrecht II/2, § 76 I 2 a, S. 376; *Voss*: Die Verkehrspflichten, S. 70; *Wagner*, in: MünchKomm-BGB, § 823 BGB, Rdnr. 291, 397.

[108] *Deutsch*, JZ 1963, 385 (389).

[109] *Börgers*: Von den „Wandlungen" zur „Restrukturierung"?, S. 108. Vgl. auch *Kreuzer*, AcP 184, 81 (84 ff.); *Picker*, AcP 183 (1983), 369 (495 ff.); *Picker*, JZ 1987, 1041 (1047).

c) Erfassung als gewohnheitsrechtlich anerkannte Schutzgesetze in § 823 II BGB

Ferner wird noch – gewissermaßen zwischen den beiden vorgenannten Ansichten vermittelnd – auf die Möglichkeit hingewiesen, nur einzelne Verkehrspflichten[110], die durch ihre ständige Heranziehung im Rahmen von § 823 I BGB schon gewohnheitsrechtliche Geltung erlangt hätten, über § 823 II BGB als Rechtsnorm im Sinne des Art. 2 EGBGB[111] zu erfassen[112].

Dieser Weg wird allerdings in der Praxis soweit ersichtlich nicht umgesetzt[113]. Er führte auch zu der Konsequenz, dass bei der Verletzung „klassischer" Verkehrspflichten wie den z. B. den Organisationspflichten in Unternehmen[114] oder den Straßenverkehrssicherungspflichten[115] selbst dann gehaftet werden würde, wenn kein Rechtsgut im Sinne von § 823 I BGB und damit nur das reine Vermögen verletzt wäre. Dies kann wegen der Ausklammerung fahrlässig verursachter reiner Vermögensschäden aus dem Schutzbereich des Deliktsrechts nicht ohne eine ausdrückliche Entscheidung des Gesetzgebers möglich sein.

d) Ergebnis

Die Verkehrspflichten sind keine Schutzgesetze im Sinne von § 823 II BGB, sondern dem § 823 I BGB zuzuordnen.

---

[110] Damit ist nicht gemeint, dass das Konzept der Verkehrspflichten als solches als gewohnheitsrechtlich anerkannt gilt, vgl. dazu etwa *v. Bar:* Verkehrspflichten, S. 25, 164; *Deutsch,* JuS 1967, 152 (157); *Hager,* in: Staudinger, § 823 BGB, E 1; *Krause,* in: Soergel, Anh. II § 823 BGB, Rdnr. 6.

[111] Dass Gewohnheitsrecht als Norm im Sinne von Art. 2 EGBGB gilt, ist h. M., vgl. nur *Canaris,* in: Festschrift Larenz, S. 45; *Deutsch,* JZ 1963, 385 (389); *Spindler,* in: Bamberger/Roth, 37. Edition, § 823 BGB, Rdnr. 148; *Esser/Weyers:* Gesetzliche Schuldverhältnisse, § 56 I, S. 199; *Fikentscher/Heinemann:* Schuldrecht, Rdnr. 1630; *Schmiedel:* Deliktsobligationen, S. 36; *Schiemann,* in: Erman, § 823 BGB, Rdnr. 155; *Taupitz:* Haftung für Energieleiterstörungen, S. 233. Abweichend jedoch *Spickhoff,* in: Soergel, § 823 BGB, Rdnr. 190, der die Schutznormqualität i. S. v. § 823 II BGB bei Gewohnheitsrecht verneint. Kritisch auch *Wagner,* in: MünchKomm-BGB, § 823 BGB, Rdnr. 397.

[112] *Esser/Weyers:* Gesetzliche Schuldverhältnisse, § 56 I, S. 199; *Schiemann,* in: Erman, § 823 BGB, Rdnr. 155; wohl auch *Deutsch:* Allgemeines Haftungsrecht, Rdnr. 62; *Taupitz:* Haftung für Energieleiterstörungen, S. 233. Andere Ansicht *Spickhoff,* in: Soergel, § 823 BGB, Rdnr. 190.

[113] *Esser/Weyers:* Gesetzliche Schuldverhältnisse, § 56 I, S. 199; *Spickhoff,* in: Soergel, § 823 BGB, Rdnr. 190.

[114] Dazu oben A. II.

[115] Vgl. dazu bereits die Rechtsprechung des Reichsgerichts oben in Abschnitt B. II.

2. Stellung innerhalb von § 823 I BGB

Auch in der weiteren Diskussion um ihren Prüfungsstandort innerhalb von § 823 I BGB schlägt sich die Frage nieder, ob die Verkehrspflichten lediglich zur Konkretisierung des Tatbestandes oder als richterlich entwickelte Generalklausel zu verstehen sind[116].

a) Kein Rechtfertigungsgrund

Einig ist man sich heute zumindest, dass „verkehrsrichtiges Verhalten"[117] keinen Rechtfertigungsgrund bildet[118]. Dies würde zu einer falschen Verteilung der Beweislast führen, da derjenige der sich „verkehrsrichtig" verhält, keine Fehler macht und sich daher gerade nicht auf einen nur ausnahmsweise eingreifenden Rechtfertigungsgrund berufen muss. Alles Weitere ist jedoch umstritten.

b) Positive Bestimmung der Rechtswidrigkeit

Teilweise wird die Verkehrspflichtverletzung erst zur positiven Bestimmung der Rechtswidrigkeit herangezogen[119]. Zumeist steht hinter dieser Zuordnung das Verständnis, dass Tatbestand und Rechtswidrigkeit sich in Fällen mittelbarer Handlungen oder Unterlassungen nicht voneinander unterschei-

---

[116] So auch *Schiemann*, in: Erman, § 823 BGB, Rdnr. 75 f. Zu den dogmatischen Hintergründen oben B.IV.2.

[117] BGHZ 24, 21, 26.

[118] So aber BGHZ 24, 21, 28 f. Zur Kritik dazu: *Börgers:* Von den „Wandlungen" zur „Restrukturierung"?, S. 27 f.; *Fikentscher/Heinemann:* Schuldrecht, Rdnr. 1408; *Harke:* Besonderes Schuldrecht, Rdnr. 525 Fn. 14; *Looschelders:* Schuldrecht BT, Rdnr. 1190 f.; *Mertens*, VersR 1980, 397 (399); *Schrauder:* Wettbewerbsverstöße, S. 165; *Spickhoff*, in: Soergel, § 823 BGB, Rdnr. 6 m.w.N.); *Stoll*, JZ 1958, 137 (137 ff.); *Wagner*, in: MünchKomm-BGB, § 823 BGB, Rdnr. 25.

[119] Vgl. *v. Bar:* Verkehrspflichten, S. 79, 174 f; *v. Bar*, JuS 1988, 169 (173); *v. Caemmerer*, in: Hundert Jahre deutsches Rechtsleben II, S. 132; *Esser/Schmidt:* Schuldrecht AT, § 25 IV 1c, S. 69; *Esser/Weyers:* Gesetzliche Schuldverhältnisse, § 54 I 1 b, S. 146; § 55 II 3 a, S. 170 f. (die jedoch eine Zuordnung zum Verschulden ebenso für vertretbar halten); *Löwisch:* Der Deliktsschutz relativer Rechte, S. 49; *Medicus/Lorenz:* Schuldrecht II, Rdnr. 1243; *Mertens*, VersR 1980, 397 (399); *Nipperdey/Säcker*, NJW 1985 (1991); *Schrauder:* Wettbewerbsverstöße, S. 168 f.; *Steffen*, in: RGRK, § 823 BGB, Rdnr. 140; *Wieacker*, JZ 1957, 535 (537); *Zimmermann*, VersR 1980, 497 (498). Vgl. auch *Körner:* Rechtsschutz des Unternehmens, S. 19 ff., der u. a. die Sozialinadäquanz der Rechtswidrigkeit gleichsetzt (S. 24 f.) und damit die Frage nach einer Verhaltensnorm gerade nicht dem Tatbestand zuordnen will.

den ließen[120] beziehungsweise, dass die bloß mittelbare Verletzung eines von § 823 I BGB geschützten Rechtsgutes zwar formal den Tatbestand des § 823 I BGB verwirkliche, dies jedoch für sich genommen wertfrei sei und noch keinen rechtlichen Vorwurf gegen den möglichen Täter beinhalte[121].

c) Konkretisierung der verkehrserforderlichen Sorgfalt

Einem ähnlichen Verständnis folgt die Prüfung der Verkehrspflichten erst auf Verschuldensebene zur Bestimmung der im Verkehr erforderlichen Sorgfalt gemäß § 276 II BGB[122]. Auch diese Ansicht setzt voraus, dass erst auf Ebene des Verschuldens das Unwerturteil über eine Handlung gefällt wird.

d) Tatbestandsmerkmal

Die heute wohl herrschende Meinung betrachtet die Verletzung einer Verkehrspflicht als Teil des objektiven Tatbestands[123], nämlich als Teil der Prüfung einer Verletzungshandlung im Sinne des § 823 I BGB[124] oder als unge-

---

[120] *Deutsch:* Allgemeines Haftungsrecht, Rdnr. 71; *Jansen:* Struktur des Haftungsrechts, S. 22 f.

[121] Vgl. dazu *Katzenberger:* Recht am Unternehmen, S. 26; *Körner:* Rechtsschutz des Unternehmens, S. 18; *Löwisch:* Der Deliktsschutz relativer Rechte, S. 49; *Mertens*, VersR 1980, 397 (399); *Nipperdey/Säcker*, NJW 1985; *Reinhardt*, in: Karlsruher Forum 1961, S. 6; *Schippel:* Das Recht am eingerichteten und ausgeübten Gewerbebetrieb, S. 72 f. Vgl. auch *Körner:* Rechtsschutz des Unternehmens, S. 19, 21.

[122] So *U. Huber*, JZ 1969, 677 (678); *U. Huber*, in: Festschrift E. Huber, S. 265, 279; *Reinhardt*, in: Karlsruher Forum 1961, S. 7. Nur für mittelbare Verletzungshandlungen, nicht aber Unterlassungen: *Canaris*, in: Festschrift Larenz, S. 80. Dazu auch *Werner:* Verkehrspflichten privater IT-Nutzer, S. 178 ff. m. w. N.

[123] Vgl. *Esser/Weyers:* Gesetzliche Schuldverhältnisse, § 55 II 3 e, S. 173 f.; *Fikentscher/Heinemann:* Schuldrecht, Rdnr. 1408, 1595; *Förster*, in: Bamberger/Roth, § 823 BGB, Rdnr. 291; *Fuchs/Pauker:* Delikts- und Schadensersatzrecht, S. 97; *Harke:* Besonderes Schuldrecht, Rdnr. 524, 527; *Kleindiek:* Deliktshaftung und juristische Person, S. 32; *Kötz/Wagner:* Deliktsrecht, Rdnr. 129; *Larenz/Canaris:* Schuldrecht II/2, § 76 III 2 d, S. 406; *Looschelders*, JR 2000, 265 (266); *Looschelders:* Schuldrecht BT, Rdnr. 1177; *Medicus/Petersen:* Bürgerliches Recht, Rdnr. 647; *Preusche:* Unternehmensschutz und Haftungsbeschränkung, S. 138; *Raab*, JuS 2002, 1041 (1047); *Schapiro:* Unterlassungsansprüche, S. 134; *Schiemann*, in: Erman, § 823 BGB, Rdnr. 12, 75 f.; *Wagner*, in: MünchKomm-BGB, § 823 BGB, Rdnr. 308; *Wandt:* Gesetzliche Schuldverhältnisse, § 16 Rn. 159; *Werner:* Verkehrspflichten privater IT-Nutzer, S. 131; wohl auch *v. Bar:* Verkehrspflichten, S. 62 f.; *Brüggemeier*, AcP 182 (1982), 385 (433 f.). Nur für Unterlassungen, nicht aber mittelbare Verletzungshandlungen: *Canaris*, in: Festschrift Larenz, S. 80.

[124] So *Fikentscher/Heinemann:* Schuldrecht, Rdnr. 1595; *Kleindiek:* Deliktshaftung und juristische Person, S. 32; *Looschelders*, JR 2000, 265 (266); *Looschelders:* Schuldrecht BT, Rdnr. 1177.

schriebenes Tatbestandsmerkmal zur objektiven Zurechnung eines Verletzungserfolgs zu einer bestimmten Person, die als Täter in Frage kommt[125]. Bei Erfüllung der Verkehrspflicht wird umgekehrt bereits die Tatbestandsmäßigkeit der Verletzungshandlung verneint[126].

Diese Zuordnung ist vorzugswürdig, weil es dadurch möglich ist, am Modell der Indikation der Rechtswidrigkeit durch die Tatbestandserfüllung[127] festhalten zu können[128], wie es auch dem „klassischen" Verständnis des § 823 I BGB als Tatbestand des Erfolgsunrechts[129] entspricht. Der deliktsrechtliche Tatbestand stellt dementsprechend nicht bloß eine wertfreie, rechtlich neutrale Umschreibung eines typisierten Lebenssachverhaltes dar, sondern beschreibt bereits materiell das Unrecht einer Handlung[130].

Konsequenz dieser Auffassung ist auch, dass die Verletzung einer Verhaltenspflicht nach allgemeinen Beweislastregeln vom Geschädigten zu beweisen ist[131]. Bei Vorliegen einer Verhaltenspflichtverletzung sind dann auf Ebene der Rechtswidrigkeit nur noch im Ausnahmefall vom Schädiger zu beweisende[132] Rechtfertigungsgründe zu prüfen[133].

---

[125] So *Fuchs/Pauker*: Delikts- und Schadensersatzrecht, S. 97; *Krause*, in: Soergel, Anh. II § 823 BGB, Rdnr. 15; *Medicus/Petersen*: Bürgerliches Recht, Rdnr. 647; *Raab*, JuS 2002, 1041 (1047); *Reinhardt*, JZ 1961, 713 (717); *Rosenbach*: Eigentumsverletzung durch Umweltveränderung, S. 53; *Schiemann*, in: Erman, § 823 BGB, Rdnr. 12; *Kötz/Wagner*: Deliktsrecht, Rdnr. 197; *Wagner*, in: MünchKomm-BGB, § 823 BGB, Rdnr. 366; *Werner*: Verkehrspflichten privater IT-Nutzer, S. 126.
[126] *Looschelders*, JR 2000, 265 (266).
[127] Siehe dazu oben B.IV.1, B.IV.3.a).
[128] Vgl. *Fikentscher/Heinemann*: Schuldrecht, Rdnr. 1409, 1595; *Förster*, in: Bamberger/Roth, § 823 BGB, Rdnr. 20; *Kleindiek*: Deliktshaftung und juristische Person, S. 32; *Kötz/Wagner*: Deliktsrecht, Rdnr. 203; *Larenz/Canaris*: Schuldrecht II/2, § 75 II 2 c, S. 368 f.; *Looschelders*, JR 2000, 265 (266); *Looschelders*: Schuldrecht BT, Rdnr. 1177; *Medicus/Petersen*: Bürgerliches Recht, Rdnr. 645 f.; *Rosenbach*: Eigentumsverletzung durch Umweltveränderung, S. 53; *Schapiro*: Unterlassungsansprüche, S. 134; *Wandt*: Gesetzliche Schuldverhältnisse, § 16 Rn. 159; *Welzel*, JuS 1966, 421 (425). Für das Strafrecht: *Welzel*: Das deutsche Strafrecht, S. 137. Vgl. auch *Nipperdey*: Gutachten Zeitungsstreik, S. 39 f. (Lösung über Sozialadäquanz). Kritisch: *Schrauder*: Wettbewerbsverstöße, S. 165.
[129] Dazu siehe oben B.IV.1.
[130] So auch *Deutsch*: Allgemeines Haftungsrecht, Rdnr. 247; *Förster*, in: Bamberger/Roth, § 823 BGB, Rdnr. 22 f.; *Scriba*: Anwendungsbereich und Konkretisierung, S. 139. Vgl. auch *Larenz*, NJW 1955, 521 (523).
[131] *Förster*, in: Bamberger/Roth, § 823 BGB, Rdnr. 388 m.w.N.; *Harke*: Besonderes Schuldrecht, Rdnr. 525.
[132] *Grothe*, in: MünchKomm-BGB, § 227 BGB, Rdnr. 27 m.w.N.
[133] *Förster*, in: Bamberger/Roth, § 823 BGB, Rdnr. 20; *Larenz/Canaris*: Schuldrecht II/2, § 75 II 2 c, S. 368 f.; *Schapiro*: Unterlassungsansprüche, S. 134. A.A. (überhaupt keine Rechtswidrigkeitsprüfung mehr erforderlich) *Raab*, JuS 2002, 1041 (1047).

VI. Ergebnis

Die Verkehrspflichten sind als Teil des Tatbestandes des § 823 I BGB zu verstehen. So fügen sie sich ohne Brüche in diesen ein und erfordern weder eine besondere Systematik für mittelbare und fahrlässige Verletzungshandlungen noch eine gänzlich vom Gesetzestext losgelöste, neue Konzeption des Deliktsrechts. Sie erfüllen eine Hilfsfunktion bei der konkreten Anwendung des § 823 I BGB. Einen eigenständigen Tatbestand bilden sie hingegen nicht, da einer solcher gegen das Enumerationsprinzip verstieße. Dieses Verständnis von den Verkehrspflichten wird für die nun im Weiteren erfolgende Behandlung des Rechts am Gewerbebetrieb wegweisend sein.

C. Mittelbare und fahrlässige Handlungen als Eingriffe in das Recht am Gewerbebetrieb

Verkehrspflichten ermöglichen also nicht nur, aber doch schwerpunktmäßig[1] die Begründung einer Haftung für mittelbare und fahrlässige Handlungen und Unterlassungen. Daraus ergibt sich als erste Voraussetzung für eine Anwendbarkeit der Figur des Verkehrspflichtverstoßes auf das Recht am Gewerbebetrieb, dass der für eine Verletzung des Rechts am Gewerbebetrieb erforderliche betriebsbezogene Eingriff grundsätzlich auch mittelbar kausal und fahrlässig erfolgen kann.

Zur Klärung dieser Frage ist zunächst eine Übersicht über Zweck und Definition des betriebsbezogenen Eingriffs erforderlich. Ferner wird untersucht werden, ob eine Haftung wegen Verkehrspflichtverletzung beim Recht am Gewerbebetrieb nicht vom Konzept der Störerhaftung verdrängt wird[2].

I. Zweck des Kriteriums des betriebsbezogenen Eingriffs

Der betriebsbezogene Eingriff gilt – neben dem Erfordernis einer Güter- und Interessenabwägung im Einzelfall – als zentrales Tatbestandsmerkmal zur Definition des Schutzbereichs[3] und damit zur Begrenzung einer Haftung wegen Eingriffs in das Recht am Gewerbebetrieb[4]. Eine solche Haftungsbe-

---

[1] Siehe oben B.IV.3.b).

[2] Siehe oben A.III.1.b).

[3] Vgl. *Ann/Hauck*, in: MünchKomm-UWG, Teil I. Grundlagen, Rdnr. 110; *Buchner:* Die Bedeutung des Rechts am Gewerbebetrieb, S. 109; *Fabricius*, JuS 1961, 151 (151); *Kötz/Wagner:* Deliktsrecht, Rdnr. 432; *Neumann-Duesberg*, NJW 1968, 1990 (1991); *Steffen*, in: RGRK, § 823 BGB, Rdnr. 42; *Wagner*, in: MünchKomm-BGB, § 823 BGB, Rdnr. 259. Kritisch *Deutsch*, JZ 1976, 451 (451); *Kohlhaas:* Der Eingriff in den Gewerbebetrieb, S. 78 ff.; *Ohly*, in: Ohly/Sosnitza, Einführung, D 59; *Preusche:* Unternehmensschutz und Haftungsbeschränkung, S. 79 f., 86; *Stadtmüller:* Schutzbereich und Schutzgegenstände, S. 69 ff.

[4] Vgl. BGH NJW 1998, 2141, 2143; BGH NJW 2003, 1040, 1041; BAG NJW 2010, 631, 633; BAG NZA 2016, 179, 180; *Ann/Hauck*, in: MünchKomm-UWG, Teil I. Grundlagen, Rdnr. 110; *Beater*, in: Soergel, Anh. V § 823 BGB, Rdnr. 34; *Buchner:* Die Bedeutung des Rechts am Gewerbebetrieb, S. 75; *Fabricius*, JuS 1961, 151 (151); *Hager*, in: Staudinger, § 823 BGB, D 11; *Kohlhaas:* Der Eingriff in den Gewerbebetrieb, S. 76; *Heckelmann*, AuR 1970, 166 (172); *Löwisch/Meier-Rudolph*, JuS 1982, 237 (239); *Medicus/Lorenz:* Schuldrecht II, Rdnr. 1314; *Preusche:* Unter-

I. Zweck des Kriteriums des betriebsbezogenen Eingriffs

grenzung wurde notwendig, nachdem der Bundesgerichtshof durch das „Constanze-Urteil"[5] den Schutzbereich des Rechts am Gewerbebetrieb gegenüber der Rechtsprechung des Reichsgerichts[6] über den Bereich des Wettbewerbsrecht hinaus ausgeweitet hatte[7]: Dem lag der Fall zugrunde, dass ein Kirchenblatt geschäftsschädigende Werturteile gegen die Frauenzeitschrift „Constanze" verbreitet hatte. Obwohl die Kritik an dieser Zeitschrift aus moralisch-religiösen Gründen und nicht zu Wettbewerbszwecken erfolgt war, wurde darin vom Bundesgerichtshof ein unmittelbarer Eingriff in das Recht am Gewerbebetrieb der betroffenen Verlagsgesellschaft erblickt. Zur Begründung dieser Ausweitung des Schutzbereichs wurde der umfassende Schutz des Eigentums in § 823 I BGB herangezogen[8], der auch die Erstreckung des Schutzes des Rechts am Gewerbebetrieb über den Bereich des Wettbewerbsrechts und des gewerblichen Rechtsschutzes hinaus auf den gesamten gewerblichen Tätigkeitskreis[9] rechtfertigen sollte. Seitdem wird der Gewerbebetrieb „in seinem Bestande und in seinen Ausstrahlungen"[10] mit der Gesamt-

---

nehmensschutz und Haftungsbeschränkung, S. 75 f.; *Säcker*, AuR 1965, 353 (361); *Schiemann*, in: Erman, § 823 BGB, Rdnr. 6; *Schnug*, JA 1985, 440 (446); *K. Schmidt*, JuS 1993, 985 (988); *Schwitanski*: Deliktsrecht, Unternehmensschutz und Arbeitskampfrecht, S. 82; *Stadtmüller*: Schutzbereich und Schutzgegenstände, S. 15; *Taupitz*: Haftung für Energieleiterstörungen, S. 160; *Teichmann*, in: Jauernig, § 823 BGB, Rdnr. 95 ff.; *Wagner*, in: MünchKomm-BGB, § 823 BGB, Rdnr. 256.

[5] BGHZ 3, 270, 278 ff.

[6] Zur Rechtsprechung des Reichsgerichts ausführlich und m.w.N.: *Arnold*: Das Recht am Unternehmen, S. 59 f.; *v. Caemmerer*, in: Hundert Jahre deutsches Rechtsleben II, S. 83 ff.; *Fikentscher*, in: Festgabe Kronstein, S. 266 ff.; *Preusche*: Unternehmensschutz und Haftungsbeschränkung, S. 13 ff.; *Riedl*: Das Recht am eingerichteten und ausgeübten Gewerbebetrieb, S. 4 ff.; *Sack*, VersR 2006, 1001 (1001 f.); *Sack*: Das Recht am Gewerbebetrieb, S. 3 ff.; *Schippel*: Das Recht am eingerichteten und ausgeübten Gewerbebetrieb, S. 38; *Schnug*, JA 1985, 440 (440 f.); *Scriba*: Anwendungsbereich und Konkretisierung, S. 1 ff.; *Stadtmüller*: Schutzbereich und Schutzgegenstände, S. 7 ff. Kritisch zur Entwicklung des Rechts am Gewerbebetrieb durch das Reichsgericht, vor allem zu Legitimation durch Verweis auf ältere Entscheidungen *Buchner*: Die Bedeutung des Rechts am Gewerbebetrieb, S. 2 ff., 63; *Deutsch*, JZ 1963, 385 (386); *Fikentscher*, in: Festgabe Kronstein, S. 265; *Schnug*, JA 1985, 440 (444); *Schwitanski*: Deliktsrecht, Unternehmensschutz und Arbeitskampfrecht, 53; *Wielthölter*, KritJ 1970, 121 (121 ff.).

[7] Vgl. *Hefermehl*, WuW 1953, 234 (235), der aber auch auf zuvor ergangenen Entscheidungen, etwa RGZ 163, 21, 32, verweist; *Hubmann*, ZHR 117, 41 (74); *Ramm*, AuR 1966, 161 (162); *Riedl*: Das Recht am eingerichteten und ausgeübten Gewerbebetrieb, S. 58; *Völp*, WuW 1956, 31 (32).

[8] Kritisch dazu *Riedl*: Das Recht am eingerichteten und ausgeübten Gewerbebetrieb, S. 59; *K. Schmidt*, JuS 1993, 985 (988).

[9] BGHZ 3, 270, 280; BGHZ 29, 65, 69. Dazu *Schwitanski*: Deliktsrecht, Unternehmensschutz und Arbeitskampfrecht, S. 59 ff.

[10] BGHZ 29, 65, 70.

heit seiner wirtschaftlichen Werte[11] geschützt, um die wirtschaftliche Tätigkeit und das Funktionieren[12] des Unternehmens umfassend zu sichern.

Wegen dieser zumindest theoretisch[13] extrem weiten Formulierungen der Rechtsprechung besteht keine Notwendigkeit einer näheren Konkretisierung und Definition des Rechtsguts des Gewerbebetriebs und vor allem seiner Grenzen[14]. Dies ist aber zugleich Grund dafür, dass in der Rechtsprechung die Betriebsbezogenheit als Merkmal der Haftungsbeschränkung im Einzelfall den wesentlichen „Dreh- und Angelpunkt"[15] für die rechtliche Beurteilung eines Eingriffs in das Recht am Gewerbebetrieb bildet.

II. Mittelbar kausale Handlungen als betriebsbezogene Eingriffe

1. Rechtsprechung

Der heutige Stellenwert des Kriteriums des betriebsbezogenen Eingriffs für das Recht am Gewerbebetrieb hat sich folglich erst im Laufe der Rechtsprechung des Bundesgerichtshofs entwickelt.

a) Reichsgericht: unmittelbarer Eingriff als bestandsverletzender Eingriff

In der maßgeblichen „Juteplüsch-Entscheidung"[16], in welcher es um eine unberechtigte Schutzrechtsverwarnung wegen eines angeblich bestehenden Gebrauchsmusters für Teppiche und Läufer ging, hatte das Reichsgericht[17]

---

[11] BGHZ 23, 157, 162 f.; BGHZ 45, 83, 87; BGHZ 76, 387, 394; BGH NJW 1857, 1857; BGH NJW 1968, 293, 293; BAG NJW 2016, 666, 668; BAG NZA 2016, 179, 180.

[12] BGHZ 29, 65, 69 f.; BGH NJW 2013, 2760, 2761; BGH GRUR 2014, 904, 905.

[13] Vgl. *Schiemann*, in: Erman, § 823 BGB, Rdnr. 54: Diese theoretisch weiten Formulierungen geben die eigene, wesentlich engere Spruchpraxis des Bundesgerichtshof nicht zutreffend wieder.

[14] Vgl. *Deutsch*, JZ 1963, 385 (387); *Kisseler*: Auswirkungen und Bedeutung, S. 12; *Körner*: Rechtsschutz des Unternehmens, S. 2; *Ohly*, in: Ohly/Sosnitza, Einführung D, Rdnr. 59; *Schwitanski*: Deliktsrecht, Unternehmensschutz und Arbeitskampfrecht, S. 88. Vgl. auch *Riedl*: Das Recht am eingerichteten und ausgeübten Gewerbebetrieb, S. 92 f.; *Scriba*: Anwendungsbereich und Konkretisierung, S. 6: „Kernproblem" des Rechts am Gewerbebetrieb.

[15] *Förster*, in: Bamberger/Roth, § 823 BGB, Rdnr. 185.

[16] RGZ 58, 24.

[17] Vgl. zur Rechtsprechung des Reichsgerichts auch die Nachweise in C.I.

II. Mittelbar kausale Handlungen als betriebsbezogene Eingriffe

den Begriff des unmittelbaren Eingriffs in das Recht am Gewerbebetrieb nur beiläufig verwendet. Eine unberechtigte Schutzrechtsverwarnung sei dann eine unter § 823 I BGB fallende Rechtsverletzung, wenn sie „sich unmittelbar gegen den Gewerbebetrieb"[18] richte, weil „die rechtliche Zulässigkeit dieses Betriebs in bestimmtem Umfange verneint, und deshalb seine Einschränkung verlangt wird"[19]. Erst einige Jahre später knüpfte das Reichsgericht erneut daran an und nahm nun für das Recht am Gewerbebetrieb ausdrücklich die grundlegende Abgrenzung zwischen unmittelbaren und mittelbaren Verletzungshandlungen vor[20]. Daraus entwickelte sich das für eine Haftung entscheidende Erfordernis eines bestandsverletzenden Eingriffs, durch den die Grundlagen des Betriebs angetastet, der Betrieb oder Vertrieb tatsächlich oder rechtlich behindert oder die Einschränkung oder Schließung des Betriebes verlangt werden und bei dem es sich nicht bloß um entgangenen Gewinn im Rahmen erlaubten Wettbewerbs handelt[21]. Unmittelbarer Eingriff und bestandsverletzender Eingriff wurden synonym gebraucht[22]. Spätere Entscheidungen des II. Senats des Reichsgerichts erweiterten diesen Verständnis der Unmittelbarkeit zwar bereits[23]; zu einer abschließenden Definition des unmittelbaren Eingriffs gelangte das Reichsgericht jedoch nicht mehr[24].

b) Bundesgerichtshof: unmittelbarer Eingriff als betriebsbezogener Eingriff

Der Bundesgerichtshof übernahm in dem bereits vorgestellten „Constanze-Urteil"[25] das Unmittelbarkeitserfordernis des Reichsgerichts, ohne es freilich

---

[18] RGZ 58, 24, 30.
[19] RGZ 58, 24, 30.
[20] Seit RGZ 60, 1, 4.
[21] Vgl. RGZ 73, 107, 112; RGZ 77, 217, 219; RGZ 100, 213, 214; RGZ 126, 93, 96; RGZ 135, 242, 247. Dazu *Sack:* Das Recht am Gewerbebetrieb, S. 3 ff.; *Sack,* VersR 2006, 1001 (1001); *Schwitanski:* Deliktsrecht, Unternehmensschutz und Arbeitskampfrecht, S. 51. Kritisch zu sachlichem Gehalt des Kriterium des bestandsverletzenden Eingriffs *Buchner:* Die Bedeutung des Rechts am Gewerbebetrieb, S. 64; *Fikentscher,* in: Festgabe Kronstein, S. 276 ff.; *Preusche:* Unternehmensschutz und Haftungsbeschränkung, S. 75 f.; *Schnug,* JA 1985, 440 (446); *Taupitz:* Haftung für Energieleiterstörungen, S. 181.
[22] Vgl. RGZ 79, 224, 226. Dazu auch *Buchner:* Die Bedeutung des Rechts am Gewerbebetrieb, S. 76; *Preusche:* Unternehmensschutz und Haftungsbeschränkung, S. 73 ff.; *Sack:* Das Recht am Gewerbebetrieb, S. 3 ff.; *Schippel:* Das Recht am eingerichteten und ausgeübten Gewerbebetrieb, S. 54 f.; *Schnug,* JA 1985, 440 (446). Offen lassend *Taupitz:* Haftung für Energieleiterstörungen, S. 158 mit Fn. 48. A.A.: *Schwitanski:* Deliktsrecht, Unternehmensschutz und Arbeitskampfrecht, S. 50 f.
[23] Vgl. RGZ 132, 311, 316; RGZ 163, 21, 32 f.
[24] Dazu *Buchner:* Die Bedeutung des Rechts am Gewerbebetrieb, S. 64 ff.
[25] BGHZ 3, 270, 279 f. Siehe dazu oben C.I.

zum Gegenstand einer Subsumtion zu machen[26]. Erst in der ebenfalls bereits vorgestellten „Stromkabelentscheidung"[27] fand eine ausführliche und grundlegende Auseinandersetzung mit diesem Begriff statt. Auch dort wurde zwar grundsätzlich an die Rechtsprechung des Reichsgerichts angeknüpft[28], indem im Ausgangspunkt ein unmittelbarer Eingriff gefordert wurde. Die Richter erkannten jedoch das Problem, dass noch keine abschließende Definition dieses Begriffes vorlag[29]. Sie lehnten es zudem ausdrücklich ab, zu der älteren Ansicht des Reichsgerichts zurückzukehren, wonach nur bestandsverletzende Eingriffe erfasst werden sollten[30], und versuchten sich daher an einer eigenen Definition. Die Übernahme des Unmittelbarkeitskriteriums durch den Bundesgerichtshof war damit von vornherein nur begrifflicher, nicht inhaltlicher Natur[31].

Bei der Suche nach einer eigenen Definition wurde zunächst klargestellt, dass der „unmittelbare Eingriff" beim Recht am Gewerbebetrieb anders als sonst im Rahmen des § 823 I BGB zu verstehen sei: Üblicherweise werde zwar eine unmittelbare Verletzungshandlung unter Kausalitätsgesichtspunkten der nur mittelbaren Verletzungshandlung oder einem vorwerfbaren Unterlassen gegenüber gestellt[32]. Beim Recht am Gewerbebetrieb zeichne sich ein unmittelbarer Eingriff hingegen gerade nicht durch das Fehlen von Zwischenursachen aus[33]. Genauso wie alle anderen von § 823 I BGB geschützten Rechtsgüter könne eine Verletzung des Rechts am Gewerbebetrieb also durch ein unmittelbar oder mittelbar kausales Handeln genauso wie durch ein vorwerfbares Unterlassen begangen werden[34].

---

[26] Vgl. *Riedl:* Das Recht am eingerichteten und ausgeübten Gewerbebetrieb, S. 59 ff.; *Schwitanski:* Deliktsrecht, Unternehmensschutz und Arbeitskampfrecht, S. 62.
[27] BGHZ 29, 65, 70 ff.; siehe dazu oben A.III.1.b).
[28] BGHZ 29, 65, 70.
[29] BGHZ 29, 65, 71.
[30] BGHZ 29, 65, 73. Ähnlich schon BGHZ 3, 270, 279.
[31] Vgl. *Löwisch/Meier-Rudolph,* JuS 1982, 237 (239); *Preusche:* Unternehmensschutz und Haftungsbeschränkung, S. 72 ff.; *Riedl:* Das Recht am eingerichteten und ausgeübten Gewerbebetrieb, S. 63; *Schnug,* JA 1985, 440 (446); *Schwitanski:* Deliktsrecht, Unternehmensschutz und Arbeitskampfrecht, S. 65, 75 ff.
[32] Vgl. dazu oben B.I.
[33] BGHZ 29, 65, 71; vgl. auch bereits BAGE 2, 75 = BAG NJW 1955, 1373, 1373. A.A. aber zuvor etwa RGZ 163, 21, 32 f.; OLG Hamburg, NJW 1956, 716, 717; OLG München NJW 1956, 1719, 1720. Später sogar BGH NJW 1964, 929, 931 (in BGHZ 41, 61 insoweit nicht abgedruckt), obwohl dort gerade auf BGHZ 29, 65 verwiesen wird!) sowie im Anschluss daran BGH NJW 1976, 620, 624, in BGHZ 65, 325 insoweit nicht abgedruckt. Auch in BGHZ 3, 270, 279 f. beruft sich der Bundesgerichtshof interessanter Weise auf das Urteil RGZ 163, 21, 32 f, wo Unmittelbarkeit im Sinne von Kausalität verstanden wurde. Dazu *Buchner:* Die Bedeutung des Rechts am Gewerbebetrieb, S. 78 f.
[34] BGHZ 55, 153, 160.

II. Mittelbar kausale Handlungen als betriebsbezogene Eingriffe

Es wurde daher eine wertungsmäßige Betrachtung[35] der Eingriffshandlung angestellt und das Erfordernis der Betriebsbezogenheit eingeführt[36]: Unmittelbare Eingriffe in das Recht am Gewerbebetrieb seien demnach nur diejenigen, die gegen den Betrieb als solchen gerichtet, also betriebsbezogen seien und nicht vom Gewerbebetrieb ohne Weiteres ablösbare Rechte oder Rechtsgüter beträfen[37]. Auch wenn es von diesem Wortlaut her zunächst so erschien, als ob die „Betriebsbezogenheit" nur ein Teil der „Unmittelbarkeit" sei, die kumulativ neben der Nichtablösbarkeit des Rechts vom Gewerbebetrieb stünde[38], hat die Rechtsprechung in der Folgezeit nicht mehr zwischen Unmittelbarkeit und Betriebsbezogenheit differenziert, sondern seither beide Begriffe synonym genutzt[39].

Folglich werden gerade in den klassischen Fallgruppen[40] des Rechts am Gewerbebetrieb mittelbar kausale Handlungen des Inanspruchgenommenen als unmittelbar betriebsbezogene Eingriffe qualifiziert: Bei unberechtigten Schutzrechtsverwarnungen liegt letztursächlich ein eigenverantwortlicher Entschluss des Herstellers bzw. des Abnehmers vor, der Verwarnung entsprechend zu handeln und zum Beispiel die Produktion einzustellen oder das Produkt nicht mehr zu erwerben[41]. Genauso schädigen Boykott-[42] und Streikaufrufe[43] sowie ge-

---

[35] BAGE 59, 48 = BAG NJW 1989, 61, 62. Ebenso *Steffen*, in: RGRK, § 823 BGB, Rdnr. 42; *Sack*, Das Recht am Gewerbebetrieb, S. 143.

[36] BGHZ 29, 65, 74.

[37] BGHZ 29, 65, 74. Vgl. auch BGHZ 193, 227, 233; BGH NJW 2009, 2958, 2959; BGH NJW 2013, 2760, 2761; BGH GRUR 2014, 904, 905. BGH NJW 2015, 1174, 1176; BAG NJW 2016, 666, 668; BAG NZA 2016, 179, 180.

[38] Vgl. auch *Hager*, in: Staudinger, § 823 BGB, D 11; *Stadtmüller*: Schutzbereich und Schutzgegenstände, S. 63; *Wandt*: Gesetzliche Schuldverhältnisse, § 16 Rn. 87 Fn. 201.

[39] So auch *Buchner*: Die Bedeutung des Rechts am Gewerbebetrieb, S. 108; *Schapiro*: Unterlassungsansprüche, S. 142; vgl. auch *Schiemann*, in: Erman, § 823 BGB, Rdnr. 63. Diesem Verständnis wird auch in dieser Arbeit gefolgt.

[40] Zu den Fallgruppen des Rechts am Gewerbebetrieb sowie deren Systematisierung z.B.: *Fikentscher*, in: Festgabe Kronstein, S. 288 ff.; *Fikentscher/Heinemann*: Schuldrecht, Rdnr. 1573 ff.; *Förster*, in: Bamberger/Roth, § 823 BGB, Rdnr. 194 ff.; *Hager*, in: Staudinger, § 823 BGB, D 24 ff.; *Katzenberger*: Recht am Unternehmen, S. 57 ff.; *Stadtmüller*: Schutzbereich und Schutzgegenstände, S. 158 ff.; *Zeuner*, in: Soergel, 12. Aufl., § 823 BGB, Rdnr. 117 ff. Zu den weiteren, hier nicht behandelten Fallgruppen „Verwässerung berühmter Marken", „Schutz von Vertriebssystemen" und „Schutz von Verlagsrechten" siehe *Riedl*: Das Recht am eingerichteten und ausgeübten Gewerbebetrieb, 123; *Sack*: Das Recht am Gewerbebetrieb, S. 274 ff., 306 f. jeweils m.w.N.

[41] Vgl. BGH NJW 1977, 2313, 2313; OLG Hamburg GRUR-RR 2003, 257, 260.

[42] Vgl. BGH GRUR 2014, 904, 905.

[43] Vgl. BAG NJW 2016, 666, 668; BAG NZA 2016, 179, 180.

schäftsschädigende Werturteile[44] und Tatsachenbehauptungen[45] erst mittelbar ein bestimmtes Unternehmen, da die Adressaten zunächst der Aussage Glauben schenken und ihr Verhalten freiwillig dem Inhalt eines Aufrufes entsprechend anpassen müssen, bevor es beim betroffenen Unternehmen zu immateriellen und materiellen Schäden, etwa Umsatzrückgängen, kommt.

2. Literatur

Auch in der Literatur besteht nahezu Einigkeit, dass das Erfordernis der Betriebsbezogenheit gerade nicht kausal, also im Sinne eines für § 823 I BGB untypischen[46] Erfordernisses des Fehlens von Zwischenursachen verstanden werden dürfe[47]. Allerdings verschwimmen die beiden unterschiedlichen Begriffsverständnisse der Unmittelbarkeit – Unmittelbarkeit im Sinne von Kausalität oder im Sinne der Betriebsbezogenheit – zum Teil[48].

3. Stellungnahme

Bei der Frage, ob ein unmittelbarer, betriebsbezogener Eingriff in das Recht am Gewerbebetrieb auch mittelbar kausal erfolgen kann, handelt es sich zunächst nur um ein scheinbares, da begriffliches Problem. Es resultiert daraus, dass sowohl beim Recht am Gewerbebetrieb als auch bei den Verkehrspflichten zumindest formal an die jeweilige Rechtsprechungstradition für beide Rechtsinstitute, insbesondere an die ursprünglichen Begrifflichkeiten, angeknüpft wurde. Dadurch kommt es zu einer „Begriffsverwirrung oder gar -verschiebung"[49], indem einerseits beim Recht am Gewerbebetrieb noch

---

[44] Vgl. aber BGH NJW 1976, 620, 624, in BGHZ 65, 325 insoweit nicht abgedruckt.

[45] Vgl. BGH NJW-RR 1989, 924, 925.

[46] Siehe oben B.I. sowie B. IV.2.

[47] Vgl. *Buchner*: Die Bedeutung des Rechts am Gewerbebetrieb, S. 78 f.; *Gieseke*, GRUR 1950, 298 (307); *Glückert*, AcP 166, 311 (319); *Hager*, in: Staudinger, § 823 BGB, D 11; *Larenz*, NJW 1956, 1720 (1720); *Preusche*: Unternehmensschutz und Haftungsbeschränkung, S. 83 ff.; *Stadtmüller*: Schutzbereich und Schutzgegenstände, S. 59; *Schapiro*: Unterlassungsansprüche, S. 142; *Schnug*, JA 1985, 440 (447); *Schrauder*: Wettbewerbsverstöße, S. 216 ff.; *Schwitanski*: Deliktsrecht, Unternehmensschutz und Arbeitskampfrecht, S. 61; *Scriba*: Anwendungsbereich und Konkretisierung, S. 105; *Taupitz*: Haftung für Energieleiterstörungen, S. 173.

[48] Vgl. etwa *Sack*, VersR 2006, 1001 (1009): Er benutzt beide Begriffe äquivalent, wenn er seine Kritik am Recht am Gewerbebetrieb auch daran aufhängt, dass die Rechtswidrigkeit eines unmittelbaren Eingriffs in das Recht am Gewerbebetrieb positiv durch eine Interessenabwägung festzustellen sei, während bei unmittelbaren Eingriffen in die klassischen Rechtsgüter und Rechte des § 823 I BGB die Rechtswidrigkeit indiziert sei.

[49] *v. Bar*, in: 25 Jahre Karlsruher Forum, S. 83.

der vom Reichsgericht geprägte[50] Begriff des *unmittelbaren* Eingriffs verwendet wird und andererseits bei den Verkehrspflichten *mittelbar* kausal verursachte Verletzungen im Vordergrund der Diskussion stehen[51].

Erkennt man dies, ergibt sich, dass auch *mittelbar* kausale Verletzungshandlungen im Sinne von § 823 I BGB grundsätzlich einen *unmittelbaren* Eingriff in den Gewerbebetrieb darstellen können.

III. Fahrlässiges Handeln als Eingriff in das Recht am Gewerbebetrieb

Dieses Zwischenergebnis ist allerdings zur Klärung der Frage, ob ein Eingriff in das Recht am Gewerbebetrieb durch Verkehrspflichtverletzung erfolgen kann, nur bedingt aussagekräftig. Denn die bereits angesprochenen, für das Recht am Gewerbebetrieb typischen Eingriffshandlungen – Schutzrechtsverwarnungen, Streik- und Boykottaufrufe sowie geschäftsschädigende Äußerungen – sind zwar mittelbar kausale[52], aber vor allem vorsätzliche Handlungen. So hat auch in den meisten übrigen Fällen, in denen in der Rechtsprechung ein Eingriff in das Recht am Gewerbebetrieb tatsächlich angenommen wurde, der Verletzer vorsätzlich gehandelt[53]. Hier ist eine Haftung des Schädigers aus § 823 I BGB – unabhängig davon, ob man hier auf die Figur der Verkehrspflichten zurückgreift – fast immer unproblematisch[54]. Wichtiger und schwieriger zu beantworten ist daher die Frage, ob ein betriebsbezogener Eingriff auch durch fahrlässiges Handeln verwirklicht werden kann[55].

1. Rechtsprechung

Ruft man sich noch einmal die von der Rechtsprechung in der „Stromkabelentscheidung" entwickelte klassische Definition des betriebsbezogenen Eingriffes in Erinnerung[56], so fällt auf, dass sie zumindest ihrem Wortlaut nach offen ist, was die subjektive Haltung des Schädigers angeht: Denn diese Definition ist objektiv gestaltet, soweit es heißt, der Eingriff dürfe nicht nur

---

[50] Siehe oben C.II.1.a).
[51] Siehe oben B.I sowie B.IV.
[52] Siehe oben C.II.1.b).
[53] *Riedl:* Das Recht am eingerichteten und ausgeübten Gewerbebetrieb, S. 99; *Sack*, VersR 2006, 582 (585); *Sack*, VersR 2006, 1001 (1008); *Sack:* Das Recht am Gewerbebetrieb, S. 223, 291.
[54] Vgl. dazu auch B.IV.3.b).
[55] Siehe dazu bereits oben A.III.2.b).
[56] Siehe oben C.I.1.b).

vom Gewerbebetrieb ohne Weiteres ablösbare Rechte oder Rechtsgüter betreffen. Auch die Formulierung, der Eingriff müsse gegen den Betrieb als solchen gerichtet sein, kann grundsätzlich sowohl objektiv als auch subjektiv zu verstehen sein. In einem späteren Urteil wurde dies dahingehend präzisiert, ein Eingriff sei dann betriebsbezogen, wenn er sich nach seiner *objektiven* Stoßrichtung gegen den betrieblichen Organismus oder die unternehmerische Entscheidungsfreiheit richtet und sich daraus eine Schadensgefahr ergibt, die über eine bloße Belästigung oder sozialübliche Behinderung hinausgeht und geeignet ist, den Betrieb in empfindlicher Weise zu beeinträchtigen[57]. Hier liegt die Betonung klar auf einem objektiven Verständnis vom Begriff der Betriebsbezogenheit.

Dass ein subjektives Element auf Seiten des Schädigers darüber hinaus keine notwendige Bedingung für das Vorliegen betriebsbezogenen Eingriffs ist, hatte der Bundesgerichtshof bereits ebenfalls in der grundlegenden „Stromkabelentscheidung" ausgeführt[58]: Dort setzte er sich mit der von *Larenz*[59] vertretenen Meinung auseinander, dass der Begriff des betriebsbezogenen Eingriffs in dem Sinne telelogisch bestimmt werden müsse, dass es auf die Zweckbezogenheit des Engriffes ankommen müsse, und lehnte sie ausdrücklich mit der Begründung ab, dass fahrlässige Eingriffe dann nicht erfasst würden[60]. Das Recht am Gewerbebetrieb als Produkt lückenschließender Rechtsfortbildung ergebe sich nämlich gerade aus der Notwendigkeit eines gegenüber § 826 BGB erweiterten Schutzbereich hinsichtlich der Fahrlässigkeit[61]. Nichtsdestoweniger – und das erstaunt vor diesem Hintergrund – wird in einer anderen Entscheidung die Frage, ob auch leicht fahrlässiges Handeln einen Eingriff in das Recht am Gewerbebetrieb begründen könne, explizit offen gelassen[62]. Zudem heißt es, dass sich die Betriebsbezogenheit regelmäßig bereits aus der Willensrichtung des Verletzers ergeben könne[63]. Dies impliziert einerseits, dass vorsätzliches Handeln zwar im Re-

---

[57] BGHZ 138, 311, 317; vgl. auch schon BGH NJW 1985, 1620, 1620.
[58] BGHZ 29, 65, 71 f.
[59] *Larenz*, NJW 1956, 1720 (1720).
[60] BGHZ 29, 65 71 f.
[61] BGHZ 29, 65 71 f.; BGHZ 36, 252, 256; BGHZ 69, 128, 139; BGHZ 90, 113, 122. Ähnlich schon BGHZ 59, 30, 34. Hier hatte allerdings schon das Berufungsgericht keine Feststellungen zum Vorliegen von Vorsatz getroffen, sodass unklar ist, ob tatsächlich das Recht am Gewerbebetrieb vorrangig gegenüber bzw. neben § 826 BGB stehen soll, worauf auch *Sack:* Das Recht am Gewerbebetrieb, S. 169 mit Fn. 584 hinweist. Vgl. auch *Wagner*, in: MünchKomm-BGB, § 823 BGB, Rdnr. 260 sowie unten D.III.1.c).
[62] BGHZ 59, 30, 34.
[63] BGHZ 59, 30, 34 f.; BGHZ 69, 128, 139; BGHZ 76, 387, 395; BGHZ 90, 113, 123; BGH NJW 1969, 1207, 1208; BGH NJW 1977, 2313, 2313; BGH NJW 1981, 2416, 2416; vgl. auch OLG Frankfurt NJW-RR 1988, 52.

III. Fahrlässiges Handeln als Eingriff in das Recht am Gewerbebetrieb

gelfall einen betriebsbezogenen Eingriff darstellt, andererseits aber auch, dass es keine unbedingt notwendige Voraussetzung für dessen Vorliegen ist.

Insgesamt scheint sich die Rechtsprechung selbst nicht ganz klar zu sein über die Bedeutung der subjektiven Haltung des Verletzers für den betriebsbezogenen Eingriff[64]. Sie nimmt in der Regel bei vorsätzlichem Handeln des Schädigers eine Haftung an, schließt sie jedoch bei nur fahrlässigen Verhaltensweisen nicht grundsätzlich aus.

2. Literatur

Angesichts der zumeist vorsätzlichen Verletzungshandlungen geht ein großer Teil des Schrifttums davon aus, dass ein subjektives Element in Form von Zweckbezogenheit[65], Vorsatz[66] oder wenigstens Kenntnis[67] für einen Eingriff in das Recht am Gewerbebetrieb erforderlich ist[68] und damit fahrläs-

---

[64] Vgl.: BGHZ 59, 30, 35: „Der Streitfall bietet hiernach angesichts der vom Berufungsgericht über die Willensrichtung des Beklagten getroffenen Feststellungen keinen Anlaß zur Prüfung der umstrittenen Frage, ob die Haftung für Vermögensschäden aus Eingriff in den Gewerbebetrieb durch Demonstrationen etwa auch bei nur fahrlässigem, insbesondere leicht fahrlässigem Handeln zu begründen wäre"; BGH NJW 1977, 2313, 2313: „Die Abgrenzung mag im Einzelfall, insbesondere bei fahrlässigen Verhaltensweisen, schwierig sein".

[65] Vgl. *Lambrich/Sander*, NZA 2014, 337 (339); *Larenz*, NJW 1956, 1720 (1720); *Mertens*, in: MünchKomm-BGB, 3. Aufl., § 823 BGB, Rdnr. 9; *Schultze-Melling*, CR 2005, 73 (77). Kritisch: *Buchner:* Die Bedeutung des Rechts am Gewerbebetrieb, S. 80; *Scriba:* Anwendungsbereich und Konkretisierung, S. 105 f.; *Taupitz:* Haftung für Energieleiterstörungen, S. 176 ff.

[66] Vgl. *Arnold:* Das Recht am Unternehmen, S. 70; *Brüggemeier*, VersR 1984, 902 (904 Fn. 40); *Hager*, in: Staudinger, § 823 BGB, D 12, 17, 44 f.; *Lambrich/Sander*, NZA 2014, 337 (339); *Lehmann*, NJW 1959, 670 (670); *Meier/Wehlau*, NJW 1998, 1585 (1589); *Seiter:* Streikrecht und Aussperrungsrecht, S. 460 f.; *Spindler:* Verantwortlichkeiten, Rdnr. 108, 117, 279; *Spindler*, in: Bamberger/Roth, 37. Edition, § 823 BGB, Rdnr. 109; *Staake/Bressensdorf*, JuS 2016, 297 (300); *Stadtmüller:* Schutzbereich und Schutzgegenstände, S. 51; *Wagner*, in: MünchKomm-BGB, § 823 BGB, Rdnr. 288; *Werner:* Verkehrspflichten privater IT-Nutzer, S. 119 f. Vgl. auch *Riedl:* Das Recht am eingerichteten und ausgeübten Gewerbebetrieb, S. 144; *Sack*, VersR 2006, 582 (585); *Sack*, VersR 2006, 1001 (1008); *Sack:* Das Recht am Gewerbebetrieb, S. 146 ff.; *Schwitanski:* Deliktsrecht, Unternehmensschutz und Arbeitskampfrecht, S. 82 ff. die u.a. daran ihre Kritik am Recht am Gewerbebetrieb festmachen.

[67] Vgl. *Larenz/Canaris:* Schuldrecht II/2, § 81 I 2 a, S. 540; *Schapiro:* Unterlassungsansprüche, S. 141.

[68] Vgl. auch *Beater*, in: Soergel, Anh. V § 823 BGB, Rdnr. 34; *Emmerich:* Schuldrecht BT, § 22 Rn. 9; *Hager*, in: Staudinger, § 823 BGB, D 12, 17; *Spindler*, NJW 1999, 3737 (3738); *Zeuner*, JZ 1961, 41 (45); *Zeuner*, in: Soergel, 12. Aufl., § 823 BGB, Rdnr. 109.

siges Handeln von vornherein das Vorliegen der Betriebsbezogenheit des Eingriffes ausschließt[69]. Andere hingegen sehen wie die Rechtsprechung die Funktion des Rechts am Gewerbebetrieb gerade in dem gegenüber § 826 BGB erweiterten Schutz auch gegenüber fahrlässigen Verhaltensweisen[70].

3. Stellungnahme

Die Rechtsprechung schließt die Existenz fahrlässiger, aber betriebsbezogener Eingriffe in das Recht am Gewerbebetrieb nicht von vornherein aus; ganz im Gegenteil: Sie legitimiert die Existenz des Rechts am Gewerbebetrieb gerade hierüber. Dennoch ist auffällig, dass in den meisten Fällen, in denen ein betriebsbezogener Eingriff bejaht wurde, der Schädiger vorsätzlich gehandelt hatte[71]. Daher verwundert es nicht, dass im Schrifttum die Ansicht verbreitet ist, dass fahrlässiges Handeln und das Vorliegen eines betriebsbezogenen Eingriffs einander ausschließen.

Bei diesen Überlegungen muss berücksichtigt werden, dass fahrlässiges, erst recht aber unwillentliches Boykottieren, Demonstrieren oder die Abgabe einer unberechtigten Schutzrechtsverwarnung schlichtweg unmöglich ist, was eine Verallgemeinerung dieser Fälle verbietet[72]. Diese für das Recht am

---

[69] Vgl. *Arnold:* Das Recht am Unternehmen, S. 70; *Beater*, in: Soergel, Anh. V § 823 BGB, Rdnr. 34; *Emmerich:* Schuldrecht BT, § 22 Rn. 9; *Riedl:* Das Recht am eingerichteten und ausgeübten Gewerbebetrieb, S. 99; *Sack*, VersR 2006, 582 (585); *Sack*, VersR 2006, 1001 (1003); *Sack:* Das Recht am Gewerbebetrieb, S. 149, 297; *Schwitanski:* Deliktsrecht, Unternehmensschutz und Arbeitskampfrecht, S. 82 ff.; *Staake/Bressensdorf*, JuS 2016, 297 (300); *Steffen*, in: RGRK, § 823 BGB, Rdnr. 43; *Zeuner*, in: Soergel, 12. Aufl., § 823 BGB, Rdnr. 109. Bzgl. fahrlässiger Datenlöschung bzw. der unbemerkten Verbreitung von Computerviren und unbemerkter Teilnahme an DoS-Angriffen *Meier/Wehlau*, NJW 1998, 1585 (1589); *Schultze-Melling*, CR 2005, 73 (77); *Spindler*, NJW 1999, 3737 (3738); *Spindler:* Verantwortlichkeiten, Rdnr. 108, 117, 279; *Werner:* Verkehrspflichten privater IT-Nutzer, S. 119; bzgl. fahrlässiger Unternehmensblockaden ebenso *Wagner*, in: MünchKomm-BGB, § 823 BGB, Rdnr. 288. Offen lassend *Brüggemeier*, ZVglRWiss 82 (1983), 62 (69). Siehe dazu bereits oben A.III.2.b).

[70] Vgl. *Bieling:* Unternehmensschädigende Demonstrationen, S. 27; *v. Caemmerer*, in: Hundert Jahre deutsches Rechtsleben II, S. 90; *Fabricius*, JuS 1961, 151 (153); *Helle:* Der Schutz der Persönlichkeit, S. 69; *Katzenberger:* Recht am Unternehmen, S. 31; *Möschel*, JuS 1977, 1 (4); *Neumann-Duesberg*, NJW 1968, 1990 (1991); *Preusche:* Unternehmensschutz und Haftungsbeschränkung, S. 80 ff.; *Ramm*, AuR 1966, 161 (161) in Bezug auf fahrlässig begangene Rechtsirrtümer; *Schiemann*, in: Erman, § 823 BGB, Rdnr. 63; *K. Schmidt*, JuS 1993, 985 (988); *Taupitz:* Haftung für Energieleiterstörungen, S. 180; *Wielthölter*, KritJ 1970, 121 (126), der damit u. a. seine Kritik am Recht am Gewerbebetrieb begründet. Offen lassend *Brüggemeier*, ZVglRWiss 82 (1983), 62 (69).

[71] Siehe oben C.III.

[72] *Förster*, in: Bamberger/Roth, § 823 BGB, Rdnr. 186.

III. Fahrlässiges Handeln als Eingriff in das Recht am Gewerbebetrieb 63

Gewerbebetrieb klassischen Fallgruppen prägen zwar die bisherige Praxis. Wie aber schon die in der Einleitung aufgeführten Entscheidungen[73] zeigen, ist sein Anwendungsbereich keineswegs darauf beschränkt.

Auch im Übrigen ist kein Grund ersichtlich, warum das Recht am Gewerbebetrieb derart der Grundstruktur des § 823 I BGB widersprechen sollte, indem es nicht gleichermaßen gegen Vorsatz und Fahrlässigkeit schützt[74]. In das System der Haftung nach dieser Vorschrift fügt sich die Einstandspflicht wegen eines Eingriffs in das Recht am Gewerbebetrieb nur ein, wenn man die Betriebsbezogenheit als Tatbestandsmerkmal deutet, während Vorsatz und Fahrlässigkeit als Verschuldensformen erst an späterer Stelle im Deliktsaufbau zu prüfen sind. Die Prüfung des Verschuldens inzident über die Betriebsbezogenheit auf Tatbestandsebene vorzuziehen, ist daher auch nicht angebracht[75].

Genauso wie beim allgemeinen Persönlichkeitsrecht[76], wo ein entsprechendes Tatbestandsmerkmal überhaupt nicht existiert[77], kann damit ein betriebsbezogener Eingriff vorliegen, selbst wenn dem Verletzter nur fahrlässiges Handeln vorzuwerfen ist. Die Aussage, die Betriebsbezogenheit eines Eingriffs ergebe sich regelmäßig bereits aus der Willensrichtung des Verletzers, kann daher nur so ausgelegt werden, dass Vorsatz oder Kenntnis des Verletzers von seinem gegen einen Betrieb gerichteten Eingriff die Feststellung der Betriebsbezogenheit erleichtern[78]. Die Bedeutung der Verkehrspflichten für das Recht am Gewerbebetrieb wird dadurch nicht tangiert.

---

[73] Siehe oben A.III.1.a).

[74] Ähnlich *Fabricius*, JuS 1961, 151 (153). Vgl. aber die Kritik von *Riedl:* Das Recht am eingerichteten und ausgeübten Gewerbebetrieb, S. 99; *Sack*, VersR 2006, 1001 (1003); *Sack:* Das Recht am Gewerbebetrieb, S. 149; *Schwitanski:* Deliktsrecht, Unternehmensschutz und Arbeitskampfrecht, S. 82 ff.

[75] Vgl. auch *Fabricius*, JuS 1961, 151 (153); *Förster*, in: Bamberger/Roth, § 823 BGB, Rdnr. 186; *Preusche:* Unternehmensschutz und Haftungsbeschränkung, S. 80 ff.; *Taupitz:* Haftung für Energieleiterstörungen, S. 180.

[76] Vgl. die Entscheidung BGH NJW 1977, 626, 627 f., die sich insb. auf BGHZ 24, 200, 210 ff. stützt, siehe dazu oben in A.III.1.a).

[77] A.A.: *Löwisch:* Der Deliktsschutz relativer Rechte, S. 105, der für Persönlichkeitsrechtsverletzungen die Richtung der Handlung gegen die Persönlichkeit als Haftungsvoraussetzung fordert, die nicht gegeben sein soll bei reiner Fahrlässigkeit, wohl aber bei zumindest bewussten Handlungen. Vgl. auch *Baston-Vogt:* Der sachliche Schutzbereich, S. 163 f. Zu diesem Ansatz kritisch: *Schwitanski:* Deliktsrecht, Unternehmensschutz und Arbeitskampfrecht, S. 157 ff.

[78] Siehe dazu noch unten D.II.1.d)bb)(5).

IV. Ausschluss durch Störerhaftung?

Als ein weiteres Problem erweist sich das Konzept der Störerhaftung. Denn für das Immaterialgüterrecht lehnt die Rechtsprechung eine (Schadensersatz-)Haftung als mittelbarer Täter kraft fahrlässiger Verletzung einer Verkehrspflicht ab und stützt stattdessen nur Unterlassungsansprüche auf das von ihm entwickelte Konzept der Störerhaftung[79]. Die meisten der so in neuerer Zeit entschiedenen Fällen betreffen die Haftung mittelbar Handelnder oder Unterlassender, etwa als W-LAN-Anschlussinhaber oder als Administrator eines Internetmeinungsforum oder einer Verkaufsplattform, für im Internet von Dritten begangene Rechtsverstöße[80], insbesondere Urheber- und Markenrechtsverletzungen.

Aber auch in Fallgestaltungen, die zwar ebenfalls Rechtsverstößen im Internet betreffen, sich aber nicht in dem Bereich des Immaterialgüterrechts, sondern des allgemeinen Persönlichkeitsrechts[81] oder des Rechts am Gewerbebetrieb[82] abspielen, wurde eine Haftung von mittelbar Handelnden als Täter oder Teilnehmer und damit gleichzeitig auf Schadensersatz verneint und stattdessen die Störerhaftung herangezogen. Damit wurde – wie bereits im Immaterialgüterrecht – eine Verantwortlichkeit mittelbar in das Recht am Gewerbebetrieb (oder das allgemeine Persönlichkeitsrecht) eingreifender Personen als Täter kraft Verkehrspflichtverletzung implizit ausgeschlossen[83].

Ebenfalls wie im Immaterialgüterrecht wird dieser Ausschluss der Haftung wegen einer Verkehrspflichtverletzung damit begründet, dass der Inanspruchgenommene nicht selbst gehandelt habe[84]. Diese Beschränkung der Verantwortlichkeit aus § 823 I BGB auf eigenhändige Verletzungshandlungen widerspricht jedoch allgemeinen Deliktsrechtsgrundsätzen[85] sowie auch der älteren Rechtsprechung, die – vor allem in Fällen von Persönlichkeitsrechtsverletzungen[86], aber auch bei Eingriffen in das Recht am Gewerbebe-

---

[79] Siehe oben B.IV.4.b).
[80] Vgl. oben B.IV.4.b)aa).
[81] Etwa BGHZ 191, 219, 225 f.; BGH GRUR 2009, 1093, 1093 f.; BGH NJW 2016, 56, 59 f., BGH NJW 2016, 2106, 2107 f.; OLG Stuttgart: NJW-RR 2014, 423, 429 f.; OLG Stuttgart NJW-RR 2014, 680, 681. Dazu kritisch *Schapiro*, MMR 2014, 201 (207), der auch die abweichend begründete Entscheidung BGH NJW 2003, 3764, 3764 verweist.
[82] Siehe die bereits eingangs in A.III.1.b) zitierten Entscheidungen: KG NJW 2012, 3044, 3045; OLG Stuttgart NJW-RR 2014, 680, 681.
[83] Vgl. schon oben A.III.1.b).
[84] Vgl. etwa KG NJW 2012, 3044, 3045; OLG Stuttgart NJW-RR 2014, 680, 681.
[85] Vgl. schon oben B.IV.4.b)bb).
[86] Siehe schon A.III.1. sowie BGH NJW 2003, 3764, 3764. Zu letzterem *Schapiro*, MMR 2014, 201 (207).

trieb[87] – bereits eine täterschaftliche Haftung wegen der Verletzung von Verkehrspflichten anerkannt hatte.

Es scheint geradezu so, als habe der rein thematische Zusammenhang „Haftung im Internet" dazu geführt, dass die Störerhaftung als *die* typische Haftungsform im Internet auf das allgemeine Persönlichkeitsrecht und das Recht am Gewerbebetrieb abgefärbt hat. Dieser Ausgangspunkt ist jedoch falsch: Auch im Internet gelten die allgemeinen Deliktsgrundsätze. Das Konzept der Störerhaftung für mittelbare Verursachungsbeträge steht damit der Figur der Haftung wegen Verkehrspflichtverletzung in Bezug auf das Recht am Gewerbebetrieb nicht entgegen; vielmehr ist umgekehrt jenes ins allgemeine Deliktsrecht zurückzuführen[88].

V. Ergebnis und Schlussfolgerungen

Von Begriff der Betriebsbezogenheit her ergeben sich damit keine Bedenken gegen die Argumentation mit einem Verkehrspflichtverstoß zur Begründung eines Eingriffs in das Recht am Gewerbebetrieb. Der betriebsbezogene Eingriff nimmt weder mittelbar kausale noch fahrlässige Handlungen aus dem Anwendungsbereich des Rechts am Gewerbebetrieb aus. Auch das Konzept der Störerhaftung geht in Bezug auf das Recht am Gewerbebetrieb einer Haftung wegen der Verletzung einer Verkehrspflicht nicht vor.

---

[87] Siehe schon die unter A.III.1.a) zitierten Entscheidungen BGHZ 24, 200, 211; BGH NJW 1963, 484, 485; OLG Frankfurt a.M OLGZ 1991, 81, 82 f.
[88] So auch die Forderung von *Ahrens*, in: Festschrift Canaris, S. 5.

D. Die These von der Unvereinbarkeit von Recht am Gewerbebetrieb und Verkehrspflichten

Damit kann nun auf die eingangs vorgestellte These eingegangen werden, dass Verkehrspflichten nicht für das Recht am Gewerbebetrieb und das allgemeine Persönlichkeitsrecht zum Tragen kommen könnten[1].

Diese Unvereinbarkeit soll sich daraus ergeben, dass es sich beim Recht am Gewerbebetrieb genauso wie beim allgemeinen Persönlichkeitsrecht um generalklauselartige Rechte handle. Eine zusätzliche Heranziehung des Konzepts der Verkehrspflichtverletzung auf diese Tatbestände würde daher zu einer Verdoppelung der angestellten Erwägungen, insbesondere der umfassenden Güter- und Interessenabwägung im Einzelfall führen und sei daher eine „Tautologie"[2] und „ein methodisches Unding"[3].

I. Der Vergleich zwischen der Figur der Verkehrspflichten und dem Recht am Gewerbebetrieb

Zur Bewertung dieser These ist es erforderlich, die Bedeutung der Interessenabwägung für das Recht am Gewerbebetrieb zu analysieren, um dann das Verhältnis zur Feststellung eines Verkehrspflichtverstoßes zu klären.

1. Die Interessenabwägung beim Recht am Gewerbebetrieb

a) Zweck

Wie der Begriff des betriebsbezogenen Eingriffs[4] dient auch die Güter- und Pflichtenabwägung beim Recht am Gewerbebetrieb der Einschränkung und Definition der Haftung aus diesem Tatbestand[5]. Denn ein Eingriff in das

---

[1] Siehe oben A.III.2.b).
[2] *v. Bar:* Verkehrspflichten, S. 81.
[3] *v. Bar:* Verkehrspflichten, S. 74.
[4] Siehe dazu oben unter C.I.
[5] BGH NJW 1963, 484, 485. Vgl. auch schon BGHZ 29, 65, 74 sowie etwa *Hubmann,* ZHR 117, 41 (77 f.); *Schwitanski:* Deliktsrecht, Unternehmensschutz und Arbeitskampfrecht, S. 85 ff.; *Stadtmüller:* Schutzbereich und Schutzgegenstände, S. 172; *Wagner,* in: MünchKomm-BGB, § 823 BGB, Rdnr. 259. Vgl. auch *Schiemann,* in: Erman, § 823 BGB, Rdnr. 52.

I. Der Vergleich

Recht am Gewerbebetrieb soll nur dann bejaht werden, wenn das Verhalten des Schädigers gegen Verhaltensnormen wie die „Gebote der gesellschaftlichen Rücksichtnahme"[6] und die „Spielregeln einer freiheitlich-demokratischen Marktgesellschaft"[7] verstößt[8]. Zur Bestimmung dieser Verhaltensmaßstäbe werden Wertungen des einfachen Rechts, insbesondere des Wettbewerbsrechts und des Arbeitsrechts[9], sowie die Grund-[10] und Menschenrechte[11] herangezogen, um insbesondere die Ausübung legitimer Konkurrenz[12], die Äußerung zutreffender und sachlich gehaltener Informationen[13] sowie kritischer Einschätzungen von unternehmerischen Leistungen[14] aus dem Schutzbereich des Rechts am Gewerbebetrieb auszuklammern.

b) Systematische Stellung

aa) Rechtsprechung

Das Erfordernis der Güter- und Interessenabwägung lässt sich innerhalb des Rechts am Gewerbebetrieb systematisch richtig verorten, wenn man sich die historische Entwicklung dieser Haftungseinschränkung und die Zusammenhänge mit der Rechtsprechung des Bundesverfassungsgerichts zu den Grundrechten aus Art. 5 I GG vor Augen führt[15].

---

[6] BGHZ 74, 9, 14; BGH NJW 1980, 881, 882.

[7] *Wagner*, in: MünchKomm-BGB, § 823 BGB, Rdnr. 258. Vgl. auch *Säcker*, ZRP 1969, 60 (61).

[8] Vgl. *Assmann/Kübler*, ZHR 142 (1978), 413 (423); *v. Bar*, in: 25 Jahre Karlsruher Forum, S. 83; *Brüggemeier*, ZVglRWiss 82 (1983), 62 (83); *Buchner:* Die Bedeutung des Rechts am Gewerbebetrieb, S. 266 f.; *v. Caemmerer*, in: Hundert Jahre deutsches Rechtsleben II, S. 94 ff.; *v. Caemmerer*, in: Karlsruher Forum 1961, S. 22; *Fikentscher/Heinemann:* Schuldrecht, Rdnr. 1582; *Glückert*, AcP 166, 311 (322); *Sack:* Das Recht am Gewerbebetrieb, S. 153 f.; *Säcker*, ZRP 1969, 60 (61); *Taupitz:* Haftung für Energieleiterstörungen, S. 197. Vgl. jedoch *Schiemann*, in: Erman, § 823 BGB, Rdnr. 66, der eine spezielle Interessenabwägung für überflüssig hält und die Rechtswidrigkeit stattdessen durch Verkehrspflichtverletzung bestimmt.

[9] Vgl. *Teichmann*, in: Jauernig, § 823 BGB, Rdnr. 99.

[10] BGHZ 166, 84, 109.; BGH NJW 2008, 2110, 2112; BGH GRUR 2014, 904, 905.

[11] BGH NJW 2015, 773, 774.

[12] BGH NJW 1963, 484, 484 f.; BGH NJW 1980, 881, 882.

[13] BGH NJW 2011, 2204, 2206.

[14] BGHZ 138, 311, 320; BGH NJW 1963, 484, 485; BGH GRUR 1969, 304, 305; BGH NJW 1987, 2746, 2746; BGH NJW 2002, 1192, 1193 f.; BGH NJW 2005, 2766, 2770; BGH NJW 2015, 773, 775 Vgl. auch BGHZ 36, 77, 80 sowie BGH NJW 2011, 2204, 2206.

[15] Vgl. zur Entwicklung der Rechtswidrigkeitsfeststellung durch Interessenabwägung beim Recht am Gewerbebetrieb *Brüggemeier:* Haftungsrecht, S. 366 f.; *Riedl:* Das Recht am eingerichteten und ausgeübten Gewerbebetrieb, S. 66 ff.; *Scriba:* An-

In früheren Entscheidungen ging der Bundesgerichtshof bei der Beurteilung gewerbeschädigender Kritik davon aus, dass auch hier die Rechtswidrigkeit des Eingriffs indiziert sei. Nur wenn der Schädiger bei seiner Äußerung den „Grundsatz größtmöglicher Schonung fremder Rechte und der Vermeidung jeder zur Interessenwahrung nicht unbedingt erforderlichen Schadenszufügung"[16] beachtet hatte, griff ausnahmsweise der Rechtfertigungsgrund der Wahrnehmung berechtigter Interessen gemäß § 193 StGB ein.

Das zur Reichweite des Grundrechts der Meinungsfreiheit grundlegende „Lüth"-Urteil des Bundesverfassungsgerichts[17] stellte jedoch klar, dass dieses Regel-Ausnahme-Verhältnis genau falsch herum sei. Gerade für den Fall eines Boykottaufrufes, hier im Jahre 1950 durch den Hamburger Politiker und Publizisten Erich Lüth gegen den neuen Film eines im Dritten Reich aktiven und regimenahen Regisseurs, stellte es die „Vermutung für die Zulässigkeit der freien Rede"[18] auf. Jede Form der Meinungsäußerung, insbesondere im öffentlichen und wirtschaftlichen Leben, gilt seitdem als grundsätzlich von Art. 5 I GG gedeckt und damit als zulässig. Die Idee von der „größtmöglichen Schonung" bei gewerbeschädigender Kritik hatte sich damit inhaltlich erledigt.

Eingearbeitet in die zivilrechtliche Rechtsprechung wurden diese Grundsätze in der sogenannten „Höllenfeuer-Entscheidung"[19], die erneut[20] eine scharfe verbale Auseinandersetzung zwischen zwei Presseorganen zum Gegenstand hatte und es daher erforderlich machte, die Grenzen der Meinungsfreiheit zwischen Privatrechtssubjekten dem Maßstäben des Bundesverfassungsgerichts entsprechend zu definieren. Dabei wandte sich der Bundesgerichtshof ausdrücklich gegen seine frühere Auffassung[21] und wertete die von einem Kirchenblatt gegenüber der Zeitschrift „stern" erhobenen Vorwürfe des gezielten „Dummenfangs", der „Konfessionshetze" und der „leichtfertigen Verfälschung oder Unkenntnis der Fakten" zwar als harte, aber noch nicht als böswillige oder gehässige Schmähkritik, die die gewerbliche Tätigkeit des Verlages in verbotener Weise beeinträchtigen würde[22]. Wohl um

---

wendungsbereich und Konkretisierung, S. 116 ff.; *Wandt:* Gesetzliche Schuldverhältnisse, § 16, Rn. 90.

[16] BGHZ 24, 200, 206; BGH GRUR 1965, 440, 443. Sehr ähnlich schon BGHZ 3, 270, 281; BGHZ 8, 142, 145 sowie später BGHZ 91, 117, 122; BGH NJW 1983, 2195, 2196. Zur Kritik vgl. *Hager*, AcP 196 (1996), 168 (208 f.) m.w.N.; *Larenz/ Canaris:* Schuldrecht II/2, § 81 III 2 a, S. 548 f.
[17] BVerfGE 7, 198 = NJW 1958, 257, 258 f.
[18] BVerfGE 7, 198 = NJW 1958, 257, 258 f. Vgl. auch BGHZ 45, 296, 308.
[19] BGHZ 45, 296.
[20] Vgl. zum ähnlichen Sachverhalt des „Constanze-Urteils" oben C.I.
[21] BGHZ 45, 296, 306 f.
[22] BGHZ 45, 296, 310.

I. Der Vergleich

diese Wende und die Abkehr von der älteren Rechtsprechung möglichst deutlich zu machen, wurde jedoch nicht nur in Bezug auf die materiellen Maßstäbe zur Bestimmung der Grenzen der Meinungsfreiheit, sondern „auch in der methodischen Behandlung"[23], d. h. in formal-rechtstechnischer Hinsicht[24], die Prüfung des Tatbestandes des Rechts am Gewerbebetrieb angepasst[25]: Fortan nahm der Bundesgerichtshof mit der Güter- und Interessenabwägung eine materielle Bestimmung der Rechtswidrigkeit eines Eingriffs im Einzelfalls vor[26], um zu verdeutlichen, dass gerade nicht per se von der Rechtswidrigkeit einer solchen Äußerung ausgegangen werden könne und sich der Eingreifende nicht auf einen besonderen Rechtfertigungsgrund berufen müsse[27]. Vielmehr sei nun umgekehrt vom Kläger zu beweisen, dass der Eingriff nicht von den sozialen Verhaltensregeln gedeckt wird[28].

In der Entscheidung „Stiftung Warentest II"[29], die die Klage eines Herstellers von Ski-Sicherheitsbindungen gegen die Stiftung Warentest wegen als zu negativ empfundener Bewertungen in der von ihr herausgegebenen Zeitschrift „test" zum Gegenstand hatte, präzisierte der Bundesgerichtshof den Stellenwert der Güter- und Interessenabwägung für das Recht am Gewerbebetrieb. Er ordnete sie hier wegen der Bedeutung der Meinungsfreiheit aus Art. 5 I GG bereits der Frage, ob objektiv eine Verletzungshandlung vorliegt, und damit dem Tatbestand zu[30]. Dadurch sollte die rechtsstaatlich notwendige Konkretisierung des zunächst offenen Tatbestandes des Rechts am Gewerbebetrieb durch eine Wertentscheidung umgesetzt werden, die das Grundgesetz mit der Gewährleistung der Meinungsfreiheit auch für das Zivilrecht verbindlich getroffen habe[31].

Diese Entwicklung schlägt sich nun in der in ständiger Rechtsprechung verwendeten Formel nieder, dass es sich beim Recht am Gewerbebetrieb um einen offenen Tatbestand handle, dessen Inhalt und Grenzen sich erst aus einer Interessen- und Güterabwägung mit der im Einzelfall konkret kollidierenden Interessensphäre anderer ergäben[32]. Die Rechtswidrigkeit eines Ein-

---

[23] BGHZ 45, 296, 307.
[24] Vgl. *Säcker*, ZRP 1969, 60 (61 mit Fn. 22).
[25] Dazu *Kübler*, AfP 1973, 405 (407).
[26] BGHZ 45, 296, 307 ff.; BGHZ 59, 30, 35 ff.
[27] BGHZ 45, 296, 307 f.; BGH, NJW 1977, 628, 630.
[28] BGHZ 74, 9, 14; BGH NJW 1980, 881, 882.
[29] BGHZ 65, 325, 331 ff.
[30] BGHZ 65, 325, 339; vgl. auch *Hager*, in: Staudinger, § 823 BGB, D 4.
[31] Vgl. BVerfGE 66, 116 = BVerfG NJW 1984, 1741, 1742.
[32] BGHZ 138, 311, 318; BGHZ 163, 9, 16; BGHZ 166, 84, 109; BGHZ 193, 227, 235 f. Vgl. auch schon BGHZ 45, 296, 307; BGHZ 59, 30, 34; BGHZ 65, 325, 331; BGHZ 74, 9, 14 sowie BGH NJW 2011, 2204, 2206; BGH NJW 2013, 2760, 2761; BGH GRUR 2014, 904, 905.

griffs sei daher nicht indiziert, sondern in jedem Einzelfall unter Heranziehung aller Umstände, vor allem unter Berücksichtigung grundrechtlich geschützter Positionen der Beteiligten[33] und den Gewährleistungen der Europäischen Menschenrechtskonvention[34], festzustellen[35]. Ein Eingriff in den Gewerbebetrieb sei nur dann rechtswidrig, wenn das Schutzinteresse des Betroffenen die schutzwürdigen Belange der anderen Seite überwiege[36].

bb) Literatur

Auch im Schrifttum wird die Einordnung der Güter- und Interessenabwägung als Rechtfertigungsgrund nahezu nicht mehr vertreten[37]. Die genaue Einordnung ist jedoch umstritten[38].

(1) Materielle Bestimmung der Rechtswidrigkeit im offenen Tatbestand

Um die Vermutung für die Recht*mäßigkeit* des Eingriffes als den Regelfall abzubilden[39], werden zumeist, wie in der Rechtsprechung, die Rechtsgutsverletzung und die Rechtswidrigkeit im Rahmen eines offenen Tatbestandes zur materiellen Bestimmung der Rechtswidrigkeit mehr oder weniger gemeinsam geprüft[40]. Ergibt sich dabei, dass ein Eingriff zulässig ist, liegt tatbestands-

---

[33] BGHZ 166, 84, 109.; BGH NJW 2008, 2110, 2112; BGH GRUR 2014, 904, 905.
[34] BGH NJW 2015, 773, 774.
[35] BGHZ 59, 30, 34; BGHZ 163, 9, 16.Vgl. auch schon BGHZ 29, 65, 74.
[36] BGHZ 193, 227, 236; BGH GRUR 2014, 904, 905.
[37] Vgl. jedoch etwa *Dietz*, JuS 1968, 1 (6); *Hubmann*, JZ 1957, 753 (754); *Moser von Filsek*, GRUR 1963, 182 (186); *Nastelski*, GRUR 1957, 1 (6f.). Für nur eingeschränkte Schutzbereiche bejahend: *Katzenberger:* Recht am Unternehmen, S. 173 f.; *Preusche:* Unternehmensschutz und Haftungsbeschränkung, S. 20 ff. Vgl. dazu auch die Parallelproblematik oben B.V.2.a).
[38] Vgl. zum Folgenden die ähnlichen Argumente unter B.V.2.
[39] Vgl. *Hacker:* Das Verhältnis von Sittenwidrigkeit und sozialer Inadäquanz, S. 80 ff.; *Heckelmann*, AuR 1970, 166 (173); *Katzenberger:* Recht am Unternehmen, S. 40 f.; *Knopp*, in: Festgabe Hefermehl, S. 412; *Sack:* Das Recht am Gewerbebetrieb, S. 158; *Scriba:* Anwendungsbereich und Konkretisierung, S. 140; *Stadtmüller:* Schutzbereich und Schutzgegenstände, S. 21, 136; dazu auch *Deutsch*, JuS 1967, 152 (153); *Schippel:* Das Recht am eingerichteten und ausgeübten Gewerbebetrieb, S. 74 f.; *Schwitanski:* Deliktsrecht, Unternehmensschutz und Arbeitskampfrecht, S. 70 f. Kritisch: *Riedl:* Das Recht am eingerichteten und ausgeübten Gewerbebetrieb, S. 104 f.
[40] Vgl. *Adomeit*, JZ 1970, 495 (496); *Assmann/Kübler*, ZHR 142 (1978), 413 (423); *Brüggemeier*, ZVglRWiss 82 (1983), 62 (83); *v. Caemmerer*, in: Hundert Jahre deutsches Rechtsleben II, S. 91; *v. Caemmerer*, in: Karlsruher Forum 1961, S. 22; *Deutsch:* Allgemeines Haftungsrecht, Rdnr. 68; *Diederichsen/Marburger*, NJW 1970,

I. Der Vergleich

mäßig keine unerlaubte Handlung vor[41]; umgekehrt ergibt sich aus der Rechtswidrigkeit eines Eingriffes dessen Tatbestandsmäßigkeit[42].

(2) Stellung als Tatbestandsmerkmal

Durch diese soeben dargestellte, von der herrschenden Meinung vertretene gemeinsame Prüfung von Tatbestand und Rechtswidrigkeit wird gewissermaßen das Verhältnis von Tatbestandsmäßigkeit und Rechtswidrigkeit umgekehrt[43]. Aus diesem Grund wird auch vertreten, die Interessenabwägung auf der Ebene des objektiven Tatbestandes vorzunehmen[44], wodurch das Tatbestandsmerkmal des Verstoßes gegen eine Verhaltensnorm nach allgemeinen

---

777 (778); *Fikentscher*, in: Festgabe Kronstein, S. 275; *Fikentscher/Heinemann:* Schuldrecht, Rdnr. 1571, 1584; *Fuchs/Pauker:* Delikts- und Schadensersatzrecht, S. 71; *Hacker:* Das Verhältnis von Sittenwidrigkeit und sozialer Inadäquanz, S. 55 f.; *Heckelmann*, AuR 1970, 166 (173); *Hefermehl*, WuW 1953, 234 (235 f.); *Hefermehl*, GRUR 1962, 611 (614); *Hellwig*, NJW 1968, 1072 (1076); *Hubmann*, ZHR 117, 41 (76 f.); *Koebel*, JZ 1960, 433 (434); *Knopp*, in: Festgabe Hefermehl, S. 412; *Körner:* Rechtsschutz des Unternehmens, S. 10; *Lorenz*, JZ 1961, 433 (435); *Löwisch/Meier-Rudolph*, JuS 1982, 237 (239); *Mertens*, VersR 1980, 397 (400); *Möschel*, JuS 1977, 1 (4); *Nipperdey/Säcker*, NJW 1985 (1991); *Raiser*, JZ 1961, 465 (469); *Sack:* Das Recht am Gewerbebetrieb, S. 153 f.; *Säcker*, ZRP 1969, 60 (61); *Schiemann*, in: Erman, § 823 BGB, Rdnr. 52; *Schwitanski:* Deliktsrecht, Unternehmensschutz und Arbeitskampfrecht, S. 74; *Scriba:* Anwendungsbereich und Konkretisierung, S. 119 f., 127 ff., 134 ff., 137 ff.; *Stadtmüller:* Schutzbereich und Schutzgegenstände, S. 135, 155; *Steffen*, in: RGRK, § 823 BGB, Rdnr. 46; *Stoll:* Richterliche Fortbildung, S. 24; *Uhlitz*, NJW 1966, 2097 (2097); *Teichmann*, in: Jauernig, § 823 BGB, Rdnr. 99, 105; *Wandt:* Gesetzliche Schuldverhältnisse, § 16, Rn. 90. Offen lassend *Glückert*, AcP 166, 311 (323), der die Interessenabwägung zwar selbst im Rahmen der Interessenabwägung vornehmen will, aber betont, dass es letzten Endes nur darauf ankommt, dass man die Rechtswidrigkeit nicht schon wegen jeder Beeinträchtigung des Unternehmens bejaht.

[41] *Fikentscher/Heinemann:* Schuldrecht, Rdnr. 1571, 1584; vgl. auch *Teichmann*, in: Jauernig, § 823 BGB, Rdnr. 105.

[42] *Hefermehl*, WuW 1953, 234 (235 f.); *Uhlitz*, NJW 1966, 2097 (2097). Vgl. auch *Adomeit*, JZ 1970, 495 (496); *Lorenz*, JZ 1961, 433 (435); *Stadtmüller:* Schutzbereich und Schutzgegenstände, S. 155; *Schiemann*, in: Erman, § 823 BGB, Rdnr. 52; *Taupitz:* Haftung für Energieleiterstörungen, S. 197.

[43] So die Kritik von *Schrauder:* Wettbewerbsverstöße, S. 203 f.

[44] Vgl. *Buchner:* Die Bedeutung des Rechts am Gewerbebetrieb, S. 266 f.; *Sack:* Das Recht am Gewerbebetrieb, S. 156; *Steffen*, in: RGRK, § 823 BGB, Rdnr. 71, 112; *Wagner*, in: MünchKomm-BGB, § 823 BGB, Rdnr. 258; vgl. auch *Larenz/Canaris:* Schuldrecht II/2, § 81 I 3, S. 543. Im Ergebnis (Lösung über die Sozialadäquanz bei der Bestimmung der tatbestandlichen Handlung) auch *Nipperdey:* Gutachten Zeitungsstreik, S. 39 f. Auch *Deutsch*, JZ 1963, 385 (387) ordnet die Interessenabwägung dem Tatbestand zu (in diesem Sinne versteht er den Begriff des „offenen Tatbestand"), und kommt dann zu einer Indikation der Rechtswidrigkeit, auch wenn er die Verortung in § 823 I BGB ablehnt.

Beweislastgrundsätzen vom Geschädigten bewiesen werden muss[45]. Durch diese Einordnung wird, dem klassischen Konzept des § 823 I BGB entsprechend, die Rechtswidrigkeit durch die Tatbestandserfüllung indiziert, sodass auf Ebene der Rechtswidrigkeit nur noch die allgemeinen Rechtfertigungsgründe eingreifen[46].

cc) Stellungnahme

Die von der Rechtsprechung vorgenommene doppelte Zuordnung der Güter- und Interessenabwägung zur „Rechtswidrigkeit" wie auch zum „offenen Tatbestand" ist vor dem historischen Hintergrund zu sehen, dass damit eine deutliche, auch äußerlich erkennbare Abkehr von der älteren, vom BVerfG wegen Art. 5 I GG beanstandeten Rechtsprechung erfolgen sollte[47]. Funktional stellt die Güter- und Interessenabwägung beim Recht am Gewerbebetriebe aber ein Tatbestandsmerkmal dar, auch wenn es inhaltlich „offen" ist und vom Richter unter Rückgriff auf die allgemeinen Wertungen der Rechtsordnung zu konkretisieren ist[48]. Dadurch kann dem klassischen Deliktsaufbau gefolgt werden und das Regel-Ausnahme-Verhältnis von Tatbestand als typischem Unrecht und der Rechtfertigung im Ausnahmefall[49] auch für das Recht am Gewerbebetrieb übernommen werden, ohne – anders als in dem „Constanze-Urteil" – den Grundrechten auf Seiten des Schädigers zu wenig Bedeutung zuzumessen. Werden so alle relevanten Abwägungsgesichtspunkte bereits auf Tatbestandsebene abgehandelt, sind folglich auf Ebene der Rechtswidrigkeit nur noch Rechtfertigungsgründe zu prüfen[50].

---

[45] *Steffen*, in: RGRK, § 823 BGB, Rdnr. 46. Ähnlich wohl auch (trotz Zuordnung der Interessenabwägung zur Rechtswidrigkeit) *Förster*, in: Bamberger/Roth, § 823 BGB, Rdnr. 22 f.; *Löwisch/Meier-Rudolph*, JuS 1982, 237 (240) für das Arbeitskampfrecht.

[46] Vgl. *Nipperdey*: Gutachten Zeitungsstreik, S. 52; *Steffen*, in: RGRK, § 823 BGB, Rdnr. 71, 112; *Teichmann*, in: Jauernig, § 823 BGB, Rdnr. 105. Vgl. auch *Fikentscher*, in: Festgabe Kronstein, S. 290 f. A.A.: *Scriba*: Anwendungsbereich und Konkretisierung, S. 140, der die Rechtsfertigungsgründe bereits bei der Bestimmung von Verhaltensnormen berücksichtigen will.

[47] Siehe oben D.I.b)aa).

[48] Das entspricht den §§ 239, 240 StGB im Strafrecht, vgl. auch *Heckelmann*, AuR 1970, 166 (173). Zum „offenen Tatbestand im Strafrecht *Eisele*, in: Schönke/Schröder, vor § 13 StGB, Rdnr. 66, der den Begriff des „offenen Tatbestandes" ablehnt und ebenfalls eine Einordnung etwa des § 240 II StGB auf Tatbestandsebene befürwortet. Speziell für den Tatbestand der Nötigung *Eser/Eisele*, in: Schönke/Schröder, § 240 StGB, S. 16 m.w.N. Kritisch zum Begriff des offenen Tatbestandes *Sinn*, in: MünchKomm-StGB, § 240 StGB, Rdnr. 13 m.w.N.

[49] Siehe oben B.V.2.d).

[50] Vgl. bereits oben B.V.2.d).

c) Ergebnis

Die Güter- und Interessenabwägung beim Recht am Gewerbebetrieb ist ein spezielles Tatbestandsmerkmal, das insbesondere der Berücksichtigung der Wertungen der Markt- und Gesellschaftsordnung sowie von Verfassungsnormen dient. Diese Abwägungen stattdessen als materielle Rechtswidrigkeitsprüfung zu verstehen, ist weder erforderlich noch systematisch richtig und nur mit der Entwicklungshistorie der Rechtsprechung zu erklären.

2. Formaler Vergleich der Interessenabwägung mit dem Konzept der Verkehrspflichten

Auf dieser Grundlage soll nun die Interessenabwägung, die bei der Prüfung eines Eingriffs in das Recht am Gewerbebetrieb vorzunehmen ist, mit der Haftung wegen Verkehrspflichtverletzung verglichen werden, um beurteilen zu können, ob eine Kombination beider Figuren zu einer Verdoppelung der relevanten Erwägungen führt.

Die für die Bestimmung sowohl einer Verkehrspflicht als auch eines Eingriffes in das Recht am Gewerbebetrieb vorgenommene Interessenabwägung dient der Konkretisierung der Haftungsvoraussetzungen, indem jeweils einfachgesetzliche, übergesetzliche und vor allem verfassungsrechtliche Wertungen herangezogen werden, um eine Verhaltensnorm herauszuarbeiten und dadurch die Verantwortlichkeit des Inanspruchgenommenen feststellen zu können[51]. Beim Recht am Gewerbebetrieb geht es dabei eher um gesellschaftliche Handlungsmaßstäbe, insbesondere das freie Äußern von Kritik an gewerblichen und unternehmerischen Leistungen, bei den Verkehrspflichten eher um die Zuweisung von Gefahrenverantwortung und die Verteilung von Risiken. In beiden Fällen werden die hierfür relevanten Erwägungen aber in eine umfassende Abwägung aller Umstände des Einzelfalls eingestellt.

Auch bezüglich der dogmatischen Einordnung der Interessenabwägung tendiert – nach einer gewissen Entwicklungsphase über den Begriff des „offenen Tatbestandes" – die heute herrschende Meinung jeweils dazu, eine Zuordnung nicht zur Ebene der Rechtswidrigkeit, sondern zum objektiven Tatbestand vorzunehmen, und somit trotz der Anwendung der Lehre vom Verhaltensunrecht zu einer Indikation der Rechtswidrigkeit sowie einer Beweislast des Geschädigten hinsichtlich der Verletzung einer Verhaltenspflicht zu kommen[52]. In beiden Fällen wird also der Tatbestand des § 823 I BGB um das ungeschriebene Erfordernis der Güter- und Interessenabwägung erweitert.

---

[51] Vgl. dazu B.III. sowie D.I.1.a) sowie *v. Bar*, in: 25 Jahre Karlsruher Forum, S. 83; *Fikentscher*, in: Festgabe Kronstein, S. 287.
[52] Vgl. dazu B.V.2.d sowie D.I.1.b).

3. Zwischenergebnis

In einigen Aspekten weisen Verkehrspflichten und das Recht am Gewerbebetrieb zumindest formal starke Ähnlichkeiten auf. Daher verwundert es nicht, wenn das Recht am Gewerbebetrieb und die Verkehrspflichten zusammen mit dem allgemeinen Persönlichkeitsrecht auch als drei ins Deliktsrecht neu eingefügte Generalklauseln bzw. Rahmentatbestände bezeichnet werden[53]. Die Kritik v. *Bars*, die Anwendung der Figur der Verkehrspflichtverletzung auf das Recht am Gewerbebetrieb führe zu einer Tautologie, erscheint damit zunächst nicht ganz unberechtigt.

II. Die materiellen Beziehungen zwischen Interessenabwägung, Betriebsbezogenheit und Verkehrspflichtverletzung

Aus diesem Grund ist es notwendig, nun auch materiell das Verhältnis der Haftung wegen eines Eingriffs in das Recht am Gewerbebetrieb zu der wegen eines Verkehrspflichtverstoßes zu untersuchen.

Für diese inhaltliche Analyse ist aber neben der Betrachtung der Güter- und Interessenabwägung auch eine Einbeziehung des Begriffs des betriebsbezogenen Eingriffs erforderlich, nachdem beide Merkmale funktional gleichermaßen der Einschränkung einer Haftung aus dem Recht am Gewerbebetrieb dienen sollen[54]. Daher soll nun zunächst der betriebsbezogene Eingriff weiter untersucht werden.

1. Betriebsbezogener Eingriff als Variable für andere rechtliche Wertungen

Bisher wurde festgestellt, dass der betriebsbezogene Eingriff weder voraussetzt, dass die Verletzungshandlung im kausalen Sinne unmittelbar zur Schädigung des Gewerbebetriebes geführt hat, noch so zu verstehen ist, dass für eine tatbestandliche Schädigung des Gewerbebetriebes vorsätzliches Handeln erforderlich wäre. Er steht damit einer Haftung wegen mittelbarer und fahrlässiger Verletzung des Gewerbebetriebes nicht per se im Wege[55]. Im Übrigen benutzt die Rechtsprechung die Formel, dass unmittelbare Eingriffe in das Recht am bestehenden Gewerbebetrieb nur diejenigen seien, die gegen den Betrieb als solchen gerichtet, also betriebsbezogen sind und nicht vom Gewerbebetrieb ohne weiteres ablösbare Rechte oder Rechtsgüter be-

---

[53] Siehe A.III.2.b).
[54] Vgl. dazu oben C.I.1. sowie D.I.1.a).
[55] Siehe oben im Abschnitt C.

treffen[56]. Diese Definition wird zur Konkretisierung regelmäßig mit weiteren Umschreibungen ausgefüllt, die im Folgenden näher vorgestellt und interpretiert werden, bevor weiter auf die Beziehungen von Interessenabwägung und betriebsbezogenem Eingriff zur Verkehrspflichtverletzung eingegangen wird.

a) Betriebsbezogenheit als Schutzzweckkriterium zum Ausschluss des allgemeinen Lebensrisikos und reiner Vermögensschäden

Zunächst wird der Begriff des betriebsbezogenen Eingriffs verwendet, um reine Vermögensschäden, die als zufällige Realisierung des allgemeinen Lebensrisikos anzusehen sind, aus dem Schutzbereich des Rechts am Gewerbebetrieb auszuklammern.

aa) Formulierungen aus Rechtsprechung und Literatur

Nach Ansicht der Rechtsprechung ist ein Eingriff dann „irgendwie gegen den Betrieb als solchen" gerichtet, wenn durch ihn der betriebliche Organismus oder die unternehmerische Entscheidungsfreiheit betroffen ist und dies über eine bloße Belästigung oder sozial übliche Behinderung hinausgeht[57]. Kein betriebsbezogener Eingriff liege daher vor, wenn nicht nur Gewerbetreibende, sondern auch jeder andere Rechtsträger einer entsprechenden Behinderung zufällig[58] und schicksalhaft[59] ausgesetzt sein könne und diese dann nach den das Haftpflichtrecht bestimmenden wertenden Zurechnungsgrundsätzen unter sonst gleichen Umständen entschädigungslos hinnehmen müsse[60]. Solche Schäden lägen außerhalb des Schutzzweckes des Rechts am Gewerbebetrieb[61]. Damit soll ein Sonderdeliktsstatus im Sinne eines allgemeinen deliktischen Vermögensschutzes für Gewerbetreibende vermieden werden, der dem System der deliktischen Einzeltatbestände widerspräche[62].

---

[56] BGHZ 29, 65, 74; BGHZ 193, 227, 233; BGH NJW 2009, 2958, 2959; BGH NJW 2013, 2760, 2761; BGH GRUR 2014, 904, 905.
[57] BGHZ 138, 311, 317; BGH NJW 1985, 1620, 1620; BGH NJW 1999, 279, 281 sowie BAGE 129, 145 = BAG NJW 2009, 1990, 1992; BAGE 132, 140 = NJW 2010, 631, 633.
[58] Vgl. BGHZ 29, 65 74; BGHZ 86, 152, 156; BGH NJW-RR 2005, 673, 675; BGH NJW 2015, 1174, 1176.
[59] BGH NJW 1977, 2264, 2265.
[60] BGH NJW 1977, 2264, 2265; BGH NJW 2004, 356, 358; vgl. auch BGHZ 66, 388, 393.
[61] BGHZ 65, 325, 340.
[62] BGH NJW 1983, 812, 813; BGHZ 90, 113, 123; BGH NJW 2003, 1040, 1041.

D. Unvereinbarkeit von Recht am Gewerbebetrieb und Verkehrspflichten

Auch im Schrifttum wird die Funktion der Figur des betriebsbezogenen Eingriffs in der Ausklammerung solcher Schäden aus dem Schutzbereich des Rechts am Gewerbebetrieb gesehen, die außerhalb seines Schutzzwecks liegen[63], sich als Realisierung des allgemeinen Lebensrisikos darstellen[64] und als reine Vermögensschäden auch von einem Privatmann entschädigungslos hinzunehmen wären[65].

bb) Deutung

Die in Rechtsprechung und Schrifttum benutzten Umschreibungen machen sehr deutlich, dass das Merkmal des betriebsbezogenen Eingriffs einen der Konzeption des § 823 I BGB widersprechenden Ausgleich reiner Vermögensschäden[66] über das Recht am Gewerbebetrieb verhindern soll. Damit scheint es zunächst so, als erfülle das Kriterium des betriebsbezogenen Eingriffs eine wichtige Funktion, um dem Recht am Gewerbebetrieb innerhalb des Deliktsrechts seinen Platz zu sichern. Bei genauerer Betrachtung erweist sich dies jedoch als Trugschluss.

(1) Keine Aussagekraft des Vermögensbegriffs

Der Begriff des Vermögensschadens selbst bietet keinen Aufschluss für den Schutzbereich des § 823 I BGB[67]. Das Vermögen, von welchem das Recht am Gewerbebetrieb abgegrenzt werden soll, meint zunächst ganz allgemein die Summe der geldwerten Gegenstände einer Person[68], in Bezug auf § 823 I BGB speziell dessen negativen Schutzbereich, d.h. die Gesamtheit aller wirtschaftlichen Werte, die von den subjektiven Rechten des § 823 I

---

[63] Dazu allgemein etwa *U. Huber*, JZ 1969, 677 (680); *Kötz/Wagner:* Deliktsrecht, Rdnr. 195 ff.; *Larenz/Canaris:* Schuldrecht II/2, § 76 III 6, S. 423 ff.; *Stoll*, AcP 162 (1963), 203 (234); *Wagner*, in: MünchKomm-BGB, § 823 BGB, Rdnr. 59. Eingeschränkt *v. Bar:* Verkehrspflichten, S. 183 f.; *Preusche:* Unternehmensschutz und Haftungsbeschränkung, S. 71, 187 ff.

[64] *Deutsch:* Allgemeines Haftungsrecht, Rdnr. 609. Vgl. auch *Schildt*, WM 1996, 2261 (2265).

[65] Vgl. *Beater*, in: Soergel, Anh. V § 823 BGB, Rdnr. 34; *Hager*, in: Staudinger, § 823 BGB, D 12; *Larenz/Canaris:* Schuldrecht II/2, § 81 I 2 e, S. 542; *Sack:* Das Recht am Gewerbebetrieb, S. 191; *Schapiro:* Unterlassungsansprüche, S. 141; *K. Schmidt*, JuS 1993, 985 (988); *Schwitanski:* Deliktsrecht, Unternehmensschutz und Arbeitskampfrecht, S. 80. Kritisch *Schnug*, JA 1985, 440 (448).

[66] Siehe oben B.V.1.a).

[67] *Möschel*, JuS 1977, 1 (2).

[68] Vgl. *Brüggemeier:* Haftungsrecht, S. 567; *Körner:* Rechtsschutz des Unternehmens, S. 16; *Medicus/Lorenz:* Schuldrecht II, Rdnr. 1306; *Teichmann*, in: Jauernig, § 823 BGB, Rdnr. 19.

BGB *nicht* erfasst werden[69]. Ein primärer Vermögensschaden liegt also genau dann vor, wenn der durch eine Verletzungshandlung eingetretene Schaden nicht aus der Verletzung eines Rechtsguts im Sinne von § 823 I BGB resultiert. Das bedeutet umgekehrt, dass es nicht möglich ist, den Begriff des reinen Vermögensschadens positiv zu umschreiben. Das Vorliegen eines primären Vermögensschadens kann stattdessen immer nur negativ über eine Definition der von § 823 I BGB geschützten Rechtspositionen ermittelt werden[70]. Entscheidend für die Bestimmung des Vermögensbegriffs ist also allein der Schutzumfang der Rechte und Rechtsgüter des § 823 I BGB.

Sieht man die Hauptfunktion des Kriteriums des betriebsbezogenen Eingriffs in der Abgrenzung des Rechts am Gewerbebetrieb zu reinen Vermögensschäden, so fordert man also in Wirklichkeit, den Schutzumfang des Rechts am Gewerbebetrieb einzugrenzen. Dann reduziert sich aber der Gehalt des Begriffs des betriebsbezogenen Eingriffs insoweit auf den an sich überflüssigen, weil selbstverständlichen Hinweis, dass das Recht am Gewerbebetrieb nur so weit wie sein Schutzbereich gelten kann.

(2) Keine Aussagekraft der Schutzbereichslehre

Auch die Argumentation mit dem Schutzbereich des Rechts am Gewerbebetrieb ist jedoch nicht weiterführend. Die Berücksichtigung des Schutzbereichs einer Norm, der aus ihrer Systematik, Entstehungsgeschichte und insbesondere ihrer Teleologie[71] gewonnen werden kann, bewegt sich im Bereich der Auslegung des Tatbestandes einer Norm. Das ist für das Recht am Gewerbebetrieb, das im Ausgangspunkt den gesamten Gewerbebetrieb und seine gesamte Tätigkeit umfassend schützt[72], jedoch nicht möglich, weil ein konkreter Haftungsgrund als Grundlage einer Auslegung gerade nicht vorhanden ist und als Schutzzweck des Rechts am Gewerbebetrieb zur Eingrenzung der Haftung ungeeignet ist[73]. Es lässt sich nicht damit argumentieren, das Kriterium des betriebsbezogenen Eingriff diene der Abgrenzung des

---

[69] *Möschel*, JuS 1977, 1 (2); *Willoweit*, NJW 1975, 1190 (1191); vgl. auch *Hager*, in: Staudinger, § 823 BGB, B 61.

[70] *Hager*, in: Staudinger, § 823 BGB, B 61; vgl. auch *Willoweit*, NJW 1975, 1190 (1191).

[71] Vgl. *Deutsch*, JuS 1967, 152 (154); *Schmiedel*: Deliktsobligationen, S. 142; *Schiemann*, in: Staudinger, § 249 BGB, Rdnr. 27, 32; *Steffen*, in: RGRK, § 823 BGB, Rdnr. 90.

[72] Siehe oben C.I.

[73] Vgl. *Buchner*: Die Bedeutung des Rechts am Gewerbebetrieb, S. 83 f.; *Schwitanski*: Deliktsrecht, Unternehmensschutz und Arbeitskampfrecht, S. 90; *Scriba*: Anwendungsbereich und Konkretisierung, S. 109 f.; *Taupitz*: Haftung für Energieleiterstörungen, S. 188, 194 f. Vgl. aber *Schiemann*, in: Staudinger, § 249 BGB, Rdnr. 33.

Rechts am Gewerbebetrieb von reinen Vermögensschäden, wenn definitorisch gerade bewusst nicht eingegrenzt werden soll, was konkret zum Recht am Gewerbebetrieb gehört.

(3) Betriebsbezogenheit als Synonym für die Realisierung des allgemeinen Lebensrisikos

Damit kann die Formulierung, mit Hilfe des betriebsbezogenen Eingriffs würden bloße Belästigungen oder sozial übliche, zufällige und schicksalhafte Behinderungen aus dem Schutzbereich des Rechts am Gewerbebetrieb herausgefiltert[74], sinnvoll nur so verstanden werden, dass auch für das Recht am Gewerbebetrieb der Grundsatz gelten soll, dass die Realisierung des allgemeinen Lebensrisikos nicht zu einer deliktischen Ersatzpflicht führt[75]. Denn mit dem Begriff des allgemeinen Lebensrisikos bezeichnet man allgemein alle Risiken, die theoretisch jeden jederzeit und zufällig treffen können[76], mit den Bedingungen des Menschseins verbunden sind und daher grundsätzlich nicht auf einen anderen im Wege der Haftung abgewälzt werden können, sondern als „Unglück"[77] von jedem selbst getragen werden müssen[78]. Sie liegen damit unter Wertungsgesichtspunkten außerhalb des Schutzbereichs des Deliktsrechts insgesamt[79].

---

[74] Siehe oben D.II.1.a)aa).

[75] Vgl. *Larenz/Canaris:* Schuldrecht II/2, § 81 I 2 e, S. 542.

[76] Vgl. BGHZ 27, 137, 141: allgemeines Lebensrisiko, in Strafverfahren verwickelt zu werden, ähnlich BGHZ 75, 230, 232: Bearbeitungsaufwand für Rechtsverfolgung. BGH NJW 621 und BGH VersR 470: allgemeines Lebensrisiko, dass sich junge Menschen beim Sportunterricht verletzen. BGH NJW 1968, 2287, 2288: Allgemeines Lebensrisiko, dass Krankheiten entdeckt werden. Vgl. auch Verfolgerfälle: BGHZ 57, 25, 32; BGHZ 63, 189, 192 f.

[77] Vgl. BGH NJW 2014, 2104, 2105, wo das „Unglück" dem Unrecht im Sinne von § 823 I BGB gegenüber gestellt wird.

[78] *Deutsch:* Allgemeines Haftungsrecht, Rdnr. 600. Zum allgemeinen Lebensrisiko auch *Emmerich:* Schuldrecht BT, § 20 Rn. 11; *U. Huber,* JZ 1969, 677 (677). Zur Kritik an der Argumentation mit dem allgemeinen Lebensrisiko: *Esser/Weyers:* Gesetzliche Schuldverhältnisse, § 55 I 2 a, S. 162.

[79] Vgl. *Schiemann,* in: Staudinger, § 249 BGB, Rdnr. 32. Die genauere Einordnung des allgemeinen Lebensrisikos in den Tatbestand des § 823 I BGB und insbesondere sein Verhältnis zum Schutzzweckzusammenhang ist dabei umstritten: Es wird teilweise dem Schutzzwecks der Norm zugeordnet (vgl. BGH NJW 1968, 2287, 2288; *v. Caemmerer,* DAR 1970, 283 (287); *Frank,* JA 1979, 583 (588); *U. Huber,* JZ 1969, 677 (681); *Kötz/Wagner:* Deliktsrecht, Rdnr. 216 f.; *Kramer,* JZ 1976, 338 (342); *Oetker,* in: MünchKomm-BGB, § 249 BGB, Rdnr. 194), teilweise als eigenständiges Haftungskorrektiv behandelt (*Deutsch,* VersR 1993, 1041 (1041 ff.); *Deutsch:* Allgemeines Haftungsrecht, Rdnr. 596 ff.; *Lange,* JZ 1976, 198 (207)).

Für die Ablehnung einer Haftung wegen Realisierung des allgemeinen Lebensrisikos ist das Kriterium des betriebsbezogenen Eingriffs als Tatbestandsmerkmal allerdings nicht erforderlich. Vielmehr geht man hier einen Umweg in der Argumentation, indem man hervorhebt, was sich bereits aus dem für das gesamte Deliktsrecht geltenden Ausschlussgrund der Realisierung des allgemeinen Lebensrisikos auch für das Recht am Gewerbebetrieb ergibt[80]. Einen Mehrwert bringt der Begriff des betriebsbezogenen Eingriffs auch hier nicht.

b) Betriebsbezogenheit zur Ausklammerung mittelbarer Schäden

Das Merkmal der Betriebsbezogenheit wird ferner dazu verwendet, den Anspruch wegen Eingriffs in das Recht am Gewerbebetrieb mit dem Verbot des Drittschadensersatzes in Einklang zu bringen.

aa) Formulierungen aus Rechtsprechung und Literatur

Die Betriebsbezogenheit eines Eingriffs wird auch dann verneint, wenn durch den Eingriff lediglich vom Gewerbebetrieb ohne weiteres ablösbare, d.h. nicht mit der Wesenseigentümlichkeit des Betriebes in Beziehung stehende Rechte oder Rechtsgüter betroffen sind[81]. Hierbei beruft man sich auf die Ausnahmeregelungen der §§ 844, 845 BGB[82], aus denen sich ergebe, dass die gesetzliche Regelung gerade keine generalklauselartige Haftung für mittelbar durch ein Schadensereignis erlittene Vermögensschäden vorsehe[83]. Dementsprechend komme auch kein Anspruch wegen Verletzung des Rechts am Gewerbebetrieb in Betracht, wenn dieser durch eine Verletzungshandlung nur mittelbar geschädigt sei. Beispiele für solche nur mittelbaren Schäden eines Gewerbebetriebs sind der Gewinnverlust infolge der Verletzung eines Arbeiters oder Angestellten[84], des Betriebsinhabers[85] oder eines Eiskunstlaufpartners[86] genauso wie die Beschädigungen von Betriebsfahrzeugen oder Maschinen[87].

---

[80] Vgl. auch *Reinhardt*, in: Karlsruher Forum 1961, S. 11: „Selbstverständlichkeit"
[81] BGH NJW 1983, 812, 813; BGH NJW 2012, 2034, 2036f.
[82] Vgl. BGH NJW 1989, 2317, 2317; BGH NJW 2001, 971, 972; BGH NJW 2003, 1040, 1041. Ähnlich schon BGHZ 7, 30, 33f. m.w.N.
[83] BGH NJW 2003, 1040, 1041.
[84] BGHZ 7, 30, 35ff.; BGHZ 29, 65, 74; BGH NJW 2009, 355, 356.
[85] BGH NJW 2001, 971, 972.
[86] BGH NJW 2003, 1040, 1041.
[87] BGH NJW 1983, 812, 813.

80 D. Unvereinbarkeit von Recht am Gewerbebetrieb und Verkehrspflichten

Auch Stromausfälle[88] oder Sperrungen von Infrastruktureinrichtungen[89] werden unter diesem Vorzeichen behandelt.

Das Schrifttum sieht ebenfalls eine weitere Hauptfunktion des Kriteriums des betriebsbezogenen Eingriffs darin, zu vermeiden, dass durch das Recht am Gewerbebetrieb Nachteile, die Dritte mittelbar durch ein Schadensereignis erleiden, zu nach § 823 I BGB ersatzfähigen Schäden umdeklariert werden und damit über das Recht am Gewerbebetrieb letztendlich doch Ersatz für reine Vermögensschäden gewährt wird[90].

bb) Deutung

Mit der Betriebsbezogenheit im Sinne der Ausklammerung mittelbarer Schäden[91] aus dem Schutz des Rechts am Gewerbebetrieb ist der im Deliktsrecht allgemein geltende und sich aus einem Umkehrschluss zu den §§ 844, 845 BGB[92] ergebende Grundsatz angesprochen, dass nur der Rechtsgutinhaber als unmittelbar Geschädigter Schadensersatz gem. § 823 I BGB verlangen kann, während Vermögensschäden Dritter, die durch dieses Scha-

---

[88] BGHZ 41, 123, 127.
[89] Vgl. BGH NJW-RR 2005, 673, 674 f: „Der Streitfall gibt keine Veranlassung, von dem Grundsatz abzurücken, dass Ersatz für mittelbaren Vermögensschaden, den ein Dritter bei Verletzung eines fremden Rechtsgutes durch bloße Reflexwirkung erleidet, im Regelfall nicht geschuldet wird".
[90] Vgl. *Beater*, in: Soergel, Anh. V § 823 BGB, Rdnr. 37; *v. Caemmerer*, ZHR 127, 241 (246); *Faustmann*, VuR 2006, 260 (262); *Fikentscher*, in: Festgabe Kronstein, S. 290 f.; *Fikentscher/Heinemann:* Schuldrecht, Rdnr. 1582; *Förster*, in: Bamberger/Roth, § 823 BGB, Rdnr. 24; *Kötz/Wagner:* Deliktsrecht, Rdnr. 43; *Larenz/Canaris:* Schuldrecht II/2, § 81 I 2 c, S. 541; *Schapiro:* Unterlassungsansprüche, S. 142; *Löwisch/Meier-Rudolph*, JuS 1982, 237 (239); *Schiemann*, in: Erman, § 823 BGB, Rdnr. 63; *Schrauder:* Wettbewerbsverstöße, S. 219, 224; *Steffen*, in: RGRK, § 823 BGB, Rdnr. 43; *Wagner*, in: MünchKomm-BGB, § 823 BGB, Rdnr. 257; *Zeuner*, in: Soergel, 12. Aufl., § 823 BGB, Rdnr. 109. Kritisch: *Buchner:* Die Bedeutung des Rechts am Gewerbebetrieb, S. 76 f.; *Brüggemeier*, JZ 1986, 969 (975); *Glückert*, AcP 166, 311 (319); *Katzenberger:* Recht am Unternehmen, S. 15; *Looschelders:* Schuldrecht BT, Rdnr. 1249; *Preusche:* Unternehmensschutz und Haftungsbeschränkung, S. 77 ff.; *Schnug*, JA 1985, 440 (446); *Stadtmüller:* Schutzbereich und Schutzgegenstände, S. 62; *Taupitz:* Haftung für Energieleiterstörungen, S. 168 f. Für eine teilweise Einbeziehung mittelbar Geschädigter in den Deliktsschutz hingegen *Scriba:* Anwendungsbereich und Konkretisierung, S. 107.
[91] Diese Problematik ist streng von der der unmittelbaren Eingriffe zu trennen, vgl. dazu oben C.II.
[92] Vgl. *v. Caemmerer*, in: Hundert Jahre deutsches Rechtsleben II, S. 68; *v. Caemmerer*, ZHR 127, 241 (245); *Esser/Weyers:* Gesetzliche Schuldverhältnisse, § 60 II 1, S. 237; *Preusche:* Unternehmensschutz und Haftungsbeschränkung, S. 76 f.; *Fikentscher/Heinemann:* Schuldrecht, Rdnr. 1716; *Weitnauer*, VersR 1963, 101 (103). Kritisch dazu: *Schmiedel:* Deliktsobligationen, S. 101.

II. Die materiellen Beziehungen

densereignis nur mittelbar entstanden sind, nicht ersatzfähig sein sollen[93]. Dies soll zu einer Begrenzung des Kreises der Anspruchsberechtigten führen[94] und – genauso wie die Aspekte des Schutzzweckes und des allgemeinen Lebensrisikos[95] – eine allgemeine Fahrlässigkeitshaftung für Vermögensschäden aller Art verhindern. Schon wegen der allgemeinen Geltung dieses Grundsatzes erweist sich auch in dieser Funktion[96] der betriebsbezogene Eingriff nicht als Spezifikum des Rechts am Gewerbebetrieb.

Darüber hinaus leistet er aber auch keine Hilfe zur Konkretisierung der Grenzen des Rechts am Gewerbebetrieb. Denn wie sich schon aus dem Wortlaut des § 823 I BGB ergibt[97], ist unmittelbar Geschädigter im Sinne dieser Norm jeder, der durch die tatbestandsmäßige Verletzung dieser Rechtsnorm selbst an einem seiner durch diese Norm geschützten Güter geschädigt ist, selbst wenn für seinen Schaden der Schadensfall nur mittelbar kausal war[98]. Dies zeigt die Fallgruppe der sog. „Schockschäden"[99] besonders gut, wo durch die psychischen Belastungen von bei einem Unfall anwesenden nahen Angehörigen der Tatbestand einer eigenständigen Gesundheitsschädigung im Sinne von § 823 I BGB verwirklicht wird.

---

[93] Vgl. *v. Caemmerer*, DAR 1970, 283 (287); *Deutsch/Ahrens:* Deliktsrecht, Rdnr. 623; *Esser/Schmidt:* Schuldrecht AT, § 34 I 2, S. 261; *Larenz/Canaris:* Schuldrecht II/2, § 75 I 3 c, S. 357; *Nipperdey:* Gutachten Zeitungsstreik, S. 32; *Oetker*, in: MünchKomm-BGB, § 249 BGB, Rdnr. 280 f.; *Preusche:* Unternehmensschutz und Haftungsbeschränkung, S. 76; *Schnug*, JA 1985, 440 (446); *Spickhoff*, in: Soergel, § 823 BGB, Rdnr. 147; *Weitnauer*, VersR 1963, 101 (103).

[94] *Förster*, in: Bamberger/Roth, § 823 BGB, Rdnr. 4; *Wagner*, in: MünchKomm-BGB, § 823 BGB, Rdnr. 186.

[95] Siehe dazu soeben oben D.II.1.a). Zu der Ähnlichkeit der Argumentation mit dem allgemeinen Lebensrisiko und mit der Ausklammerung mittelbarer Schäden vgl. auch BGHZ 66, 388, 391 und 393, wo beide Aspekte herangezogen werden.

[96] Vgl. soeben oben D.II.1.a)bb).

[97] *Esser/Schmidt:* Schuldrecht AT, § 34 I, S. 259; *Esser/Weyers:* Gesetzliche Schuldverhältnisse, § 60 II 1, S. 237. Aus diesem Grund hält *Schmiedel:* Deliktsobligationen, S. 102 das „Unmittelbarkeitsdogma" als zusätzliches Prinzip des Deliktsrecht für überflüssig und verwirrend.

[98] Vgl. BGH NJW 1986, 777, 778 f.; *Esser/Schmidt:* Schuldrecht AT, § 34 vor I, I, S. 258 f.; *Glückert*, AcP 166, 311 (315); *Löwisch:* Der Deliktsschutz relativer Rechte, S. 6 f.; *Fikentscher/Heinemann:* Schuldrecht, Rdnr. 610; *Förster*, in: Bamberger/Roth, § 823 BGB, Rdnr. 4; *Preusche:* Unternehmensschutz und Haftungsbeschränkung, S. 76 ff.; *Schiemann*, in: Erman, Vor § 823 BGB, Rdnr. 30. In Bezug auf das Recht am Gewerbebetrieb ferner: *Stadtmüller:* Schutzbereich und Schutzgegenstände, S. 62; *Taupitz:* Haftung für Energieleiterstörungen, S. 168 f.

[99] Dazu BGHZ 56, 163, 164 ff.; BGH NJW 1989, 2317, 2317 f.; BGH NJW 2007, 2764, 2765 m.w.N. sowie etwa *v. Caemmerer*, DAR 1970, 283 (291); *Esser/Weyers:* Gesetzliche Schuldverhältnisse, § 60 II 1, S. 237; *Wandt:* Gesetzliche Schuldverhältnisse, § 16, Rn. 141.

Für das Recht am Gewerbetrieb bedeutet das Folgendes: Wenn es ein sonstiges Recht im Sinne des § 823 I BGB ist, dann ist der Betriebsinhaber durch jede – auch nur mittelbar kausale – Schädigung immer unmittelbar geschädigt[100]. Dies ergibt sich direkt aus § 823 I BGB; es bedarf dafür also nicht des Kriteriums des betriebsbezogenen Eingriffs, sondern der Klärung, ob das Recht am Gewerbetrieb ein absolutes Recht ist und was sein Schutz beinhaltet[101]. Umgekehrt lässt sich nicht von einer – wie auch immer abstrakt zu bestimmenden – unmittelbaren Betroffenheit auf einen betriebsbezogenen Eingriff und damit auf eine Verletzung des Rechts am Gewerbebetrieb schließen.

c) Betriebsbezogenheit zur Abgrenzung innerhalb der Rechtsgüter des § 823 I BGB

Eine weitere Funktion des betriebsbezogenen Eingriffs ist die Grenzziehung zwischen seinem Schutzbereich und dem anderer deliktischer Tatbestände.

aa) Formulierungen aus Rechtsprechung und Literatur

Das Merkmal der Betriebsbezogenheit soll nach Ansicht der Rechtsprechung einen allgemeinen deliktischen Vermögensschutz für Gewerbetreibende vermeiden[102], da das Recht am Gewerbebetrieb den Haftungsschutz nicht dort ausdehnen könne, wo ihn das Gesetz gerade verwehrt und einen vom Gesetz gerade nicht gewollten Haftungstatbestand kreieren[103]. Ein Anspruch wegen Verletzung des als sonstiges Recht im Sinne von § 823 Abs. 1 BGB geschützten Gewerbebetriebs kommt daher nur in Betracht, wenn spezielle Schutzvorschriften zugunsten eines Unternehmens nicht durchgreifen[104].

Wegen dieses Bezugs zu anderen Haftungstatbeständen wird das Kriterium des betriebsbezogenen Eingriffs im Schrifttum als Ausprägung des Subsidiaritätsgrundsatzes angesehen[105].

---

[100] So auch *Buchner*: Die Bedeutung des Rechts am Gewerbebetrieb, S. 76; *Glückert*, AcP 166, 311 (319); *Preusche*: Unternehmensschutz und Haftungsbeschränkung, S. 77 ff.; *Schnug*, JA 1985, 440 (446); *Taupitz*: Haftung für Energieleiterstörungen, S. 169.
[101] So auch *Preusche*: Unternehmensschutz und Haftungsbeschränkung, S. 77 ff.; *Stadtmüller*: Schutzbereich und Schutzgegenstände, S. 62. Siehe dazu unten E.I.2.
[102] BGH NJW 1983, 812, 813; BGHZ 90, 113, 123; BGH NJW 2003, 1040, 1041. Siehe auch bereits oben D.II.1.a)aa).
[103] BGH NJW 2003, 1040, 1041; BGH NJW 1980, 881, 882.
[104] BGH GRUR 2014, 904, 905 m.w.N.
[105] Vgl. *Taupitz*: Haftung für Energieleiterstörungen, S. 161, 185 f.; *Zeuner*, in: Soergel, 12. Aufl., § 823 BGB, Rdnr. 114. Vgl. bereits *Schippel*, GRUR 1959, 284

bb) Deutung

(1) Hintergrund des Subsidiaritätsgrundsatzes

Der Subsidiaritätsgrundsatz ist nach der Rechtsprechung des Bundesgerichtshofs[106] die Folge dessen, dass sich Existenz und Schutzbereich des Rechts am Gewerbebetrieb aus dem nur lückenhaften Schutz von Unternehmen durch § 826 BGB und durch das Wettbewerbsrecht legitimieren sollen: Die Aufgabe des Rechts am Gewerbebetrieb sei es, diese Lücken zu schließen[107], nicht aber als allgemeiner deliktischer Vermögensschutz für Gewerbetreibende im Wege der Rechtsfortbildung einen vom Gesetz gerade nicht gewollten Haftungstatbestand zu kreieren[108], der das gesetzliche System der deliktischen Einzeltatbestände[109] aushebeln würde[110]. Daher solle das Recht am Gewerbebetrieb ein gegenüber anderen Deliktstatbeständen subsidiärer Auffangtatbestand sein[111], der das kodifizierte Haftungsrecht nur ergänzen, nicht aber abändern dürfe[112].

In Bezug auf die geschriebenen Deliktstatbestände bedeutet das, dass diese wegen des Vorrangs des Gesetzes, Art. 20 III GG, sowie des rechtsstaatlichen Grundsatzes der Rechtssicherheit in ihrem Anwendungsbereich im Zweifel[113]

---

(285) sowie *Katzenberger:* Recht am Unternehmen, S. 64: Unmittelbarkeit meint, dass erstens keine selbstständig geschützten Bestandteile des Unternehmens und zweitens keine schuldrechtlichen Beziehungen (und damit relative Rechte) über das Recht am Unternehmen geschützt werden. Kritisch *Schwitanski:* Deliktsrecht, Unternehmensschutz und Arbeitskampfrecht, S. 84 f.

[106] Das Bundesarbeitsgericht wendet den Subsidiaritätsgrundsatz nicht an, vgl. etwa BAG NJW 2009, 1990, 1991 f. sowie BAG NZA 2006, 798, 801.

[107] Grundlegend BGHZ 36, 252, 256 f.; BGHZ 38, 200, 204; BGHZ 43, 359, 361. Vgl. auch schon Ansätze in RGZ 132, 311, 316 sowie in BGHZ 8, 387, 394 f. Zu letzterem vgl. *Völp,* WuW 1956, 31 (32 f.). A.A. noch BGH GRUR 1959, 31, 34; durch BGHZ 36, 252, 257 aber ausdrücklich aufgegeben. Zum Subsidiaritätsgrundsatz vgl. auch den Gedanken eines „Quellrechts" am Unternehmen: *v. Caemmerer,* in: Hundert Jahre deutsches Rechtsleben II, S. 90; *Deutsch,* JZ 1963, 385 (388).

[108] BGH NJW 2003, 1040, 1041. Vgl. auch BGH NJW 1980, 881, 882 sowie *Förster,* in: Bamberger/Roth, § 823 BGB, Rdnr. 191.

[109] Siehe dazu oben B.V.1.b).

[110] *Scriba:* Anwendungsbereich und Konkretisierung, S. 26 f.; *Wagner,* in: MünchKomm-BGB, § 823 BGB, Rdnr. 256 ff. Vgl. auch *Peukert:* Güterzuordnung als Rechtsprinzip, S. 245; *Stadtmüller:* Schutzbereich und Schutzgegenstände, S. 228: nur vom allgemeinen Vermögen unterscheidbare konkrete Einzelinteressen geschützt.

[111] BGHZ 38, 200, 204; BGH NJW 1977, 2264, 2265; BGH NJW 1980, 881, 882; BGH NJW 2003, 1040, 1041.

[112] BGH NJW 1980, 881, 882.

[113] BGH NJW 1980, 881, 882.

84   D. Unvereinbarkeit von Recht am Gewerbebetrieb und Verkehrspflichten

als *leges speciales*[114] einer richterlicher Rechtsfortbildung vorgehen[115], d.h. wenn das Gesetz selbst zu erkennen gegeben hat, dass abschließende Regelungen getroffen wurden und der fragliche Sachverhalt durch spezielle Normen – positiv wie negativ – geregelt wurde[116]. Insbesondere dann, wenn gesetzliche Haftungsmaßstäbe bestehen, die zur Begründung der Haftung nicht ausreichen, kann das Recht am Gewerbebetrieb wegen dieser „negativen Schutzbereiche" der entsprechenden Normen nicht angewendet werden[117].

*(2) Betriebsbezogener Eingriff und Subsidiaritätsgrundsatz
als Versuche der Negativabgrenzung des Rechts am Gewerbebetrieb
von reinen Vermögensschäden*

Dient der Subsidiaritätsgrundsatz dazu, die Grenzen der deliktischen Tatbestände zum nicht geschützten Vermögen nicht zu unterlaufen, taucht wiederum das schon oben aufgeworfene Problem auf, dass der Begriff des reinen Vermögensschäden sich im Deliktsrechts nur negativ durch die Grenzen der Rechte und Rechtsgüter des § 823 I BGB definieren lässt[118]. Für eine Anwendung des Subsidiaritätsgrundsatzes ist es daher zunächst erforderlich, die Reichweite dieser Tatbestände zu klären, insbesondere, inwieweit ein konkurrierender Tatbestand oder Regelungskomplex abschließend ist, wenn sein Tatbestand *nicht* erfüllt ist[119], oder ob er Raum zur „Lückenfüllung" über das

---

[114] Vgl. *Fikentscher/Heinemann*: Schuldrecht, Rdnr. 1583; *Fuchs/Pauker*: Delikts- und Schadensersatzrecht, S. 68; *Katzenberger*: Recht am Unternehmen, S. 140 ff.; *Larenz/Canaris*: Schuldrecht II/2, § 81 I 4 b, S. 543; *Nipperdey/Säcker*, NJW 1985 (1994). Vgl. auch *Scriba*: Anwendungsbereich und Konkretisierung, S. 19 ff., der zwischen Subsidiarität und verdrängender Spezialität unterscheidet. A.A.: *Stadtmüller*: Schutzbereich und Schutzgegenstände, S. 90, 114 ff., insb. 117.: Der Subsidiaritätsgrundsatz könne nur systematische Bedenken schmälern, ohne aber die Sachprobleme einfacher zu machen. Insbesondere gegenüber § 823 I BGB bestehe weder in positiver noch negativer Hinsicht Subsidiarität im Sinne einer verdrängenden Gesetzeskonkurrenz, weil Rechtsfolgen und Verjährung ohnehin gleich sind; ähnlich *Fikentscher*, in: Festgabe Kronstein, S. 290 f.; *Möschel*, JuS 1977, 1 (1): aus Rechtsgründen sei ein doppelter Zugang zu § 823 I BGB nicht verwehrt, so z.B. auch bei Eigentum und Besitz.
[115] *Buchner*: Die Bedeutung des Rechts am Gewerbebetrieb, S. 86.
[116] Vgl. BGH NJW 1980, 881, 882 sowie *Beater*, in: Soergel, Anh. V § 823 BGB, Rdnr. 15; *Buchner*: Die Bedeutung des Rechts am Gewerbebetrieb, S. 87, 253; *Spindler*, in: Bamberger/Roth, 37. Edition, § 823 BGB, Rdnr. 114; *Stadtmüller*: Schutzbereich und Schutzgegenstände, S. 395; *Teichmann*, in: Jauernig, § 823 BGB, Rdnr. 95 ff. Ähnlich *Schiemann*, in: Erman, § 823 BGB, Rdnr. 61: Subsidiarität als Problem der Zulässigkeit einer Analogie wegen planwidriger Regelungslücke.
[117] *Schnug*, JA 1985, 614 (618).
[118] Siehe oben D.II.1.a)bb)(1).
[119] *Hager*, in: Staudinger, § 823 BGB, D 23; *Scriba*: Anwendungsbereich und Konkretisierung, S. 24. Für eine extreme Sperrwirkung *Kohlhaas*: Der Eingriff in den Gewerbebetrieb, S. 80.

Recht am Gewerbebetrieb lässt. Dazu können weder der betriebsbezogene Eingriff noch der Subsidiaritätsgrundsatz wirklich beitragen. Sie stellen lediglich Merkposten dar, dass eine inhaltliche Prüfung des Rechts am Gewerbebetrieb gar nicht erfolgen darf, wenn andere Rechte und Rechtsgüter – vor allem Eigentum, Besitz und Freiheit – und deren Abgrenzung zur allgemeinen Handlungsfreiheit und zu primären Vermögensschäden drohen unterlaufen zu werden. In Wirklichkeit geht es also erstens um die Frage, in welchem Umfang die Rechte und Rechtsgüter des § 823 I BGB geschützt sind, zweitens darum, welche Schäden nicht mehr in ihren Schutzbereich fallen, und erst drittens darum, ob der so definierte Schutzbereich abschließend ist und damit eine Heranziehung des Rechts am Gewerbebetrieb in diesem „negativen Schutzbereich" sperrt.

(3) Insbesondere Abgrenzung zu Eigentum und Besitz

Gerade die Abgrenzung des Rechts am Gewerbebetrieb zu dem Eigentumsrecht und dem berechtigten Besitz, der anerkanntermaßen ein sonstiges Recht[120] im Sinne von § 823 I ist, wird hier aber weder sauber noch konsequent durchgeführt. Dem berechtigten Besitz kommt dabei dann neben dem Eigentumsrecht im Sinne von § 823 I BGB eigenständige Bedeutung zu, wenn es um die Beeinträchtigung z. B. von gemieteten betrieblich genutzten Maschinen oder einem gepachteten Betriebsgrundstück geht und dadurch die vorgesehene Nutzung der Sache verhindert wird[121].

(a) Rechtsprechung

In der Rechtsprechung heißt es zwar, sowohl bei Substanzverletzungen als auch bei Gebrauchsbeeinträchtigungen[122] habe der Tatbestand der Eigentumsverletzung bzw. der Verletzung des berechtigten Besitzes[123] Vorrang vor

---

[120] Dazu *Hager*, in: Staudinger, § 823 BGB, B 167; *Esser/Weyers:* Gesetzliche Schuldverhältnisse, § 55 I 2 b, S. 163; *Frank*, JA 1979, 583 (585); *Fuchs/Pauker:* Delikts- und Schadensersatzrecht, S. 34; *Löwisch:* Der Deliktsschutz relativer Rechte, S. 3; *Medicus/Lorenz:* Schuldrecht II, Rdnr. 1302; *Schiemann*, in: Erman, § 823 BGB, Rdnr. 43; *Steffen*, in: RGRK, § 823 BGB, Rdnr. 33.
[121] Vgl. BGHZ 137, 89, 98; BGH NJW-RR 2005, 673, 675; BGH NJW 2015, 1174, 1175.
[122] Zu den Formen der Eigentumsverletzung im Sinne von § 823 I BGB siehe unten H.II., III.
[123] Vgl. *Scriba:* Anwendungsbereich und Konkretisierung, S. 114. A.A.: *Fikentscher*, in: Festgabe Kronstein, S. 290 f.: Gerade die physische Beeinträchtigungen von Miet- und Pachtverhältnissen sei Anwendungsbereich für das Recht am Gewerbebetrieb.

der Prüfung einer Verletzung des Rechts am Gewerbebetrieb[124]. Dennoch gibt es eine Vielzahl an Fällen, in denen eine Eigentumsverletzung entweder noch nicht einmal angesprochen[125] oder abgelehnt und ohne Rücksicht auf die Subsidiarität ein Eingriff in das Recht am Gewerbebetrieb geprüft wurde[126]. In diesen Fällen scheiterte der Anspruch wegen Verletzung des Rechts am Gewerbebetrieb dann erst an dem Merkmal der Betriebsbezogenheit[127], zum Beispiel, weil er als zufällige Realisierung des allgemeinen Lebensrisikos betrachtet wurde[128].

(b) Literatur

Auch im Schrifttum wird der Subsidiaritätsgrundsatz im Hinblick auf das Verhältnis zum Eigentumsschutz zum Teil eher locker gehandhabt, obwohl hier die Diskussion durchaus auch die Abgrenzung des Eigentums im Sinne von § 823 I BGB zu sonstigen Vermögensschäden miteinbezieht[129]. Das Meinungsspektrum zum Subsidiaritätsgrundsatz ist dabei denkbar weit aufgefächert: So wird vertreten, dass das Eigentumsrecht und das Recht am Unternehmen nebeneinander stehen könnten[130] oder dass innerhalb von § 823 I BGB ein Anwendungsvorrang des Eigentumsschutzes gegenüber dem Recht am Gewerbebetrieb nur „technische Bedeutung"[131] habe. Dies läuft auf eine Verneinung der Sperrwirkung des Eigentumsschutzes hinaus.

---

[124] Etwa BGHZ 55, 153, 159; BGHZ 105, 346, 350; BGH NJW 1977, 2264, 2265. Vgl. auch BGHZ 137, 89, 97.
[125] BGHZ 29, 65, 66 f.; BGHZ 59, 30, 35; BGHZ 66, 388, 393 f.; BGH NJW 1972, 1571, 1572 f. Dazu auch noch unten H.III.3.a).
[126] BGHZ 55, 153 160; BGHZ 86, 152, 156; BGH NJW 1977, 2264, 2265; BGH NJW 1983, 812, 813; BGH NJW 1992, 41, 42; BGH NJW 2004, 356, 358; BGH NJW 2015, 1174, 1176; OLG Hamm, NJW 1973, 760, 760. In Bezug auf den berechtigten Besitz: BGH NJW 2015, 1174, 1176.
[127] BGHZ 55, 153, 161; BGHZ 86, 152, 156; BGH NJW 1977, 2264, 2265; BGH NJW 1983, 812, 813; BGH NJW 2004, 356, 358. A.A.: BGH NJW 1992, 41, 42.
[128] BGH NJW 2015, 1174, 1176.
[129] Vgl. *Brüggemeier*, ZVglRWiss 82 (1983), 62 (62 f.); *Möschel*, JuS 1977, 1 (1); *Stadtmüller*: Schutzbereich und Schutzgegenstände, S. 39. Beachte aber *Hager*, in: Staudinger, § 823 BGB, Rdnr. B 61: „weitgehend ungeklärt ist die Abgrenzung zwischen dem Eigentum und dem Vermögen".
[130] Vgl. *Buchner*: Die Bedeutung des Rechts am Gewerbebetrieb, S. 87 f.; *v. Caemmerer*, in: Hundert Jahre deutsches Rechtsleben II, S. 90; *Fikentscher*, in: Festgabe Kronstein, S. 288; *Sack*: Das Recht am Gewerbebetrieb, S. 192; *Stadtmüller*: Schutzbereich und Schutzgegenstände, S. 84 f., 117; ähnlich *Möschel*, JuS 1977, 1 (1). Weitergehend: *Säcker*, NJW 2010, 1115 (1118): Jede Eigentumsverletzung an Betriebsmitteln könne ein Eingriff in Gewerbebetrieb sein.
[131] *Möschel*, JuS 1977, 1 (4); *Wagner*, in: MünchKomm-BGB, § 823 BGB, Rdnr. 260.

Andere wollen wegen des Subsidiaritätsgrundsatzes einerseits nur Gebrauchsbeeinträchtigungen, die keine Eigentumsverletzung darstellen – insbesondere mittelbare physische Einwirkungen – über das Recht am Gewerbebetrieb erfassen[132], gleichzeitig aber in diesen Fällen regelmäßig einen betriebsbezogenen Eingriff verneinen, um die Wertungen des Eigentumsschutzes nicht zu umgehen[133]. Die Gegenmeinung will daher Nutzungsbeeinträchtigungen grundsätzlich nicht über das Recht am Gewerbebetrieb erfassen, sondern auf den vorrangigen und nicht nur auf den gewerblichen Einsatz beschränkten Schutz von Eigentum und Besitz in § 823 I BGB zurückführen[134].

Sehr weitgehend ist die Sperrwirkung des Schutzbereichs des Eigentums hingegen, wenn man annimmt, auf das Recht am Gewerbebetrieb könne nicht zurückgegriffen werden, sobald es durch das schädigende Ereignis irgendeinen Anspruchsberechtigten wegen Verletzung eines Rechts nach § 823 I BGB gebe[135].

(c) Historische Betrachtung

Diese Meinungsvielfalt[136] in der Abgrenzung von Eigentumsschutz und Recht am Gewerbebetrieb lässt sich vor dem historischen Hintergrund besser verstehen[137]. Das Reichsgericht hatte in Bezug auf den Eigentumsschutz in

---

[132] Vgl. *Beater*, in: Soergel, Anh. V § 823 BGB, Rdnr. 16, 58; *Sack:* Das Recht am Gewerbebetrieb, S. 240 ff.; *Scriba:* Anwendungsbereich und Konkretisierung, S. 114. Vgl. auch *Fikentscher/Heinemann:* Schuldrecht, Rdnr. 1582; *Fikentscher*, in: Festgabe Kronstein, S. 290 f.: Insbesondere wegen Miet- und Pachtverhältnissen sei der Eigentumsschutz gegen physische Beeinträchtigungen nicht ausreichend und daher auf das Recht am Gewerbebetrieb zurückzugreifen. Dies blendet den berechtigten Besitz als sonstiges Recht im Sinne von § 823 I BGB aus. Ähnlich in Bezug auf Pachtverhältnisse *Hubmann*, ZHR 117, 41 (78 f.). Sehr weitgehend *Brüggemeier*, ZVglRWiss 82 (1983), 62 (84 f.); *Brüggemeier*, VersR 1984, 902 (903 f.); *Schildt*, WM 1996, 2261 (2263 f.).

[133] *Beater*, in: Soergel, Anh. V § 823 BGB, Rdnr. 16, 58. Vgl. auch *Sack:* Das Recht am Gewerbebetrieb, S. 240 ff.

[134] Vgl. *Grüneberg*, NJW 1992, 945 (946 f.); *Hager*, in: Staudinger, § 823 BGB, B 95, D 13, 18; *Medicus/Lorenz:* Schuldrecht II, Rdnr. 1289; *Rosenbach:* Eigentumsverletzung durch Umweltveränderung, S. 68 ff.; *Scriba:* Anwendungsbereich und Konkretisierung, S. 114; *Schnug*, JA 1985, 614 (618); *Spindler*, CR 2005, 741 (742); *Würthwein:* Schadensersatz für Verlust der Nutzungsmöglichkeit, 198 Fn. 15; *Zeuner*, in: Festschrift Flume I, S. 780. Vgl. auch *G. Hager*, JZ 1979, 53 (55), der jedoch auch eine Eigentumsverletzung ablehnt. Siehe dazu unten F.I.1. sowie H.III.

[135] *Kohlhaas:* Der Eingriff in den Gewerbebetrieb, S. 80.

[136] Kritisch *Medicus/Petersen:* Bürgerliches Recht, Rdnr. 613; *Möschel*, JuS 1977, 1 (1); *Stadtmüller:* Schutzbereich und Schutzgegenstände, S. 49.

[137] Vgl. auch *Brüggemeier*, ZVglRWiss 82 (1983), 62 (63).

§ 823 I BGB auch noch nach Inkrafttreten des BGB[138] an die gemeinrechtliche Deliktshaftung und damit an *lex Aquilia* angeknüpft[139], wonach ein Eingriff in die Substanz der Sache Voraussetzung einer Eigentumsverletzung war[140]. Eine besondere Konsequenz dieses engen Ansatzes war, dass Nutzungsbeeinträchtigungen einer Sache ohne Substanzeinwirkung zumindest im wirtschaftlichen Kontext mit Hilfe des Rechts am Gewerbebetrieb erfasst werden konnten und mussten[141].

Die Abgrenzungsprobleme zwischen dem Recht am Gewerbebetrieb und dem Eigentum und deren Bezüge zum Subsidiaritätsgrundsatz entstanden erst danach durch das Zusammentreffen von zwei parallelen Entwicklungen: Zum einen wurde das Recht am Gewerbebetrieb durch das „Constanze-Urteil" des Bundesgerichtshofs auch auf Fallgruppen außerhalb des Wettbewerbs ausgedehnt[142]. Zum anderen wurde auch die substanzorientierte Sichtweise der Eigentumsverletzung des Reichsgerichts im sogenannten „Fleet-Fall"[143] ausdrücklich aufgegeben[144]. Diesem lag der Sachverhalt zu Grunde, dass die Ufermauer einer Wasserstraße – eines Fleets – teilweise eingestürzt und sodann provisorisch abgestützt worden war. Eine landeinwärts dahinter liegende Mühle konnte dadurch nicht mehr von Schiffen erreicht werden, zudem wurde so ein Schiff an der Verladestelle der Mühle durch den Einsturz des Fleets eingesperrt. Obwohl es in seiner Substanz nicht verletzt wurde, bejahte der Bundesgerichtshof an dem an der Mühle eingesperrten Schiff eine Eigentumsverletzung für die Dauer der Blockade. Er begründete dies damit, dass es seinen aktuellen Standort nicht mehr verlassen konnte und damit überhaupt nicht mehr bestimmungsgemäß genutzt werden konnte. An den nur „ausgesperrten" Schiffen, die die Mühle wegen des Fleet-Einsturzes nicht mehr erreichen konnten, wurde eine Eigentumsverletzung hingegen mit dem Argument verneint, dass sie sich noch bewegen und damit noch bestimmungsgemäß als Transportschiffe nutzen ließen. Trotz dieser relativ engen Voraussetzungen erfasste der Eigentumsschutz in § 823 I BGB grundsätzlich nun auch reine Nutzungsbeeinträchtigungen[145].

Für die Fallgruppe der Nutzungsbeeinträchtigungen von Eigentum oder berechtigten Besitz ohne Substanzverletzung hätte seitdem bei konsequenter

---

[138] RG Gruchot 68, 76, 79.
[139] *Boecken:* Deliktsrechtlicher Eigentumsschutz, S. 57 ff.; *Löwisch:* Der Deliktsschutz relativer Rechte, S. 95 ff.
[140] *Boecken:* Deliktsrechtlicher Eigentumsschutz, S. 57 ff.
[141] *Boecken:* Deliktsrechtlicher Eigentumsschutz, 64.
[142] Siehe dazu oben C.I.
[143] BGHZ 55, 153.
[144] BGHZ 55, 153, 159. Dazu *Boecken:* Deliktsrechtlicher Eigentumsschutz, S. 74; *Brüggemeier,* ZVglRWiss 82 (1983), 62 (65).
[145] *Brüggemeier,* ZVglRWiss 82 (1983), 62 (62 f.).

Anwendung des Subsidiaritätsgrundsatzes das Recht am Gewerbebetrieb nicht mehr angewendet werden dürfen, um die im „Fleet-Fall" aufgestellten Grundsätze und damit die Grenzen des Eigentumsschutzes nicht zu umgehen. Stattdessen stellte sich die Abgrenzung zwischen dem Recht am Gewerbebetrieb und den Eigentumsverletzungen durch Nutzungsbeeinträchtigungen eher noch komplizierter dar, da zuvor schon das prominente und schon vorgestellte „Stromkabelurteil"[146] ergangen war. Dieses hatte sich im Prinzip ebenfalls mit einer Nutzungsbeeinträchtigung an den strombetriebenen und wegen Stromausfalls stillstehenden Maschinen befasst[147]; diese Fallgruppe war jedoch unter dem Vorzeichen des Rechts am Gewerbebetrieb behandelt worden. Bis heute werden so der weite Eigentumsbegriff des Bundesgerichtshofs und das noch vom Reichsgericht entwickelte Recht am Gewerbebetrieb bei nur oberflächlicher Anwendung des Subsidiaritätsgrundsatzes[148] nebeneinander angewendet, ohne dass es zu einer Auflösung des Problems gekommen ist.

(4) Stellungnahme

Die Diskussion um die Abgrenzung der Eigentumsverletzung durch Nutzungsbeeinträchtigung vom Schutzbereich des Rechts am Gewerbebetrieb und von reinen Vermögensschäden ist immer noch offen. Zu weitgehend ist dabei jedoch zu behaupten, auf das Recht am Gewerbebetrieb könne nicht zurückgegriffen werden, sobald es durch ein schädigendes Ereignis irgendeinen Anspruchsberechtigten wegen Verletzung eines Rechts nach § 823 I BGB gebe[149]. Diese Ansicht berücksichtigt nicht den Umstand, dass durch ein einziges Schadensereignis mehrere Rechtsträger – gegebenenfalls auch nur mittelbar kausal – unmittelbar in ihren absoluten Rechten beeinträchtigt werden können[150]. Inkonsequent ist es aber auch, nur Gebrauchsbeeinträchtigungen, die keine Eigentumsverletzung darstellen, mit dem Recht am Gewerbebetrieb zu erfassen[151], und sodann regelmäßig aus Wertungsgesichts-

---

[146] BGHZ 29, 65; siehe dazu oben A.III.1.b).
[147] Siehe dazu unten H.III.3.a), 5.
[148] Vgl. oben D.II.1.c)bb)(3)(a) sowie die Kritik von *Schnug*, JA 1985, 614 (618).
[149] *Kohlhaas:* Der Eingriff in den Gewerbebetrieb, S. 80.
[150] Etwa in Fällen des „Schockschäden", vgl. dazu oben D.II.1.b)bb).
[151] Vgl. *Beater*, in: Soergel, Anh. V § 823 BGB, Rdnr. 16, 58; *Sack:* Das Recht am Gewerbebetrieb, S. 240 ff.; *Scriba:* Anwendungsbereich und Konkretisierung, S. 114. Vgl. auch *Fikentscher/Heinemann:* Schuldrecht, Rdnr. 1582; *Fikentscher*, in: Festgabe Kronstein, S. 290 f.: Insbesondere wegen Miet- und Pachtverhältnissen sei der Eigentumsschutz gegen physische Beeinträchtigungen nicht ausreichend und daher auf das Recht am Gewerbebetrieb zurückzugreifen. Dies blendet den berechtigten Besitz als sonstiges Recht im Sinne von § 823 I BGB aus. Ähnlich in Bezug auch Pachtverhältnisse *Hubmann*, ZHR 117, 41 (78f.). Sehr weitgehend *Brüggemeier*, ZVglRWiss 82

punkten das Vorliegen eines betriebsbezogenen Eingriffs zu verneinen[152]. Damit übergeht man den Umstand, dass die – im Ergebnis ja auch von dieser Ansicht vertretene – Sperrwirkung des „negativen" Schutzbereichs des Eigentums von vornherein einer Heranziehung des Rechts am Gewerbebetrieb im Weg steht und nicht erst zur Ablehnung des Merkmals der Betriebsbezogenheit führt.

Symptomatisch für die unklare Abgrenzung der Eigentumsverletzung durch Nutzungsbeeinträchtigung vom Schutzbereich des Rechts am Gewerbebetrieb und von reinen Vermögensschäden ist somit die methodische Zweispurigkeit, diese Abgrenzung sowohl mit Hilfe des Subsidiaritätsgrundsatzes „vorneweg" vorzunehmen, als auch innerhalb des Begriffs des betriebsbezogenen Eingriffes, indem dort das Recht am Gewerbebetrieb von reinen Vermögensschäden und der Realisierung des allgemeinen Lebensrisikos abgegrenzt werden soll. Warum in manchen Fällen die Begründung zur Ablehnung eines Anspruches dem Subsidiaritätsgrundsatz und in anderen der Figur des betriebsbezogenen Eingriff entnommen wird, erscheint dadurch eher zufällig. Tendenziell wird in der Rechtsprechung die Subsidiarität des Rechts am Gewerbebetrieb gegenüber einer Verletzung des Eigentums oder Besitzes angenommen, wenn der Tatbestand einer dieser Rechtsverletzungen erfüllt ist. Das Vorliegen eines betriebsbezogenen Eingriffes wird hingegen abgelehnt, wenn es sich um eine Beeinträchtigung handelt, die den Tatbestand der Eigentums- oder Besitzverletzung nicht erfüllt und damit als reiner Vermögensschaden in den negativen Schutzbereich dieser Rechtspositionen fällt[153]. Auch hier müsste jedoch wegen der Wertungen und Grenzen des Eigentumsschutzes bereits die Subsidiarität angenommen werden[154]. Leider wird hier die Betriebsbezogenheit jedoch lediglich mit der Begründung abgelehnt, dass nur ein bloßer Vermögensschaden vorläge, und damit das Ergebnis letztlich mit sich selbst begründet[155]. Würde man hingegen mit den Schutzbereichen der absoluten Rechte, insbesondere des Eigentums und des Besitzes, argumentieren, würde man die zugrunde liegende Wertung offenlegen, dass diese Schutzbereiche nicht umgangen werden sollen. Voraussetzung hierfür ist jedoch, die Inhalte der in § 823 I BGB aufgezählten Rechtsgüter zu präzisieren[156].

(1983), 62 (84 f.); *Brüggemeier*, VersR 1984, 902 (903 f.); *Schildt*, WM 1996, 2261 (2263 f.).

[152] *Beater*, in: Soergel, Anh. V § 823 BGB, Rdnr. 16, 58. Vgl. auch *Sack:* Das Recht am Gewerbebetrieb, S. 240 ff.

[153] Vgl. die Nachweise oben in D.II.1.c)bb)(3)(a).

[154] Siehe oben D.II.1.c)bb)(1) sowie *Beater*, in: Soergel, Anh. V § 823 BGB, Rdnr. 37. Anders, mit Lösung über das Erfordernis der Betriebsbezogenheit auch *Larenz/Canaris:* Schuldrecht II/2, § 81 I 2 b, S. 540 f.

[155] Vgl. oben D.II.1.a)bb)(1).

[156] Vgl. *Kramer*, AcP 180 (1980), 523 (527).

Dies zeigt auch das Beispiel der durch Verkehrsstaus verursachten Vermögensschäden: Weil das Eigentum an Fahrzeugen nicht den Gemeingebrauch an öffentlichen Straßen umfasst und dieser auch für sich genommen kein sonstiges Recht bildet[157], besitzt § 823 I BGB insoweit keinen positiven, jedoch einen negativen Schutzbereich, nämlich die Ausklammerung dadurch verursachter Schäden aus dem Deliktsrecht und somit deren Qualifizierung als reine Vermögensschäden. Dieser kann nicht durch Anwendung des Rechts am Gewerbebetrieb umgangen werden[158]. Nicht erst mangels eines betriebsbezogenen Eingriffs[159], sondern schon durch den konsequenten Einsatz des Subsidiaritätsgrundsatzes im so verstandenen Sinne kann das Recht am Gewerbebetrieb hier keine Haftung zeitigen.

d) Betriebsbezogenheit zur Bestimmung von Verhaltensnormen im wirtschaftlichen Verkehr

Schließlich dient das Kriterium des betriebsbezogenen Eingriffs der Aufstellung von Verhaltensregeln im wirtschaftlichen Verkehr.

aa) Formulierungen aus Rechtsprechung und Literatur

Diese Funktion als Platzhalter für unternehmensschützende Verhaltensnormen wird in der Rechtsprechung teilweise ganz besonders herausgestellt. So heißt es sogar, das Erfordernis der Betriebsbezogenheit könne „sinnvoll nur dahin verstanden werden, dass der Eingreifende solche Verhaltenspflichten verletzt haben muss, die ihm im Hinblick auf das besondere Schutzbedürfnis eines Gewerbebetriebs oblagen"[160]. Dadurch soll das eigene, zusätzliche Schutzbedürfnis eines Gewerbetreibenden[161] gegenüber denjenigen Schäden abgegrenzt werden, die auch Nichtgewerbetreibende[162] und Privatpersonen[163] treffen können.

---

[157] BGH NJW 1977, 2264, 2265 f.; BGHZ 55, 153, 161 f.; BGHZ 86, 152, 156; *Spickhoff*, in: Soergel, § 823 BGB, Rdnr. 89.

[158] *Grüneberg*, NJW 1992, 945 (946 f.); kritisch jedoch *Brüggemeier*, VersR 1984, 902 (903).

[159] Vgl. BGHZ 55, 153, 161; BGHZ 86, 152, 156; BGH NJW 1977, 2264, 2265; BGH NJW 2004, 356, 358.

[160] BGH NJW 1977, 2264, 2265; vgl. auch BGH NJW 2003, 1040, 1041; BGH NJW 2004, 356, 358. Ähnlich („Denn ein ersatzbewehrter Eingriff in den Gewerbebetrieb liegt nur bei Verletzung einer Norm vor, die den (einzelnen) Betrieb schützen soll"): BGHZ 69, 128, 141.

[161] BGH NJW 1977, 2264, 2265.

[162] BGHZ 66, 388, 393. A.A. jedoch (Vergleich mit anderen Gewerbetreibenden): *Lambrich/Sander*, NZA 2014, 337 (338 f.); BGHZ 55, 153, 161: „auch andere Schiff-

Auch im Schrifttum wird die Betriebsbezogenheit vielfach als Wertungsbegriff zur Bestimmung der gerade dem geschädigten Betrieb gegenüber[164] bestehenden Verhaltenspflichten verstanden[165]. Unternehmen sollen dadurch haftungsrechtlich besser als Privatpersonen gestellt werden, soweit ihre unternehmerischen oder geschäftlichen Interessen anders gelagert sind als private Interessen[166] oder soweit schon wegen der räumlichen Nähe der schädigenden Handlung zum Betrieb[167] erweiterte Sorgfaltspflichten bestehen[168].

bb) Deutung

(1) Keine Erkenntnisse durch Rechtsprechungsanalyse

So aufschlussreich und verständlich es zunächst klingt, wenn es in der Rechtsprechung heißt, die Betriebsbezogenheit könne sinnvoll nur als das Bestehen einer Verhaltenspflicht zum Schutz Gewerbetreibender verstanden

---

fahrttreibende treffende Sperrung einer Wasserstraße"; BGH NJW-RR 2005, 673, 675: „Sperrung von Gleisen, die auch andere Eisenbahnverkehrsunternehmer treffen kann".

163 *Larenz/Canaris:* Schuldrecht II/2, § 81 I 2 e, S. 542; *Schapiro:* Unterlassungsansprüche, S. 141; *Spindler,* in: Bamberger/Roth, 37. Edition, § 823 BGB, Rdnr. 109.

164 *v. Caemmerer,* in: Hundert Jahre deutsches Rechtsleben II, S. 94 ff.; *Frank,* JA 1979, 583 (587).

165 Vgl. *v. Bar,* in: 25 Jahre Karlsruher Forum, S. 83; *Buchner:* Die Bedeutung des Rechts am Gewerbebetrieb, S. 164; *v. Caemmerer,* in: Hundert Jahre deutsches Rechtsleben II, S. 94 ff.; *Emmerich:* Schuldrecht BT, § 22 Rn. 9; *Fikentscher/Heinemann:* Schuldrecht, Rdnr. 1582; *Frank,* JA 1979, 583 (587); *Glückert,* AcP 166, 311 (322); *Preusche:* Unternehmensschutz und Haftungsbeschränkung, S. 85 f.; *Schapiro:* Unterlassungsansprüche, S. 141; *Schildt,* WM 1996, 2261 (2262); *Lehmann,* NJW 1959, 670 (670); *Steffen,* in: RGRK, § 823 BGB, Rdnr. 42; *Wagner,* in: MünchKomm-BGB, § 823 BGB, Rdnr. 253; *Wandt:* Gesetzliche Schuldverhältnisse, § 16 Rn. 87. Vgl. auch *Schippel:* Das Recht am eingerichteten und ausgeübten Gewerbebetrieb, S. 80 f. Auch *Zeuner,* JZ 1961, 41 (45) erkennt die Verknüpfung des „unmittelbaren Eingriffs" und den in der Rechtswidrigkeit verankerten Handlungspflichten. Kritisch *Esser/Weyers:* Gesetzliche Schuldverhältnisse, § 55 I 2 c, S. 166; *Schnug,* JA 1985, 440 (449); *Schwitanski:* Deliktsrecht, Unternehmensschutz und Arbeitskampfrecht, S. 80 f.; *Taupitz:* Haftung für Energieleiterstörungen, S. 166; *Wielthölter,* KritJ 1970, 121 (130).

166 *Beater,* in: Soergel, Anh. V § 823 BGB, Rdnr. 6. Vgl. auch *Brüggemeier,* ZVglRWiss 82 (1983), 62 (66 m.w.N.); *Larenz/Canaris:* Schuldrecht II/2, § 81 I 2 e, S. 542; *Schnug,* JA 1985, 440 (448).

167 *Preusche:* Unternehmensschutz und Haftungsbeschränkung, S. 187 ff. Kritisch *Taupitz:* Haftung für Energieleiterstörungen, S. 175 f.

168 So auch *Taupitz:* Haftung für Energieleiterstörungen, S. 175 f.: Wenn überhaupt nur relevant für Bestimmung der Sorgfaltsanforderungen. Vgl. dazu auch oben B. IV.3.a).

werden[169], so enttäuschend ist eine nähere Betrachtung der betreffenden Entscheidungen: Denn in allen Fällen bleibt eine Konkretisierung oder gar eine abstrakte Definition dessen, worum genau es sich bei den Verhaltenspflichten zum Schutz Gewerbebetreibender und dessen besonderen Schutzbedürfnis handeln soll[170], aus. Vielmehr wird jeweils ohne weitere Erklärung gerade diese Formel als Grund für die Ablehnung eines Anspruchs wegen Verletzung des Rechts am Gewerbebetrieb angegeben. Im Übrigen decken sich die weiteren Begründungen im Wesentlichen mit den Erkenntnissen, die bereits weiter oben gewonnen wurden: Es wird insbesondere darauf abgestellt, dass das Recht am Gewerbebetrieb subsidiär gegenüber anderen Anspruchsgrundlagen sei[171] und keinen Ersatz für Vermögensschäden nur mittelbar Geschädigter[172] oder Realisierung des allgemeinen Lebensrisikos vorsehe[173]. Letztendlich wird so wiederum[174] nur auf die Selbstverständlichkeit[175] hingewiesen, dass das Recht am Gewerbebetrieb nicht herangezogen werden kann, soweit Unternehmens- und Privatvermögen gleichstehen und auch das Privatvermögen keinen deliktischen Schutz genießt[176].

(2) Nur scheinbarer Rückbezug auf Verhaltensnormen des UWG

Dennoch ließe sich der Gedanke, dass der betriebsbezogene Eingriff der Statuierung von Verhaltensnormen gerade zum Schutz von Gewerbebetreibenden dient, durchaus als Hinweis auf die Regelungsgedanken des Wettbewerbsrechts, speziell des UWG, verstehen.

(a) Recht am Gewerbebetrieb als Ersatz für eine wettbewerbsrechtliche Generalklausel

Für ein solches Verständnis spräche die historische Verwandtschaft beider Rechtsinstitute. Denn das Recht am eingerichteten und ausgeübten Gewerbebetrieb wurde vom Reichsgericht[177] zur lückenfüllenden Lösung wettbe-

---

[169] BGH NJW 1977, 2264, 2265; vgl. auch BGH NJW 2003, 1040, 1041 BGH NJW 2004, 356, 358.

[170] Kritisch daher auch *Schwitanski*: Deliktsrecht, Unternehmensschutz und Arbeitskampfrecht, S. 80 f.; *Taupitz*: Haftung für Energieleiterstörungen, S. 166.

[171] BGH NJW 1977, 2264, 2265. Siehe dazu oben D.II.1.c).

[172] BGH NJW 2003, 1040, 1041. Siehe dazu oben D.II.1.b).

[173] BGH NJW 2004, 356, 358 Siehe dazu oben D.II.1.a).

[174] Siehe dazu oben D.II.1.a)bb)(3).

[175] *Reinhardt*, in: Karlsruher Forum 1961, S. 11.

[176] *Beater*, in: Soergel, Anh. V § 823 BGB, Rdnr. 6. Vgl. auch *Schnug*, JA 1985, 440 (448).

[177] Siehe dazu oben C.I. und C.II.1.a).

werbsrechtlicher Konflikte – etwa einer Einstandspflicht bei unberechtigten Schutzrechtverwarnungen – entwickelt, als zwischen dem Inkrafttreten des BGB im Jahr 1900 und der Änderung des Wettbewerbsrechts im Jahr 1909 noch eine große wettbewerbsrechtliche Generalklausel gefehlt hatte, mit deren Hilfe Vermögensschädigungen Gewerbetreibender durch wettbewerbswidriges Verhalten hätten erfasst werden können[178]. Das Recht am Gewerbebetrieb sollte diese Lücke schließen und ist erst später durch das „Constanze-Urteil" des BGH auch auf Fallgruppen außerhalb des Wettbewerbs ausgedehnt worden[179].

Auch heute noch ist Gläubiger des Schadensersatzanspruchs aus § 9 I UWG allein der verletzte Mitbewerber im Sinne von § 2 I Nr. 3 UWG[180], sodass dieser Anspruch genauso wie ein Anspruch wegen eines Eingriffs in das Recht am Gewerbebetrieb nicht von Privatpersonen, sondern ausschließlich von im wirtschaftlichen Verkehr tätigen Personen geltend gemacht werden kann[181].

(b) Vorrang des UWG

Damit besteht im Grundsatz theoretisch eine weitgehende[182] Überschneidung des Schutzbereichs des Gesetzes gegen unlauteren Wettbewerb mit dem Recht am Gewerbebetrieb[183]. Jenes regelt jedoch als Sonderdeliktsrecht[184] gegenüber dem allgemeinen Deliktsrecht (§§ 823 ff. BGB) den Wettbewerb in seinem Anwendungsbereich umfassend und vor allem mit einer gegenüber den §§ 195, 199 BGB kürzeren Verjährungsvorschrift in § 11 UWG[185]. Da-

---

[178] *Beater*, in: Soergel, Anh. V § 823 BGB, Rdnr. 2; *Beater*: Unlauterer Wettbewerb, Rdnr. 85, 295 f.; *Brüggemeier*: Haftungsrecht, S. 362; *Preusche*: Unternehmensschutz und Haftungsbeschränkung, S. 13 f.; *Schnug*, JA 1985, 440 (441); vgl. auch *Emmerich*: Schuldrecht BT, § 22 Rn. 7; *Ohly*, in: Ohly/Sosnitza, Einführung D, Rdnr. 59; *Riedl*: Das Recht am eingerichteten und ausgeübten Gewerbebetrieb, S. 31, 209.

[179] Siehe bereits oben C.I., D.II.1.c)bb)(3)(c).

[180] *Köhler*, in: Köhler/Bornkamm, § 9 UWG, Rdnr. 1.8; *Ohly*, in: Ohly/Sosnitza, § 9 UWG, Rdnr. 23.

[181] Vgl. hierzu noch unten E.II.b.bb.(3).

[182] Vgl. jedoch die weiteren Schutzzwecke in § 1 UWG.

[183] BGHZ 36, 252, 257; BGH NJW 1973, 2285, 2285; vgl. auch *Buchner*: Die Bedeutung des Rechts am Gewerbebetrieb, S. 245.

[184] *Ahrens*, in: Harte-Bavendamm/Henning-Bodewig, Einleitung G, Rdnr. 121.

[185] Dazu *Faust*, JZ 2006, 365 (368); *Katzenberger*: Recht am Unternehmen, S. 41; *Köhler*, in: Köhler/Bornkamm, Einleitung, Rdnr. 7.4; *Kunze*, WRP 1965, 7 (8) in Bezug in § 21 UWG a.F.; *Schrauder*: Wettbewerbsverstöße, S. 287; *Scriba*: Anwendungsbereich und Konkretisierung, S. 94; *Wagner*, in: MünchKomm-BGB, § 823 BGB, Rdnr. 256 ff. Für eine analoge Anwendung des § 11 UWG beim Recht am Gewerbebetrieb *Köhler*, in: Köhler/Bornkamm, § 11 UWG, Rdnr. 1.8; *Sosnitza*, in: Ohly/

her kann bei Vorliegen einer geschäftlichen Handlung nach § 2 I Nr. 1 UWG und der Erfassung eines Sachverhaltes durch einen der Tatbestände der §§ 3 ff. UWG schon nach allgemeiner Konkurrenzlehre und auch wegen des Subsidiaritätsgrundsatzes[186] keine Haftung wegen Verletzung des Rechts am Gewerbebetrieb eingreifen[187].

(c) Konsequenz

Das Recht am Gewerbebetrieb kann demnach überhaupt nur bei Handlungen von nicht im wirtschaftlichen Wettbewerb tätigen Rechtssubjekten zu nicht-wettbewerblichen Zwecken einschlägig sein[188], etwa bei Handlungen von Religionsgemeinschaften[189], Stadtverwaltungen[190], Gewerkschaften[191], Inkassounternehmen[192], der Bundeswehr[193] oder der Medien[194]. Es erfasst so vor allem die gesellschaftliche Sphäre und hier diejenigen Fälle, die, wenn sie sich innerhalb eines Wettbewerbsverhältnisses abspielten, über § 4 UWG bzw. die Generalklausel § 3 I UWG zu erfassen wären[195]. Das entspricht,

---

Sosnitza, § 11 UWG, Rdnr. 11; ebenso für § 21 UWG a.F.: *Stadtmüller:* Schutzbereich und Schutzgegenstände, S. 113; wohl auch BGHZ 36, 252, 257; BGH NJW 1973, 2285, 2286; BGH NJW 1981, 2252, 2254.

[186] Siehe dazu oben D.II.1.c)bb).

[187] Vgl. BGHZ 8, 387, 394 f; BGHZ 14, 163, 171; BGHZ 36, 252, 256 f. sowie *Ahrens*, in: Harte-Bavendamm/Henning-Bodewig, Einleitung G, Rdnr. 132, 140; *Beater*, in: Soergel, Anh. V § 823 BGB, Rdnr. 15; *Buchner:* Die Bedeutung des Rechts am Gewerbebetrieb, S. 94, 256; *v. Caemmerer*, in: Hundert Jahre deutsches Rechtsleben II, S. 90; *Faust*, JZ 2006, 365 (368); *Hager*, in: Staudinger, § 823 BGB, D 21; *Katzenberger:* Recht am Unternehmen, S. 144 ff.; *Kunze*, WRP 1965, 7 (8); *Löwisch/Meier-Rudolph*, JuS 1982, 237 (239); *Sack:* Das Recht am Gewerbebetrieb, S. 189; *Schapiro:* Unterlassungsansprüche, S. 190; *Schiemann*, in: Erman, § 823 BGB, Rdnr. 61; *Schrauder:* Wettbewerbsverstöße, S. 292; *Schricker*, AcP 172 (1972), 203 (209); *Scriba:* Anwendungsbereich und Konkretisierung, S. 94; *Wagner*, in: MünchKomm-BGB, § 823 BGB, Rdnr. 256 ff. A.A.: *Stadtmüller:* Schutzbereich und Schutzgegenstände, S. 94 ff.; in Bezug auf § 1 UWG a.F.: *Hefermehl*, WuW 1953, 234 (236); *Hubmann*, ZHR 117, 41 (75).

[188] *K. Schmidt*, JuS 1993, 985 (985) für § 1 UWG a.F.: *Stadtmüller:* Schutzbereich und Schutzgegenstände, S. 109; *Wagner*, in: MünchKomm-BGB, § 823 BGB, Rdnr. 258.

[189] BGHZ 3, 270, 276 ff.

[190] OLG Frankfurt a.M., OLGZ 1991, 81.

[191] Vgl. etwa BAGE 129, 145 = BGH NJW 2009, 1990, 1991 ff.; BAG NJW 2016, 666, 668.

[192] BGH NJW 2011, 2204, 2206.

[193] BGHZ 193, 227, 230.

[194] BGHZ 24, 200, 210; BGHZ 45, 296, 307; BGH NJW 1963, 484, 484 f.

[195] *Buchner:* Die Bedeutung des Rechts am Gewerbebetrieb, S. 246. Vgl. auch *Wagner*, in: MünchKomm-BGB, § 823 BGB, Rdnr. 249.

auch wenn es soweit ersichtlich nicht unter diesem Aspekt erörtert wird, einer Analogie zum UWG[196], wobei die vergleichbare Interessenlage wohl im „eigenen, zusätzlichen Schutzbedürfnis eines Gewerbetreibenden"[197] gegenüber Privatpersonen gesehen werden kann. Der betriebsbezogene Eingriff zur Erfassung dieses Schutzbedürfnissen schlüge dann die Brücke zu den Verhaltensnormen des Wettbewerbsrechts.

Dennoch bleibt ein Rückgriff auf die wettbewerbsrechtlichen Marktverhaltensgebote für die Bestimmung der Betriebsbezogenheit eher theoretischer Natur[198]. Abgesehen von der sinngemäßen Anwendung des § 7 II UWG bei unerwünschter Briefkastenwerbung und Spam-E-Mails[199] werden zur Begründung eines betriebsbezogenen Eingriffs konkrete Verweise ins Wettbewerbsrechts nicht herangezogen, obwohl sie auch hier durchaus möglich wären, z. B. als Anlehnung an § 4 Nr. 1 UWG bei Verletzung der geschäftlichen Ehre.

(3) Freie Entwicklung von Verhaltensnormen

Vielmehr geht zumindest die Literatur davon aus, dass die für das Recht am Gewerbebetrieb relevanten Verhaltensnormen im Einzelfall[200] mittels einer Interessenabwägung frei am Sachverhalt entwickelt werden[201]. Dies gleicht wiederum der Bestimmung von Inhalt und Umfang von Verkehrspflichten, wo Verhaltenspflichten ebenfalls mittels einer Güter- und Interessenabwägung im Einzelfall festgestellt werden[202]. Auch insofern verwundert es nicht, dass das Recht am Gewerbebetrieb im Zusammenhang mit der Haftung auf Grund von Verkehrspflichtverletzung diskutiert wird[203].

(4) Verkehrspflichten nur zum Schutz Gewerbebetreibender

Andererseits wird bei dieser Funktion der Betriebsbezogenheit gefordert, dass es sich um „Verhaltenspflichten zum Schutz Gewerbebetreibender" handeln müsse[204]. Denn diese Formulierung legt nahe, dass zwischen „allgemei-

---

[196] Zur Frage nach der Zulässigkeit einer solchen Analogie s. u. E.II.1.b)bb)(3).
[197] BGH NJW 1977, 2264, 2265; BGH NJW 2003, 1040, 1041; vgl. auch BGH NJW 2009, 355, 356.
[198] Vgl. aber BGH GRUR 2014, 904, 907, wo immerhin § 4 Nr. 10 UWG a. F. in die Argumentation miteinbezogen wird.
[199] Siehe dazu unten F.II.3.a).
[200] Kritisch daher *Schnug*, JA 1985, 440 (449).
[201] Siehe oben D.II.1.d)aa) sowie unten E.II.1.a).
[202] Vgl. *v. Bar*, in: 25 Jahre Karlsruher Forum, S. 83 sowie oben B.III.
[203] Siehe oben A.III.2.b) sowie unten D.II.3.
[204] Siehe oben D.II.1.d)aa).

II. Die materiellen Beziehungen

nen" – also etwa für Gesundheit und Eigentum anderer geltenden – Verkehrspflichten einerseits und unternehmensschützenden Verkehrspflichten andererseits zu unterscheiden ist[205], und dass die Verletzung einer „allgemeinen" Verkehrspflicht nicht ausreichend ist, um einen Anspruch wegen Verletzung des Rechts am Gewerbebetrieb zu begründen.

Eine Zweiteilung der Verhaltenspflichten in „allgemeine" und solche „zum Schutz Gewerbetreibender" ist jedoch fragwürdig. Zwar unterscheiden sich Verkehrspflichten auch danach, welche Rechtsgüter sie schützen sollen. Es ist beispielsweise ein allgemein anerkannter Grundsatz, dass die im Einzelfall bestehenden Sorgfaltspflichten mit der Wertigkeit des gefährdeten Rechtsgutes ansteigen[206]. Das bedeutet jedoch nicht, dass bestimmte Rechtsgüter nur durch bestimmte Verkehrspflichten geschützt sind. Eine solche vorab vorgenommene Selektion würde schon den Grundgedanken der Verkehrspflichten, nämlich der Zuweisung von Verantwortungsbereichen zur Gefahrenvorsorge und der stets zu treffenden Güter- und Interessenabwägung im Einzelfall, widersprechen.

Auch die Voraussetzung, dass Verkehrspflichten als deliktsrechtlich relevante Verhaltensmaßstäbe grundsätzlich „jedermann gegenüber jedermann"[207] bestehen müssen, steht dem Recht am Gewerbebetrieb nicht entgegen. Alle Verkehrspflichten, so allgemein sie auch sind, bestehen nie wirklich gegenüber jedermann, sondern nur gegenüber dem geschädigten Rechtsgutsinhaber, der sich in den Gefahrenbereich begeben hat: Ihm gegenüber muss eine Pflicht zum Tätigwerden bestehen[208].

Mit „Verhaltenspflichten zum Schutz Gewerbetreibender" kann also nur deren personeller wie sachlicher Schutzzweck gemeint sein und damit der enge Zusammenhang von Schutzzweck- und Verkehrspflichtprüfung in § 823 I BGB[209], der sich aus der Lehre vom Verhaltensunrecht ergibt. Unter diesem Gesichtspunkt können sich auch „betriebsbezogene" Verkehrspflichten[210] ergeben, also solche, durch deren Unterlassen ein bestimmtes Unternehmen anders betroffen ist als eine Vielzahl anderer Personen[211]. Eine Verhaltenspflicht,

---

[205] Vgl. *v. Caemmerer*, in: Hundert Jahre deutsches Rechtsleben II, S. 7194 ff.
[206] Siehe oben B.III.
[207] *U. Huber*, in: Festschrift E. Huber, S. 274.
[208] *Deutsch*, JZ 1968, 721 (722); *Fikentscher/Heinemann*: Schuldrecht, Rdnr. 1544, 1595; *Reinhardt*, JZ 1961, 713 (718); *Raab*, JuS 2002, 1041 (1047); *Reinhardt*, in: Karlsruher Forum 1961, S. 9; *Wandt*: Gesetzliche Schuldverhältnisse, § 16 Rn. 106. Vgl. auch schon oben B.I.
[209] Vgl. *Lange*, JZ 1976, 198 (203); *Raab*, JuS 2002, 1041 (1047); *Schiemann*, in: Erman, § 823 BGB, Rdnr. 6; *Schneider*: Vom Störer zum Täter?, S. 204; *Wilhelmi*: Risikoschutz durch Privatrecht, S. 107.
[210] *Schapiro*: Unterlassungsansprüche, S. 142 f.
[211] *Schapiro*: Unterlassungsansprüche, S. 142 f.

die gerade zum Schutz Gewerbetreibender besteht, setzt damit lediglich voraus, dass sich der geschädigte Betriebsinhaber in personeller wie sachlicher Hinsicht darauf berufen kann. Damit lässt sich das Merkmal der Betriebsbezogenheit hier als Hinweis darauf verstehen, dass stets am Einzelfall Bestehen, Umfang und Schutzzweck von Verkehrspflichten zu ermitteln sind.

(5) Vorsätzliches Verhalten als Verkehrspflichtverletzung

Vor diesem Hintergrund lässt sich auch die Funktion des subjektiven Elements beim betriebsbezogenen Eingriff besser verstehen[212]. Dieses stellt nach Ansicht der Rechtsprechung zwar keine notwendige Bedingung für das Vorliegen eines betriebsbezogenen Eingriffs dar; jedoch soll sich umgekehrt die Betriebsbezogenheit regelmäßig bereits aus der Willensrichtung des Verletzers – also dessen Vorsatz – ergeben können[213].

Sieht man die Funktion von Betriebsbezogenheit und Verkehrspflichten gleichermaßen in der Herausarbeitung von Verhaltenspflichten im Einzelfall, ließe sich daher bei einer funktionellen Betrachtungsweise der Begriff der Betriebsbezogenheit in dieser Hinsicht durch den der Verkehrspflichtverletzung ersetzen. Aus der zitierten Formel der Rechtsprechung würde dann die Feststellung, eine Verkehrspflichtverletzung ergäbe sich bereits aus der Willensrichtung des Verletzers. Dies hat wohl auch die Rechtsprechung gesehen, wenn sie die Willensrichtung des Verletzers teilweise bei der Rechtswidrigkeit und nicht beim betriebsbezogenen Eingriff geprüft hat[214]. Denn dann folgte sie implizit der älteren Auffassung, wonach Verkehrspflichten der materiellen Bestimmung der Rechtswidrigkeit dienen[215].

Diese neue Formel, dass sich eine Verkehrspflichtverletzung bereits aus der Willensrichtung des Verletzers ergibt, sagt dann nichts anderes aus, als dass bei vorsätzlichem Handeln des Verletzers in der Regel eine Verkehrspflichtverletzung bereits durch die bewusste Schädigung anzunehmen ist und man daher von der Finalität der Verletzungshandlung auf die Verletzung einer Verhaltenspflicht schließen kann[216].

Des Weiteren scheint dies zunächst im Einklang mit der Interpretation der Betriebsbezogenheit als Merkmal zur Ausklammerung des allgemeinen Le-

---

[212] Siehe dazu schon A.III.2.b sowie C.III.
[213] BGHZ 59, 30, 34 f.; BGHZ 69, 128, 139; BGHZ 76, 387, 395; BGHZ 90, 113, 123; BGH NJW 1969, 1207, 1208; BGH NJW 1977, 2313, 2313; BGH NJW 1981, 2416, 2416; vgl. auch OLG Frankfurt NJW-RR 1988, 52.
[214] BGHZ 59, 30, 34. Zur Einordnung der Verkehrspflichten in den Deliktsaufbau siehe oben B.V.2.
[215] Siehe oben B.V. 2.b).
[216] Vgl. oben B.IV.3.b).

bensrisikos aus dem Schutz des Rechts am Gewerbebetrieb zu stehen[217]: Denn die vorsätzliche Herbeiführung eines Schadens, der *an sich* unter das allgemeine Lebensrisiko fiele – etwa ein Stromausfall oder eine Verletzung eines wichtigen Mitarbeiters – schließt bei entsprechender Willensrichtung – etwa wenn ein Stromkabel in Sabotageabsicht durchgetrennt wurde[218] oder ein wichtiger Mitarbeiter vorsätzlich geschädigt wurde, um eigentlich dem Betrieb selbst zu schaden[219] – ausnahmsweise doch die Berufung auf die Realisierung des allgemeinen Lebensrisikos aus. Allerdings ist Haftungsgrundlage hierfür dann gerade nicht die Verletzung des entsprechenden Rechtsguts im Sinne von § 823 I BGB[220] – also des Eigentums am Kabel bzw. der Gesundheit des Mitarbeiters – sondern wegen der Sabotageabsicht eigentlich § 826 BGB[221].

Dies zeigt sich deutlich an den „Fluglotsenentscheidungen" des Bundesgerichtshofs: Der Streik der Fluglotsen war darauf gerichtet, gerade die Reiseunternehmen in ihrer Abhängigkeit von der Flugsicherung vorsätzlich zu schädigen[222]. Neben diesen klagte aber auch ein durch den Streik betroffenes Flughafenhotel[223]. In ersterem Fall wurde der Anspruch aus Verletzung des Rechts am Gewerbebetrieb, in letzteren Fall aus § 826 BGB gewährt, obwohl in beiden Fällen der Kläger durch den Streik nicht unmittelbar Geschädigter – das waren die Fluggesellschaften –, sondern nur mittelbar Geschädigter war[224]. Aus der Gegenüberstellung beider Entscheidungen ergibt sich, dass der Schluss von Vorsatz auf einen betriebsbezogenen Eingriff und damit auf einen Eingriff in das Recht am Gewerbebetrieb häufig nichts anderes ist als eine verschleierte Prüfung des § 826 BGB[225].

(6) Fazit

Das Kriterium der Betriebsbezogenheit kann als Variable zur Entwicklung und Bestimmung ungeschriebener Verhaltensnormen im gesellschaftlichen

---

[217] Siehe dazu oben D.II.1.a)bb)(3).
[218] *v. Caemmerer*, ZHR 127, 241 (247).
[219] *Deutsch:* Allgemeines Haftungsrecht, Rdnr. 609, 611 f.; *Zeuner*, in: Soergel, 12. Aufl., § 823 BGB, Rdnr. 109.
[220] A.A. wohl *Zeuner*, in: Festschrift Flume I, S. 787.
[221] *Brüggemeier*, ZVglRWiss 82 (1983), 62 (69); ebenso *Deutsch*, VersR 1993, 1041 (1046); *Deutsch:* Allgemeines Haftungsrecht, Rdnr. 611 f.
[222] BGHZ 69, 128, 138 ff. Dazu *Brüggemeier*, ZVglRWiss 82 (1983), 62 (69).
[223] Vgl. BGH, Urt. v. 22.03.1979, Az. III ZR 24/78, Tz. 6 ff., abrufbar via juris. Dazu *Brüggemeier*, ZVglRWiss 82 (1983), 62 (69).
[224] *Brüggemeier*, ZVglRWiss 82 (1983), 62 (69).
[225] Ähnlich *Brüggemeier*, VersR 1984, 902 (904 Fn. 40), vgl. auch *Medicus*, JZ 1983, 778 (779) sowie unten E.II.1.b)bb)(2).

Bereich verstanden werden, deren Übertretung zu einer Schadensersatzpflicht führt. In dieser Funktion gleicht er der Prüfung einer Verkehrspflichtverletzung. Nachdem die Verkehrspflichten zum Schutz anderer Rechtsgüter im Sinne des § 823 I BGB – etwa des Eigentums, der Gesundheit oder der Freiheit – allerdings ohne spezielles Tatbestandsmerkmal zum Tragen kommen, sondern im Rahmen der Verletzungshandlung geprüft werden[226], hat das Kriterium des betriebsbezogenen Eingriffs auch in dieser Ausprägung keine eigenständige Bedeutung. Ganz im Gegenteil führt hier die Berufung auf den Vorsatz des Schädigers zur Begründung der Betriebsbezogenheit dazu, dass letztendlich § 826 BGB als Anspruchsgrundlage in Fällen der Schädigung von Unternehmen maskiert wird.

e) Ergebnis

Aus den vorstehenden Untersuchungen ergibt sich, dass der betriebsbezogene Eingriff als Platzhalter für übergreifende, aber ungeschriebene Wertungen des Deliktsrechts dient. Über ihn soll vor allem die Realisierung des allgemeinen Lebensrisikos aus dem Schutzbereich des Rechts am Gewerbebetrieb ausgenommen werden, um, zusammen mit dem Subsidiaritätsgrundsatz, die Beschränkung des § 823 I BGB auf einzelne absolute Schutzgüter und deren jeweiligen Schutzumfang nicht zu unterlaufen. Daneben wird der betriebsbezogene Eingriff als Aufhänger für die Herausbildung freier Verhaltensnormen mittels einer Güter- und Interessenabwägung im Einzelfall verstanden und entspricht so der Prüfung einer Verkehrspflicht.

Diese Wertungen und Grundsätze werden jedoch bei anderen Rechtsgütern des § 823 I BGB ebenso berücksichtigt, ohne dass dort eine besondere Art des Eingriffs erforderlich wäre[227] oder es dort zur Ausbildung von Begriffen wie „lebens-/gesundheits-/eigentumsbezogener Eingriff" gekommen wäre[228].

---

226 Siehe oben B.V.2.d).

227 Vgl. *Preusche:* Unternehmensschutz und Haftungsbeschränkung, S. 88. Zum Begriff der unmittelbaren Einwirkung auf das Eigentum siehe unten H.III.1.

228 Vgl. jedoch *Löwisch:* Der Deliktsschutz relativer Rechte, S. 105, der für eine Verletzung des allgemeinen Persönlichkeitsrechts die Richtung der Handlung gegen die Persönlichkeit als Haftungsvoraussetzung fordert, die nicht gegeben sein soll bei reiner Fahrlässigkeit, wohl aber bei zumindest bewussten Handlungen. Zu diesem Ansatz kritisch: *Schwitanski:* Deliktsrecht, Unternehmensschutz und Arbeitskampfrecht, S. 157 ff. Vgl. aber auch: BGH NJW-RR 2012, 1048, 1048: „grundstücksbezogener" Eingriff in ein dingliches Recht. Auch *Schiemann,* in: Erman, § 823 BGB, Rdnr. 21 verwendet den Begriff „personenbezogener Eingriff" als Element der Abwägung zur Begründung einer Gesundheitsverletzung bei mittelbar herbeigeführten psychischen Schäden. Weitere Ausnahme: „mitgliedschaftsbezogener Eingriff" (offengelassen von BGHZ 110, 323, 334), wenn eine Mitgliedschaft als absolutes Recht behandelt wird. Dieser Begriff hat sich aber in Anlehnung an den betriebsbezogenen

Daher verwundert es nicht, wenn der betriebsbezogene Eingriff im Schrifttum fast einhellig[229] für nicht geeignet gehalten wird, seine ihm zugedachte Funktion einer Einschränkung des weiten Schutzbereichs des Rechts am Gewerbebetrieb[230] zu erfüllen[231]. Stattdessen wird er als „Ersatzzauberwort"[232], das eine echte Argumentation erspart, und als „Leerformel"[233] für als angemessen empfundene Billigkeitserwägungen bezeichnet[234], auf die sich genauso gut verzichten ließe[235].

Eingriff entwickelt, vgl. dazu *Hager* in: Staudinger, § 823 Rn. B 144 m.w.N. Kritisch dazu *Schiemann*, in: Erman, § 823 BGB, Rdnr. 41.

[229] Vgl. jedoch *Lehmann*, NJW 1959, 670 (670); *v. Caemmerer*, in: Hundert Jahre deutsches Rechtsleben II, S. 96: richtig, wenn als Verletzung einer dem geschädigten Betrieb gegenüber bestehenden Verkehrspflicht verstanden; *Looschelders:* Schuldrecht BT, Rdnr. 1249: geeignetes Kriterium zur Einschränkung der potentiell Geschädigten; *Neumann-Duesberg*, NJW 1972, 133 (134); *Peifer:* Individualität im Zivilrecht, S. 534. Vgl. auch die Neutralität von *Medicus/Lorenz:* Schuldrecht II, Rdnr. 1314; *Deutsch/Ahrens:* Deliktsrecht, Rdnr. 260.

[230] Siehe dazu oben C.I.

[231] Vgl. *Buchner:* Die Bedeutung des Rechts am Gewerbebetrieb, S. 82; *Esser/ Weyers:* Gesetzliche Schuldverhältnisse, § 55 I 2 c, S. 166; *Fabricius*, AcP 160 (1961), 273 (304 f.); *Fabricius*, JuS 1961, 151 (153); *Glückert*, AcP 166, 311 (321 f.); *Kohlhaas:* Der Eingriff in den Gewerbebetrieb, S. 77, 86; *Mertens*, VersR 1980, 397 (400); *Mertens*, in: MünchKomm-BGB, 3. Aufl., § 823 BGB, Rdnr. 9; *Möschel*, JuS 1977, 1 (4); *Neumann-Duesberg*, NJW 1968, 1990 (1991); *Ohly*, in: Ohly/Sosnitza, Einführung D, Rdnr. 59; *Preusche:* Unternehmensschutz und Haftungsbeschränkung, S. 63 ff., 86; *Säcker*, AuR 1965, 353 (361); *K. Schmidt*, JuS 1993, 985 (988); *Schnug*, JA 1985, 440 (446); *Schwitanski:* Deliktsrecht, Unternehmensschutz und Arbeitskampfrecht, S. 80; *Stadtmüller:* Schutzbereich und Schutzgegenstände, S. 235; *Taupitz:* Haftung für Energieleiterstörungen, S. 181; *Völp*, WuW 1956, 31 (43); *Zeuner*, JZ 1961, 41 (45). Ebenfalls an der Tauglichkeit als Abgrenzungskriterium zweifelnd: *Deutsch:* Allgemeines Haftungsrecht, Rdnr. 69; *Diederichsen/Marburger*, NJW 1970, 777 (778).

[232] *Wielthölter*, KritJ 1970, 121 (130); *Schnug*, JA 1985, 440 (449).

[233] *Wielthölter*, KritJ 1970, 121 (131). Ebenso auch *Brüggemeier*, ZVglRWiss 82 (1983), 62 (64); *Brüggemeier*, JZ 1986, 969 (977): nur verbales Festhalten am Unmittelbarkeitskriterium; *Möschel*, JuS 1977, 1 (4); *Müller-Graff*, JZ 1983, 860 (864); *Preusche:* Unternehmensschutz und Haftungsbeschränkung, S. 86. Vgl. auch *Buchner:* Die Bedeutung des Rechts am Gewerbebetrieb, S. 82: „leere Worthülse". Ähnlich *Esser/Weyers:* Gesetzliche Schuldverhältnisse, § 55 I 2 c, S. 166. Dagegen: *Larenz/Canaris:* Schuldrecht II/2, § 81 I 2 f, S. 542.

[234] Vgl. *Buchner:* Die Bedeutung des Rechts am Gewerbebetrieb, S. 82, 110; *Neumann-Duesberg*, NJW 1968, 1990 (1991); *Preusche:* Unternehmensschutz und Haftungsbeschränkung, S. 68 f.; *Schnug*, JA 1985, 440 (449) *Taupitz:* Haftung für Energieleiterstörungen, S. 167. Vgl. auch *Sack:* Das Recht am Gewerbebetrieb, S. 144 ff. Gerade in den „Stromkabelfällen", zu deren Ablehnung dieses Kriterium entwickelt wurde, ist die Betriebsbezogenheit nach ihrer Definition eigentlich erfüllt, so *Glückert*, AcP 166, 311 (322); *Preusche:* Unternehmensschutz und Haftungsbeschränkung, S. 125 f.; *Scriba:* Anwendungsbereich und Konkretisierung, S. 106 f.; *Schnug*, JA 1985, 440 (448); *Stadtmüller:* Schutzbereich und Schutzgegenstände,

2. Interessenabwägung und betriebsbezogener Eingriff

Auch wenn das Kriterium der Betriebsbezogenheit damit keinen eigenständigen Argumentationswert hat, ist es für diese Arbeit insofern interessant, als dass es in manchen Fällen als Hinweis auf die Erforderlichkeit der Prüfung einer Verhaltenspflichtverletzung verstanden werden kann, und damit die Frage nach dem Verhältnis dieser beiden Tatbestandsmerkmale des Rechts am Gewerbebetrieb, „betriebsbezogener Eingriff" und „Güter- und Interessenabwägung im Einzelfall", aufwirft.

a) Das Verhältnis von betriebsbezogenem Eingriff und Interessenabwägung

aa) Rechtsprechung

Dass eine doppelt vorgenommene Herausarbeitung von Verhaltensnormen – einmal maskiert innerhalb des betriebsbezogenen Eingriffs und einmal im Anschluss als separate Güter- und Interessenabwägung – wenig sinnvoll ist, zeigt sich implizit schon an den einschlägigen Judikaten, die in der Regel nicht beides nebeneinander in größerem Umfang heranziehen[236], sondern sich schwerpunktmäßig auf eines von beidem stützen. Schon im „Stromkabelfall" als Leitentscheidung zum betriebsbezogenen Eingriff[237] führte die Interessenabwägung eine Randexistenz und wurde nur kurz in ihrer Funktion als – neben der Betriebsbezogenheit weiteres – haftungseinschränkendes Merkmal genannt[238]. Eine ganze Reihe weiterer Entscheidungen folgte diesem Vorbild und stützte die Argumentation im Wesentlichen auf die Betriebsbezogenheit[239]. Im Gegensatz dazu spielte in der „Höllenfeuer"-Entscheidung als Leitentscheidung zur Güter- und Interessenabwägung[240] die Betriebsbe-

---

S. 64, 66 f.; *Taupitz*: Haftung für Energieleiterstörungen, S. 162 f., 185 f.; vgl. auch *Buchner*: Die Bedeutung des Rechts am Gewerbebetrieb, S. 109.

235 *Schiemann*, in: Erman, § 823 BGB, Rdnr. 65; *Schnug*, JA 1985, 440 (449).

236 Vgl. aber BGHZ 3, 270, 278 ff.; BGHZ 193, 227, 233 ff.; BGH NJW 1985, 1620, 1621; BGH NJW 2013, 2760, 2761; BGH GRUR 2013, 1259, 1259 f.; OLG Frankfurt/Main, NJW-RR 1992, 222, 222.

237 Siehe dazu oben C.II.1.b).

238 BGHZ 29, 65, 74.

239 Etwa BGHZ 55, 153, 161; BGHZ 66, 388, 393; BGHZ 69, 128, 139; BGHZ 86, 152, 156; BAG NJW 1989, 61, 62; BGH NJW 1977, 2264, 2265; BGH NJW 1983, 812, 813; BGH NJW 2003, 1040, 1041; BGH NJW 2004, 356, 358. Ähnlich BGH NJW 1963, 484, 484 f., wo beides gemeinsam geprüft wird bzw. die Güter- und Interessenabwägung zur Bestimmung eines unmittelbaren Eingriffs herangezogen wird. Vgl. dazu auch *Stadtmüller*: Schutzbereich und Schutzgegenstände, S. 141.

240 Siehe oben D.I.1.b)aa).

zogenheit des Eingriffs keine Rolle[241]. Ähnlich verhält es sich mit weiteren Entscheidungen, in denen die Interessenabwägung zentrales Merkmal zur Bestimmung eines Eingriffs in das Recht am Gewerbebetrieb war[242].

bb) Literatur

Auch im Schrifttum wird das Problem der Abgrenzung zwischen der Güter- und Interessenabwägung und dem betriebsbezogenen Eingriff diskutiert. Einige sehen eher den betriebsbezogenen Eingriff als Hauptmerkmal an, um das Vorliegen eines rechtswidrigen Eingriffs in das Recht am Gewerbebetrieb zu beurteilen[243], während andere dafür eher auf die die Güter- und Interessenabwägung abstellen[244]. Je nach dem wird dann zum Teil auch das Merkmal der Betriebsbezogenheit selbst durch eine Güter- und Interessenabwägung definiert[245].

cc) Stellungnahme

Die Interessenabwägung und das Kriterium des betriebsbezogenen Eingriffs lassen sich beim Recht am Gewerbebetrieb nicht klar voneinander trennen[246]. Beide dienen als haftungseinschränkende Merkmale bei der Prüfung eines Eingriffs in das Recht am Gewerbebetrieb[247], indem sie der Herausarbeitung von Verhaltensnormen dienen[248]. Daher verwundert es nicht, dass in den soweit ersichtlichen einzigen drei Urteilen, in denen der Bundes-

---

[241] Vgl. BGHZ 45, 296, 301 ff.

[242] Etwa BGH NJW 2002, 1192, 1193; BGH NJW 2008, 2110, 2111 ähnlich auch BGHZ 65, 325, 330 f.; BGHZ 166, 84, 109; BGH NJW 1980, 881, 882 f,; BGH NJW 1987, 2746, 2746 ff.; BGHZ 65, 325, 340; BGH GRUR 1969, 304, 305.

[243] *Frank*, JA 1979, 583 (587); *Möschel*, JuS 1977, 1 (4); *Preusche:* Unternehmensschutz und Haftungsbeschränkung, S. 85 f.

[244] Vgl. *v. Caemmerer*, in: Karlsruher Forum 1961, S. 22; *Deutsch*, JZ 1976, 451 (452) (Betriebsbezogenheit als „pars pro toto"); *Fikentscher/Heinemann:* Schuldrecht, Rdnr. 1582; *Glückert*, AcP 166, 311 (322); *Hubmann*, ZHR 117, 41 (77 f.); *Lorenz*, JZ 1961, 433 (435); *Mertens*, VersR 1980, 397 (400); *Mertens*, in: MünchKomm-BGB, 3. Aufl., § 823 BGB, Rdnr. 9; *Möschel*, JuS 1977, 1 (4); *Säcker*, ZRP 1969, 60 (65); *Scriba:* Anwendungsbereich und Konkretisierung, S. 138, 143; *Stadtmüller:* Schutzbereich und Schutzgegenstände, S. 172; *Stoll:* Richterliche Fortbildung, S. 40 f.; *Taupitz:* Haftung für Energieleiterstörungen, S. 197; *Teichmann*, in: Jauernig, § 823 BGB, Rdnr. 99. Vgl. auch *Buchner:* Die Bedeutung des Rechts am Gewerbebetrieb, S. 164.

[245] *Mertens*, VersR 1980, 397 (400), vgl. auch *Frank*, JA 1979, 583 (587). Kritisch daher: *Schnug*, JA 1985, 440 (449); *Stoll:* Richterliche Fortbildung, S. 40 f.; *Wielthölter*, KritJ 1970, 121 (130).

[246] *Spindler*, in: Bamberger/Roth, 37. Edition, § 823 BGB, Rdnr. 109; vgl. auch *Schwitanski:* Deliktsrecht, Unternehmensschutz und Arbeitskampfrecht, S. 85 ff.

[247] Siehe oben D.II.

[248] Siehe dazu oben D.I.1.a), D.II.1.d)bb)(3).

gerichtshof den betriebsbezogenen Eingriff mit der Begründung ablehnte, es seien keine Verhaltenspflichten zum Schutz Gewerbebetreibender verletzt worden[249], eine separate Güter- und Interessenabwägung noch nicht einmal angesprochen wurde[250]. Eine dogmatische Stellungnahme dazu fehlte zwar[251]. Die Formulierung, die Betriebsbezogenheit könne „sinnvoll nur"[252] als Verhaltenspflichtverletzung verstanden werden, verbietet es jedoch, ihre Zuordnung zum betriebsbezogenen Eingriff statt zur separaten Güter- und Interessenabwägung als Zufall betrachten zu können. Ganz im Gegenteil: Hier sollte die Betriebsbezogenheit gerade der entscheidende Prüfungsstandort für die Bildung von Verhaltenspflichten sein.

b) Interessenabwägung und grundrechtsrelevante Anwendungsfälle

Die selbstständige Güter- und Interessenabwägung, wie sie in der „Höllenfeuer"-Entscheidung[253] für das Recht am Gewerbebetrieb eingeführt wurde[254], und das Merkmal der Betriebsbezogenheit, das insbesondere durch die „Stromkabelentscheidung"[255] geprägt wurde, überschneiden sich zumindest in der Theorie, soweit beide grundsätzlich der Herausarbeitung von Verhaltensnormen in gesellschaftlich-wirtschaftlichen Bereich dienen sollen. Bei näherer Betrachtung wird aber klar, dass zumindest nach der Vorgehensweise der Rechtsprechung[256] die selbstständige Güter- und Interessenabwägung ausschließlich dafür eingesetzt wird, entscheidungserhebliche Grundrechte auf Seiten des Schädigers mit in die Prüfung einzubeziehen[257]. Ähnlich wie beim allgemeinen Persönlichkeitsrecht[258] werden so die Voraussetzungen einer zivilrechtlichen Haftung verfassungskonform ausgestaltet und insbesondere Art. 5 I GG[259] bei unternehmensschädigenden Äußerungen, aber auch

---

[249] BGH NJW 1977, 2264, 2265; BGH NJW 2003, 1040, 1041; BGH NJW 2004, 356, 358.
[250] Siehe oben D.II.2.a)aa).
[251] Vgl. oben D.II.1.d)bb)(1).
[252] Siehe oben D.II.1.d)aa).
[253] BGHZ 45, 296, 307 ff.
[254] Siehe oben D.I.1.b)aa).
[255] BGHZ 29, 65, 70 ff.
[256] Vgl. dazu die Nachweise aus der Rechtsprechung sowie die Literaturansichten oben, die sich eher auf das eine oder andere Merkmal entscheidend stützen wollen, D.II.2.a)aa), bb).
[257] Vgl. *Förster*, in: Bamberger/Roth, § 823 BGB, Rdnr. 188 sowie schon oben D.I.1.a und D.I.1.b)aa).
[258] Vgl. BGHZ 98, 94, 99, BGHZ 193, 227, 236, wo dieser Vergleich ebenfalls vorgenommen wird. Zum allgemeinen Persönlichkeitsrecht unten G.I.1.
[259] BGH NJW 1963, 484, 485; BGH NJW 1987, 2746, 2746 f.; BGH GRUR 1969, 304, 305 f. Vgl. auch BGHZ 65, 325, 330 f.; BGHZ 166, 84, 109; BGH NJW 1980,

II. Die materiellen Beziehungen

Art. 9 III GG[260] bei Aktionen von Gewerkschaften, ihrer Bedeutung als objektiver Werteordnung[261] entsprechender Raum gewährt.

Die Relevanz dieser Grundrechte für das Recht am Gewerbebetrieb beruht damit auf den hier typischerweise offen zu Tage tretenden verfassungsrechtlichen und wirtschaftlichen Interessenkonflikten, in denen nicht nur Grundrechte des Geschädigten einschlägig sind[262], sondern sich die Eingreifenden häufig selbst auf die Ausübung spezieller Grundrechte berufen können[263]. Denn ein Großteil der Schädigungen von Unternehmen erfolgt durch negative Äußerungen[264] oder als Arbeitskampfmaßnahmen. Genauso sind gerade aber im Zusammenhang mit Letzteren auch Fälle von z.B. Eigentums- oder Besitzbeeinträchtigungen denkbar, in denen das Handeln des Verletzers von Art. 9 III GG[265] oder Art. 5 I GG[266] gedeckt sein kann. Die Anwendung dieser Grundrechte im Zivilrecht ist also keineswegs auf das Recht am Gewerbebetrieb beschränkt, auch wenn sie hier auf Grund der tatsächlichen Gegebenheiten oft einschlägig sind.

Die Sonderstellung der Grundrechte gerade im Tatbestand des Rechts am Gewerbebetrieb[267] lässt sich daneben auch mit der historischen „Belastung" des Rechts am Gewerbebetrieb durch die nach heutigen Maßstäben verfassungswidrige, da den Gehalt des Art. 5 I GG verkennende, frühere Rechtsprechung des Bundesgerichtshofs[268] zurückführen: Denn um die Vorgaben des Bundesverfassungsgericht zur Reichweite der Meinungsfreiheit beson-

---

881, 882 f.; BGH NJW 1985, 1620, 1621; BGH NJW 2002, 1192, 1193; BGH NJW 2008, 2110, 2111 ff.

[260] BAG NZA 2006, 798, 801 f.; BAG NJW 2009, 1990, 1993; BAGE 132, 140 = BAG NJW 2010, 631, 634 ff.; BAG NJW 2016, 666, 669 f.

[261] Grundlegend BVerfGE 7, 198 = NJW 1958, 257, 258 f.

[262] Dies ist in Bezug auf § 823 I BGB der Regelfall, vgl. nur den Schutz des Eigentums, den Art. 14 I GG gewährt, oder den von Leben und Gesundheit, hinter welchem der staatliche Schutzauftrag des Art. 2 II GG steht.

[263] So auch *Stadtmüller*: Schutzbereich und Schutzgegenstände, S. 220 f.

[264] Siehe dazu noch unten F.II.2. sowie Abschnitt G.

[265] BAG NZA 2006, 798, 801 f.

[266] In Bezug auf eine Besitzverletzung aber BGHZ 137, 89, 99. Andererseits soll es aber kein Recht geben, fremdes Eigentum zu benutzen, um seine Meinung kundzutun (BVerfG 7, 230, 234) oder – ganz ähnlich – von seiner Kunstfreiheit Gebrauch zu machen (BVerfG NJW 1984, 1293, 1294 f.). Dazu *Hager*, AcP 196 (1996), 168 (212).

[267] In Bezug auf das allgemeine Persönlichkeitsrecht verhält es sich leicht anders, nachdem dort auch das Schutzgut selbst aus der Verfassung abgeleitet wird und damit der gesamte Tatbestand schon per definitionem als Grundrechtsabwägung gestaltet ist.

[268] Vgl. *Larenz/Canaris*: Schuldrecht II/2, § 81 III 2 a, S. 548; § 81 III 3 a, S. 551 sowie oben D.I.1.b)aa).

ders deutlich und sichtbar umzusetzen, wurde in der „Höllenfeuer"-Entscheidung[269] die Berücksichtigung von Grundrechten auf Seiten des Schädigers in Form einer materiellen Bestimmung der Rechtswidrigkeit einer dogmatischen „Sonderlösung" zugeführt, die von vornherein nur auf das Recht am Gewerbebetrieb zugeschnitten war[270].

Um hier eine einheitliche Struktur zu schaffen, müssten also nicht nur bei dem Recht am Gewerbebetrieb, sondern auch bei den anderen Rechten und Rechtsgütern des § 823 I BGB die Grundrechte auf Seiten des Verletzers nicht erst im Rahmen der Rechtfertigung[271], sondern bereits auf Tatbestandsebene bei der Auslegung der einzelnen Tatbestandsmerkmale berücksichtigt werden[272]. Denn die Bedeutung der Grundrechte für die zivilrechtlichen Haftungsmaßstäbe beschränkt sich nicht auf das Recht am Gewerbebetrieb, sondern ist dem grundsätzlichem Gewicht der Meinungsfreiheit und anderer Grundrechte geschuldet.

Umgekehrt verwundert es damit nicht mehr, dass in Fällen, in denen die Betriebsbezogenheit als Verletzung von Verhaltenspflichten zum Schutz Gewerbetreibender umschrieben wurde, auch keine Interessenabwägung durchgeführt wurde: In diesen Fällen waren auf Seiten des Schädigers keine speziellen Grundrechte abseits der nicht deliktsrechtlich geschützten allgemeinen Handlungsfreiheit[273] einschlägig. Dadurch reichte das Merkmal des betriebsbezogenen Eingriffs als Ort für die Herausarbeitung von nicht verfassungsrechtlich geprägten Verhaltensnormen aus.

c) Ergebnis

Die Interessenabwägung im Tatbestand des Rechts am Gewerbebetrieb dient der Berücksichtigung von Grundrechten auf Seiten des Schädigers, insbesondere der Meinungsfreiheit aus Art. 5 I GG. Im Übrigen werden Verhaltenspflichten im wirtschaftlich-gesellschaftlichen Bereich eher über den Begriff der Betriebsbezogenheit in den Tatbestand des Rechts am Gewerbebetrieb integriert[274].

---

[269] Siehe dazu oben D.I.1.b)aa).
[270] Vgl. dazu oben D.I.1.b)aa).
[271] So aber BGHZ 137, 89, 99 in Bezug auf eine Besitzverletzung.
[272] Siehe oben D.I.1.b)cc).
[273] Vgl. oben B.V.1.b).
[274] Siehe oben D.II.1.d)bb).

II. Die materiellen Beziehungen

3. Betriebsbezogenheit und Interessenabwägung als Verkehrspflichtverletzung

a) Theoretische Zusammenfassbarkeit von Betriebsbezogenheit und Interessenabwägung zur Verkehrspflichtverletzung

Aus den bisher gewonnenen Ergebnissen lässt sich folgern, dass sich Betriebsbezogenheit und Interessenabwägung beim Recht am Gewerbebetrieb zur Prüfung einer Verkehrspflicht zusammenfassen lassen. Denn die Betriebsbezogenheit, sofern sie nicht nur als Hinweis auf allgemeine Grundsätze des Deliktsrechts wie das Verbot des Drittschadensersatzes und des Unterlaufens der Schutzbereiche anderer Rechtsgüter und deren Abgrenzung zum allgemeinen Lebensrisiko zu verstehen ist[275], lässt sich durch die Prüfung einer Verhaltenspflichtverletzung ersetzen[276]. In dieser kann dann zur Berücksichtigung von Grundrechten auf Seiten des Schädigers auch die für die Bestimmung eines Eingriffs in das Recht am Gewerbebetrieb gesondert vorgenommene Interessenabwägung aufgehen[277]. Beides zusammen ist dann nichts anderes als die Prüfung einer Verkehrspflicht. Denn auch zur Bestimmung von Bestehen, Inhalt und Umfang von Verkehrspflichten werden Grundrechte der Beteiligten gegeneinander abgewogen, und im Übrigen wird auf einfachgesetzliche oder außergesetzliche Wertungen zurückgegriffen[278], die für das Recht am Gewerbebetrieb über den Begriff der Betriebsbezogenheit einfließen können[279].

Dies bestätigen auch die vielen Parallelen zwischen dieser Interessenabwägung und den Verkehrspflichten, wie etwa die Zuordnung zu den Tatbeständen des Verhaltensunrechts, die Diskussion um ihre Funktion als Prüfungspunkt zur positiven Bestimmung der Rechtswidrigkeit und zur Bestimmung von ungeschriebenen Verhaltensnormen, ihre Rolle innerhalb eines „offenen Tatbestandes" und die Verteilung der Beweislast[280]. Insoweit ist es durchaus naheliegend, dass das Recht am Gewerbebetrieb und die Haftung auf Grund der Verletzung einer Verkehrspflicht im Schrifttum häufig gemeinsam behandelt werden und eine zusätzliche Prüfung der Verkehrspflichten beim Recht am Gewerbebetrieb für unzulässig gehalten wird[281].

---

[275] Siehe oben D.II.1.a), b), c).
[276] Siehe oben D.II.1.d).
[277] Ähnlich *Schiemann*, in: Erman, § 823 BGB, Rdnr. 66.
[278] Vgl. oben B.III.
[279] Vgl. oben D.II.2.d)bb).
[280] Vgl. oben D.I.2.a).
[281] Siehe oben A.III.2.b).

b) Autonome Wurzeln beider Rechtsinstitute

Dass in der Rechtsprechung diese dogmatische Zusammenfassung von Betriebsbezogenheit und Interessenabwägung zum Erfordernis der Verletzung einer Verkehrspflicht bisher nicht erfolgt ist, lässt sich mit der historischen Entwicklung des Rechts am Gewerbebetrieb[282] erklären, das als Lückenfüller im Wettbewerbsrecht mit dem einschränkenden Tatbestandsmerkmal des „bestandsverletzenden Eingriffs" zunächst völlig losgelöst von der Entwicklung der Verkehrs(-sicherungs-)pflichten als Einstandspflichten für einen räumlichen Bereich[283] begann. Insbesondere die Rechtsprechung des Reichsgerichts in Bezug auf unberechtigte Schutzrechtsverwarnungen als erster großer Anwendungsbereich des Rechts am Gewerbebetrieb[284] zeigte keinerlei Parallelen zu der Dogmatik der Verkehrssicherungspflichten. Dass das Recht am Gewerbebetrieb genauso wie das allgemeine Persönlichkeitsrecht an bestimmte Verhaltensweisen anknüpft, hängt folglich weder historisch noch sachlich mit der Figur der Verkehrssicherungspflichten zusammen[285].

c) Unklare weitere Entwicklung

Auch nach der Übernahme beider Rechtsinstitute durch den Bundesgerichtshof blieben das Recht am Gewerbebetrieb und die Haftung wegen Verkehrspflichtverletzung zunächst zusammenhanglos nebeneinander stehen, wie die „Stromkabelentscheidung"[286] zeigt: Hier setzt sich der Bundesgerichtshof intensiv mit dem Recht am Gewerbebetrieb, vor allem mit dem Kriterium des betriebsbezogenen Eingriffs, auseinander und prüft sowohl einen Eingriff in das Recht am Gewerbebetrieb als auch eine Haftung wegen Verletzung einer Verkehrspflicht als zwei unterschiedliche und vor allem selbstständige Tatbestände[287]. Hier wird die Zurechnung mittelbarer Verursachungsbeiträge, die sonst in Bezug auf die ausdrücklich in § 823 I BGB genannten Rechte und Rechtsgüter mit Hilfe der Verkehrspflichten vorgenommen wird[288], bereits über das Merkmal des betriebsbezogenen Eingriffs vorgenommen.

---

282 Dazu oben C.I.,II.
283 Siehe oben B.II.
284 Siehe zur Rechtsprechung des Reichsgerichts die Nachweise oben in C.II.1.a).
285 *Esser/Weyers:* Gesetzliche Schuldverhältnisse, § 54 I 1 b, S. 146.
286 BGHZ 29, 65.
287 Siehe oben A.III.1.b).
288 Siehe oben B.I., II.

In späteren Urteilen hingegen kamen ohne weitere dogmatische Auseinandersetzung zur Begründung einer Einstandspflicht Verkehrspflichten zum Tragen, nachdem ein Eingriff in das Recht am Gewerbebetrieb angenommen wurde[289]. Dort spiegelt sich mithin die Vorstellung wider, dass die Verkehrspflichten als Zurechnungsformeln ganz regulär für das Recht am Gewerbebetrieb genauso wie für das allgemeine Persönlichkeitsrecht als „sonstiges Recht" im Sinne von § 823 I BGB gelten[290].

III. Anwendung auf die Fälle aus der Einleitung

Wendet man sich nach diesen Überlegungen wieder den zu Beginn dieser Arbeit vorgestellten Fällen[291] zu, erkennt man, dass sich bei der Ersetzung von Betriebsbezogenheit und Interessenabwägung durch eine Verkehrspflichtverletzung zwei unterschiedliche Fallgruppen ergeben. Diese beiden Fallgruppen entsprechen jedoch nicht der eingangs vorgenommenen Einteilung in solche Urteile, in denen die Figur des Verkehrspflichtverstoßes beim Recht am Gewerbebetrieb zu Tragen gekomken ist, und solchen, in denen diese Möglichkeit abgelehnt wurde[292]. Vielmehr geht die nun zu treffende Unterscheidung quer durch beide Gruppen hindurch.

1. Zweistufige Prüfung des Rechts am Gewerbebetrieb

a) Rechtsgutsverletzung und Organisationspflicht

Ersetzt man in den Fällen, in denen eine Haftung nur mittelbar Handelnder mit der Verletzung von Organisationspflichten begründet wurde[293], die Betriebsbezogenheit und die Interessenabwägung durch das Erfordernis einer Verkehrspflichtverletzung, so finden insgesamt *zwei* Verkehrspflichtprüfungen statt[294], die jeweils unterschiedliche Erwägungen in sich auf nehmen: Durch die erste – die Zusammenfassung von Betriebsbezogenheit und Interessenabwägung – wird geprüft, ob überhaupt ein Eingriff in das Recht am Gewerbebetrieb vorliegt, während die zweite – die Verletzung einer Organisationspflicht – der Zurechnung dieses Eingriffs zu einer bestimmten Person

---

[289] Vgl. die Nachweise oben in A.III.1.a).
[290] Vgl. unten ausführlich im Abschnitt E sowie G.I.1.a), b).
[291] Vgl. oben A.III.1.
[292] Vgl. oben A.III.1.
[293] Etwa BGHZ 24, 200, 214; BGH NJW 1963, 484, 485; OLG Frankfurt a.M., OLGZ 1991, 81, 83 f.
[294] Ähnlich auch *Schiemann*, in: Erman, § 823 BGB, Rdnr. 51 ff.

dient, die selbst nicht unmittelbar gehandelt hat. Es ist daher nicht erforderlich, dass auch diese zweite Verkehrspflichtverletzung „betriebsbezogen" ist[295], sofern überhaupt von irgendeiner Person ein tatbestandlicher Verletzungserfolg am Recht am Gewerbetrieb herbeigeführt worden ist.

Letztendlich folgen auch die instanzgerichtlichen Entscheidungen zum Thema Eingriff in das Recht am Gewerbetrieb durch die Verletzung von Prüf- und Kontrollpflichten im Internet[296] diesem Schema der Trennung von Eingriff und Zurechenbarkeit, indem zunächst losgelöst vom Verhalten des tatsächlich Inanspruchgenommenen ein Eingriff in das Recht am Gewerbebetrieb als Verletzungserfolg im Sinne von § 823 I BGB geprüft und dann – insoweit allerdings unzutreffender Weise[297] – mangels eigenhändiger Verletzung des Rechts am Gewerbebetrieb auf die Störerhaftung abgestellt wird.

b) Konsequenz

Bei dieser Trennung von Eingriff und Zurechenbarkeit käme es auch dann, wenn um die Einhaltung von Prüf- und Organisationspflichten geht, nicht zu einer Verdoppelung der relevanten Erwägungen[298]. Denn die getrennte, zweistufige Prüfung von Rechtsgutsverletzung und Verkehrspflichtverletzung beim Recht am Gewerbebetrieb entspricht dem üblichen Vorgehen bei der mittelbaren Verletzung von Rechtsgütern im Sinne von § 823 I BGB, wo ebenfalls zunächst die – meist unproblematisch gegebene – Rechtsgutsverletzung geprüft wird und erst im Anschluss daran, ob eine zurechenbare, weil verkehrspflichtwidrige Verletzungshandlung vorliegt[299]. In diesem Sinne bildet das Recht am Gewerbebetrieb also gerade keinen verselbstständigten Spezialfall der Haftung wegen Verkehrspflichtverletzung[300].

Allerdings bedeutet dies auch, das Vorliegen einer Rechtsgutsverletzung durch eine Güter- und Interessenabwägung festzustellen[301]. Eine nach diesem Verständnis nur anhand einer Interessenabwägung erfolgende Prüfung, ob das Rechtsgut des Rechts am Gewerbebetrieb verletzt ist, passt nicht so recht

---

[295] A.A. wohl *Schapiro:* Unterlassungsansprüche, S. 142 f. in Bezug auf das Löschen von Boykottaufrufen in einem Internetforum durch den Administrator.
[296] Vgl. die Nachweise oben A.III.1.b).
[297] Siehe oben C.IV.
[298] So die Kritik, vgl. oben A.III.2.b) sowie die Einleitung zu Abschnitt D.
[299] Vgl. oben B.I., II.
[300] Vgl. auch *Esser/Weyers:* Gesetzliche Schuldverhältnisse, § 55 II 3 e, S. 173 f.; *Jansen:* Struktur des Haftungsrechts, S. 22; *Steffen,* VersR 1980, 409 (409). Vgl. oben A.III.2.b); B.V.1.b) sowie unten E.II.1.b)bb)(1).
[301] Vgl. auch *Schiemann,* in: Erman, § 823 BGB, Rdnr. 51 ff.

zu den an sich absolut geschützten Rechtsgütern des § 823 I BGB. Darauf soll im Anschluss an diesen Abschnitt eingegangen werden[302].

2. Einstufige Prüfung des Rechts am Gewerbebetrieb

a) Sonstige Verhaltenspflichten

Bei mittelbaren Handlungen im Übrigen, d.h. solchen, die keine Verletzung von Organisationspflichten darstellen, wird hingegen keine zweistufige Interessenabwägung durchgeführt, obwohl auch hier nach allgemeiner Deliktsrechtsdogmatik eigentlich eine Zurechnung mit Hilfe von Verkehrspflichten erforderlich wäre[303].

Dies wird vor allem an geschäftsschädigenden Äußerungen, Boykott- und Streikaufrufen sowie Schutzrechtsverwarnungen deutlich, die sich bereits oben als für den eigentlichen Schadenseintritt nur mittelbar kausale Verletzungshandlungen erwiesen haben[304]. In diesen Entscheidungen wird – wohl deswegen, weil das Verhalten der unmittelbar Handelnden, den Aufrufen Folge zu leisten und daher z. B. ihr Konsumverhalten dementsprechend anzupassen, rechts- und wettbewerbskonform ist[305] – von vornherein nur auf das Verhalten der mittelbar Handelnden eingegangen[306], ohne zuvor festzustellen, ob „an sich" ein Eingriff in das Recht am Gewerbebetrieb als Verletzungserfolg im Sinne von § 823 I BGB vorliegt, der dem Schädiger dann in einem zweiten Schritt zugerechnet werden müsste. Hier wird also nur mit Hilfe einer einzigen Verhaltenspflichtbestimmung sowohl die Schädigung des Gewerbebetriebes als auch die Zurechenbarkeit an den nicht selbst unmittelbar Handelnden vorgenommen, sodass es unerheblich ist, ob auch das Handeln der unmittelbar agierenden Personen einen Eingriff in das Recht am Gewerbebetrieb darstellt. Nach diesem Verständnis ist es daher erforderlich, dass

---

[302] Siehe unten E.I.
[303] Vgl. oben B.I.
[304] Vgl. oben C.II.1.a).
[305] Vgl. etwa für die Adressaten von Boykottaufrufen *Beater*, in: Soergel, Anh. V § 823 BGB, Rdnr. 108; *Omsels*, in: Harte-Bavendamm/Henning-Bodewig, § 4 Nr. 4, Rn. 233; *Riedl*: Das Recht am eingerichteten und ausgeübten Gewerbebetrieb, S. 128; *Scriba*: Anwendungsbereich und Konkretisierung, S. 126; *Wagner*, in: MünchKomm-BGB, § 823 BGB, Rdnr. 278.
[306] Vgl. etwa BGHZ 45, 296, 307: „erst aus der zu mißbilligenden Art der Schädigung". Vgl. auch BGH NJW 1980, 881, 882: „im Bereich dieses „offenen Tatbestandes" besteht also schon jetzt zwischen der hergebrachten Theorie des Erfolgsunrechts und dem im Vordringen begriffenen Modell des Verhaltensunrechts kein Widerspruch". Ganz ähnlich: BGHZ 74, 9, 14. Ausdrücklich Einstufigkeit befürwortend: *Brüggemeier*, ZVglRWiss 82 (1983), 62 (83); *Brüggemeier*, JZ 1986, 969 (977).

diese Verkehrspflichtverletzung betriebsbezogen ist[307], d. h. dass gerade von der in Anspruch genommenen Person ein tatbestandlicher Verletzungserfolg am Recht am Gewerbetrieb herbeigeführt worden ist.

b) Konsequenz

Folgt man diesem einstufigen Verständnis vom Tatbestand des Rechts am Gewerbebetrieb, trifft zu, dass bei einer zusätzlichen Anwendung des Konzepts der Haftung wegen Verkehrspflichtverletzung eine Verdoppelung der relevanten Aspekte zu erwarten ist[308]. Denn wird auf die separate Feststellung eines Verletzungserfolges verzichtet und stattdessen zur Begründung einer Haftung[309] nur auf das Verhalten des Inanspruchgenommenen abgestellt, gehen Betriebsbezogenheit und Interessenabwägung als Verkehrspflichtverletzung in der Feststellung dieser einen Verhaltenspflichtverletzung auf. Dieses einstufige Verfahren und der Verzicht auf eine Rechtsgutsverletzung entsprechen jedoch nicht dem Vorgehen bei den übrigen Rechten und Rechtsgütern des § 823 I BGB, sondern den rein vom Verhaltensunrecht geprägten Tatbeständen, etwa § 826 BGB[310] oder § 3 I UWG, dessen Tatbestandsmerkmal „unlauter" ebenfalls durch Verkehrspflichtverletzung eines mittelbar Handelnden erfüllt werden kann[311].

3. Fazit

Die vorstehenden Ausführungen haben gezeigt, dass die Beantwortung der Frage, ob und wenn ja, wie die Verkehrspflichten für das Recht am Gewer-

---

307 Vgl. auch *Schapiro:* Unterlassungsansprüche, S. 142 f.

308 Vgl. die Kritik oben A.III.2.b) sowie in der Einleitung zu Abschnitt D.

309 Die Interessenabwägung wird dementsprechend teilweise auch als Haftungsbegründung angesehen (vgl. dazu auch unten unter E.II.1.): *Hubmann:* Das Persönlichkeitsrecht, S. 160; *Stadtmüller:* Schutzbereich und Schutzgegenstände, S. 155. Vgl. auch *v. Caemmerer,* in: Hundert Jahre deutsches Rechtsleben II, S. 99: Es komme nur auf das Verhalten des Inanspruchgenommenen an. Kritisch daher: *Sack:* Das Recht am Gewerbebetrieb, S. 153 f.; *Stoll:* Richterliche Fortbildung, S. 40 f.

310 Auch dieser wird zum Teil als Tatbestand einer Verkehrspflichtverletzung gedeutet, vgl. *Mertens,* AcP 178 (1978), 227 (238 f.); trotz kritischer Haltung auch *Börgers:* Von den „Wandlungen" zur „Restrukturierung"?, S. 39. A.A: *Fikentscher/Heinemann:* Schuldrecht, Rdnr. 1405: Bei § 826 BGB folge das Unwerturteil aus der Zielgerichtetheit der Handlung, sodass im Grunde nur die „abwägungsfreien" Schädigungen darunter fallen. Von einem anderen Standpunkt ebenfalls *Reinhardt,* in: Karlsruher Forum 1961, S. 7: § 823 I BGB unterscheidet sich auch insofern von § 823 II BGB und § 826 BGB, als dass sich dort die Verhaltenspflichten schon aus dem Schutzgesetz bzw. den guten Sitten ergeben und nicht erst aus dem Verschulden.

311 Siehe oben B.IV.4.a).

III. Anwendung auf die Fälle aus der Einleitung

bebetrieb zum Tragen kommen, von dessen dogmatischer Einordnung abhängig ist. Einerseits wird das Recht am Gewerbebetrieb wie ein Recht oder Rechtsgut im Sinne von § 823 I BGB behandelt, für das die Figur der Verkehrspflichtverletzung, z.B. als Aufsichts- und Organisationspflicht, grundsätzlich als Zurechnungsnorm herangezogen werden kann. Andererseits wird es aber auch als einstufiger, nur auf der Verletzung einer einzigen Verhaltenspflicht aufbauender Tatbestand geprüft, innerhalb dessen sämtliche Erwägungen zum geschützten Interesse und zur Zurechnung an einen Schädiger in die Feststellung dieser einen Verhaltenspflicht einfließen. Hier wäre eine zusätzliche Heranziehung des Konzeptes der Haftung wegen Verkehrspflichtverletzung überflüssig. Daher erweist sich nun für die weitere Untersuchung eine dogmatische Einordnung des Rechts am Gewerbebetrieb als erforderlich.

E. Dogmatisierungsansätze für das Recht am Gewerbebetrieb

Im Folgenden werden die in Rechtsprechung und Schrifttum vertretenen Ansätze, das Recht am Gewerbebetrieb in das Deliktsrecht einzuordnen[1], vorgestellt und bewertet. Die Systematisierung orientiert sich dabei an den beiden soeben vorgestellten grundsätzlichen Möglichkeiten, den Haftungstatbestand entweder zweistufig mit der Trennung von Verletzungserfolg und -handlung oder einstufig nur bezogen auf das Verhalten des Schädigers zu prüfen[2].

I. Zweistufige Ansätze

Zunächst sollen die verschiedenen Varianten zweistufig gestalteter Tatbestände vorgestellt werden. Wie es bereits die Benennung als *Recht* am Gewerbebetrieb nahelegt, beruhen diese Ansätze allesamt darauf, das Recht am Gewerbebetrieb als sonstiges Recht in § 823 I BGB zu verorten.

1. Das sonstige Recht

Der Begriff des sonstigen Rechts in § 823 I BGB dient als eine entscheidende Einfallsstelle für die Fortbildung des Deliktsrechts[3]. Die Grundentscheidung des BGB-Gesetzgebers gegen eine deliktische Generalklausel und damit insbesondere gegen eine allgemeine Fahrlässigkeitshaftung für reine Vermögensschäden[4] prägt jedoch auch die Auslegung des Begriffes „sonstiges Recht" in § 823 I BGB[5]: Fasste man diesen Begriff zu weit und bezöge damit auch das Vermögen als Summe der geldwerten Gegenstände einer Person[6] mit ein, würde man § 823 I BGB letztendlich doch zu einer General-

---

[1] Siehe ferner zur Frage nach einem wirtschaftlichen Persönlichkeitsrecht, in dem das Recht am Gewerbebetrieb aufgehen soll, unten G.I.3.
[2] Siehe soeben D.III.
[3] *Preusche:* Unternehmensschutz und Haftungsbeschränkung, S. 104. Vgl. auch die Nachweise oben B.V.1.b).
[4] Siehe oben B.V.1.b).
[5] *Beuthien*, in: Festschrift Medicus, S. 7.
[6] Zum Begriff des Vermögens siehe oben D.II.1.a)bb)(1).

klausel umgestalten, die übrigen Tatbestände des Deliktsrechts überflüssig machen und somit dem Willen des historischen Gesetzgebers widersprechen[7]. Die Einordnung eines Interesses als sonstiges Recht darf folglich nicht einfach zum Vorwand werden, die Rechtsfolgen des § 823 I BGB anzuwenden[8]. Welche Kriterien für die Anerkennung einer absoluten Rechtsposition erforderlich sein sollen, ist jedoch umstritten.

a) Anknüpfung an § 903 S. 1 BGB

Aus der Formulierung des § 823 I BGB („Eigentum oder ein sonstiges Recht") wird häufig geschlossen, als sonstiges Recht könnte nur ein dem Eigentum ähnliches[9] Herrschaftsrecht über einen äußeren Gegenstand[10] anerkannt werden[11]. Wie man aus dem Rechtsgedanken des für das Eigentum geltenden § 903 S. 1 BGB schließen könne, kämen daher als absolute Rechte nur solche mit einer positiven Zuordnungs- und Nutzungsfunktion und einer negativen Ausschlussfunktion gegenüber jedermann in Frage[12].

Insbesondere für Ersteres sei erforderlich, dass das sonstige Recht eine dem Eigentum ähnliche, klare Begrenzung habe und sein Inhalt durch Ge-

---

[7] *Hager*, in: Staudinger, § 823 BGB, B 124; *Larenz/Canaris:* Schuldrecht II/2, § 75 I 3 b, S. 356; § 76 II 4 a, S. 392; *Medicus/Lorenz:* Schuldrecht II, Rdnr. 1306; *Säcker*, AuR 1965, 353 (361 Fn. 69); *Schrauder:* Wettbewerbsverstöße, S. 163.

[8] *Körner:* Rechtsschutz des Unternehmens, S. 16; *Peukert:* Güterzuordnung als Rechtsprinzip, S. 250. Vgl. auch *Lehmann*, NJW 1959, 670 (670).

[9] Vgl. *Beuthien*, in: Festschrift Medicus, S. 6; *Deutsch:* Allgemeines Haftungsrecht, Rdnr. 58; *Esser/Weyers:* Gesetzliche Schuldverhältnisse, § 55 II b, S. 163; *Medicus/Petersen:* Bürgerliches Recht, Rdnr. 607; *Mestmäcker*, JZ 1958, 522 (525); *Peukert:* Güterzuordnung als Rechtsprinzip, S. 249; *Raiser*, JZ 1961, 465 (471); *Reinhardt*, JZ 1961, 713 (714); *Schiemann*, in: Erman, § 823 BGB, Rdnr. 35; *Sprau*, in: Palandt, § 823 BGB, Rdnr. 11; *Steffen*, in: RGRK, § 823 BGB, Rdnr. 26.

[10] Vgl. insb. *Beuthien*, in: Festschrift Medicus, S. 5 ff.; *Hoffmann*, AuR 1968, 33 (35 f.); *Mestmäcker*, JZ 1958, 522 (525); *Raiser*, JZ 1961, 465 (471).

[11] A.A.: *Baston-Vogt:* Der sachliche Schutzbereich, S. 90; *Hubmann*, ZHR 117, 41 (54 f.); *Larenz*, NJW 1955, 521 (524 f.); *Larenz/Canaris:* Schuldrecht II/2, § 72 I 3 b, S. 356; *Looschelders:* Schuldrecht BT, Rdnr. 1235; *Neuner*, JuS 2015, 961 (962); *Teichmann*, in: Jauernig, § 823 BGB, Rdnr. 12; *Zeuner*, in: 25 Jahre Karlsruher Forum, S. 196, die auch die Persönlichkeitsrechte als Maßstab für sonstige Rechte ansehen.

[12] Vgl. *v. Caemmerer*, in: Hundert Jahre deutsches Rechtsleben II, S. 55; *Emmerich:* Schuldrecht BT, § 22 Rn. 4; *Frank*, JA 1979, 583 (585); *Fuchs/Pauker:* Delikts- und Schadensersatzrecht, S. 33 f.; *Hager*, in: Staudinger, § 823 BGB, B 124; *Larenz/Canaris:* Schuldrecht II/2, § 81 II 1, S. 544; *Medicus/Petersen:* Bürgerliches Recht, Rdnr. 607; *Mestmäcker*, JZ 1958, 522 (525); *Raiser*, JZ 1961, 465 (467); *Spickhoff*, in: Soergel, § 823 BGB, Rdnr. 86. Nur für Zuweisungsgehalt: *Körner:* Rechtsschutz des Unternehmens, S. 32 f.; *Schnug*, JA 1985, 440 (442).

116 E. Dogmatisierungsansätze für das Recht am Gewerbebetrieb

setz oder feste Rechtsvorstellungen außerhalb des § 823 I BGB[13] hinreichend bestimmt sei[14]. Nur so könne jede Art von Verletzung[15] des Rechts als typische Unrechtserscheinung[16] die Rechtswidrigkeit des Eingriffes indizieren[17].

b) Ausschlussgehalt als entscheidendes Merkmal

Diese sehr enge, vor allem auf einen positiven Zuweisungsgehalt abstellende Definition des sonstigen Rechts wird mit gewichtigen Argumenten kritisiert: Es sei allgemein anerkannt, dass schuldrechtliche Ansprüche kei-

---

[13] Vgl. *Deutsch*, JZ 1963, 385 (389); *Deutsch*, JZ 1968, 721 (723); *Frank*, JA 1979, 583 (586); *Katzenberger:* Recht am Unternehmen, S. 17, 23; *Körner:* Rechtsschutz des Unternehmens, S. 8; *Peukert:* Güterzuordnung als Rechtsprinzip, S. 250 ff.; *Reinhardt*, in: Karlsruher Forum 1961, S. 6; *Reinhardt*, JZ 1961, 713 (715); *Schrauder:* Wettbewerbsverstöße, S. 172 f.

[14] Vgl. *Katzenberger:* Recht am Unternehmen, S. 19, 23; *Körner:* Rechtsschutz des Unternehmens, S. 27; *Larenz*, NJW 1955, 521 (523); *Preusche:* Unternehmensschutz und Haftungsbeschränkung, S. 95; *Schnug*, JA 1985, 440 (442).

[15] *Reinhardt*, JZ 1961, 713 (716); *Hoffmann*, AuR 1968, 33 (35 f.). A. A.: *Arnold:* Das Recht am Unternehmen, S. 73, 99; *Buchner:* Die Bedeutung des Rechts am Gewerbebetrieb, S. 259 ff.; *Fabricius*, AcP 160 (1961), 273 (296); *Hacker:* Das Verhältnis von Sittenwidrigkeit und sozialer Inadäquanz, S. 57 f.; *Hefermehl*, WuW 1953, 234 (235); *Hubmann*, JZ 1957, 753 (754); *Hubmann*, ZHR 117, 41 (76 f.); *Jansen*, AcP 216 (2016), 112 (215); *Körner:* Rechtsschutz des Unternehmens, S. 33 f.; *Krüger-Nieland*, in: Karlsruher Forum 1961, S. 18; *Löwisch:* Der Deliktsschutz relativer Rechte, S. 48 ff.; *Münzberg:* Verhalten und Erfolg, S. 334; *Nipperdey:* Gutachten Zeitungsstreik, S. 38 f.; *Preusche:* Unternehmensschutz und Haftungsbeschränkung, S. 94 f.; *Schippel:* Das Recht am eingerichteten und ausgeübten Gewerbebetrieb, S. 61 f.; *K. Schmidt*, JuS 1993, 985 (987); *Stadtmüller:* Schutzbereich und Schutzgegenstände, S. 226. Der hierzu geführte Streit ist allerdings weniger ergebnisrelevant als es auf den ersten Blick scheint, da von beiden Ansichten die gesetzlichen Grenzen der Rechte, etwa §§ 904 ff. BGB für das Eigentum, als relevant angesehen werden, vgl. *Fabricius*, AcP 160 (1961), 273 (296); *Hefermehl*, WuW 1953, 234 (235); *Hubmann:* Das Persönlichkeitsrecht, S. 144; *Katzenberger:* Recht am Unternehmen, S. 40; *Schrauder:* Wettbewerbsverstöße, S. 182 f.; *Stadtmüller:* Schutzbereich und Schutzgegenstände, S. 215 f.

[16] Vgl. *Deutsch*, JZ 1963, 385 (389); *Körner:* Rechtsschutz des Unternehmens, S. 66; *Larenz*, NJW 1955, 521 (523). Vgl. auch *Raiser*, JZ 1961, 465 (469); *Reinhardt*, JZ 1961, 713 (716); *Reinhardt*, in: Karlsruher Forum 1961, S. 6 ff.; *Sack:* Das Recht am Gewerbebetrieb, S. 192; *Steindorff*, JZ 1960, 582 (583); *Wielthölter*, KritJ 1970, 121 (129).

[17] Vgl. *Katzenberger:* Recht am Unternehmen, S. 18 f.; *Peukert:* Güterzuordnung als Rechtsprinzip, S. 251. A.A.: *Nipperdey:* Gutachten Zeitungsstreik, S. 38 ff.: Rechtswidrigkeitsindikation sei unabhängig von generellen Schutz gegen alle Arten von Eingriffen. Zur Rechtswidrigkeitsindikation im Rahmen von § 823 I BGB siehe auch oben B.IV.1.

I. Zweistufige Ansätze

nen absoluten Schutz genössen[18], sondern als nur relativ[19] zwischen Schuldner und Gläubiger wirkende reine Vermögensrechte nicht zu den sonstigen Rechten im Sinne des § 823 I BGB zählten[20]. Dennoch seien auch diese dem Gläubiger allein zugeordnet und hätten damit einen positiven Zuordnungsgehalt wie das Eigentum. Was ihnen fehlt, sei hingegen ein negativer Ausschlussgehalt gegenüber jedermann. Genau entgegengesetzt verhalte es sich mit den Persönlichkeitsrechten im Sinne des § 823 I BGB, etwa Leben und Gesundheit oder dem Namensrecht in § 12 BGB[21]: Diese lägen per definitionem innerhalb der Person des Rechtsinhabers, sodass hier ein positiver Zuordnungsgehalt im Sinne einer Herrschaftsmacht über einen äußerlichen Rechtsgegenstand gar nicht existieren könne. Hier könne von vornherein nur die Ausschlusswirkung gegenüber Dritten bestehen[22]. Daher sei für die Einordnung als absolutes Recht lediglich entscheidend, ob die in Frage stehende Rechtsposition seinem Inhaber zur selbstständigen Wahrnehmung zugewiesen[23] und gegenüber jedermann gegen Einwirkungen von außen geschützt sei[24].

---

[18] Vgl. *Deutsch*, JZ 1963, 385 (388); *Fikentscher/Heinemann:* Schuldrecht, Rdnr. 1568; *Kötz/Wagner:* Deliktsrecht, Rdnr. 159; *Fuchs/Pauker:* Delikts- und Schadensersatzrecht, S. 33 f.; *Nipperdey:* Gutachten Zeitungsstreik, S. 33; *Spickhoff*, in: Soergel, § 823 BGB, Rdnr. 86; *Steffen*, in: RGRK, § 823 BGB, Rdnr. 5; *Wagner*, in: MünchKomm-BGB, § 823 BGB, Rdnr. 205 ff.

[19] Kritisch zur Einteilung in relative und absolute Rechte jedoch *Fabricius*, AcP 160 (1961), 273 (277 ff.).

[20] Vgl. bereits RGZ 57, 353, 356 sowie *Hager*, in: Staudinger, § 823 BGB, B 160, 162; *Medicus/Lorenz:* Schuldrecht II, Rdnr. 1305; *Preusche:* Unternehmensschutz und Haftungsbeschränkung, S. 101 ff.; *Schiemann*, in: Erman, § 823 BGB, Rdnr. 36. Mit abweichender Begründung im Ergebnis ebenso *Esser/Weyers:* Gesetzliche Schuldverhältnisse, § 55 I 2 b, S. 163; *Wagner*, in: MünchKomm-BGB, § 823 BGB, Rdnr. 205 ff. Kritisch zur Bedeutung des Zuweisungsgehaltes für § 823 I BGB auch *Löwisch:* Der Deliktsschutz relativer Rechte, S. 82 f.

[21] Zu § 12 BGB als absolutes Recht etwa: *Fabricius*, AcP 160 (1961), 273 (287); *Mansel*, in: Jauernig, § 12 BGB, Rdnr. 1; *Säcker*, § 12 BGB, Rdnr. 2.

[22] Vgl. *Katzenberger:* Recht am Unternehmen, S. 22; *Preusche:* Unternehmensschutz und Haftungsbeschränkung, S. 101.

[23] *Hubmann:* Das Persönlichkeitsrecht, S. 127; *Schippel:* Das Recht am eingerichteten und ausgeübten Gewerbebetrieb, S. 4 f.; *Stadtmüller:* Schutzbereich und Schutzgegenstände, S. 224.

[24] Vgl. *Arnold:* Das Recht am Unternehmen, S. 73, 99; *Buchner:* Die Bedeutung des Rechts am Gewerbebetrieb, S. 264 f.; *Fikentscher/Heinemann:* Schuldrecht, Rdnr. 1558; *Förster*, in: Bamberger/Roth, § 823 BGB, Rdnr. 143; *Preusche:* Unternehmensschutz und Haftungsbeschränkung, S. 104; *Schrauder:* Wettbewerbsverstöße, S. 174 f.; *Wagner*, in: MünchKomm-BGB, § 823 BGB, Rdnr. 205 ff. Zu dieser allgemein anerkannten Voraussetzung absoluter Rechte vgl. auch bereits RGZ 57, 353, 356 sowie BGHZ 192, 204, 210 f.; *Fikentscher/Heinemann:* Schuldrecht, Rdnr. 1558; *Frank*, JA 1979, 583 (585); *Katzenberger:* Recht am Unternehmen, S. 16; *Kötz/Wagner:* Deliktsrecht, Rdnr. 159; *Münzberg:* Verhalten und Erfolg, S. 334; *Preusche:*

c) Weitere Begründungsansätze

Aber auch die alleinige Rücksicht auf den Schutz gegenüber jedermann wird für nicht unproblematisch gehalten[25]. Denn Abwehransprüche würden auch gewährt, wenn es sich nicht um die Verletzung eines absoluten Rechts, sondern nur um einen Verstoß gegen eine Verhaltensnorm (§§ 823 II, 824, 826 BGB i. V. m. § 1004 BGB analog)[26] oder um ein reines Abwehrrecht, etwa den unredlichen und unrechtmäßigen Besitz[27] (vgl. §§ 861 f. BGB) handle.

aa) Sozialtypische Offenkundigkeit

Daher wird zum Teil zusätzlich darauf abgestellt, ob die in Frage stehende Rechtsposition sozialtypisch offenkundig[28], das heißt über einen sinnlich wahrnehmbaren Bezugsgegenstand für den Durchschnittsbetrachter klar konturiert und damit erkennbar ist[29]. Dieses Kriterium erweist sich nach anderer Ansicht jedoch zur Definition des sonstigen Rechts als unbrauchbar, weil erstens bereits viele anerkannte absolute Rechte nicht sinnlich wahrnehmbar seien[30] und die Offenkundigkeit eines Rechtsgutes zu einem unbestimm-

---

Unternehmensschutz und Haftungsbeschränkung, S. 92; *Schippel:* Das Recht am eingerichteten und ausgeübten Gewerbebetrieb, S. 61; *Schmid,* NJW 1975, 2056 (2056); *Schnug,* JA 1985, 440 (442); *Stadtmüller:* Schutzbereich und Schutzgegenstände, S. 221; *Steffen,* in: RGRK, § 823 BGB, Rdnr. 26.

[25] *Hubmann:* Das Persönlichkeitsrecht, S. 126; *Katzenberger:* Recht am Unternehmen, S. 20, 22; *Schrauder:* Wettbewerbsverstöße, S. 160 ff.; ebenso *Wagner,* in: MünchKomm-BGB, § 823 BGB, Rdnr. 205 ff.

[26] Vgl. dazu bereits RGZ 116, 151, 153 sowie *v. Caemmerer,* in: Hundert Jahre deutsches Rechtsleben II, S. 52; *Fikentscher/Heinemann:* Schuldrecht, Rdnr. 1724; *Reinhardt,* JZ 1961, 713 (714).

[27] *Schnug,* JA 1985, 440 (443); vgl. aber *Medicus/Petersen:* Bürgerliches Recht, Rdnr. 607.

[28] So grundlegend *Fabricius,* JuS 1961, 151 (153); *Fabricius,* AcP 160 (1961), 273 (290 ff.) sowie *Canaris,* in: Festschrift Larenz, S. 31; *Esser/Weyers:* Gesetzliche Schuldverhältnisse, § 55 II b, S. 163; *Larenz/Canaris:* Schuldrecht II/2, § 75 I 3 a, S. 355, § 76 I 1 b, S. 374; *Mertens,* in: MünchKomm-BGB, 3. Aufl., § 823 BGB, Rdnr. 123; *Preusche:* Unternehmensschutz und Haftungsbeschränkung, S. 98 ff.

[29] *Fabricius,* AcP 160 (1961), 273 (290 ff.); *Fabricius,* JuS 1961, 151 (153); *Preusche:* Unternehmensschutz und Haftungsbeschränkung, S. 98 ff.

[30] *Löwisch:* Der Deliktsschutz relativer Rechte, S. 43 ff.; *Preusche:* Unternehmensschutz und Haftungsbeschränkung, S. 59; *Rödig:* Erfüllung des Tatbestandes, S. 71; *Taupitz:* Haftung für Energieleiterstörungen, S. 184; *Wagner,* in: MünchKomm-BGB, § 823 BGB, Rdnr. 205 ff. Vgl. aber *Fabricius,* AcP 160 (1961), 273 (290 ff.), der die sozialtypische Offenkundigkeit nicht mit sinnlicher Wahrnehmbarkeit gleichsetzt.

I. Zweistufige Ansätze

ten[31] Wertungskriterium[32] würde. Zudem seien auch die Konturen der ausdrücklich in § 823 I BGB aufgeführten absoluten Rechte, etwa des Eigentums[33], immer undeutlicher und schwerer erkennbar geworden[34], zumal die bloße Erkennbarkeit eines Rechtsguts nur ein allgemeines Merkmal der Fahrlässigkeit als Verschuldensform sei[35].

bb) Teleologische Deutung

Schließlich soll auch eine teleologisch-funktionale Deutung des absoluten Rechts helfen: Aus dem allgemeinen Deliktsrecht sollen fahrlässig verursachte reine Vermögensschäden ausgeklammert werden. Folglich sollen als sonstige Rechte nur aus dem allgemeinen Vermögen herausgehobene Rechtsgüter gegenüber jedermann geschützt sein[36].

d) Stellungnahme

Wird die Auslegung des Begriffs des sonstigen Rechts anhand von § 903 S. 1 BGB vorgenommen, so wird dadurch der Fokus zu stark auf Ähnlichkeiten mit dem Eigentum gesetzt. Dies mag zwar für beschränkt dingliche Rechte[37], den berechtigten Besitz[38], Anwartschaften[39] oder Immaterialgüterrechte[40] passen. Eine abstrakte Definition des sonstigen Rechts darf aber die Persönlichkeitsrechte wie z.B. § 12 BGB[41] nicht von vornherein ausschließen.

---

[31] *Taupitz:* Haftung für Energieleiterstörungen, S. 185; *Scriba:* Anwendungsbereich und Konkretisierung, S. 109.
[32] *Schwitanski:* Deliktsrecht, Unternehmensschutz und Arbeitskampfrecht, S. 183 ff.
[33] *Rosenbach:* Eigentumsverletzung durch Umweltveränderung, S. XI.
[34] *Brüggemeier,* JZ 1986, 969 (976). Siehe dazu insbesondere das Problem der Eigentumsverletzung durch Nutzungsbeeinträchtigung unten im Abschnitt H.III.
[35] *Löwisch:* Der Deliktsschutz relativer Rechte, S. 45 f.
[36] *Peukert:* Güterzuordnung als Rechtsprinzip, S. 245; *Wagner,* in: MünchKomm-BGB, § 823 BGB, Rdnr. 205 ff.
[37] Vgl. BGH NJW-RR 2012, 1048, 1048 m.w.N.; *Harke:* Besonderes Schuldrecht, Rdnr. 543; *Sprau,* in: Palandt, § 823 BGB, Rdnr. 12; *Wagner,* in: MünchKomm-BGB, § 823 BGB, Rdnr. 209 m.w.N.
[38] Zum absoluten Schutz des berechtigten Besitzes siehe oben D.II.1.c)bb)(3)(a).
[39] Vgl. *v. Bar:* Deliktsrechtliche Eigentumsverletzungen, S. 14; *Harke:* Besonderes Schuldrecht, Rdnr. 543; *Wagner,* in: MünchKomm-BGB, § 823 BGB, Rdnr. 214 m.w.N.
[40] Vgl. *Harke:* Besonderes Schuldrecht, Rdnr. 543; *Wagner,* in: MünchKomm-BGB, § 823 BGB, Rdnr. 226.
[41] Siehe oben E.I.1.b).

Daher ist nicht unbedingt das Bestehen eines positiven Zuordnungsgehaltes, sondern eines negativen Ausschlussgehaltes gegenüber jedermann entscheidend für das Bestehen eines sonstigen Rechts. Dass auch im Übrigen, d. h. durch gesetzliche Normierung (etwa § 861 f. BGB) und richterrechtliche Anerkennung (§ 1004 BGB analog) Abwehransprüche bestehen, hat jedoch zur Konsequenz, dass der Ausschlussgehalt nur notwendiges, aber nicht hinreichendes Kriterium für die Annahme eines absoluten Rechts ist.

Wegen der berechtigten Kritik am Kriterium der „sozialtypischen Offenkundigkeit"[42] erscheint die teleologische Betrachtungsweise vorzugswürdig, ob es sich um ein aus dem allgemeinen Vermögen herausgehobenes Rechtsgut handelt[43]. Hier besteht allerdings die Gefahr eines Zirkelschlusses, wenn man den Begriff des sonstigen Rechts über den Begriff des Vermögens definieren will, da eine Definition des Vermögens nicht abstrakt, sondern nur über die Summe der negativen Schutzbereich der Rechte und Rechtsgüter des § 823 I BGB möglich ist[44]. Ist man sich dessen bewusst, kann jedoch der Telos der § 823 ff. BGB bei der Anerkennung neuer sonstiger Recht im Sinne von § 823 I BGB hilfreich sein, und zwar in dem Sinne, dass durch die rechtfortbildende Anerkennung neuer sonstiger Rechte die Grenzen der Schutzbereiche der anerkannten absoluten Rechte nicht unterlaufen werden dürfen[45].

2. Ansatz 1: Das Recht am Gewerbebetrieb als „sonstiges Recht"

Anhand dieser Grundsätze soll nun eine Auswertung der Rechtsprechung und Literatur, die das Recht am Gewerbebetrieb als sonstiges Recht in § 823 I BGB verortet, erfolgen.

a) Rechtsprechung

aa) Formulierungen aus der Rechtsprechung

Die Rechtsprechung selbst befasst sich freilich wenig mit einer Subsumption des Rechts am Gewerbebetrieb unter den Begriff des „sonstigen Rechts": Nachdem schon das Reichsgericht[46] ohne nähere Erläuterung das Recht am

---

[42] Siehe oben E.I.1.c)aa).
[43] Siehe oben E.I.1.c)bb) sowie bereits B.V.1.b).
[44] Vgl. oben D.II.1.a)bb)(1).
[45] Vgl. auch oben D.II.1.c)bb).
[46] RGZ 58, 24, 30; RGZ 73, 253, 256. Dazu *Riedl:* Das Recht am eingerichteten und ausgeübten Gewerbebetrieb, S. 4 ff., 13.

I. Zweistufige Ansätze

Gewerbebetrieb als subjektives Recht dem Schutz des § 823 I BGB unterstellt hatte, wurde diese Zuordnung zu § 823 I BGB vom Bundesgerichtshof schlicht übernommen[47].

Abgesehen von dieser formalen Zuordnung zum Tatbestand des § 823 I BGB erweist sich die Rechtsprechung jedoch als unklar. Denn die Bezeichnung des Rechts am Gewerbebetrieb als absolutes Recht wird zumindest vom Bundesgerichtshof konsequent vermieden[48]. In einigen seiner Urteile bezeichnet er es zwar als „sonstiges Recht"[49], ohne sich aber mit den oben dargestellten diversen Definitionen zu diesem Begriff[50] auseinander zu setzen. Und es heißt weiter, das Recht am Gewerbebetrieb sei den Rechten und Rechtsgütern des § 823 I BGB „hinsichtlich seines Schutzes gleichgestellt"[51], stelle einen „erweiterten Vermögensschutz"[52] und eine „im Wege der Rechtsfortbildung im Rahmen des § 823 I BGB geschaffenen Erweiterung dieser Norm[53]" dar oder sei eine der „Generalklauseln des BGB"[54], durch welche die „jedenfalls nach dem Vorhaben des Gesetzgebers gewollte [...] Geschlossenheit der Regelung der §§ 823 ff. BGB in Schwierigkeiten

---

[47] Vgl. BGHZ 3, 270, 278 ff.; BGHZ 8, 142, 144 ff.; BGHZ 24, 200, 204 ff.; BGHZ 29, 65, 69; BGHZ 59, 30, 34; BGHZ 66, 388, 393 sowie aus neuerer Zeit etwa BGHZ 164, 1, 2 f.; BGHZ 192, 204, 213; BGHZ 193, 227, 232; BGH NJW 2012, 2579, 2580; BGH NJW 2013, 2760, 2761.

[48] Nur das Bundesarbeitsgericht benutzt mitunter die Bezeichnung als absolutes Recht, vgl. BAGE 2, 75 = BAG NJW 1955, 1373, 1373; BAGE 15, 211 = BAG NJW 1964, 1291, 1292. In BGHZ 98, 94, 99 heißt es im Gegenteil sogar ausdrücklich: „Der deliktische Schutz des eingerichteten und ausgeübten Gewerbebetriebes ist ebenso wie das allgemeine Persönlichkeitsrecht nicht absolut, sondern jeweils für den konkreten Fall im Wege der Interessen- und Güterabwägung zu bestimmen". Dazu auch *Arnold*: Das Recht am Unternehmen, S. 60. Die zum Teil im Schrifttum vertretene Behauptung, die Rechtsprechung ginge von einem absoluten Recht aus (so etwa *Mertens*, in: MünchKomm-BGB, 3. Aufl., § 823 BGB, Rdnr. 9; *Zeuner*, JZ 1961, 41 (44)) ist daher falsch.

[49] BGHZ 69, 128, 139; BGHZ 74, 9, 18; BGH NJW 1963, 484, 484; BGH NJW 1977, 2313, 2313; BGH GRUR 2014, 904, 905. Vgl. auch BAGE 46, 322 = BAG NJW 1985, 85, 89; BAGE 58, 343 = BAG NJW 1989, 63, 63; BAG, NJW 1985, 2545, 2546.

[50] Siehe oben E.I.1.

[51] BGHZ 29, 65, 69; BGH NJW 1983, 812, 813. Ähnlich BGHZ 193, 227, 232. Siehe auch BAGE 132, 140 = BAG NJW 2010, 631, 633; BAG NZA 2016, 179, 180.

[52] BGHZ 69, 128, 139.

[53] BGHZ 65, 325, 328. Vgl. auch BGHZ 69, 129, 139: „erweiterter Vermögensschutz"; BGH NJW 1980, 881, 882: „richterrechtlich entwickelten besonderen Deliktstatbestandes"; BGH NJW 2003, 1040, 1041: „von der Rechtsprechung erarbeitete Deliktsschutz".

[54] BGH NJW 2009, 2958 2959; BGH GRUR 2013, 1259, 1260; Vgl. auch BGH NJW 1963, 484, 484: generalklauselartige Weite; BGHZ 74, 9, 14: offener Verletzungstatbestand.

geraten"⁵⁵ sei. Bei den Instanzgerichten⁵⁶ findet sich zudem die Qualifikation des Rechts am Gewerbebetrieb als „Rahmenrecht", die der Bundesgerichtshof bisher jedoch ausschließlich für das allgemeine Persönlichkeitsrecht verwendet hat⁵⁷.

bb) Erläuterungen und Stellungnahme

Eine Gleichstellung des Rechts am Gewerbebetrieb mit den Rechten im Sinne des § 823 I BGB erfolgt in der Rechtsprechung nur hinsichtlich der Rechtsfolgen, ohne jedoch über eine mögliche Gleichrangigkeit der Rechtsqualität eine Aussage zu treffen⁵⁸. Insbesondere die These, dass das Recht am Gewerbebetrieb eine richterliche Rechtsfortbildung sei, wird nur angedeutet. Eine genaue systematische Einordnung des Rechts am Gewerbebetrieb in § 823 I BGB wird damit stillschweigend übergangen⁵⁹.

Dies ist wohl auch vor dem Hintergrund zu sehen, dass es die Rechtsprechung für das Bereicherungsrecht abgelehnt hat, das Recht am Gewerbebetrieb als Rechtsposition mit Zuweisungsgehalt und damit als absolutes Recht anzuerkennen⁶⁰. Als Begründung hierfür wird angeführt, dass einem Gewerbetreibenden gerade kein bestimmter Tätigkeitsbereich mit festen Chancen und Erwerbserwartungen zugewiesen sei⁶¹. Diese bereicherungsrechtliche Sicht soll zwar unabhängig vom Bestehen eines deliktisch geschützten Rechtsguts sein⁶². Dennoch tritt der Widerspruch offen zu Tage: Wenn das Recht am Gewerbebetrieb kein absolutes Recht im Sinne des § 812 I 1 2. Alt BGB darstellt, würde es einen gewissen Begründungsaufwand erfordern, es im Rahmen des § 823 I BGB als solches zu behandeln.

Dementsprechend ist es kein Zufall, dass die Rechtsprechung die sehr schwammige Formulierung benutzt, das Recht am Gewerbebetrieb sei den

---

⁵⁵ BGHZ 65, 325, 338.
⁵⁶ Zum Beispiel OLG Nürnberg vom 29.11.2001, 8 U 1652/01, BeckRS 2001 30223625 (über beck-online); OLG Naumburg: Urteil vom 22.12.2006 – 10 U 60/06, BeckRS 2007, 05636; OLG Hamm, Urteil vom 18.04.2012 – I-13 U 174/11, BeckRS 2012, 14962.
⁵⁷ Vgl. BGHZ 197, 213, 220; BGHZ 198, 346, 348; BGHZ 199, 237, 249; BGH NJW 2004, 766, 766; BGH NJW 2015, 776, 777; BGH NJW 2016, 789, 790; BGH NJW 2016, 1094, 1095; BGH NJW 2016, 2106, 2108.
⁵⁸ *Arnold*: Das Recht am Unternehmen, S. 97.
⁵⁹ *Ann/Hauck*, in: MünchKomm-UWG, Teil I., Rdnr. 88.
⁶⁰ BGHZ 71, 86, 98; BGHZ 107, 117, 121.
⁶¹ BGHZ 71, 86, 98. Allerdings sind diese Positionen bereits von vornherein aus dem Schutzbereich des Rechts am Gewerbebetrieb herausgenommen, siehe oben D.I.1.a).
⁶² BGHZ 107, 117, 121.

I. Zweistufige Ansätze

Rechten und Rechtsgütern des § 823 I BGB „hinsichtlich seines Schutzes"[63] gleichgestellt: Sie bietet die Möglichkeit, die Tatbestandsvoraussetzungen wie das Verschulden und die Rechtsfolgen des § 823 I BGB heranzuziehen, ohne sich auf eine Diskussion um das Wesen des Rechts am Gewerbebetrieb einlassen zu müssen. Insgesamt lässt sich – auch vor dem Hintergrund der Diskussion um die bereicherungsrechtlichen Aspekte des Problems – den benutzten Formulierungen damit entnehmen, dass das Recht am Gewerbebetrieb nicht tatsächlich als „sonstiges Recht" im Sinne eines absoluten Rechtes behandelt wird[64].

b) Literatur

Schon die Vielzahl der im Schrifttum entwickelten Definitionen des sonstigen Rechts im Sinne von § 823 I BGB[65] lässt erahnen, dass auch die Ergebnisse, die daraus für das Recht am Gewerbebetrieb gewonnen werden, uneinheitlich sind.

aa) Ablehnung eines absoluten Rechts

In der Literatur wird es zu einem großen Teil abgelehnt, das Recht am Gewerbebetrieb als absolutes und damit als sonstiges Recht im Sinne von § 823 I BGB[66] anzuerkennen. Gestützt auf die These, dass einem Unternehmen in einer von Konkurrenz und freien Entscheidungen geprägten Wirtschaft kein Monopolbereich für feste Gewinnchancen garantiert werden könne[67], fehle es dem Recht am Gewerbebetrieb vor allem an einem festen

---

[63] Siehe oben E.I.2.a)aa).

[64] So auch *Peukert:* Güterzuordnung als Rechtsprinzip, S. 275. Dazu noch unten E.II.1.a).

[65] Siehe oben E.I.1.

[66] Entsprechendes soll für die Gewährung einer Eingriffskondiktion nach § 812 I 1 2. Alt BGB und Ansprüchen aus §§ 687ff. BGB gelten, vgl. *v. Caemmerer,* in: Festschrift Rabel, S. 399f. Differenzierend *Fikentscher/Heinemann:* Schuldrecht, Rdnr. 1467 einerseits und Rdnr. 1558 andererseits: Bei Rahmenrechten sei mangels bestandssichernder Güterzuordnung zwar keine Eingriffskondiktion nach § 812 I 1 2. Alt BGB möglich, aber es handele sich um gegenüber jedermann geschützte und damit absolute Rechte im Sinne des § 823 I BGB. A.A.: *Wagner,* in: MünchKomm-BGB, § 823 BGB, Rdnr. 261.

[67] Vgl. *Canaris,* VersR 2005, 577 (583); *Esser/Weyers:* Gesetzliche Schuldverhältnisse, § 55 I 2 c, S. 165; *Katzenberger:* Recht am Unternehmen, S. 9f.; *Knopp,* in: Festgabe Hefermehl, S. 412; *Körner:* Rechtsschutz des Unternehmens, S. 62f.; *Larenz/Canaris:* Schuldrecht II/2, § 81 II 1, S. 544f.; *Medicus/Lorenz:* Schuldrecht II, Rdnr. 1313; *Medicus/Petersen:* Bürgerliches Recht, Rdnr. 611; *Nipperdey/Säcker,* NJW 1985 (1992); *Raiser,* JZ 1961, 465 (469); *Reinhardt,* in: Karlsruher Forum

und eigentumsähnlichen positiven Zuweisungsgehalt gegenüber jedermann[68]. Stattdessen habe es einen unbestimmt weiten Schutzbereich[69], der es verhindere, die bei anderen Ausschlussrechten wie dem Eigentumsrecht[70] vorgenommene Indikation der Rechtswidrigkeit[71] vorzunehmen[72]. Das Recht am Gewerbebetrieb sei daher entgegen des auch durch die Wortwahl entstehenden Scheins[73] ein „Fremdkörper"[74] in § 823 I BGB[75], sprenge dessen Sys-

---

1961, S. 11; *Riedl:* Das Recht am eingerichteten und ausgeübten Gewerbebetrieb, S. 97 f.; *Rosenbach:* Eigentumsverletzung durch Umweltveränderung, S. 69; *Sack:* Das Recht am Gewerbebetrieb, S. 160; *Schrauder:* Wettbewerbsverstöße, S. 157 f.; *Stadtmüller:* Schutzbereich und Schutzgegenstände, S. 1, 23; *Teichmann,* in: Jauernig, § 823 BGB, Rdnr. 95; *Wielthölter,* KritJ 1970, 121 (126 f.).

[68] Vgl. *Assmann/Kübler,* ZHR 142 (1978), 413 (422); *Brüggemeier,* AcP 182 (1982), 385 (428); *Brüggemeier,* ZVglRWiss 82 (1983), 62 (83); *v. Caemmerer,* in: Hundert Jahre deutsches Rechtsleben II, S. 89; *v. Caemmerer,* in: Karlsruher Forum 1961, S. 22 f.; *Deutsch,* JZ 1963, 385 (387); *Frank,* JA 1979, 583 (586); *Gieseke,* GRUR 1950, 298 (302 f.); *Harke:* Besonderes Schuldrecht, Rdnr. 546; *Peukert:* Güterzuordnung als Rechtsprinzip, S. 263, 268; *Ohly,* in: Ohly/Sosnitza, Einführung D, Rdnr. 59; *Kisseler:* Auswirkungen und Bedeutung, S. 20 ff., 107; *Kötz/Wagner:* Deliktsrecht, Rdnr. 432; *Larenz/Canaris:* Schuldrecht II/2, § 81 II 1, S. 544 f.; *Mestmäcker,* JZ 1958, 522 (526); *Nettesheim,* BB 1976, 18 (19); *Raiser,* JZ 1961, 465 (469); *Reinhardt,* in: Karlsruher Forum 1961, S. 11; *Riedl:* Das Recht am eingerichteten und ausgeübten Gewerbebetrieb, S. 97 f.; *Rosenbach:* Eigentumsverletzung durch Umweltveränderung, S. 69; *Sack:* Das Recht am Gewerbebetrieb, S. 160; *Schnug,* JA 1985, 440 (443); *Schiemann,* in: Erman, § 823 BGB, Rdnr. 49; *Spindler,* in: Bamberger/Roth, 37. Edition, § 823 BGB, Rdnr. 104; *Steffen,* in: RGRK, § 823 BGB, Rdnr. 36; *Taupitz:* Haftung für Energieleiterstörungen, S. 196; *Teichmann,* in: Jauernig, § 823 BGB, Rdnr. 95a; *Weick:* Der Boykott, S. 49. Vgl. auch die ältere Auffassung von *Nipperdey,* in: Beiträge zum Wirtschaftsrecht, S. 476.

[69] *Deutsch,* JZ 1963, 385 (387); *Hoffmann,* AuR 1968, 33 (36); *Körner:* Rechtsschutz des Unternehmens, S. 2; *Kisseler:* Auswirkungen und Bedeutung, S. 12; *Nipperdey,* in: In: Beiträge zum Wirtschaftsrecht, S. 452 f. Vgl. auch *Wielthölter,* KritJ 1970, 121 (128): „Leerformelfunktion". Einschränkend *Stadtmüller:* Schutzbereich und Schutzgegenstände, S. 212 f.

[70] *Esser/Weyers:* Gesetzliche Schuldverhältnisse, § 54 I 1 b, S. 154; *Gieseke,* GRUR 1950, 298 (303); *Körner:* Rechtsschutz des Unternehmens, S. 27; *Kötz/Wagner:* Deliktsrecht, Rdnr. 432; *Schiemann,* in: Erman, § 823 BGB, Rdnr. 49; *Schnug,* JA 1985, 440 (443).

[71] Siehe oben E.I.1.a).

[72] Vgl. *Fikentscher,* in: Festgabe Kronstein, S. 287; *Katzenberger:* Recht am Unternehmen, S. 39; *Larenz/Canaris:* Schuldrecht II/2, § 75 I 4 b, S. 359; § 81 II 1, S. 544 f.; *Nettesheim,* BB 1976, 18 (19); *Peukert:* Güterzuordnung als Rechtsprinzip, S. 251; *Riedl:* Das Recht am eingerichteten und ausgeübten Gewerbebetrieb, S. 101 f.; *Sack:* Das Recht am Gewerbebetrieb, S. 149 ff., 159; *Schnug,* JA 1985, 440 (443); *Schrauder:* Wettbewerbsverstöße, S. 200.

[73] *Esser/Weyers:* Gesetzliche Schuldverhältnisse, § 54 I 1 b, S. 146.

[74] *Deutsch,* JZ 1963, 385 (387); *Gieseke,* GRUR 1950, 298 (302 f.); *Kisseler:* Auswirkungen und Bedeutung, S. 19 ff.; *Ohly,* in: Ohly/Sosnitza, Einführung D, Rdnr. 59; *Raiser,* JZ 1961, 465 (469); *Sack:* Das Recht am Gewerbebetrieb, S. 159,

I. Zweistufige Ansätze

tem der vertypten Unrechtstatbestände[76] und entspräche als Schutz gegen primäre Vermögensschäden[77] eher den Tatbeständen des Verhaltensunrechts wie § 823 II BGB und des UWG[78].

Auch die zusätzlichen Haftungskorrektive wie der Subsidiaritätsgrundsatz[79] und die Betriebsbezogenheit seien aus § 823 I BGB nicht abzuleiten[80]. Das Erfordernis eines betriebsbezogenen Eingriffs führe zusätzlich zu der für § 823 I BGB untypischen Konsequenz, dass der Art des Eingriffes entscheidende Bedeutung für das Bestehen einer Schadensersatzpflicht zukomme[81], indem Schutz nur gegen bewusste und gewollte, also vorsätzliche Eingriffe bestehe[82]. Auch das widerspräche der Grundstruktur des § 823 I BGB, der gleichermaßen gegen Vorsatz und Fahrlässigkeit schütze[83]. Ferner stelle ein

---

163 f.; *Schnug*, JA 1985, 440 (449); *Zeuner*, JZ 1961, 41 (45). Vgl. auch *Lehmann*, NJW 1959, 670 (670): „Normenerschleichung durch bloß begriffliche Einreihung"; *K. Schmidt*, JuS 1993, 985 (986): „Sonderling".

[75] Mit abweichender Begründung (Abstellen auf den Schutz vor allem der elementaren Menschenrechte durch § 823 I BGB) im Ergebnis auch *Canaris*, VersR 2005, 577 (582).

[76] Vgl. *Esser/Weyers:* Gesetzliche Schuldverhältnisse, § 54 I 1 b, S. 154; *Kohlhaas:* Der Eingriff in den Gewerbebetrieb, S. 64; *Larenz/Canaris:* Schuldrecht II/2, § 75 I 4 b, S. 359; *Sack*, VersR 2006, 1001 (1003 f.); *Sack:* Das Recht am Gewerbebetrieb, S. 149 ff.; *Schnug*, JA 1985, 440 (444). Ähnlich *v. Caemmerer*, in: Hundert Jahre deutsches Rechtsleben II, S. 83: Systemänderung.

[77] Vgl. *Ahrens*, in: Harte-Bavendamm/Henning-Bodewig, Einleitung G, Rdnr. 140; *Fikentscher*, in: Festgabe Kronstein, S. 287; *Kötz/Wagner:* Deliktsrecht, Rdnr. 166; *Rosenbach:* Eigentumsverletzung durch Umweltveränderung, S. 69; *Spindler*, in: Bamberger/Roth, 37. Edition, § 823 BGB, Rdnr. 104; *Wagner*, in: MünchKomm-BGB, § 823 BGB, Rdnr. 256 ff. Vgl. auch *Riedl:* Das Recht am eingerichteten und ausgeübten Gewerbebetrieb, S. 97 f.

[78] *Peukert:* Güterzuordnung als Rechtsprinzip, S. 275. Ähnlich *Esser/Weyers:* Gesetzliche Schuldverhältnisse, § 54 I 1 b, S. 146.

[79] Vgl. *Kohlhaas:* Der Eingriff in den Gewerbebetrieb, S. 61; *Larenz/Canaris:* Schuldrecht II/2, § 81 I 4 b, S. 543; *Peukert:* Güterzuordnung als Rechtsprinzip, S. 251; *Riedl:* Das Recht am eingerichteten und ausgeübten Gewerbebetrieb, S. 109; *Sack*, VersR 2006, 1001 (1004); *Sack:* Das Recht am Gewerbebetrieb, S. 140 f., 166; *Schiemann*, in: Erman, § 823 BGB, Rdnr. 49.

[80] *Esser/Weyers:* Gesetzliche Schuldverhältnisse, § 55 I 2 c, S. 166; *Schiemann*, in: Erman, § 823 BGB, Rdnr. 49.

[81] *Nipperdey/Säcker*, NJW 1985 (1992). A.A.: *Hager*, in: Staudinger, § 823 BGB, D 3: Schutzobjekt sei von Eingriffsmodalität zu unterscheiden; ähnlich *Schiemann*, in: Erman, § 823 BGB, Rdnr. 6: Auch bei anderen Rechten habe die Eingriffsmodalität eine entscheidende Bedeutung.

[82] Vgl. bereits oben A.III.2.b) sowie C.III.2.

[83] Vgl. *Riedl:* Das Recht am eingerichteten und ausgeübten Gewerbebetrieb, S. 99; *Sack*, VersR 2006, 1001 (1003); *Sack:* Das Recht am Gewerbebetrieb, S. 149; *Schwitanski:* Deliktsrecht, Unternehmensschutz und Arbeitskampfrecht, S. 82 ff. Vgl. auch schon oben B.IV.3.b) sowie C.III.3.

Unternehmen als solches kein durch die Rechtsordnung anerkanntes, eigenständiges und als Gesamtheit übertragbares, verpfändbares oder pfändbares[84] Recht dar. Es sei nur eine Sach- und Rechtsgesamtheit, an der als Gesamtheit kein absolutes Recht bestehen könne[85].

bb) Befürworter

Weit seltener wird das Recht am Gewerbebetrieb als sonstiges[86] oder ausdrücklich als absolutes[87] Recht qualifiziert. Teilweise wird dafür auf die sonst[88] für erforderlich gehaltenen Merkmale verzichtet[89], vor allem, dass

---

[84] *v. Caemmerer*, in: Hundert Jahre deutsches Rechtsleben II, S. 89; *Peukert*: Güterzuordnung als Rechtsprinzip, S. 267; *Raiser*, JZ 1961, 465 (469); *Riedl*: Das Recht am eingerichteten und ausgeübten Gewerbebetrieb, S. 97f.; *Spindler*, in: Bamberger/Roth, 37. Edition, § 823 BGB, Rdnr. 104; *Weick*: Der Boykott, S. 49. Kritisch zu diesem Erfordernis: *Preusche*: Unternehmensschutz und Haftungsbeschränkung, S. 101; *Schrauder*: Wettbewerbsverstöße, S. 171, 175; *Stadtmüller*: Schutzbereich und Schutzgegenstände, S. 223.

[85] *Hoffmann*, AuR 1968, 33 (36); *Körner*: Rechtsschutz des Unternehmens, S. 50f.; *Schwitanski*: Deliktsrecht, Unternehmensschutz und Arbeitskampfrecht, S. 310, 329. A.A. mit dem Argument, aus der sachenrechtlichen Bewertung könne nichts für die deliktsrechtliche abgeleitet werden: *Buchner*: Die Bedeutung des Rechts am Gewerbebetrieb, S. 15.

[86] Vgl. *Arnold*: Das Recht am Unternehmen, S. 101f.; *Beater*, in: Soergel, Anh. V § 823 BGB, Rdnr. 1; *Brüggemeier*, AcP 182 (1982), 385 (428): sonstiges Rechte ohne absoluten Zuweisungsgehalt *Hubmann*, ZHR 117, 41 (74ff.); *Schildt*, WM 1996, 2261 (2264); *Schippel*: Das Recht am eingerichteten und ausgeübten Gewerbebetrieb, S. 4f.

[87] Vgl. *Hager*, in: Staudinger, § 823 BGB, D 3 („Einordnung des Gewerbebetriebs unter die absoluten Rechte des § 823 Abs 1"); *Hefermehl*, WuW 1953, 234 (235); *Hubmann*, ZHR 117, 41 (76f.); *Katzenberger*: Recht am Unternehmen, S. 175; *Müller-Erzbach*, JZ 1952, 193 (196); *Nipperdey*: Gutachten Zeitungsstreik, S. 38f.; *Preusche*: Unternehmensschutz und Haftungsbeschränkung, S. 190f. Unklar: *Fikentscher/Heinemann*: Schuldrecht, Rdnr. 1558 einerseits, andererseits aber auch Rdnr. 1538. Für das Bereicherungsrecht nehmen einen Zuweisungsgehalt an *Heimann-Trosien*, in: RGRK, vor § 812 BGB, Rdnr. 34; *Lorenz*, in: Lorenz, in: Staudinger, vor § 812 BGB, Rdnr. 72; *Wagner*, in: MünchKomm-BGB, § 823 BGB, Rdnr. 261; *Jakobs*: Eingriffserwerb und Vermögensverschiebung, S. 114f. Vgl. auch *Kleinheyer*, JZ 1970, 471 (476), der zwar Bereicherungsansprüche bejaht, aber ausdrücklich offen lässt, ob es sich „um ein Recht im Sinne des § 823 I BGB handelt". Genau anders herum *Fikentscher/Heinemann*: Schuldrecht, Rdnr. 1467 einerseits und Rdnr. 1558 andererseits.

[88] Siehe oben E.I.1.a), 2.b)aa).

[89] Oder es wird eine komplett neue Definition des sonstigen Rechts vorgenommen, vgl. *Fabricius*, JuS 1961, 151 (153); *Fabricius*, AcP 160 (1961), 273 (304f.): Abstellen auf die sozialtypische Offenkundigkeit, dazu oben E.I.1.c)aa).

absolute Rechte einen positiven Zuweisungsgehalt aufweisen[90] und gegen alle Arten von Eingriffen geschützt sein müssten[91] sowie dass die Rechtswidrigkeit der Verletzung bereits durch den Eingriff indiziert sein müsse[92]. Die Einordnung des Rechts am Gewerbebetrieb in § 823 I BGB gelingt so durch eine erweiternde Definition des sonstigen Rechts[93].

Ein anderer Ansatz erfolgt umgekehrt über Einschränkungen des Rechts am Gewerbebetrieb, um dessen verringerten Schutzbereich als sonstiges Recht im Sinne des § 823 I BGB zu behandeln. Es sei ein auf der sehr weiten Formulierung des Schutzbereichs[94] beruhendes Missverständnis, dass einem Unternehmen bei Anerkennung eines Zuweisungsgehalts eine Monopolstellung am Markt samt Umsätzen und Erträgen rechtlich garantiert werde[95]. Denn bereits die tatsächliche Rechtsprechungspraxis fasse den Schutzbereich des Rechts am Gewerbebetrieb wesentlich enger[96]. Außerdem benötigten auch die Schutzbereiche der gesetzlich geregelten absoluten Rechte der Abgrenzung und Konkretisierung, bevor ihnen unrechtsindizierende Wirkung zugesprochen werden könne[97]. Daher sei es erforderlich, für das Recht am Gewerbebetrieb einen fest umgrenzten Interessensbereich herauszuarbeiten, um die für den Wettbewerb notwendigen und erlaubten Handlungen wie z. B. Konkurrenz, Anpassung und freie Entscheidungen der Marktteilnehmer[98] von vornherein aus dem Schutzbereich auszuklammern[99].

---

[90] So *Buchner:* Die Bedeutung des Rechts am Gewerbebetrieb, S. 263 ff.; *Preusche:* Unternehmensschutz und Haftungsbeschränkung, S. 103 f.; *Stadtmüller:* Schutzbereich und Schutzgegenstände, S. 226. Vgl. auch *Brüggemeier,* AcP 182 (1982), 385 (428).

[91] Vgl. dazu schon oben E.I.1.a) sowie *Arnold:* Das Recht am Unternehmen, S. 1010 f.; *Fikentscher/Heinemann:* Schuldrecht, Rdnr. 1558.

[92] So *Stadtmüller:* Schutzbereich und Schutzgegenstände, S. 226.

[93] Vgl. dazu die verschiedenen Ansätze oben in E.I.1.

[94] Vgl. oben C.I.

[95] *Buchner:* Die Bedeutung des Rechts am Gewerbebetrieb, S. 2465 f. Vgl. auch *Katzenberger:* Recht am Unternehmen, S. 38; *Wagner,* in: MünchKomm-BGB, § 823 BGB, Rdnr. 261.

[96] Vgl. *Katzenberger:* Recht am Unternehmen, S. 38; *Schiemann,* in: Erman, § 823 BGB, Rdnr. 54. Vgl. dazu auch die Versuche der Eingrenzung über Betriebsbezogenheit und Interessenabwägung, oben C.I. sowie D.I.1.a).

[97] *Hubmann:* Das Persönlichkeitsrecht, S. 145 ff.; *Preusche:* Unternehmensschutz und Haftungsbeschränkung, S. 132 f.; *Stadtmüller:* Schutzbereich und Schutzgegenstände, S. 217 ff. Vgl. auch *Schrauder:* Wettbewerbsverstöße, S. 168 f.; *Nipperdey/Säcker,* NJW 1985 (1991); *Nipperdey:* Gutachten Zeitungsstreik, S. 39 f. (Lösung über Sozialadäquanz). Kritisch dazu: *Larenz,* NJW 1955, 521 (523).

[98] *Reinhardt,* in: Karlsruher Forum 1961, S. 11. Siehe dazu bereits oben D.I.1.a).

[99] *Beater,* in: Soergel, Anh. V § 823 BGB, Rdnr. 28 f.; *Buchner:* Die Bedeutung des Rechts am Gewerbebetrieb, S. 245; *Hefermehl,* WuW 1953, 234 (236); *Katzenberger:* Recht am Unternehmen, S. 83; *Kleinheyer,* JZ 1970, 471 (476); *Nipperdey:*

128   E. Dogmatisierungsansätze für das Recht am Gewerbebetrieb

Das Unternehmen sei daher nur als über leicht ersetzbare oder leicht auswechselbare Einzelwerte hinausgehender[100] Gesamtorganismus in seiner wirtschaftlichen Betätigung und in seinem Funktionieren geschützt[101], d.h. je nach Auffassung nur seine Produktionsfähigkeit und Absatzfähigkeit[102], seine Unternehmenstätigkeit[103], sein Wertschaffungsvermögen[104], seine aufgrund Erfahrung, Organisation und Investition verdinglichten unternehmerischen Werte[105], seine Integrität[106], oder sein Kern unternehmerischer Dispositionen mitsamt dem Schutz des geschäftlichen Ansehens vor Verfälschungen[107].

cc) Stellungnahme

Die Argumente, die gegen die Einordnung des Rechts am Gewerbebetrieb als absolutes Recht vorgebracht werden, sind nicht nur an der Definition des absoluten Rechts zu messen[108], sondern auch vor dem Hintergrund der Diskussion um die Lehre vom Verhaltensunrecht zu sehen[109].

Gutachten Zeitungsstreik, S. 39 f.; *Preusche:* Unternehmensschutz und Haftungsbeschränkung, S. 190 f.; *Schildt*, WM 1996, 2261 (2263 f.); *Stadtmüller:* Schutzbereich und Schutzgegenstände, S. 221.

[100] *Hubmann*, ZHR 117, 41 (79); *Schippel:* Das Recht am eingerichteten und ausgeübten Gewerbebetrieb, S. 30; *Scriba:* Anwendungsbereich und Konkretisierung, S. 112. Vgl. auch oben D.II.1.b)aa).

[101] Vgl. *Ann/Hauck*, in: MünchKomm-UWG, Teil I. Grundlagen, Rdnr. 110; *Beater*, in: Soergel, Anh. V § 823 BGB, Rdnr. 28 f., 120; *Glückert*, AcP 166, 311 (323); *Hubmann:* Das Persönlichkeitsrecht, S. 192; *Köhler*, in: Köhler/Bornkamm, Einleitung, Rdnr. 7.18; *Reinhardt*, in: Karlsruher Forum 1961, S. 11; *Schippel:* Das Recht am eingerichteten und ausgeübten Gewerbebetrieb, S. 11; *Scriba:* Anwendungsbereich und Konkretisierung, S. 112; *Steffen*, in: RGRK, § 823 BGB, Rdnr. 42; *Zeuner*, in: Soergel, 12. Aufl., § 823 BGB, Rdnr. 111. Vgl. auch *Peukert:* Güterzuordnung als Rechtsprinzip, S. 261. Kritisch: *Buchner:* Die Bedeutung des Rechts am Gewerbebetrieb, S. 109 f.; *Stadtmüller:* Schutzbereich und Schutzgegenstände, S. 69 ff.

[102] *Preusche:* Unternehmensschutz und Haftungsbeschränkung, S. 115 f. Dem zustimmend: *Schildt*, WM 1996, 2261 (2264). Kritisch dazu *Schnug*, JA 1985, 440 (443).

[103] *Arnold:* Das Recht am Unternehmen, S. 101 f.; *Katzenberger:* Recht am Unternehmen, S. 172 f.

[104] *Müller-Erzbach*, JZ 1952, 193 (193 f.).

[105] Vgl. *Schiemann*, in: Erman, § 823 BGB, Rdnr. 57, 61.

[106] *K. Schmidt*, JuS 1993, 985 (988). Kritisch *Esser/Weyers:* Gesetzliche Schuldverhältnisse, § 55 I 2 c, S. 166.

[107] *Reinhardt*, in: Karlsruher Forum 1961, S. 12 f. Zustimmend *Buchner:* Die Bedeutung des Rechts am Gewerbebetrieb, S. 120.

[108] Siehe oben E.I.1.d).

[109] Vgl. dazu oben B.IV.

(1) Einerseits: Keine Aussagekraft des Merkmals der Rechtswidrigkeitsindikation

Es gelingt nicht, das Recht am Gewerbebetrieb mit der Begründung aus dem Kreis der absoluten Rechte auszunehmen, dass die Rechtswidrigkeit eines Eingriffes nicht durch die Erfüllung des Tatbestandes indiziert sei, sondern positiv durch Interessenabwägung festgestellt werden müsse[110]. Bereits die Vertreter dieser Ansicht erkennen an, dass das Rechtswidrigkeitsindikationsmodell[111] auch bei den ausdrücklich aufgezählten Rechten und Rechtsgütern des § 823 I BGB, wenn überhaupt, nur bei Vorsatz oder unmittelbaren Eingriffen funktioniert[112]. Jedenfalls[113] bei fahrlässigen Verhaltensweisen ist mit der Prüfung der Verletzung einer Verkehrspflicht auch bei anderen absoluten Rechten eine umfassende Güter- und Interessenabwägung[114] auf Ebene des objektiven Tatbestandes[115] erforderlich[116], um die entgegengesetzten Interessen der Beteiligten gegeneinander abzuwägen[117] und das Bestehen einer Verhaltenspflicht festzustellen[118]. Insoweit ist die Qualifikation der sonstigen Rechte aus § 823 I BGB als durchgängig absolute Ausschlussrechte eine „Fiktion"[119].

Die auch bei anerkannten absoluten Rechten benutzte Vorgehensweise nimmt beim Recht am Gewerbebetrieb lediglich die Gestalt von Betriebsbezogenheit und Interessenabwägung an[120]. Ordnet man Betriebsbezogenheit und Interessenabwägung als Verkehrspflicht bereits auf Tatbestandsebene ein, kann sogar dem Modell der Rechtswidrigkeitsindikation in dem Umfang,

---

[110] Vgl. oben E.I.2.b)aa).
[111] Siehe bereits oben B.IV.1.; B.IV.3.a); D.I.1.b)bb)(2), aa); D.I.2.a).
[112] Vgl. *Esser/Weyers:* Gesetzliche Schuldverhältnisse, § 54 I 1 a, S. 145; § 55 II 3 a, S. 170; *Sack:* Das Recht am Gewerbebetrieb, S. 151; *Säcker,* ZRP 1969, 60 (62). Dazu auch *Deutsch:* Allgemeines Haftungsrecht, Rdnr. 255; *Jansen,* AcP 216 (2016), 112 (214); *Looschelders:* Schuldrecht BT, Rdnr. 1238; *Lorenz,* JZ 1961, 433 (436); *Medicus/Lorenz:* Schuldrecht II, Rdnr. 1243; *Schiemann,* in: Erman, § 823 BGB, Rdnr. 146; *Schrauder:* Wettbewerbsverstöße, S. 168 f.; *Spickhoff,* in: Soergel, § 823 BGB, Rdnr. 18; *Steffen,* in: RGRK, § 823 BGB, Rdnr. 107, 109; *Taupitz:* Haftung für Energieleiterstörungen, S. 131. Dazu bereits oben B.IV.3.a), b).
[113] Vgl. aber oben B.IV.3.a), b).
[114] Siehe oben B.III.
[115] Siehe oben B.V.2.d).
[116] *Krüger-Nieland,* in: Karlsruher Forum 1961, S. 18.
[117] *Preusche:* Unternehmensschutz und Haftungsbeschränkung, S. 94 f.; *Stadtmüller:* Schutzbereich und Schutzgegenstände, S. 115, 217 ff.
[118] *Arnold:* Das Recht am Unternehmen, S. 73; *Löwisch:* Der Deliktsschutz relativer Rechte, S. 51; *Schrauder:* Wettbewerbsverstöße, S. 168 f. Vgl. auch *Nipperdey/Säcker,* NJW 1985 (1991).
[119] *Ann/Hauck,* in: MünchKomm-UWG, Teil I. Grundlagen, Rdnr. 90.
[120] Siehe oben D.II.3.

130   E. Dogmatisierungsansätze für das Recht am Gewerbebetrieb

in dem es auch bei den übrigen Rechten und Rechtsgütern des § 823 I BGB Gültigkeit besitzt[121], gefolgt werden[122].

(2) Andererseits: Keine brauchbaren Eingrenzungsmöglichkeiten

Andererseits gelingt eine Einordnung des Rechts am Gewerbebetrieb in den Kreis der absoluten Rechte im Sinne von § 823 I BGB nicht ohne eine Neudefinition seines theoretisch[123] extrem weiten Schutzbereichs[124]. Daher hatten bereits die Verfasser des BGB von 1900 zwischen subjektiven Rechten einerseits und der „allgemeinen"[125] bzw. „natürlichen Freiheit"[126] andererseits unterschieden, wobei die auf der Grundlage von Gewerbefreiheit ausgeübte Konkurrenz ausdrücklich als Beispiel für die Ausübung der „allgemeinen Freiheit" bezeichnet wurde[127]. Eine Schutzbereichsbegrenzung ist damit unbedingt erforderlich.

(a) Nur vage Schutzbereichsformulierungen

Freilich sind die meisten der im Schrifttum gebrauchten, einschränkend gemeinten Formulierungen, wonach das Recht am Gewerbebetrieb z. B. nur die Produktions- und Absatztätigkeit und die wertschaffenden Vermögensbestandteile eines Unternehmens schütze[128], nicht wesentlich konkreter[129] als die von der Rechtsprechung gebrauchte Formulierung. Ihnen fehlt es gleichsam an einem Ausschlussgehalt gegenüber jedermann als Minimalgehalt aller Definitionen des absoluten Rechts[130]. Stattdessen laufen sie auf einen generalklauselartigen Tatbestand hinaus, der nur durch die Prüfung einer Verkehrspflicht in Form von Interessenabwägung und Betriebsbezogenheit[131] eingrenzt wird. Wie oben dargelegt, dürfen jedoch kraft Verkehrspflichtverletzung keine neuen Rechtsgüter geschaffen und das Enumerationsprinzip der §§ 823 ff. BGB übergangen werden[132].

---

[121] Siehe oben B.IV.3.
[122] Siehe bereits oben D.I.1.b)cc).
[123] Vgl. aber oben E.I.2.b)bb).
[124] Siehe oben C.I.
[125] Mugdan II, S. 405.
[126] Mugdan II, S. 406.
[127] Mugdan II, S. 1079.
[128] Siehe oben E.I.2.b)bb).
[129] So auch die Kritik von *Finger*, JZ 1976, 653 (655).
[130] Siehe oben E.I.1.d).
[131] Siehe oben D.II.3.
[132] Vgl. oben B.V.1.b).

I. Zweistufige Ansätze

(b) Konkurrenz eines verdinglichten Rechts am Gewerbebetrieb zum Eigentumsschutz

Daher scheint der Ansatz bei den „verdinglichten" Werten eines Unternehmens[133] einerseits vielversprechender zu sein, weil so bereits begrifflich („verdinglicht") das Recht am Gewerbebetrieb stark an das Eigentum als Paradebeispiel für ein absolutes Recht[134] angelehnt wird[135]. Andererseits wird aber auch nicht klar, welche Rechtspositionen eigentumsähnlich genug für ein absolutes Recht sein sollen, ohne bereits selbst dem Schutz des inzwischen[136] sehr weit verstanden Schutz des Eigentums (oder des Besitzes) im Sinne von § 823 I BGB zu unterfallen[137]. Vor dem Hintergrund des Subsidiaritätsgrundsatzes bzw. der dahinter stehenden Wertungen, die Schutzbereiche der geschriebenen Deliktstatbestände nicht zu unterlaufen[138], ist diese Argumentation sogar sehr kritisch und vorsichtig zu betrachten. Die Gewährung eines Eigentumsschutzes im Sinne von § 823 I BGB auch gegen reine Nutzungsbeeinträchtigungen[139] hat gezeigt, dass die Annahme einer solchen Eigentumsverletzung gerade deshalb vorrangig ist, weil bereits hier die Abgrenzung zu reinen Vermögensschäden große Schwierigkeiten bereitet[140]. Das lässt für das Recht am Gewerbebetrieb kaum noch Raum.

(c) Konkurrenz des Schutzes des geschäftlichen Ansehens zum allgemeinen Persönlichkeitsrecht

Wird stattdessen der Schutz des Rufs und des geschäftlichen Ansehens als besonderer Schutzbereich herausgearbeitet, ergeben sich Parallelen zum allgemeinen Persönlichkeitsrecht natürlicher Personen. Dem soll wegen der Eigenheiten des allgemeinen Persönlichkeitsrechts eine eigene Betrachtung gewidmet werden[141]. An dieser Stelle kann aber bereits fest gehalten werden, dass es sich dann nicht um die Frage handelt, ob das Recht am Gewerbebe-

---

[133] Vgl. die Ansicht von *Schiemann*, in: Erman, § 823 BGB, Rdnr. 57, 61 oben in E.I.2.b)bb).
[134] Siehe oben E.I.1.a).
[135] Vgl. hierzu bereits auch BGHZ 3, 270, 278 ff. sowie die Kritik dazu oben in C.I.
[136] Vgl. oben D.II.1.c)bb)(3)(c).
[137] Vgl. auch *Schiemann*, in: Erman, § 823 BGB, Rdnr. 54, 58, der selbst zu dem Ergebnis kommt, das in den meisten Fällen Eigentum oder Besitz selbst betroffen sind, sowie oben D.II.1.c)bb)(3) und unten Abschnitt H.
[138] Siehe oben D.II.1.c)bb)(1). sowie E.I.1.d).
[139] Siehe oben D.II.1.c)bb)(3)(c) sowie unten H.III.
[140] Siehe dazu unten H.III.
[141] Siehe dazu unten G.I.2., 3.; G.II.

trieb als sonstiges Recht im Sinne von § 823 I BGB aufzufassen ist, sondern ob und inwieweit dies für das allgemeine Persönlichkeitsrecht und den Schutz des geschäftlichen Ansehens gilt.

(3) Fazit

Es ist aus zwei Gründen schwierig, das Recht am Gewerbebetrieb als sonstiges Recht im Sinne von § 823 I BGB zu qualifizieren: Erstens laufen sein unbestimmt weiter Schutzbereich, wie er in der Rechtsprechung verwendet wird[142], genauso wie die nur scheinbar konkreteren Eingrenzungsversuche im Schrifttum[143], auf einen Tatbestand hinaus, der gerade nicht auf der Verletzung eines Rechts oder Rechtsgutes im Sinne von § 823 I BGB, sondern rein auf der Betriebsbezogenheit des Eingriffes sowie der Interessenabwägung, d.h. auf der Verletzung einer Verkehrspflicht, beruht[144] und daher im System des Deliktsrechts unzulässig ist[145]. Schränkt man hingegen das Recht am Gewerbebetrieb auf seine verdinglichten Werte bzw. auf den Schutz des geschäftlichen Ansehens ein, kann man zweitens nicht mehr vom „Recht am Gewerbebetrieb" sprechen; hier handelt es sich um Teilbereiche des Eigentums- und Besitzschutzes bzw. des allgemeinen Persönlichkeitsrechts, die, wenn überhaupt, nur als einzelne Rechte und Rechtsgüter im Sinne von § 823 I BGB geschützt sein können[146].

dd) Ergebnis

Das Recht am Gewerbebetrieb ist kein sonstiges Recht im Sinne von § 823 I BGB.

3. Ansatz 2: Das Recht am Gewerbebetrieb als Gewohnheitsrecht

a) Darstellung

Das Problem der Zuordnung des Rechts am Gewerbebetrieb zu den sonstigen Rechten im Sinne von § 823 I BGB soll damit umgangen werden, dass die Verankerung des Rechts am Gewerbebetrieb als generalklauselartiges

---

142 Siehe oben C.I.
143 Siehe oben E.I.2.b)bb).
144 Siehe dazu bereits oben D.III.1.b).
145 Siehe oben B.V.1.b).
146 Siehe dazu Abschnitte G.; H.

Recht in § 823 I BGB als gewohnheitsrechtlich verfestigt angesehen wird[147]. Denn auch Gewohnheitsrecht wird die Eigenschaft zugesprochen, gegenüber älteren Gesetzen derogierende Kraft zu haben[148]. Dies würde eine Handhabung des Rechts am Gewerbebetrieb als sonstiges Rechts im Sinne von § 823 I BGB möglich machen, obwohl es sich nicht um ein absolutes Recht handelt und es damit nicht die eigentlichen Voraussetzungen für eine Subsumption unter dieses Gesetz erfüllt.

b) Kritik

Gegen diesen Vorschlag wird eingewandt, dass ein Rechtsinstitut wie das Recht am Gewerbebetrieb als solches nicht gewohnheitsrechtliche Geltung erlangen könne, sondern wenn überhaupt, dann nur die damit gewonnenen Ergebnisse, also der deliktsrechtliche Schutz des Unternehmensvermögens[149]. Vor allem aber fehlt es für einen gewohnheitsrechtlichen Schutz aber an einer allgemeinen Rechtsüberzeugung als Voraussetzung der Bildung von Gewohnheitsrecht[150]: Das Recht am Gewerbebetrieb wird zwar von der Rechtsprechung seit über 100 Jahren angewandt und kann damit als Richterrecht gelten[151]. Es stand und steht jedoch bis heute unter zum Teil heftiger Kritik, sodass nicht von einer allgemeinen Rechtsüberzeugung gesprochen werden kann[152].

---

[147] Vgl. *Bieling:* Unternehmensschädigende Demonstrationen, S. 33; *v. Caemmerer*, in: Hundert Jahre deutsches Rechtsleben II, S. 89; *Diederichsen/Marburger*, NJW 1970, 777 (777); *Frank*, JA 1979, 583 (586 f.); *Heckelmann*, AuR 1970, 166 (172); *Hubmann*, GRUR 1956, 525 (525); *Katzenberger:* Recht am Unternehmen, S. 13, 46; *Kellenberger:* Der verfassungsrechtliche Schutz, S. 19; *J. Lange*, in: jurisPK-BGB, § 823 BGB, Rdnr. 35; *Nipperdey:* Gutachten Zeitungsstreik, S. 41; *Nipperdey/Säcker*, NJW 1985 (1987); *Preusche:* Unternehmensschutz und Haftungsbeschränkung, S. 60; *Säcker*, AuR 1965, 353 (361 Fn. 69); *Schippel:* Das Recht am eingerichteten und ausgeübten Gewerbebetrieb, S. 2 f.; *Taupitz:* Haftung für Energieleiterstörungen, S. 150. Ähnlich *Ann/Hauck*, in: MünchKomm-UWG, Teil I. Grundlagen, Rdnr. 94. Sehr vorsichtig *Deutsch*, JuS 1967, 152 (154); *Helle:* Der Schutz der Persönlichkeit, S. 66, 70; *K. Schmidt*, JuS 1993, 985 (986): „Richtergewohnheitsrecht".
[148] *Schippel:* Das Recht am eingerichteten und ausgeübten Gewerbebetrieb, S. 2 f.; *Kisseler:* Auswirkungen und Bedeutung, S. 28.
[149] *Börgers:* Von den „Wandlungen" zur „Restrukturierung"?, S. 24; *Buchner:* Die Bedeutung des Rechts am Gewerbebetrieb, S. 31; *Riedl:* Das Recht am eingerichteten und ausgeübten Gewerbebetrieb, S. 111 f.; *Sack:* Das Recht am Gewerbebetrieb, S. 176; *Steindorff*, JZ 1960, 582 (584).
[150] Dazu *Larenz:* Methodenlehre, S. 433.
[151] Vgl. *Sack:* Das Recht am Gewerbebetrieb, S. 176.
[152] *Buchner:* Die Bedeutung des Rechts am Gewerbebetrieb, S. 31; *Kisseler:* Auswirkungen und Bedeutung, S. 28 f.; *Köhler*, in: Köhler/Bornkamm, Einleitung, Rdnr. 7.17; *Riedl:* Das Recht am eingerichteten und ausgeübten Gewerbebetrieb,

c) Fazit

Es ist nicht möglich, das Recht am Gewerbebetrieb kraft Gewohnheitsrecht als sonstiges Recht in § 823 I BGB einzuordnen.

4. Ansatz 3: Analoge Anwendung von § 823 I BGB

a) Darstellung

Nach anderer Ansicht könne § 823 I BGB zwar nicht in direkter, wohl aber in analoger Anwendung das Recht am Gewerbebetrieb erfassen[153], um so die durch das Deliktsrechtssystem gebotene[154] Anknüpfung an einen gesetzlichen Tatbestand zu erreichen. Eine solche Analogiebildung sei wegen der Bindung des Richters an das Gesetz als anerkannte Methode der Rechtsfortbildung[155] der freien Bildung einer Generalklausel[156] vorzugwürdig[157].

Nach *Schrauder* ist die für eine Analogiebildung erforderliche planwidrige Regelungslücke angesichts der Gesellschafts- und Sozialentwicklung seit 1900 nachträglich[158] entstanden[159]. Eine vergleichbare Interessenlage ergebe sich daraus, dass die richterrechtlich entwickelten Tatbestände zum Unternehmensschutz den ausdrücklich geregelten Fällen des § 823 I BGB, die ebenfalls durch richterliche Verhaltensregeln ergänzt werden müssten[160], qualitativ vergleichbar[161] seien. Daher könne man das Recht am Gewerbebetrieb in analoger Anwendung des § 823 I BGB bei rechtswidrigen Schädigungen des im Unternehmen aktivierten Vermögens anwenden[162].

S. 111 f.; *Sack*, VersR 2006, 1001 (1004); *Sack:* Das Recht am Gewerbebetrieb, S. 176; *Schiemann*, in: Erman, § 823 BGB, Rdnr. 50; *Schnug*, JA 1985, 440 (444). In diese Richtung wohl auch *Hager*, in: Staudinger, § 823 BGB, D 5; *Preusche:* Unternehmensschutz und Haftungsbeschränkung, S. 60. Ohne Begründung auch *Wielthölter*, KritJ 1970, 121 (121).

153 *Schiemann*, in: Erman, § 823 BGB, Rdnr. 51 ff.; *Schrauder:* Wettbewerbsverstöße, S. 213. Vgl. auch *Taupitz:* Haftung für Energieleiterstörungen, S. 170, 200, der jedoch letzten Endes eine Lösung über § 823 II BGB i.V.m. berufsspezifischen Verkehrspflichten befürwortet.

154 Vgl. dazu oben B.V.1.b).

155 Dazu *Larenz:* Methodenlehre, S. 381 ff.

156 Siehe dazu unten E.II.1.a).

157 *Schrauder:* Wettbewerbsverstöße, S. 208.

158 Dazu *Larenz:* Methodenlehre, S. 379.

159 *Schrauder:* Wettbewerbsverstöße, S. 211 f. Vgl. dazu auch die ähnliche Argumentation zur Legitimierung des allgemeinen Persönlichkeitsrechts unten G.I.1.a).

160 Vgl. dazu oben B.I.; E.I.1.b)cc)(1).

161 *Schrauder:* Wettbewerbsverstöße, S. 213.

162 *Schrauder:* Wettbewerbsverstöße, S. 225.

I. Zweistufige Ansätze

Auch *Schiemann* geht davon aus, dass das Recht am Gewerbebetrieb einer Konstruktion von Verkehrspflichten zum Schutz fremden Vermögens nahe stehe. Verkehrspflichten könnten in einem System des *numerus clausus* geschützter Rechtspositionen aber gerade keine neuen Rechtsgüter schaffen, sodass zunächst durch Interessenabwägung den absolut Rechten vergleichbare, schutzfähige Position in Analogiebildung ausgewiesen werden müssten[163]. Erst dann könne auf einer zweiten Stufe die Verletzung einer Verkehrspflicht geprüft werden[164]. Dadurch bestehe das Recht am Gewerbebetrieb als „Mittelbereich" zwischen erfolgsorientiertem § 823 I BGB und verhaltensorientiertem § 823 II BGB[165] aus zwei aufeinander folgenden[166] Interessenabwägungen[167].

b) Kritik

Nach dem heutigen Rechtsstand kann kaum mehr von einer nachträglich entstandenen und vor allem noch bestehenden Regelungslücke ausgegangen werden, die durch das Recht am Gewerbebetrieb zu füllen wäre: Mit der wettbewerbsrechtlichen Generalklausel in § 3 I UWG[168], dem auch auf Nutzungsbeeinträchtigungen ausgeweiteten Eigentumsschutz[169] und dem allgemeinen Persönlichkeitsrecht[170] steht der seit 1900 veränderten Sozial- und Gesellschaftsordnung ein breites Spektrum an anerkannten Rechtsschutzmöglichkeiten gegenüber, zwischen denen noch tatsächliche Regelungslücken gefunden werden müssten[171].

Vor allem ist aber eine Analogiebildung im Deliktsrecht grundsätzlich problematisch. Denn hier ist bereits vom Gesetzgeber eine dynamische Rechtsfortbildung im Gesetz selbst, das heißt innerhalb der im Übrigen abschließenden Einzeltatbestände der §§ 823 ff. BGB und insbesondere über das sonstige Recht in § 823 I BGB vorgesehen[172]. Diese durch den Gesetzgeber geschaffenen Möglichkeiten der Rechtsfortbildung lassen damit bereits

---

[163] *Schiemann*, in: Erman, § 823 BGB, Rdnr. 52; vgl. auch *Wagner*, in: MünchKomm-BGB, § 823 BGB, Rdnr. 259.
[164] *Schiemann*, in: Erman, § 823 BGB, Rdnr. 52.
[165] *Schiemann*, in: Erman, § 823 BGB, Rdnr. 6.
[166] Ganz ausdrücklich setzt sich *Schiemann* also für einen zweistufigen Aufbau des Rechts am Gewerbebetrieb ein, vgl. oben D.III.1.
[167] Vgl. auch *Hubmann:* Das Persönlichkeitsrecht, S. 160 für das allgemeine Persönlichkeitsrecht.
[168] Siehe oben D.II.1.d)bb)(2)(a).
[169] Siehe oben D.II.1.c)bb)(3) sowie unten H.III.
[170] Siehe unten G.I.1.
[171] Dazu unten noch F.I.1.
[172] Siehe oben B.V.1.b); E.I.

die Annahme einer planwidrigen Regelungslücke nicht zu[173]. Das Recht am Gewerbebetrieb als sonstigen Rechts im Sinne von § 823 I BGB abzulehnen, aber eine Analogie zuzulassen, würde diese gesetzgeberischen Entscheidungen ignorieren und das System der deliktischen Einzeltatbestände[174] gegen den Willen des Gesetzgebers unzulässig unterlaufen[175]. Letzten Endes unterschiede sich eine Analogiebildung damit nicht von einer deliktischen Generalklausel[176]. Denn wird die Bestimmung des Rechtsguts selbst – und nicht erst die Zurechenbarkeit der Verletzungshandlung – mittels einer Interessenabwägung festgestellt[177], begibt sich dieser Vorschlag in gefährliche Nähe zu einem generalklauselartigen Verkehrspflichttatbestand[178]. Die Herausarbeitung einer sonstigen Rechtsposition im Sinne von § 823 I BGB mittels einer Interessenabwägung wäre dann nichts anderes als ein Umweg zur deliktischen Generalklausel, mit welchem rein formal am Begriff des sonstigen Rechts und am Tatbestand des § 823 I BGB (analog) festgehalten werden kann, ohne sich allzu offensichtlich dem Vorwurf einer unzulässigen Rechtsfortbildung auszusetzen. Eine Rechtfertigung zur Überwindung des Enumerationsprinzips gelingt so jedoch nicht.

c) Fazit

Eine analoge Anwendung des § 823 I BGB auf das Recht am Gewerbebetrieb ist nicht möglich.

5. Ergebnis

Keiner der hier vorgestellten Ansätze vermag es, ohne eine unzulässige Ausweitung des § 823 I BGB das Recht am Gewerbebetrieb dieser Norm als sonstiges Recht zuzuordnen. Dies macht einen zweistufigen Aufbau der Haftung wegen Eingriffs in das Recht am Gewerbebetrieb[179] unmöglich, da bereits auf der ersten Stufe die Feststellung der Verletzung einer Rechtsgutsver-

---

[173] A.A.: *Riedl*: Das Recht am eingerichteten und ausgeübten Gewerbebetrieb, S. 112 f., der eine zumindest anfängliche planwidrige Regelungslücke bezüglich des Unternehmensschutzes bejaht, aber eine vergleichbare Interessenlage verneint.
[174] Siehe oben B.V.1.b) und unten E.II.1.b)bb)(1).
[175] *Schwitanski*: Deliktsrecht, Unternehmensschutz und Arbeitskampfrecht, S. 317 f. Vgl. auch *Stadtmüller*: Schutzbereich und Schutzgegenstände, S. 395.
[176] *Schrauder*: Wettbewerbsverstöße, S. 213 f. gesteht dies selbst ein. Vgl. dazu auch noch unten E.II.1.b)aa).
[177] Siehe schon oben D.III.1.b).
[178] Vgl. aber *Schiemann*, in: Erman, § 823 BGB, Rdnr. 52.
[179] Siehe oben D.III.1.

letzung unabhängig von der Verletzungshandlung und einer Interessenabwägung scheitert.

II. Einstufige Ansätze

Auch zur Konstruktion eines „einstufigen" Tatbestandes des Rechts am Gewerbebetrieb gibt es verschiedene Varianten. Sie verstehen das Recht am Gewerbebetrieb nicht erfolgsorientiert und erfordern damit auch keine Rechtsgutsverletzung. Vielmehr wird von vornherein das Verhalten des Schädigers in den Vordergrund gestellt, sodass die Prüfung einer Verkehrspflichtverletzung in einer umfassenden Interessenabwägung aufgeht[180].

1. Ansatz 4: Das Recht am Gewerbebetrieb als Generalklausel

a) Darstellung

Nach einer Ansicht wird das Recht am Gewerbebetrieb, auf die Lehre vom Verhaltensunrecht gestützt[181], als Generalklausel[182], Rahmenrecht[183], offener Tatbestand[184] oder Blanketttatbestand[185] aufgefasst. Diese Konstruktionen

---

[180] Siehe oben D.III.2.
[181] Vgl. *Medicus/Lorenz:* Schuldrecht II, Rdnr. 1241. Siehe dazu oben B.IV.1.
[182] Vgl. *Assmann/Kübler*, ZHR 142 (1978), 413 (422); *v. Bar:* Verkehrspflichten, S. 74; *Bieling:* Unternehmensschädigende Demonstrationen, S. 33; *Brüggemeier*, AcP 182 (1982), 385 (419); *v. Caemmerer*, in: Hundert Jahre deutsches Rechtsleben II, S. 90; *v. Caemmerer*, in: Karlsruher Forum 1961, S. 22; *Emmerich:* Schuldrecht BT, § 20 Rn. 7; *Heckelmann*, AuR 1970, 166 (172); *Knopp*, in: Festgabe Hefermehl, S. 410; *Kohlhaas:* Der Eingriff in den Gewerbebetrieb, S. 64 f.; *J. Lange*, in: jurisPK-BGB, § 823 BGB, Rdnr. 35; *Mertens*, AcP 178 (1978), 227 (252); *Nettesheim*, BB 1976, 18 (19); *Säcker*, ZRP 1969, 60 (61); *Scriba:* Anwendungsbereich und Konkretisierung, S. 7; *Spindler*, in: Bamberger/Roth, 37. Edition, § 823 BGB, Rdnr. 104, 113.
[183] Dieser Begriff stammt von *Fikentscher*, vgl. *Fikentscher/Heinemann:* Schuldrecht, Rdnr. 1402, 1571. Dies übernehmend: *Bieling:* Unternehmensschädigende Demonstrationen, S. 33; *Diederichsen/Marburger*, NJW 1970, 777 (778); *Heckelmann*, AuR 1970, 166 (172); *J. Lange*, in: jurisPK-BGB, § 823 BGB, Rdnr. 76; *Looschelders:* Schuldrecht BT, Rdnr. 1250; *Medicus/Lorenz:* Schuldrecht II, Rdnr. 1313; *Nipperdey/Säcker*, NJW 1985 (1987); *Säcker*, ZRP 1969, 60 (61); *Schildt*, WM 1996, 2261 (2264); *Peukert:* Güterzuordnung als Rechtsprinzip, S. 264 ff., 719; *Schiemann*, in: Erman, § 823 BGB, Rdnr. 4; *Uhlitz*, NJW 1966, 2097 (2097); *Medicus/Lorenz:* Schuldrecht II, Rdnr. 1313. Gegen diesen Begriff mit der Begründung, die Bezeichnung „Rahmenrecht" intendiere einen Zuweisungsgehalt: *Assmann/Kübler*, ZHR 142 (1978), 413 (422).
[184] Vgl. *Deutsch:* Allgemeines Haftungsrecht, Rdnr. 69; *Deutsch/Ahrens:* Deliktsrecht, Rdnr. 261; *Emmerich:* Schuldrecht BT, § 22 Rn. 11; *Esser/Weyers:* Gesetzliche

sollen ein Bündel nicht abschließend aufzählbarer rechtlich geschützter Interessen in sich aufnehmen[186] und Freiraum bieten, um die für eine Haftung relevanten, unternehmensschützenden Verhaltensnormen im Gesamtzusammenhang der Rechtsordnung unter Abwägung der beteiligten Interessen herauszuarbeiten[187] und Fallgruppen zur Konkretisierung der Generalklausel zu bilden[188]. Methodisch soll es sich um eine richterliche Rechtsfortbildung *praeter legem*[189] handeln, die zum Teil auch verfassungsrechtlich, insbesondere über Art. 12 I GG[190] und Art. 14 GG[191], legitimiert wird. Konsequenter-

---

Schuldverhältnisse, § 55 I 2 c, S. 165, die jedoch den Weg über § 823 II BGB i.V.m. Gewohnheitsrecht (siehe dazu sogleich) bevorzugen; *Köhler*, in: Köhler/Bornkamm, Einleitung, Rdnr. 7.23; *J. Lange*, in: jurisPK-BGB, § 823 BGB, Rdnr. 76; *Looschelders:* Schuldrecht BT, Rdnr. 1250; *Scriba:* Anwendungsbereich und Konkretisierung, S. 143. Vgl. auch *Steffen*, in: RGRK, § 823 BGB, Rdnr. 36: „offenes Schutzgut".

[185] Vgl. *Brüggemeier*, AcP 182 (1982), 385 (431).

[186] *Brüggemeier*, AcP 182 (1982), 385 (431); *Fikentscher*, in: Festgabe Kronstein, S. 287; *Fikentscher/Heinemann:* Schuldrecht, Rdnr. 1402, 1580.

[187] Vgl. *Bieling:* Unternehmensschädigende Demonstrationen, S. 33; *v. Caemmerer*, in: Hundert Jahre deutsches Rechtsleben II, S. 91, 96; *Fikentscher*, in: Festgabe Kronstein, S. 264; *Fikentscher/Heinemann:* Schuldrecht, Rdnr. 1402, 1579, 1582; *Diederichsen/Marburger*, NJW 1970, 777 (778) *Knopp*, in: Festgabe Hefermehl, S. 414; *Raiser*, JZ 1961, 465 (472); *Schildt*, WM 1996, 2261 (2262); *Säcker*, ZRP 1969, 60 (61). Vgl. auch *Buchner:* Die Bedeutung des Rechts am Gewerbebetrieb, S. 266. Siehe hierzu auch oben D.I.1.a).

[188] *v. Caemmerer*, in: Hundert Jahre deutsches Rechtsleben II, S. 92.

[189] *Buchner:* Die Bedeutung des Rechts am Gewerbebetrieb, S. 49 ff. A.A.: *Arnold:* Das Recht am Unternehmen, S. 103, der von einer Rechtsfortbildung *intra legem* ausgeht sowie *Börgers:* Von den „Wandlungen" zur „Restrukturierung"?, S. 96 f., der bereits das Enumerationsprinzip ablehnt.

[190] Vgl. zur verfassungsrechtlichen Verankerung in Art. 12 I GG: *Baetge*, NJW 2006, 1037 (1038–1039); *Kellenberger:* Der verfassungsrechtliche Schutz, S. 140; *Koreng*, GRUR 2010, 1065 (1067); *Nipperdey:* Gutachten Zeitungsstreik, S. 41 Fn. 8; *Nipperdey/Säcker*, NJW 1985 (1987); *Spindler*, in: Bamberger/Roth, 37. Edition, § 823 BGB, Rdnr. 141; *Zeuner*, in: 25 Jahre Karlsruher Forum, S. 197; *Zeuner*, in: Soergel, 12. Aufl., § 823 BGB, Rdnr. 111. Aus der Rechtsprechung: BGHZ 166, 84, 109; BGH ZUM 2005 645, 648 f.; BGH NJW 2008, 2110, 2111; BGH NJW 2011, 2204, 2206; BGH GRUR 2014, 904, 906; BAGE 129, 145 = BAG NJW 2009, 1990, 1994. Aus verfassungsrechtlicher Sicht ähnlich BVerfG NJW 2010, 3501, 3502; BVerfG, NJW-RR 2004, 1710, 1711. Keine Erwähnung findet Art. 12 I GG hingegen z.B. in BGHZ 193, 227, 236; BGH NJW 2016, 56, 59.

[191] Vgl. *Baetge*, NJW 2006, 1037 (1038 f.); *Hager*, in: Staudinger, § 823 BGB, D 1; *Nipperdey/Säcker*, NJW 1985 (1987), aus verfassungsrechtlicher Sicht auch *Papier*, in: Maunz/Dürig, Art. 14 GG, Rdnr. 95 m.w.N. A.A.: *Kellenberger:* Der verfassungsrechtliche Schutz, S. 29 ff.; *Peukert:* Güterzuordnung als Rechtsprinzip, S. 719 ff.; *Spindler*, in: Bamberger/Roth, 37. Edition, § 823 BGB, Rdnr. 113; *Zeuner*, in: 25 Jahre Karlsruher Forum, S. 197; *Zeuner*, in: Soergel, 12. Aufl., § 823 BGB, Rdnr. 111. Offen lassend: BGH NJW 2004, 3032, 3035. Auch das BVerfG diese Frage zumeist offen, vgl. BVerfGE 18, 85 = BVerfG NJW 1964, 1715, 1715; BVerfGE 51,

II. Einstufige Ansätze

weise wird zum Teil eine Zuordnung des Rechts am Gewerbebetrieb zu § 823 I BGB nicht mehr für nötig gehalten[192]. Andere hingegen wollen an § 823 I BGB grundsätzlich festhalten, indem mittels eines „Kunstgriffs"[193] der Begriff des sonstigen Rechts in § 823 I BGB zum Anknüpfungspunkt auch für nicht absolute Rechte ausgedehnt wird[194] und damit zumindest formal das Enumerationsprinzip gewahrt bleibt[195].

Diese Variante entspricht wohl am ehesten der Rechtsprechung, die das Recht am Gewerbebetrieb sowohl als Generalklausel als auch als sonstiges Recht im Sinne des § 823 I BGB bezeichnet[196] und sich dabei auf die Lehre vom Verhaltensunrecht beruft[197].

b) Kritik

aa) Gegen die Rechtsfortbildung innerhalb von § 823 I BGB

Die Deutung des Rechts am Gewerbebetrieb als generalklauselartiges sonstiges Recht im Sinne von § 823 I BGB ist vor dem Hintergrund der Entschei-

---

[193] = BVerfG NJW 1980, 383, 386; BVerfGE 68, 193 = BVerfG NJW 1985, 1385, 1389; BVerfGE 84, 212 = BVerfG NJW 1991, 2549, 2551; BVerfGE 105, 252 = BVerfG NJW 2002, 2621, 2625; BVerfG NJW-RR 2004, 1710, 1712; BVerfG NJW 2010, 3501, 3502; zuletzt auch BVerfG vom 06.12.2016 – 1 BvR 2821/11; 1 BvR 321/12; 1 BvR 1456/12, Tz. 240. Wohl lediglich unglücklich formuliert in BAGE 129, 145 = BAG NJW 2009, 1990, 1994. Allerdings gab es auch einige frühere Entscheidungen, bei denen das Recht am Gewerbebetrieb dem Schutz des Art. 14 I GG zugeordnet wurde, etwa BVerfGE 1, 264 = BVerfG NJW 1952, 865, 866; BVerfGE 13, 225 = BVerfG NJW 1962, 100, 101; BVerfGE 22, 380 = BVerfG NJW 1968, 347, 348; 45, 142, 173 = BVerfG NJW 1977, 2024, 2027; BVerfGE 45, 272 = NJW 1977, 1629, 1631.

[192] So etwa *Börgers:* Von den „Wandlungen" zur „Restrukturierung"?, S. 99; *Raiser,* JZ 1961, 465 (472); *Knopp,* in: Festgabe Hefermehl, S. 412. Vgl. auch *v. Caemmerer,* in: Festschrift Rabel, S. 400.

[193] *Fikentscher/Heinemann:* Schuldrecht, Rdnr. 1412.

[194] Vgl. *Fikentscher/Heinemann:* Schuldrecht, Rdnr. 1538. Vgl. dazu auch die ähnlich begründeten Ausführungen zum allgemeinen Persönlichkeitsrecht unten G.I.1.b). Kritisch hierzu *Nipperdey/Säcker,* NJW 1985 (1987).

[195] *Esser/Weyers:* Gesetzliche Schuldverhältnisse, § 55 II 3 e, S. 173 f.; *Fikentscher/Heinemann:* Schuldrecht, Rdnr. 1403, 1412, 1538; wohl auch *Buchner:* Die Bedeutung des Rechts am Gewerbebetrieb, S. 268 ff.; *Zeuner,* in: 25 Jahre Karlsruher Forum, S. 199. A.A.: *Peukert:* Güterzuordnung als Rechtsprinzip, S. 275.

[196] Siehe oben E.I.2.a)bb). Ähnlich *Arnold:* Das Recht am Unternehmen, S. 101 f.; *Hefermehl,* GRUR 1962, 611 (614).

[197] Vgl. BGH NJW 1980, 881, 882: „im Bereich dieses ‚offenen Tatbestandes' besteht also schon jetzt zwischen der hergebrachten Theorie des Erfolgsunrechts und dem im Vordringen begriffenen Modell des Verhaltensunrechts kein Widerspruch". Ganz ähnlich: BGHZ 74, 9, 14.

dung des historischen BGB-Gesetzgebers gegen eine deliktische Generalklausel und für das Enumerationsprinzip[198] nicht richtig. Es bedeutet zudem einen Selbstwiderspruch, einerseits des Charakter des Rechts am Gewerbebetrieb als absolutes Recht im Sinne von § 823 I BGB zu verneinen, und andererseits zu versuchen, es als Generalklausel innerhalb von § 823 I BGB formal zu legitimieren[199]. Diese Diskrepanz kann auch durch Heranziehung von Verfassungsnormen nicht überwunden werden. Im Gegensatz zum allgemeinen Persönlichkeitsrecht[200] ist das Recht am Gewerbebetrieb verfassungsrechtlich nicht fundiert. Grund dafür ist weder, dass das Grundgesetz weder Wirtschaftssystem noch -verfassung regelt[201], noch, dass die §§ 823 ff. BGB und das UWG nicht dem verfassungsrechtlich gebotenen Schutzminimum genügen[202]. Vielmehr wäre eine Grundrechtsnorm erforderlich, die, vergleichbar mit dem überragenden Wert der Menschenwürde aus Art. 1 I GG, zu Gunsten von Unternehmen eine derart weitreichende Änderung des Deliktsrechtssystems wie die Hinzufügung eines generalklauselartigen, nicht absoluten Rechtes in den Kreis der sonstigen Rechte im Sinne von § 823 I BGB legitimieren könnte[203]. Eine hinreichende Auseinandersetzung mit den entgegenstehenden historischen und systematischen Argumenten, wie sie für das allgemeine Persönlichkeitsrecht erfolgt ist[204], fehlt jedoch für das Recht am Gewerbebetrieb[205]. So findet sich nur einmal in der Rechtsprechung des Bundesgerichtshofs die ansonsten nicht weiter verfolgte Andeutung, die Geschlossenheit der §§ 823 ff. BGB sei durch das Recht am Gewerbebetrieb und das allgemeine Persönlichkeitsrecht „in Schwierigkeiten geraten"[206]. Diese Vagheit verwundert, wo es sich doch auch um ein verfassungsrechtliches Problem handelt, indem implizit der Vorrang des Gesetzes in Frage gestellt wird[207]. Ohne Klä-

---

[198] Siehe oben B.V.1.b).
[199] Vgl. *Frank*, JA 1979, 583 (587); *Preusche*: Unternehmensschutz und Haftungsbeschränkung, S. 87 f.; *Kohlhaas*: Der Eingriff in den Gewerbebetrieb, S. 60; *Larenz/Canaris*: Schuldrecht II/2, § 75 I 4 b, S. 359; *Rosenbach*: Eigentumsverletzung durch Umweltveränderung, S. 69; *Schwitanski*: Deliktsrecht, Unternehmensschutz und Arbeitskampfrecht, S. 326; *Stoll*: Richterliche Fortbildung, S. 30. Kritisch dazu: *Schrauder*: Wettbewerbsverstöße, S. 206 f.
[200] Siehe ausführlich unten G.I.1.b).
[201] So aber *Kisseler*: Auswirkungen und Bedeutung, S. 25 f.
[202] So aber *Larenz/Canaris*: Schuldrecht II/2, § 81 II 3 a, S. 545 f.; *Spickhoff*, in: Soergel, vor § 823 BGB, Rdnr. 22.
[203] Vgl. dazu auch unten G.I.1.a).
[204] Siehe dazu unten G.I.1.b).
[205] Vgl. auch *Buchner*: Die Bedeutung des Rechts am Gewerbebetrieb, S. 2 f.; *Canaris*, VersR 2005, 577 (583); *Völp*, WuW 1956, 31 (36).
[206] BGHZ 65, 325, 338.
[207] Vgl. *Rosenbach*: Eigentumsverletzung durch Umweltveränderung, S. 69 sowie bereits oben B.V.1.b).

rung dieses Problems kann das Recht am Gewerbebetrieb nicht als generalklauselartiges, sonstiges Recht im Sinne von § 823 I BGB anerkannt werden.

bb) Gegen eine Rechtsfortbildung außerhalb von § 823 I BGB

Aber auch die Loslösung des Rechts am Gewerbebetrieb vom Tatbestand des § 823 I BGB und dem Begriff des sonstigen Rechts ist nicht weniger problematisch.

(1) Das Recht am Gewerbebetrieb als Verkehrspflicht zum Schutz fremden Vermögens

Es wurde bereits gezeigt, dass sich die Betriebsbezogenheit und die Interessenabwägung als die beiden entscheidenden Merkmale zur Konturierung und zur Begrenzung des Rechts am Gewerbebetrieb als Prüfung der Verletzung einer Verkehrspflicht zusammenfassen lassen[208]. Ohne Bezug zu § 823 I BGB und dem Begriff des sonstigen Rechts würde es sich daher nicht mehr wesentlich von einer Anerkennung von Verkehrspflichten in Bezug auf fremdes Vermögen unterscheiden[209]. Eine solche Konstruktion des Rechts am Gewerbebetrieb beruht letztlich auf der These, dass bereits die Haftung wegen Verkehrspflichtverletzung den Kreis der Tatbestände der §§ 823 ff. BGB gesetzeswidrig verlassen hätte[210] und daher auch eine Anerkennung des Rechts am Gewerbebetrieb legitimiere.

Diese These wurde jedoch bereits falsifiziert[211]. Ein von § 823 I BGB losgelöstes Recht am Gewerbebetrieb liefe, genauso wie eine Anerkennung vermögensschützender Verkehrspflichten[212], auf eine autonome Tatbestandsbildung hinaus[213], in der an Stelle eines gesetzlich vorgesehenen Tatbestandes[214] die Güter- und Interessenabwägung als haftungsbegründendes Merkmal wirken würde[215]. Eine derartige Rechtsfortbildung würde daher gegen

---

[208] Siehe oben D.II.3.
[209] *Wagner*, in: MünchKomm-BGB, § 823 BGB, Rdnr. 258. Dies befürwortend *Brüggemeier*, VersR 1983, 501 (505); *Brüggemeier*, ZVglRWiss 82 (1983), 62 (83); *Mertens*, VersR 1980, 397 (400). Vgl. auch *v. Bar*: Verkehrspflichten, S. 81. A.A.: *Steffen*, VersR 1980, 409 (409).
[210] Siehe oben B.IV.2.
[211] Siehe oben B.IV.2.
[212] Siehe oben B.V.1.b).
[213] *Stoll*: Richterliche Fortbildung, S. 40 f.
[214] Zum Enumerationsprinzip siehe oben B.V.1.b).
[215] Vgl. *Stadtmüller*: Schutzbereich und Schutzgegenstände, S. 155; *Taupitz*: Haftung für Energieleiterstörungen, S. 197. Für das allgemeine Persönlichkeitsrecht auch

142   E. Dogmatisierungsansätze für das Recht am Gewerbebetrieb

Verfassungsprinzipien wie das Rechtsstaatsprinzip und den Vorrang des Gesetzes verstoßen[216] und wäre folglich nicht zulässig[217].

(2) Sperrwirkung des § 826 BGB

Ferner steht auch das Vorsatzerfordernis aus § 826 BGB einer vom Gesetzestext losgelösten Rechtsfortbildung in Richtung eines generalklauselartigen Haftungstatbestandes für fahrlässig verursachte reine Vermögensschäden im Wege.

Bei *vorsätzlichem* Handeln des Schädigers ist eine Haftung wegen Eingriffs in das Recht am Gewerbebetrieb neben[218] oder sogar anstelle von § 826 BGB[219] angesichts des von der Rechtsprechung stets proklamierten Subsidiaritätsgrundsatzes[220] zwar nicht konsequent[221] und lässt sich wohl

---

Hubmann: Das Persönlichkeitsrecht, S. 160. Kritisch: *Larenz/Canaris:* Schuldrecht II/2, § 81 II 2, S. 545; *Stoll:* Richterliche Fortbildung, S. 40 f.

[216] Vgl. *Larenz/Canaris:* Schuldrecht II/2, § 81 II 2, S. 545, § 81 IV 1 c), S. 561; *Riedl:* Das Recht am eingerichteten und ausgeübten Gewerbebetrieb, S. 92 f.; *Rosenbach:* Eigentumsverletzung durch Umweltveränderung, S. 69; *Schnug,* JA 1985, 440 (449). Vgl. ferner *Deutsch,* JZ 1963, 385 (388); *Canaris,* VersR 2005, 577 (583); *Kisseler:* Auswirkungen und Bedeutung, S. 100; *Körner:* Rechtsschutz des Unternehmens, S. 17, 23. Mit Fokus auf die Rechtssicherheit: *Stoll:* Richterliche Fortbildung, S. 32. Vgl. auch oben B.V.1.b).

[217] So insbesondere: *Larenz/Canaris:* Schuldrecht II/2, § 81 II 2, S. 545: „Ermächtigungsgrundlage zur Entwicklung von außergesetzlichen Verkehrspflichten, die sich die Rechtsprechung selbst zugesprochen hat" sowie *Schnug,* JA 1985, 440 (444); *Stadtmüller:* Schutzbereich und Schutzgegenstände, S. 395. A.A.: *Arnold:* Das Recht am Unternehmen, S. 103, der aus dem Enumerationsprinzip für das Recht am Gewerbebetrieb lediglich ableitet, dass „im Einzelfall sorgfältig Art und Umfang des Unrechtsgehalts des zu beurteilenden Eingriffs" zu bestimmen seien.

[218] So aber *Förster,* in: Bamberger/Roth, § 823 BGB, Rdnr. 193; *Wagner,* in: MünchKomm-BGB, § 823 BGB, Rdnr. 260. Ob § 826 einen Anspruch wegen Verletzung des Rechts am Gewerbebetrieb verdrängt, ist selbst innerhalb der verschiedenen Senate des Bundesgerichtshof umstritten, dazu mit zahlreichen Nachweisen *Sack,* VersR 2006, 1001 (1004); *Sack:* Das Recht am Gewerbebetrieb, S. 167 ff.

[219] So aber *Hacker:* Das Verhältnis von Sittenwidrigkeit und sozialer Inadäquanz, S. 95; *Hubmann,* ZHR 117, 41 (75); *Knopp,* in: Festgabe Hefermehl, S. 410; *Schwitanski:* Deliktsrecht, Unternehmensschutz und Arbeitskampfrecht, S. 244: Haftung nach § 826 BGB nur, wenn keine Haftung nach § 823 BGB; *Scriba:* Anwendungsbereich und Konkretisierung, S. 125; *Stadtmüller:* Schutzbereich und Schutzgegenstände, S. 94 ff.; *Steffen,* in: RGRK, § 826 BGB, Rdnr. 5.

[220] Siehe oben D.II.1.c)bb)(1).

[221] Für einen Anwendungsvorrang des § 826 BGB auch *Assmann/Kübler,* ZHR 142 (1978), 413 (423); *Buchner:* Die Bedeutung des Rechts am Gewerbebetrieb, S. 93 ff., 256; *Löwisch/Meier-Rudolph,* JuS 1982, 237 (239); *Sack:* Das Recht am Gewerbebetrieb, S. 169 f.; *Schiemann,* in: Erman, § 823 BGB, Rdnr. 62; *Schnug,* JA

II. Einstufige Ansätze

auch nur historisch mit der Vermeidung des vermeintlich schwerwiegenden moralischen Urteils der Sittenwidrigkeit[222] erklären[223]. Sie führt aber immerhin zu keinen inhaltlich falschen Ergebnissen[224]. Bei *fahrlässigem* Handeln des Schädigers stellt sich die Situation jedoch anders dar: Der Gesetzgeber hat mit der Beschränkung des § 823 I BGB auf absolute Rechte[225] und der Schaffung von § 826 BGB als einzig vorgesehener deliktischer Generalklausel eine bewusste Entscheidung getroffen, eine generalklauselartige Haftung auf vorsätzliche Handlungen zu beschränken[226]. Es lässt sich daher sagen, § 826 BGB habe insoweit einen „negativen Schutzbereich"[227], der eine Sperrwirkung gegenüber einer Rechtsfortbildung in Richtung einer Generalklausel auch für fahrlässige Handlungen entfaltet.

(3) Sperrwirkung des UWG

Auch die Wertungen des Wettbewerbsrechts stehen einem generalklauselartigen Verständnis des Rechts am Gewerbebetrieb entgegen. Versteht man den betriebsbezogenen Eingriff und die Interessenabwägung als Erfordernis einer Verkehrspflichtverletzung[228], stellen sie zugleich Äquivalente zur Un-

---

1985, 614 (618); *Stadtmüller:* Schutzbereich und Schutzgegenstände, S. 42 f., 74 f. mit Fn. 4; *Steffen,* in: RGRK, § 826 BGB, Rdnr. 5.

[222] Vgl. dazu *Gieseke,* GRUR 1950, 298 (308 f.); *Hacker:* Das Verhältnis von Sittenwidrigkeit und sozialer Inadäquanz, S. 21 f., 86 f.; 91; *Hager,* in: Staudinger, § 823 BGB, D 5 („Verdikt der Sittenwidrigkeit"); *Hefermehl,* WuW 1953, 234 (236) in Bezug auf § 1 UWG a.F.; *Hubmann:* Das Persönlichkeitsrecht, S. 154; *Hubmann,* ZHR 117, 41 (75); *Knopp,* in: Festgabe Hefermehl, S. 410; *Nastelski,* GRUR 1957, 1 (6); *Nipperdey:* Gutachten Zeitungsstreik, S. 33; *Ramm,* AuR 1966, 161 (161), der deswegen aber gerade das Recht am Gewerbebetrieb ablehnt; *Scriba:* Anwendungsbereich und Konkretisierung, S. 125, 137. In diese Richtung auch *Deutsch,* JZ 1963, 385 (389 f.). Gegen ein moralisierendes und für ein objektivierendes Verständnis der Sittenwidrigkeit: *Assmann/Kübler,* ZHR 142 (1978), 413 (423); *Kisseler:* Auswirkungen und Bedeutung, S. 58 ff. (für § 1 UWG a.F.); *Kübler,* AcP 172 (1972), 177 (196 Fn. 149); *Oechsler,* in: Staudinger, § 826 BGB, Rdnr. 418; *Sack:* Das Recht am Gewerbebetrieb, S. 211 ff.; *Schnug,* JA 1985, 614 (620); *Schricker,* AcP 172 (1972), 203 (209); *Steindorff,* JZ 1960, 582 (583).

[223] Vgl. insb. *Hubmann,* ZHR 117, 41 (75); *Scriba:* Anwendungsbereich und Konkretisierung, S. 125 für Boykottaufrufe, S. 137 für Streikaufrufe.

[224] Vgl. auch *Fikentscher/Heinemann:* Schuldrecht, Rdnr. 1636; *Medicus/Lorenz:* Schuldrecht II, Rdnr. 1329; *Steffen,* in: RGRK, § 826 BGB, Rdnr. 5; *Wagner,* in: MünchKomm-BGB, § 826 BGB, Rdnr. 51. A.A.: *Schwitanski:* Deliktsrecht, Unternehmensschutz und Arbeitskampfrecht, S. 244: Haftung nach § 826 BGB nur, wenn keine Haftung nach § 823 BGB.

[225] Siehe oben E.I.1.
[226] Vgl. bereits oben B.V.1.b).
[227] Vgl. zu „negativen Schutzbereichen" bereits oben D.II.1.c)bb)(1).
[228] Siehe oben D.II.3.

lauterkeit in § 3 I UWG dar[229], welche sich ebenfalls aus der Verletzung einer Verkehrspflicht ergeben kann[230]. Ein rein auf dem Verhaltensunrecht beruhendes Verständnis vom Recht am Gewerbebetrieb läuft damit auf eine echte Analogie zu § 3 I UWG für Nichtgewerbetreibende wie z. B. Religionsgemeinschaften und Gewerkschaften hinaus[231]. Die Zulässigkeit einer solchen impliziten Analogiebildung ist aber offen.

Eine vergleichbare Interessenlage ließe sich – wie bereits angedeutet[232] – wohl noch mit dem „eigenen, zusätzlichen Schutzbedürfnis eines Gewerbetreibenden"[233] begründen. Das Bestehen einer planwidrigen Regelungslücke ist hingegen problematischer. Denn erstens wurde das Gesetz gegen unlauteren Wettbewerb mehrmals umfassend novelliert[234], ohne dass der Gesetzgeber einen Schutz auch gegen Handlungen von Personen, die nicht Mitbewerber im Sinne von § 2 I Nr. 3 UWG sind, eingefügt hätte. Selbst wenn man annimmt, der Gesetzgeber habe davon abgesehen, weil er von der Existenz des Rechts am Gewerbebetrieb in § 823 I BGB ausgegangen ist, spricht zweitens gegen eine planwidrige Regelungslücke, dass die wettbewerbsrechtliche Generalklausel ebenfalls in Zusammenhang mit § 826 BGB zu sehen ist. Durch § 1 UWG a. F. bzw. heute § 3 I UWG hatte der Gesetzgeber das strenge Vorsatzerfordernis in § 826 BGB anstelle einer Umgestaltung dieser Vorschrift und damit des allgemeinen Deliktsrechts lediglich punktuell „korrigiert" und nur für bestimmte Sachbereiche einen generalklauselartigen Schutz auch gegen fahrlässige Handlungen geschaffen[235]. Das Recht am Gewerbebetrieb als Generalklausel würde dieses Regel-Ausnahmeverhältnis von grundsätzlich nur gegen Vorsatz in § 826 BGB vorgesehenem Schutz und der Haftung für fahrlässige Vermögensschädigungen in §§ 3 I, 9 UWG entgegen der Absicht des Gesetzgebers ignorieren[236].

Drittens und vor allem gelten nach allgemeiner Ansicht die Tatbestände §§ 3–7 UWG nicht als Schutzgesetze im Sinne von § 823 II BGB, da an-

---

[229] Siehe dazu auch unten F.I.2.
[230] Siehe oben B.IV.4.a).
[231] Siehe oben D.II.1.d)bb)(2)(c).
[232] Siehe bereits oben D.II.1.d)bb)(2)(c).
[233] BGH NJW 1977, 2264, 2265; BGH NJW 2003, 1040, 1041; vgl. auch BGH NJW 2009, 355, 356.
[234] Vgl. dazu *Köhler*, in: Köhler/Bornkamm, Einleitung, Rdnr. 2.10 ff.
[235] *Wagner*, in: MünchKomm-BGB, § 823 BGB, Rdnr. 249 m. w. N. Vgl. zur Entstehungsgeschichte der wettbewerbsrechtlichen Generalklausel auch *Keller*, in: Harte-Bavendamm/Henning-Bodewig, Einleitung A, Rdnr. 1 f. sowie oben D.II.1.1.d)bb)(2)(a).
[236] Vgl. *P. Meier/Jocham*, JuS 2016, 392 (395) mit dem richtigen Hinweis, dass es sich nicht um einen Ausschlussgrund per se gegen eine Analogie handelt, wenn es sich bei der analog heranzuziehenden Norm um eine Ausnahmevorschrift handelt, wohl aber wenn der vorgesehene Normzweck verkehrt wird.

sonsten eine Umgehung der §§ 8 ff. UWG – insbesondere der speziell geregelten Aktivlegitimation in §§ 8 III, 9 UWG sowie der kurzen Verjährungsfrist in § 11 UWG – zu befürchten wäre[237]. Nun eröffnet jedoch das Recht am Gewerbebetrieb, zumindest außerhalb von Wettbewerbsverhältnissen[238], theoretisch die Möglichkeit, genau dies im Ergebnis doch zu erreichen[239], ohne sich des Näheren mit der Zulässigkeit einer Anwendung von Normen des Wettbewerbsrechts als Schutzgesetze im Sinne von § 823 II BGB auseinander setzen zu müssen[240].

Auch die Regelungen des Wettbewerbsrechts entfalten damit Sperrwirkung gegenüber einem Recht am Gewerbebetrieb, das als rechtsfortbildender Tatbestand des Verhaltensunrechts verstanden wird[241].

c) Fazit

Es ist nicht möglich, das Recht am Gewerbebetrieb als Generalklausel zu legitimieren.

2. Ansatz 5: Das Recht am Gewerbebetrieb über § 823 II BGB erfassen

a) Darstellung

Schließlich wird die Auffassung vertreten, das Recht am Gewerbebetrieb sei in § 823 II BGB zu verorten[242]. Dafür werden die Parallelen des Rechts am Gewerbebetrieb zur Schutzgesetzverletzung im Sinne von § 823 II BGB verwertet[243] und die Verhaltenspflichten, die richterrechtlich zum Recht am Gewerbebetrieb entwickelt wurden, den Schutzgesetzen im Sinne vom § 823 II BGB gleichgestellt[244]. Insbesondere könnten zunächst über § 826

---

[237] *Ahrens*, in: Harte-Bavendamm/Henning-Bodewig, Einleitung G, Rdnr. 138; *Köhler*, in: Köhler/Bornkamm, Einleitung, Rdnr. 7.5; *Neuner*, JuS 2015, 961, 967; *Ohly*, in: Ohly/Sosnitza, Einführung D, Rdnr. 62 m.w.N. auch zur Gegenansicht.
[238] Vgl. oben D.II.1.d)bb)(2)(b).
[239] Vgl. aber die tatsächliche Handhabung oben D.II.1.d)bb)(2).
[240] Vgl. dazu *Ohly*, in: Ohly/Sosnitza, Einführung D, Rdnr. 62 m.w.N.
[241] A.A. *Ann/Hauck*, in: MünchKomm-UWG, Teil I. Grundlagen, Rdnr. 93.
[242] Vgl. hierzu bereits oben B.V.1.a).
[243] Vgl. *Deutsch*, JZ 1963, 385 (387); *Gieseke*, GRUR 1950, 298 (310).
[244] Vgl. *Bieling*: Unternehmensschädigende Demonstrationen, S. 27; *Brüggemeier*, AcP 182 (1982), 385 (435); *Deutsch*, JZ 1963, 385 (387); *Gieseke*, GRUR 1950, 298 (310); *Medicus/Petersen*: Bürgerliches Recht, Rdnr. 614; *Rödig*: Erfüllung des Tatbestandes, S. 64 f.; *Schmiedel*: Deliktsobligationen, S. 37 ff.; *Schnug*, JA 1985, 614 (622); *Zeuner*, JZ 1961, 41 (45). Vgl. auch *Lorenz*, JZ 1961, 433 (435). Einschrän-

BGB eingeführte Fallgruppen, die im Laufe der Zeit zu Gewohnheitsrecht erstarkten, dann als Rechtsnormen im Sinne des Art. 2 EGBGB[245] über § 823 II BGB erfasst werden[246]. Schon heute seien als solche gewohnheitsrechtlich anerkannten Verhaltenspflichten die zum Streikrecht entwickelten Verhaltensnormen[247] sowie die Regeln zur herabsetzenden Schmähkritik an einem Gewerbebetrieb[248] anzuerkennen.

Neben Gewohnheitsrecht werden zu den unternehmensschützenden Schutznormen teilweise auch die ungeschriebenen Grundsätze des sozialen Lebens[249] sowie Verfassungsnormen wie Art. 9 III GG für das Streikrecht[250] oder Art. 12 I GG[251] als Schutzgesetze gezählt, um einen möglichst großen Anwendungsbereich von § 823 II BGB für den Unternehmensschutz zu generieren. Dahinter steht das Bestreben, an Stelle von § 823 I BGB vielmehr § 823 II BGB zur Zentralnorm der Rechtsfortbildung im Deliktsrecht zu machen[252].

b) Kritik

Der Vorschlag, das Recht am Gewerbebetrieb in § 823 II BGB zu verorten, erinnert stark an die Diskussion um die Zuordnung der Verkehrspflichten

---

kend *Reinhardt*, in: Karlsruher Forum 1961, S. 11, 13: Sofern gewisse Bereiche gegen jede Art von Eingriffen geschützt sind, ist § 823 I BGB einschlägig, in den übrigen Fällen hingegen § 823 II BGB.

245 Siehe zu Gewohnheitsrecht als Schutzgesetz oben B.V.1.c).

246 *Deutsch*, JZ 1963, 385 (390); *Esser/Weyers:* Gesetzliche Schuldverhältnisse, § 55 I 2 c, S. 166; *Medicus/Petersen:* Bürgerliches Recht, Rdnr. 614. Insoweit auch *Sack:* Das Recht am Gewerbebetrieb, S. 184. Vgl. auch *Buchner:* Die Bedeutung des Rechts am Gewerbebetrieb, S. 30 ff., der jedoch (vgl. S. 268 f.) die entwickelten Verhaltensnormen eher § 823 I BGB zuordnen will. A.A.: *Schildt*, WM 1996, 2261 (2266).

247 Nur für diese Fallgruppe *Schiemann*, in: Erman, § 823 BGB, Rdnr. 58.

248 So trotz sonst grundsätzlicher Kritik auch *Sack:* Das Recht am Gewerbebetrieb, S. 184.

249 *Gieseke*, GRUR 1950, 298 (310); *Rödig:* Erfüllung des Tatbestandes, S. 64 f. mit Fn. 163.

250 *Steindorff*, JZ 1960, 582 (583).

251 *Schramm*, GRUR 1973, 75 (76), der diesen Schutz jedoch nur zusätzlich zum Recht am Gewerbebetrieb in § 823 I BGB gewähren will.

252 Vgl. *Brüggemeier*, AcP 182 (1982), 385 (433); *Deutsch*, JZ 1968, 721 (724); *Mertens*, AcP 178 (1978), 227 (252); *Schmiedel:* Deliktsobligationen, S. 37 ff.; *Rödig:* Erfüllung des Tatbestandes, S. 56 ff. Ähnlich *Reinhardt*, JZ 1961, 713 (715); *Reinhardt*, in: Karlsruher Forum 1961, S. 5, 11. A.A.: *v. Caemmerer*, in: Karlsruher Forum 1961, S. 19; *Larenz/Canaris:* Schuldrecht II/2, § 76 I 2 a, S. 376. Vgl. dazu auch oben B.V.1.a).

II. Einstufige Ansätze

zu § 823 II BGB und wird auch zusammen mit dieser erörtert[253]. Beiden gemeinsam ist das Bestreben, eine Haftung auch allein auf die Verletzung ungeschriebener Verhaltensnormen stützen zu können, ohne zusätzlich eine Rechtsgutsverletzung im Sinne von § 823 I BGB oder die Verletzung eines geschriebenen Schutzgesetzes im Sinne von Art. 2 EGBGB zu benötigen. Gegen eine Zuordnung des Rechts am Gewerbebetrieb zu § 823 II BGB sprechen damit auch die gleichen Gründe wie gegen die Verankerung der Verkehrspflichten in diesem Tatbestand[254]: Insbesondere fehlt es an nach Art. 2 EGBGB von der Rechtsordnung vorgegebenen[255] Verboten oder Geboten[256], denen über § 823 II BGB deliktsrechtliche Wirkung verliehen werden könnte[257].

Hinzu kommt, dass allgemeine gesellschaftliche und soziale Grundsätze sowie Normen des Grundgesetzes zu unbestimmt sind, um Schutzgesetze gemäß § 823 II BGB darzustellen[258]. Denn dadurch läuft – trotz seiner scheinbar vorhandenen gesetzlichen Verankerung – auch dieser Ansatz darauf hinaus, die freie richterliche Bildung von Verhaltensnormen zu ermöglichen und ähnelt damit im Grunde der Vorstellung von einer Generalklausel[259]. Folglich können zusätzlich die gegen die Generalklauselartigkeit des Rechts am Gewerbebetrieb genannten Gründe[260] zur Ablehnung dieses Ansatzes herangezogen werden.

Auch die Möglichkeit, nur einzelne im Rahmen des Rechts am Gewebebetrieb entwickelte Verhaltensnormen als gewohnheitsrechtliche Schutzgesetze im Sinne des § 823 II BGB i.V.m. Art. 2 EGBGB zu verstehen, wurde entsprechend ebenfalls bereits bei der Verankerung der Verkehrspflichten in § 823 II BGB diskutiert[261] und ist wie dort abzulehnen, da sie letztendlich ebenfalls auf eine Umgehung des gesetzlichen Systems, insbesondere der Voraussetzungen des § 823 I BGB, abzielt.

---

[253] Vgl. auch die Nachweise oben B.V.1.a), b).
[254] So auch *Schwitanski*: Deliktsrecht, Unternehmensschutz und Arbeitskampfrecht, S. 312. Vgl. daher auch die oben ausgeführten Argumente in B.V.1.b).
[255] *Esser/Weyers*: Gesetzliche Schuldverhältnisse, § 54 I 1 b, S. 145; *Preusche*: Unternehmensschutz und Haftungsbeschränkung, S. 60.
[256] *Deutsch*, JZ 1963, 385 (389).
[257] *Körner*: Rechtsschutz des Unternehmens, S. 85; *Sack*: Das Recht am Gewerbebetrieb, S. 186.
[258] *Körner*: Rechtsschutz des Unternehmens, S. 46; *Sack*: Das Recht am Gewerbebetrieb, S. 187.
[259] Vgl. auch *Schrauder*: Wettbewerbsverstöße, S. 206.
[260] Siehe oben E.II.1.b)bb).
[261] Siehe oben B.V.1.c).

c) Fazit

§ 823 II BGB kann ebenfalls nicht zur Legitimation des Rechts am Gewerbebetrieb beitragen.

3. Ergebnis

Auch die einstufigen Ansätze, die auf der Prüfung einer einzigen, den Gedanken einer Verkehrspflichtverletzung in sich aufnehmenden Verhaltenspflichtbestimmung aufbauen, können dogmatisch nicht überzeugen.

III. Zusammenfassung

Alle der hier vorgestellten dogmatischen Begründungs- und Rechtfertigungsansätze des Rechts am Gewerbebetrieb sind gewichtiger Kritik ausgesetzt.

Den zweistufigen Ansätzen steht im Weg, dass das Recht am Gewerbebetrieb nicht als sonstiges Recht in § 823 I BGB aufgefasst werden kann, ohne diesen Tatbestand in unzulässiger Weise zu überdehnen oder aber das Recht derart zu reduzieren, dass nicht mehr von einem umfassenden (Gesamt-) Recht am Gewerbebetrieb die Rede sein kann. Das macht es von vornherein unmöglich, nach der Feststellung eines Eingriffs in das Recht am Gewerbebetrieb als Verletzungserfolg das etwaige Vorliegen einer zurechenbaren, weil verkehrspflichtwidrigen Verletzungshandlung festzustellen. Eine dem regulären Schema von § 823 I BGB entsprechende Anwendung des Konzepts der Haftung wegen Verkehrspflichtverletzung auf das Recht am Gewerbebetrieb scheitert also letztlich daran, dass das Recht am Gewerbebetrieb kein sonstiges Recht im Sinne von § 823 I BGB ist.

Den einstufigen Ansätzen steht entgegen, dass der bloße Rückgriff auf das Verhaltensunrecht nach dem Willen des Gesetzgebers den §§ 823 II, 826 BGB sowie den Tatbeständen des Wettbewerbsrechts vorbehalten ist. Das Recht am Gewerbebetrieb lässt sich weder diesen Tatbeständen ohne dogmatische Widersprüche zuordnen, noch kann es als zulässige Rechtsfortbildung *praeter legem* legitimiert werden.

IV. Zwischenergebnis

Im Ergebnis ist damit richtig, dass eine Ausdehnung der Figur der Verkehrspflichten auf das Recht am Gewerbebetrieb ein „methodisches Unding"[262] sei. Grund hierfür ist jedoch nicht, dass bei einer einstufigen Konzeption die Verkehrspflichten in der Prüfung einer Verhaltenspflicht aufgehen würden[263]. Vielmehr ist es bereits weder nach den ein- noch nach den zweistufigen Modellen möglich, dass Recht am Gewerbebetrieb überhaupt in zulässiger Weise im Deliktsrechtssystem zu platzieren; und der Verletzung einer Verkehrspflicht allein kann keine haftungsbegründende Funktion zukommen[264]. Damit bleibt vom Recht am Gewerbebetrieb nichts weiter übrig als die in Form von betriebsbezogenem Eingriff und Interessenabwägung vorgenommene Prüfung einer Verkehrspflicht[265] ohne Anknüpfung an einen Deliktstatbestand. Umgekehrt ausgedrückt fehlt es dem Recht am Gewerbebetrieb an einem Tatbestand, innerhalb dessen das Tatbestandsmerkmal der Verletzung einer Verkehrspflicht[266] dogmatisch korrekt zum Tragen kommen könnte.

---

[262] *v. Bar:* Verkehrspflichten, S. 74.
[263] So *v. Bar:* Verkehrspflichten, S. 74.
[264] Siehe oben B.V.1.b).
[265] Siehe oben D.II.3.
[266] Siehe oben B.V.2.d).

F. Praktisches Bedürfnis nach speziellem Unternehmensschutz

In der Einleitung wurden Fälle vorgestellt, in denen ein Eingriff in das Recht am Gewerbebetrieb durch Verkehrspflichtverletzung vorgelegen haben soll[1], sowie weitere Anwendungsbereiche für eine solche Haftung aufgezeigt[2]. Trotz der dogmatischen Bedenken[3] gegen das Recht am Gewerbebetrieb scheint es also ein praktisches Bedürfnis nach einem Unternehmensschutz auch gegen nur mittelbare und fahrlässig verursachte Handlungen zu geben. Das wirft die Frage auf, wie mit diesen Fallgruppen angesichts der bisherigen Ergebnisse umzugehen ist.

I. Das Überflüssigkeitsargument

Im Schrifttum wird vertreten, dass sämtliche Fallgruppen des Rechts am Gewerbebetrieb auch mit anderen Deliktstatbeständen sachgemäß behandelt werden könnten[4]. Das Recht am Gewerbebetrieb sei daher überflüssig[5] und hätte sich bei konsequenter Anwendung des Subsidiaritätsgrundsatzes[6] von vornherein selbst auflösen müssen[7].

---

[1] Siehe oben A.III.1.a).
[2] Siehe oben A.II.
[3] Siehe oben E.III., IV.
[4] Vgl. bereits oben D.II.1.c)bb)(3)(b), (4) in Bezug auf Nutzungsbeeinträchtigungen.
[5] Vgl. *Kellenberger:* Der verfassungsrechtliche Schutz, S. 292; *Kisseler:* Auswirkungen und Bedeutung, S. 35, 76 f., 107; *Körner:* Rechtsschutz des Unternehmens, S. 83 ff.; *Larenz/Canaris:* Schuldrecht II/2, § 81 IV 1 a, S. 560 f.; *Medicus,* JZ 2007, 457 (457); *Nipperdey,* in: Beiträge zum Wirtschaftsrecht, S. 485; *Ohly,* in: Ohly/Sosnitza, Einführung D, Rdnr. 60; *Riedl:* Das Recht am eingerichteten und ausgeübten Gewerbebetrieb, S. 116 ff.; *Rosenbach:* Eigentumsverletzung durch Umweltveränderung, S. 69; *Sack:* Das Recht am Gewerbebetrieb, S. 183 ff.; *Schnug,* JA 1985, 614 (622); *Völp,* WuW 1956, 31 (43); *Wielthölter,* KritJ 1970, 121 (124); *Zöllner,* JZ 1997, 293 (295). A.A.: *Buchner:* Die Bedeutung des Rechts am Gewerbebetrieb, S. 172 f.; *Hager,* in: Staudinger (1999), § 823 BGB, D 5, 47; *K. Schmidt,* JuS 1993, 985 (988).
[6] Siehe oben D.II.1.c)bb)(1).
[7] *Larenz/Canaris:* Schuldrecht II/2, § 81 IV 1 a, S. 560 f. Ähnlich *Spindler,* in: Bamberger/Roth, 37. Edition, § 823 BGB, Rdnr. 113.

I. Das Überflüssigkeitsargument

Sollte sich diese These als richtig erweisen, könnten auch die als Beispiele für eine Haftung wegen Eingriffs in das Recht am Gewerbebetrieb kraft Verkehrspflichtverletzung genannten Fälle einer anderweitigen Lösung zugeführt und damit auf das Recht am Gewerbebetrieb verzichtet werden. Eine Untersuchung jener These anhand der hier interessierenden Fallgestaltungen[8] ist daher angebracht.

1. Vorrang des Vertragsrechts sowie der §§ 823 I, 823 II, 824 BGB

Anstelle des Rechts am Gewerbebetrieb werden vor allem für die Fallgruppe des Arbeitskampfrechts[9] vertragliche und vertragsähnliche Schadensersatzansprüche als Haftungsgrundlage herangezogen[10]. Ferner werden von den Tatbeständen der §§ 823 ff. BGB insbesondere § 824 BGB[11], zum Teil in analoger Anwendung[12], § 823 II BGB i.V.m. §§ 185 ff. StGB[13] oder §§ 239, 240 StGB[14] sowie der Schutz von Eigentum und Besitz in § 823 I BGB ins Spiel gebracht, der vor allem Betriebsblockaden und Nutzungsbeeinträchtigungen erfassen soll[15]. Auch das allgemeine Persönlichkeitsrecht

---

[8] Siehe oben A.II., III.

[9] Vgl. *Buchner:* Die Bedeutung des Rechts am Gewerbebetrieb, S. 148 f.; *Lambrich/Sander,* NZA 2014, 337 (341); *Larenz/Canaris:* Schuldrecht II/2, § 81 III 6, S. 559 f.; *Löwisch:* Der Deliktsschutz relativer Rechte, S. 201; *Sack:* Das Recht am Gewerbebetrieb, S. 244; *Seiter:* Streikrecht und Aussperrungsrecht, S. 460 f.; *Schnug,* JA 1985, 614 (620). Vgl. aber BAG NZA 2016, 179, 183; BAGE 104, 155 = BAG NZA 2003, 734, 739; BAG NZA 2007, 1055, 1057: Tarifvertrag ist nur zu Gunsten der Mitglieder der Tarifvertragsparteien Vertrag zu Gunsten Dritter. A.A.: *Brüggemeier,* ZVglRWiss 82 (1983), 62 (85).

[10] Ferner zum Geheimnisschutz: *Buchner:* Die Bedeutung des Rechts am Gewerbebetrieb, S. 178 f.; *Körner:* Rechtsschutz des Unternehmens, S. 78 ff.; *Peukert:* Güterzuordnung als Rechtsprinzip, S. 248, 821; *Sack:* Das Recht am Gewerbebetrieb, S. 289 ff. Für die Produzentenhaftung: *Sack:* Das Recht am Gewerbebetrieb, S. 302 f.

[11] Vgl. *Harke:* Besonderes Schuldrecht, Rdnr. 547; *Kisseler:* Auswirkungen und Bedeutung, S. 53 ff.; *Larenz/Canaris:* Schuldrecht II/2, § 81 III 2 c, S. 550; *Ohly,* in: Ohly/Sosnitza, Einführung D, Rdnr. 60; *Sack,* VersR 2006, 1001 (1007); *Sack:* Das Recht am Gewerbebetrieb, S. 228. Vgl. auch *Deutsch,* JZ 1976, 451 (451). A.A.: *Sakowski,* WRP 2017, 138 (141).

[12] *Schnug,* JA 1985, 614 (620); *Völp,* WuW 1956, 31 (36); *Völp,* WRP 1963, 107 (114).

[13] *Ohly,* in: Ohly/Sosnitza, Einführung D, Rdnr. 60; *Sack:* Das Recht am Gewerbebetrieb, S. 228.

[14] *Larenz/Canaris:* Schuldrecht II/2, § 81 III 6 b, S. 559 f.; *Schnug,* JA 1985, 614 (621).

[15] Vgl. *Beater,* in: Soergel, Anh. V § 823 BGB, Rdnr. 58; *Förster,* in: Bamberger/Roth, § 823 BGB, Rdnr. 240; *Larenz/Canaris:* Schuldrecht II/2, § 76 II 3 c, S. 390; 81 III 3 f, S. 554; *Löwisch/Meier-Rudolph,* JuS 1982, 237 (242 f.); *Riedl:* Das Recht am eingerichteten und ausgeübten Gewerbebetrieb, S. 145 f., 188 ff.; *Schnug,* JA

152 F. Praktisches Bedürfnis nach speziellem Unternehmensschutz

juristischer Personen[16] soll, insbesondere bei Kritik an beruflichen und gewerblichen Leistungen, in Betracht kommen können[17].

2. Vorrang des Wettbewerbsrechts und des § 826 BGB

Der Großteil der Anwendungsfälle des Rechts am Gewerbebetrieb soll sich aber ohnehin durch die Tatbestände des Wettbewerbsrechts, insbesondere des Gesetzes gegen unlauteren Wettbewerb[18], sowie durch § 826 BGB[19] bewältigen lassen können. Denn die Interessenabwägung und der betriebsbezogene Eingriff beim Recht am Gewerbebetrieb entsprächen dem Erfordernis der Sittenwidrigkeit in § 826 BGB[20] und § 1 UWG a.F.[21] sowie

---

1985, 614 (618); *Schwitanski:* Deliktsrecht, Unternehmensschutz und Arbeitskampfrecht, S. 356; *Spindler,* in: Bamberger/Roth, 37. Edition, § 823 BGB, Rdnr. 113, 117; *Reinhardt,* in: Karlsruher Forum 1961, S. 12 f.; *Sack:* Das Recht am Gewerbebetrieb, S. 191 f., 240 ff. Siehe dazu auch die Nachweise oben D.II.1.c)bb)(3)(b). Sogar für die Fallgruppen der Schutzrechtsverwarnungen und Streikaufrufe *Schwitanski:* Deliktsrecht, Unternehmensschutz und Arbeitskampfrecht, S. 346 f.

[16] Siehe dazu unten G.I.2.
[17] *Canaris,* VersR 2005, 577 (582); *Larenz/Canaris:* Schuldrecht II/2, § 80 II 5 b, f, S. 508 f., 511; § 81 III 1 a, S. 547.
[18] Vgl. *Canaris,* VersR 2005, 577 (582); *Kisseler:* Auswirkungen und Bedeutung, S. 35, S. 76 f., 107; *Körner:* Rechtsschutz des Unternehmens, S. 86; *Ohly,* in: Ohly/Sosnitza, Einführung D, Rdnr. 59; *Reinhardt,* in: Karlsruher Forum 1961, S. 12 f.; *Sack,* VersR 2006, 1001 (1004); *Sack:* Das Recht am Gewerbebetrieb, S. 223, 228, 233 ff.; *Wagner,* in: MünchKomm-BGB, § 823 BGB, Rdnr. 254; *Wielthölter,* KritJ 1970, 121 (125). Insbesondere in Bezug auf unbegründete Schutzrechtsverwarnungen: *Emmerich:* Schuldrecht BT, § 22 Rn.12; *Faust,* JZ 2006, 365 (368); *Haedicke,* JZ 2006, 578 (580); *Kunze,* WRP 1965, 7 (9 ff.) in Bezug auf § 1 UWG a.F.; *Larenz/Canaris:* Schuldrecht II/2, § 81 III 4 e, f, S. 557 f.; *Sack,* VersR 2006, 1001 (1004); *Sack:* Das Recht am Gewerbebetrieb, S. 223, 259 ff. 271 ff.; *Sack,* NJW 2009, 1642 (1645); *Schnug,* JA 1985, 614 (619); *Scriba:* Anwendungsbereich und Konkretisierung, S. 94 f.; *Staake/Bressendorf,* JuS 2016, 297 (303). A.A.: BGHZ 164, 1, 2 f.; BGHZ 165, 311, 314; BGHZ 171, 13, 16; BGH NJW 2006, 1432, 1433. Zum Geheimnisschutz *Buchner:* Die Bedeutung des Rechts am Gewerbebetrieb, S. 178 f.; *Körner:* Rechtsschutz des Unternehmens, S. 78 ff.; *Larenz/Canaris:* Schuldrecht II/2, § 81 III 5 b, S. 559; *Peukert:* Güterzuordnung als Rechtsprinzip, S. 248821; *Sack:* Das Recht am Gewerbebetrieb, S. 289 ff. Aber auch das GWB findet Anwendung, z.B. bei Boykottaufrufen, vgl. etwa *Schnug,* JA 1985, 614 (620).
[19] Vgl. *Canaris,* VersR 2005, 577 (582); *Kisseler:* Auswirkungen und Bedeutung, S. 35, S. 76 f., 107; *Körner:* Rechtsschutz des Unternehmens, S. 83, 86; *Reinhardt,* in: Karlsruher Forum 1961, S. 12 f.; *Riedl:* Das Recht am eingerichteten und ausgeübten Gewerbebetrieb, S. 116; *Sack,* VersR 2006, 1001 (1005); *Sack:* Das Recht am Gewerbebetrieb, S. 211 f., 223; *Schwitanski:* Deliktsrecht, Unternehmensschutz und Arbeitskampfrecht, S. 358 f.; *Wagner,* in: MünchKomm-BGB, § 823 BGB, Rdnr. 254.
[20] Vgl. *Kisseler:* Auswirkungen und Bedeutung, S. 69, 107; *Oechsler,* in: Staudinger, § 826 BGB, Rdnr. 386; *Sack,* VersR 2006, 1001 (1006); *Sack:* Das Recht am

I. Das Überflüssigkeitsargument

der Unlauterkeit in § 3 I UWG[22]. Das Recht am Gewerbebetrieb habe daneben keine Daseinsberechtigung mehr, weil es ursprünglich nur die Lücke ausfüllen sollte, die zwischen dem Inkrafttreten des BGB im Jahr 1900 und der Einführung der umfassenden wettbewerbsrechtlichen Generalklausel im Wettbewerbsrecht existiert hatte[23]. Aber auch außerhalb von Wettbewerbsverhältnissen sei das Recht am Gewerbebetrieb überflüssig, da bei nahezu allen bisher positiv zum Recht am Gewerbebetrieb entschiedenen Fälle bewusst und gewollt gegen ein konkretes Unternehmen und damit zumindest bedingt vorsätzlich gehandelt worden war[24]. Die beiden einzigen Fälle[25], in denen ein Eingriff trotz Fahrlässigkeit bejaht wurde, seien zudem sehr angreifbare Falschentscheidungen gewesen[26]. Wegen dieser Beschränkung des Schutz des Rechts am Gewerbebetrieb auf vorsätzliche Schadenszufügung könnten die Fallgruppen der Betriebsblockaden[27], Boykottaufrufe[28], Streikaufrufe[29], ge-

---

Gewerbebetrieb, S. 222 f., 228, 289 ff.; *Seiter:* Streikrecht und Aussperrungsrecht, S. 460 f.; *Wagner*, in: MünchKomm-BGB, § 823 BGB, Rdnr. 256. Vgl. auch BGHZ 38, 391, 395; BGHZ 80, 25, 28; BGH NJW 1981, 1089, 1990. Für Betriebsgeheimnisse auch *Harte-Bavendamm*, in: Harte-Bavendamm/Henning-Bodewig, § 17 UWG, Rdnr. 50. Differenzierend: *Deutsch*, JZ 1963, 385 (389). A.A.: *Nipperdey:* Gutachten Zeitungsstreik, S. 33. Vgl. dazu auch D.II.1.d)bb)(5) sowie vor allem E.II.1.b)bb)(2).

[21] So auch BGHZ 38, 391, 395.
[22] Vgl. *Sack:* Das Recht am Gewerbebetrieb, Rdnr. 181 f., 197, 260. Für Betriebsgeheimnisse. auch *Harte-Bavendamm*, in: Harte-Bavendamm/Henning-Bodewig, § 17 UWG, Rdnr. 50. A.A.: *Ohly*, in: Ohly/Sosnitza, Einführung D, Rdnr. 63: nur „gewisse Parallelen".
[23] Siehe bereits oben D.II.1.d)bb)(2)(a).
[24] So insbesondere *Riedl:* Das Recht am eingerichteten und ausgeübten Gewerbebetrieb, S. 99; *Sack*, VersR 2006, 582 (585); *Sack*, VersR 2006, 1001 (1008); *Sack:* Das Recht am Gewerbebetrieb, S. 223, 291. Siehe bereits oben E.I.2.b)aa).
[25] Dabei soll es sich nur um BGH NJW 1972, 101; BGH NJW 1992, 41 handeln. Erstaunlicher Weise werden dabei die in A.III genannten Fälle überhaupt nicht erwähnt.
[26] Zu BGH NJW 1972, 101 vgl. *Sack:* Das Recht am Gewerbebetrieb, S. 146 ff., *Taupitz:* Haftung für Energieleiterstörungen, S. 189 mit Fn. 243, die zu Recht eine Eigentumsverletzung an den verseuchten Muscheln bejahen. Zu BGH NJW 1992, 41 vgl. die Nachweise oben A.II.
[27] Vgl. *Larenz/Canaris:* Schuldrecht II/2, § 81 III 3 f, S. 554; *Riedl:* Das Recht am eingerichteten und ausgeübten Gewerbebetrieb, S. 145 f.; *Sack:* Das Recht am Gewerbebetrieb, S. 240 ff.; *Wielthölter*, KritJ 1970, 121 (126 ff.).
[28] Vgl. *Larenz/Canaris:* Schuldrecht II/2, § 81 III 3 e, S. 554 f.; *Ohly*, in: Ohly/Sosnitza, Einführung D, Rdnr. 60; *Sack:* Das Recht am Gewerbebetrieb, S. 237; *Schrauder:* Wettbewerbsverstöße, S. 201; *Schwitanski:* Deliktsrecht, Unternehmensschutz und Arbeitskampfrecht, S. 358 f.; *Wielthölter*, KritJ 1970, 121 (126 ff.).
[29] Vgl. *Brüggemeier*, ZVglRWiss 82 (1983), 62; *Hoffmann*, AuR 1968, 33 (39); *Kisseler:* Auswirkungen und Bedeutung, S. 74; *Oechsler*, in: Staudinger, § 826 BGB, Rdnr. 418; *Ramm*, AuR 1966, 161 (161); *Riedl:* Das Recht am eingerichteten und ausgeübten Gewerbebetrieb, S. 203 ff.; *Sack:* Das Recht am Gewerbebetrieb, S. 247 ff.;

werbeschädigenden Kritik[30] und sogar bei einer eher weiten Auslegung[31] auch die für das Recht am Gewerbebetrieb klassische[32] Fallgruppe der unberechtigten Schutzrechtsverwarnungen[33] als Schadenszufügungen im Sinne von § 826 BGB behandelt werden.

II. Überprüfung des Überflüssigkeitsargumentes

Auf dieser Grundlage sollen die eingangs zur Vereinbarkeit von Verkehrspflichten und Recht am Gewerbebetrieb geschilderten Fälle[34] auf die Frage untersucht werden, ob und wenn ja inwieweit sich auch hier das Recht am Gewerbebetrieb als überflüssig erweist.

1. Alternative Lösung der Einleitungsfälle

Zumindest die eingangs geschilderte „Jugendcafé-Entscheidung"[35] lässt sich ohne Rückgriff auf das Recht am Gewerbebetrieb rechtfertigen. Zur Erinnerung: Einer Stadt gehörte ein Jugendcafé, in dem regelmäßig kulturelle

---

Seiter: Streikrecht und Aussperrungsrecht, S. 460 f.; *Schnug,* JA 1985, 614 (620); *Schrauder:* Wettbewerbsverstöße, S. 201; *Steindorff,* JZ 1960, 582 (583); *Wielthölter,* KritJ 1970, 121 (126 ff.). Einschränkend *Buchner:* Die Bedeutung des Rechts am Gewerbebetrieb, S. 172 f.; *Lambrich/Sander,* NZA 2014, 337 (341). A.A.: *Hager,* in: Staudinger, § 823 BGB, D 47.

[30] Vgl. *Kübler,* JZ 177 (178); *Larenz/Canaris:* Schuldrecht II/2, § 81 III 2 c, S. 550; *Ohly,* in: Ohly/Sosnitza, Einführung D, Rdnr. 60; *Sack,* VersR 2006, 1001 (1006); *Sack:* Das Recht am Gewerbebetrieb, S. 228; *Schrauder:* Wettbewerbsverstöße, S. 201; *Schwitanski:* Deliktsrecht, Unternehmensschutz und Arbeitskampfrecht, S. 358 f.; *Wielthölter,* KritJ 1970, 121 (134). Teilweise werden auch Boykottaufrufe zu dieser Fallgruppe gezählt: *Buchner:* Die Bedeutung des Rechts am Gewerbebetrieb, S. 235; *Wagner,* in: MünchKomm-BGB, § 823 BGB, Rdnr. 281. Ähnlich *Scriba:* Anwendungsbereich und Konkretisierung, S. 122 f., 126 f., der jedoch beide Fallgruppen für unterscheidbar hält.

[31] Insbesondere, um auch Schutzrechtsverwarnungen über § 826 BGB zu erfassen: *Kisseler:* Auswirkungen und Bedeutung, S. 67 ff.; *Riedl:* Das Recht am eingerichteten und ausgeübten Gewerbebetrieb, S. 116 ff.; *Sack,* VersR 2006, 1001 (1005); *Sack:* Das Recht am Gewerbebetrieb, S. 146 ff., 203 ff., 261 f., 297. Kritisch dazu *Buchner:* Die Bedeutung des Rechts am Gewerbebetrieb, S. 255 f.; *Spindler,* in: Bamberger/Roth, 37. Edition, § 823 BGB, Rdnr. 113; *Stadtmüller:* Schutzbereich und Schutzgegenstände, S. 94 ff.

[32] Vgl. bereits RGZ 58, 24, 27.

[33] So *Emmerich:* Schuldrecht BT, § 22 Rn. 12; *Riedl:* Das Recht am eingerichteten und ausgeübten Gewerbebetrieb, S. 116 ff.; *Sack:* Das Recht am Gewerbebetrieb, S. 178 ff.

[34] Siehe oben A.III.

[35] Siehe oben A.III.1.a).

II. Überprüfung des Überflüssigkeitsargumentes

Veranstaltungen für Jugendliche, auch Musikgruppenauftritte, stattfanden. Plakate, die auf diese Musikveranstaltungen hinwiesen, tauchten auf Bauzäunen auf, für die eine Werbeagentur das ausschließliche Nutzungsrecht hatte. Die Stadtverwaltung sollte wegen Eingriffes in das Recht am Gewerbebetrieb der Werbeagentur auf Unterlassung weiterer Plakatierungen in Anspruch genommen werden. Die Klage blieb jedoch ohne Erfolg, weil die Stadt ausreichende organisatorische Vorkehrungen in Hinsicht auf eine Verhinderung von Wildplakatierung getroffen habe, und damit ihren Verkehrssicherungspflichten nachgekommen sei[36].

Wie bereits dargelegt wurde, kann auch ein mittelbar und fahrlässig verursachter Verkehrspflichtverstoß, der lediglich in einem vorwerfbaren Unterlassen begründet liegt, eine Verantwortlichkeit als „Störer" aus § 823 I BGB i. V. m. § 1004 I BGB analog begründen[37]. Die Werbeagentur hatte kraft ihres ausschließlichen Nutzungsrechtes berechtigten Besitz[38] an den Werbeflächen der Bauzäune und hätte sich damit, auch ohne Rückgriff auf das Recht am Gewerbebetrieb, auf den Schutz durch ein sonstiges Recht im Sinne von § 823 I BGB[39] berufen können. Ein etwaiger Anspruch auf Unterlassen von Wildplakatierung hätte sich also – vorbehaltlich eines Verkehrspflichtverstoßes – von vornherein aus §§ 823 I BGB, 1004 BGB analog[40] sowie aus § 862 I BGB[41] ergeben. Gerade vor dem Hintergrund des Subsidiaritätsgrundsatzes[42] hätte man sich zumindest mit dieser Möglichkeit auseinandersetzen müssen. So hingegen bestätigt sich an dieser Entscheidung, dass auch in Fällen, in denen der Inanspruchgenommene nur mittelbar kausal und fahrlässig gehandelt hat, das Recht am Gewerbebetrieb teilweise überflüssig und zu ersetzen ist.

2. Haftung der Medien und Presse für die Verbreitung von Ehrverletzungen

In anderen Fällen hingegen erweist sich das Recht am Gewerbebetrieb nicht ohne weiteres als überflüssig. Hierzu gehört die Kategorie der Haftung wegen der fahrlässigen Verbreitung ehrenrühriger oder gewerbeschädigender Kritik,

---

[36] OLG Frankfurt a.M, OLGZ 1991, 81, 83 f.
[37] Vgl. dazu oben B.IV.4.b)cc) sowie C.IV.
[38] Vgl. OLG Koblenz NJW-RR 2002, 1031, 1032.
[39] Siehe oben D.II.1.c)bb)(3)(a).
[40] Zum Gleichlauf des Eigentumsschutzes in §§ 823, 1004, 812 BGB: *v. Bar:* Deliktsrechtliche Eigentumsverletzungen, S. 7 ff.
[41] Vgl. OLG Koblenz NJW-RR 2002, 1031, 1032.
[42] Vgl. oben D.II.1.c)bb)(1).

die sich typischerweise im Bereich der Medien- und Pressedelikte[43] ereignet[44]. Im bereits vorgestellten „Spätheimkehrerfall"[45] musste ein Zeitschriftenverlag wegen eines abgedruckten Boykottaufrufes[46] Schadensersatz wegen Eingriffs in das Recht am Gewerbebetrieb leisten[47]. Ähnlich verhielt es in dem ebenfalls eingangs eingeführten Fall, in dem eine Moderatorin in einer Fernsehsendung fahrlässig eine abfällige Bemerkung über einen Pelzmantel des Herstellers gemacht hatte[48], und dafür auch der Fernsehsender für Schadensersatz wegen Eingriff in den Gewerbebetrieb verantwortlich gemacht wurde[49]. Abgestellt wurde hier jeweils auf die Organisationspflichten innerhalb des Verlages bzw. des Senders, die fahrlässig durch Unterlassen verletzt worden seien, und dadurch zu den Rechtsverletzungen geführt hätten.

Aus neuerer Zeit sind dem die ebenfalls eingangs erwähnten Entscheidungen in Bezug auf die negatorische Haftung von Hotel- bzw. Ärztebewertungsportalen für die Bewertungen einzelner Nutzer[50] sowie die Entscheidung des OLG Hamburg[51] bezüglich eines Unterlassungsanspruchs gegen den Betreibers eines Internetforums für die Beiträge von Forumsnutzern, die – einem Boykottaufruf vergleichbar[52] – konkret zu einer DDoS-Attacke aufriefen[53], hinzuzufügen. Auch hier geht es um die Frage, ob das vorwerfbare Unterlassen gefahrverhütender Maßnahmen durch organisatorisch Ver-

---

[43] Die Schadensersatzhaftung der Presse steht jedoch unter dem Vorbehalt des Presseprivilegs in § 9 S. 2 UWG steht, das analog auch auf Schadensersatzansprüche konkurrierender Anspruchsgrundlagen angewendet werden kann, vgl. *Köhler*, in: Köhler/Bornkamm, § 9 UWG, Rdnr. 2.16.

[44] Vgl. für das allgemeine Persönlichkeitsrecht *Kötz/Wagner:* Deliktsrecht, Rdnr. 384 sowie *v. Caemmerer*, in: Hundert Jahre deutsches Rechtsleben II, S. 111.

[45] Siehe oben A.III.1.a).

[46] Auch Boykottaufrufe können zur Fallgruppe der gewerbeschädigenden Äußerungen gezählt werden, vgl. *Buchner:* Die Bedeutung des Rechts am Gewerbebetrieb, S. 235; *Wagner*, in: MünchKomm-BGB, § 823 BGB, Rdnr. 281. Ähnlich *Scriba:* Anwendungsbereich und Konkretisierung, S. 122 f., 126 f., der jedoch beide Fallgruppen unterscheidet.

[47] BGHZ 24, 200, 211.

[48] Siehe oben A.III.1.a).

[49] BGH NJW 1963, 484, 485.

[50] OLG Stuttgart NJW-RR 2014, 680, 681 sowie 683; OLG Düsseldorf NJW-RR 2016, 656, 658 und 661.

[51] OLG Hamburg MMR 2006, 744, 745. Vgl. auch schon die Vorinstanz LG Hamburg, MMR 2006, 491.

[52] So auch *Kraft/Meister*, MMR 2003, 366 (374), *Schapiro:* Unterlassungsansprüche, S. 141.

[53] Es geht also um die Verantwortlichkeit für den Aufruf als solchen. Wäre es tatsächlich zu dem Überlastungsangriff gekommen, wären die unten in F.II.3.c, H. III.3 ausgeführten Überlegungen einschlägig.

II. Überprüfung des Überflüssigkeitsargumentes

antwortliche eine Einstandspflicht für geschäftsschädigende Äußerungen Dritter begründen kann.

Die Problematik dieser Fälle ergibt sich daraus, dass nur der Verfasser der Anzeige, des Artikels bzw. des Beitrags bewusst und willentlich handelt. Daher kommt auch nur für ihn eine Haftung nach § 826 BGB, § 824 BGB oder § 823 II BGB i.V.m. §§ 185 ff. StGB in Betracht. Die mittelbar Verantwortlichen, die jeweils in Anspruch genommen wurden, handelten hingegen unvorsätzlich; sie hatten zunächst keine Kenntnis von den Rechtsverstößen. § 826 BGB kommt damit als Anspruchsgrundlage nicht in Frage. Auch wettbewerbsrechtliche Ansprüche aus dem UWG scheiden aus, da es bei ihnen[54] an einem geschäftlichen Handeln im Sinne von § 2 I Nr. 1 UWG[55] fehlt.

Gegen fahrlässige, mittelbar verursachte Verletzungen der Geschäftsehre von Unternehmern, etwa in Medien oder Meinungsforen, scheint es damit ohne Rückgriff auf das Recht am Gewerbebetrieb keine Anspruchsgrundlage zu geben, die zur Begründung einer etwaigen Haftung der für diese Medien Verantwortlichen herangezogen werden könnte. Nur vorsätzliche Rechtsverletzungen der Geschäftsehre von Unternehmen könnten über § 826 BGB, §§ 823 II, 185 ff. StGB erfasst werden, während fahrlässige Schädigungen sanktionslos blieben[56].

Das Recht am Gewerbebetrieb kann daher nicht ohne weiteres als überflüssig angesehen werden.

3. Angriffe auf informationstechnologische Systeme von Unternehmen

Auch die Rechtsschutzmöglichkeiten von Unternehmen gegen Angriffe auf ihre informationstechnologischen Systeme erweisen sich auf den ersten Blick ohne das Recht am Gewerbebetrieb als defizitär.

---

[54] Vgl. zur Möglichkeit einer wettbewerbsrechtlichen Verantwortlichkeit mittelbar Handelnder, wenn der unmittelbar Handelnde selbst keine geschäftliche Handlung vornimmt: *Kleinmanns:* Mittelbare Täterschaft im Lauterkeitsrecht, S. 157.

[55] Siehe dazu oben D.II.1.d)bb)(2)(b).

[56] Vgl. dazu in Bezug auf das allgemeine Persönlichkeitsrecht auch die Kritik von *Hubmann:* Das Persönlichkeitsrecht, S. 290; *Kötz/Wagner:* Deliktsrecht, Rdnr. 383; *Larenz/Canaris:* Schuldrecht II/2, § 80 II 2 a; *Neuner,* JuS 2015, 961 (966); *Rixecker,* in: MünchKomm-BGB, Anh. § 12 BGB, Rdnr. 94. A.A. (kein Schutz gegen fahrlässige Schädigungen des Goodwills von Unternehmen erforderlich): *Peifer:* Individualität im Zivilrecht, S. 536.

a) Spam-E-Mails

Dies betrifft zunächst die Haftung desjenigen, der nur mittelbar und fahrlässig den Versand von unerwünschten Werbe-E-Mails ermöglicht. Beispielhaft hierfür ist das bereits vorgestellte Urteil des Kammergerichts[57]: Hier wurde der nicht selbst handelnde, nur administrative Ansprechpartner (Admin-C) einer Domain wegen Verletzung des Rechts am Gewerbebetrieb auf Unterlassung in Anspruch genommen[58], nachdem über diese Domain unerwünschte Werbe-E-Mails versandt worden waren. Denkbar ist auch eine Verantwortlichkeit unwissender und unzureichend geschützter Internetnutzer, etwa wenn Hacker über heimlich installierte Schadprogramme auf E-Mail-Konten Zugriff nehmen und über diese Konten Werbe-E-Mails versenden[59].

§ 826 BGB[60] scheidet in diesen Fällen in Ermangelung von Vorsatz aus. § 7 II Nr. 3 UWG i. V. m. §§ 8 f. UWG ist außerhalb des Wettbewerbsrechts nicht anwendbar[61] und nach ganz herrschender Ansicht auch kein Schutzgesetz im Sinne von § 823 II BGB[62]. Trotz der thematischen Ähnlichkeit kann auch nicht an die Argumentation zur Begründung einer Eigentumsverletzung bei Fax- und Briefkastenwerbung angeknüpft werden. Denn bei Faxwerbung wird wegen des ungewollten Verbrauchs von Papier und Tinte beziehungsweise Toner, der durch den Empfang der unverlangten Werbung automatisch entsteht, ein Anspruch wegen Eigentumsverletzung im Sinne von § 823 I BGB gewährt[63]. Das ist jedoch auf eine Werbe-E-Mail, die zunächst nur auf dem Server des E-Mail-Anbieters bzw. auf dem Unternehmensserver gespeichert ist, nicht übertragbar. Der mit einem etwaigen Ausdrucken einer solchen E-Mail verbundene Verbrauch an Papier und Tinte wäre als eigenverantwortliche und heute nicht mehr übliche Handlung des Empfängers jedenfalls nicht mehr dem Schädiger zuzurechnen[64]. Bei Briefkastenwerbung kann eine Eigentums- und Besitzverletzung durch den unbefugten Eingriff in die räumlich geschützte Sphäre des Empfängers gesehen

---

[57] KG NJW 2012, 3044, 3045.
[58] Allerdings auf Grund Störerhaftung, vgl. oben A.III.1.b). Vgl. die Kritik hierzu C.IV.
[59] Siehe oben A.II.
[60] Zu der Haftung des Versenders nach § 826 BGB: *Härting/Eckart*, CR 2004, 119 (121 f.); *Hoeren*, NJW 2004, 3513 (3513); *Koch*, NJW 2004, 801 (801).
[61] Siehe oben D.II.1.d)bb)(b).
[62] Siehe oben E.II.1.b)bb)(3).
[63] *Spindler*, in: Bamberger/Roth, 37. Edition, § 823 BGB, Rdnr. 40. Vgl. auch BGH, NJW 1996, 660, 661.
[64] Vgl. BAGE 129, 145 = BAG NJW 2009, 1990, 1991 f.

II. Überprüfung des Überflüssigkeitsargumentes

werden[65]. Die Zustellung an ein E-Mail-Postfach stellt kein vergleichbares „virtuelles" Eindringen in die Sphäre des E-Mail-Empfängers[66] dar, weil es hier jedenfalls nicht um einen dementsprechenden räumlich-körperlichen Schutz des Rechners geht. Ob und wenn ja inwieweit hier sonst eine Eigentumsverletzung vorliegt, ist an anderer Stelle weiter zu untersuchen[67].

Privatpersonen können sich nach herrschender Meinung gegen den Empfang von Spam-E-Mails genauso wie gegen unerwünschte Briefkastenwerbung[68] mit Unterlassungsansprüchen aus §§ 823 I, 1004 I BGB analog wegen Verletzung ihres allgemeinen Persönlichkeitsrechts[69] schützen, wobei wertungsmäßig § 7 II Nr. 3 UWG zur Bestimmung der Verletzungsmodalitäten herangezogen wird[70]. Außerhalb des Anwendungsbereiches des Wettbewerbsrechts geht die Rechtsprechung beim Versand von unerwünschten Spam-E-Mails an Unternehmen von einer Verletzung des Rechts am Gewerbebetrieb aus und wendet auch in diesem Rahmen § 7 II Nr. 3 UWG wertungsmäßig an[71].

Hält man das Recht am Gewerbebetrieb für überflüssig, muss man daher für diese Fallgruppe eine andere Anspruchsgrundlage zu finden. Denn der im

---

[65] BGHZ 106, 229, 233 ff.; *Baldus*, in: MünchKomm-BGB, § 1004 BGB, Rdnr. 103 f.; *Larenz/Canaris:* Schuldrecht II/2, § 80 II Nr. 7 b, S. 516; *Ohly*, in: Ohly/Sosnitza, § 7 UWG, Rdnr. 17 ff.; *Seeliger*, NJOZ 2014, 281 (282).
[66] Vgl. *Vehslage*, K&R 200, 203 (205).
[67] Siehe dazu unten H.II.2.c)bb)(1).
[68] Vgl. BGHZ 60, 296, BGHZ 106, 229, 233 ff. Offen gelassen bzgl. Telefonwerbung BGH GRUR 2007, 620, 620.
[69] Siehe dazu unten G.I.1.
[70] BGH NJW 2016, 870, 871 sowie aus dem Schrifttum *Ayad*, CR 2001, 533 (538); *Dieselhorst/Schreiber*, CR 2004, 680 (683); *Gramespacher*, WRP 2016, 495 (496); *Groh*, GRUR 2015, 551 (553); *Härting/Eckart*, CR 2004, 119 (119); *Hoeren*, NJW 2004, 3513 (3514); *Leistner/Pothmann*, WRP 2003, 815 (829); *Prasse*, MDR 2006, 361 (362 f.). A.A.: *Fikentscher/Möllers*, NJW 1998, 1337 (1341) in Bezug auf Telefonwerbung: negative Informationsfreiheit als sonstiges Recht.
[71] BGH NJW 2009, 2958, 2959; BGH GRUR 2013, 1259, 1259 f.; KG NJW-RR 2005, 51, 51; OLG Frankfurt/M., MMR 2017, 183, 183. Eingeschränkt BAGE 129, 145 = BAG NJW 2009, 1990, 1992 f. Aus dem Schrifttum m.w.N.: *Eckhardt*, MMR 2014, 213 (214); *Gräfin von Brühl/Brandenburg*, ITRB 2013, 260 (262); *Gramespacher*, WRP 2016, 495 (496); *Groh*, GRUR 2015, 551 (553); *Härting/Eckart*, CR 2004, 119 (119); *Hoeren*, MMR 2004, 389 (390); *Hoeren*, NJW 2004, 3513 (3514); *Peukert:* Güterzuordnung als Rechtsprinzip, S. 260; *Prasse*, MDR 2006, 361 (362 f.); *Leistner/Pothmann*, WRP 2003, 815 (829); *Spindler*, in: Bamberger/Roth, 37. Edition, § 823 BGB, Rdnr. 118; *Volkmann:* Der Störer im Internet, S. 57 f. Trotz Bedenken auch *Ayad*, CR 2001, 533 (538 f.); *Dieselhorst/Schreiber*, CR 2004, 680 (683). A.A.: *Baetge*, NJW 2006, 1037 (1038 f.); *Riedl:* Das Recht am eingerichteten und ausgeübten Gewerbebetrieb, S. 196 ff. Kritisch auch *Ohly*, in: Ohly/Sosnitza, § 7 UWG, Rdnr. 17 ff.

160   F. Praktisches Bedürfnis nach speziellem Unternehmensschutz

Rahmen der Neufassung (RL 2009/136/EG) der Datenschutzrichtlinie über elektronische Kommunikation (2002/58/EG) neu hinzugefügte Art. 13 VI fordert ausdrücklich, dass wegen eines Verstoßes gegen das Verbot unerwünschter Werbung in § 7 II UWG bei einem berechtigten Interesse sowohl natürlichen als auch juristischen Personen die Möglichkeit eines gerichtlichen Vorgehens zustehen muss[72]. Betroffene natürliche Personen können sich dafür zwar auf ihr allgemeines Persönlichkeitsrecht berufen. Gerade zu Gunsten von Unternehmen, die typischer Weise als juristische Personen organisiert sind, fehlte es bei einem Verzicht auf das Recht am Gewerbebetrieb jedoch an Rechtsschutzmöglichkeiten gegen unzulässige E-Mail-Werbung. Hier steht insoweit also der Vorwurf einer unzureichenden Richtlinienumsetzung im Raum.

b) Computerviren

Thematisch vergleichbar mit dem unwissentlichen Versand von Spam-E-Mails ist die Weiterverbreitung von Computerviren[73] durch eine Person, die typischer Weise keine Kenntnis vom eigenen Virenbefall hat und die Viren unbeabsichtigt weiterleitet. Ein Bespiel hierfür ist ein Virus, der sich unbemerkt über E-Mail-Anhänge verbreitet und sich nach der Infektion eines Rechners automatisch an alle dort im Adressbuch gespeicherten Adressen weiterversendet[74].

Während § 826 BGB sowie § 823 II BGB i. V. m. § 202a StGB oder § 303a StGB als Haftungsnormen für den Programmierer des Virus und denjenigen, der den Virus in Verkehr bringt, in Betracht kommen[75], wird die Verantwortlichkeit der unwissentlichen Weiterverbreiter parallel zum Versand unverlangter E-Mail-Werbung behandelt. Die Verseuchung privater Computer mit Viren soll daher eine Verletzung des allgemeinen Persönlichkeitsrechts[76] des Empfängers sein[77], während die Weiterleitung von Viren an einen wirtschaftlich tätigen Empfänger eine Verletzung des Rechts am Gewerbebetrieb dar-

---

[72] Vgl. *Gramespacher*, WRP 2016, 495 (496); *Groh*, GRUR 2015, 551 (553); *Köhler*, GRUR 2012, 1073 (1082); *Ohly*, in: Ohly/Sosnitza, § 7 UWG, Rdnr. 18; *Prasse*, MDR 2006, 361 (364).
[73] Zur Definition eines Computervirus als nichtselbständiges Schadprogramm vgl. *Spindler*: Verantwortlichkeiten, Rdnr. 58; *Werner*: Verkehrspflichten privater IT-Nutzer, S. 59.
[74] Vgl. *Koch*, NJW 2004, 801 (801); *Libertus*, MMR 2005, 507 (508).
[75] *Koch*, NJW 2004, 801 (801); *Libertus*, MMR 2005, 507 (508); *Spindler*: Verantwortlichkeiten, Rdnr. 276; *Werner*: Verkehrspflichten privater IT-Nutzer, S. 105.
[76] Siehe unten G.I.1.
[77] *Koch*, NJW 2004, 801 (803).

II. Überprüfung des Überflüssigkeitsargumentes

stellen soll[78]. Allerdings soll eine solche Haftung bei einer fahrlässigen Weitergabe von Schadprogrammen in der Regel an der fehlenden Betriebsbezogenheit[79] scheitern[80]. Ohne das Recht am Gewerbebetrieb stellte sich auch hier die Frage nach einer etwaigen Verantwortlichkeit wegen fahrlässiger Virenverbreitung.

c) Überlastungsangriffe

Zur Gruppe der Einwirkungen auf die IT-Infrastruktur von Unternehmen gehören auch die eingangs beschrieben Überlastungsangriffe auf Server (z. B. DDoS-Attacken), die über eine große Anzahl missbräuchlicher Anfragen – etwa in Form von vermeintlichen Website-Aufrufen – einen Absturz eines Servers herbeiführen und dadurch zu Geschäftsausfällen, Umsatzeinbußen und Produktionsstillständen führen können[81]. Für den Initiator eines solchen Angriffes ergibt sich eine Haftung aus § 826 BGB oder § 823 II BGB i. V. m. § 303b I Nr. 2 StGB[82] und ggf. auch nach § 823 II BGB i. V. m. §§ 240 StGB, 253 StGB[83]. Arbeiten Computernutzer bewusst mit diesen Initiatoren zusammen, etwa bei einem „Online-Protest"[84], haften auch sie nach diesen Anspruchsgrundlagen. Anders verhält es sich, wenn Internetnutzer durch unbemerkte Installation eines Schadprogrammes auf ihren Rechnern Werkzeug („Bot" bzw. „Zombie"[85]) solcher Angriffe werden. Dann soll eine Haf-

---

[78] Vgl. *Gräfin von Brühl/Brandenburg*, ITRB 2013, 260 (262); *Koch*, NJW 2004, 801 (803); *Mehrbrey/Schreibauer*, MMR 2016, 75 (76); *Schultze-Melling*, CR 2005, 73 (77); *Werner:* Verkehrspflichten privater IT-Nutzer, S. 119.

[79] Dieser Punkt wurde jedoch oben in C.III.3.bereits widerlegt.

[80] *Schultze-Melling*, CR 2005, 73 (77); *Spindler*, CR 2005, 741 (742); *Werner:* Verkehrspflichten privater IT-Nutzer, S. 119. Vgl. dazu auch bereits A.III2.b) am Ende.

[81] Siehe dazu oben A.II.

[82] *Spindler:* Verantwortlichkeiten, Rdnr. 276. Speziell zu § 303b I Nr. 2 StGB und DDoS: BT-Drs. 16/3656, S. 13 rechte Spalte; *Gerke*, MMR 2006, 552 (553); *Gräfin von Brühl/Brandenburg*, ITRB 2013, 260 (262); *Schuhmann*, NStZ 2007, 675 (679); *Stree/Hecker*, in: Schönke/Schröder, § 303b StGB, Rdnr. 7; *Werkmeister/Hermstrüwer*, CR 2015, 570 (572); *Wieck-Noodt*, in: MünchKomm-StGB, § 303b StGB, Rdnr. 12. Vgl. auch LG Düsseldorf, MMR 2011, 624, 625. Das OLG Frankfurt/Main MMR 2006, 547, 551 hatte vor Schaffung des § 303b I Nr. 2 StGB eine Strafbarkeit nach § 303a StGB abgelehnt.

[83] *Kraft/Meister*, MMR 2003, 366 (373). Vgl. auch LG Düsseldorf, MMR 2011, 624, 625.

[84] Vgl. OLG Hamburg MMR 2006, 744, 745; OLG Frankfurt/M. MMR 2006, 547.

[85] *Bär*, MMR 2011, 625 (625 f.); *Bundesamt für Sicherheit in der Informationstechnologie,* Botnetze, https://www.bsi-fuer-buerger.de/BSIFB/DE/Risiken/BotNetze/

tung wegen Eingriffs in das Recht am Gewerbebetrieb – wiederum unter dem Vorbehalt der Betriebsbezogenheit[86] – grundsätzlich in Betracht kommen[87]. Auch hierfür gilt es nach einer alternativen Lösung zu suchen.

III. Fazit

Das Recht am Gewerbebetrieb erscheint gerade in Hinblick auf diejenigen Fallgestaltungen, die in der Einleitung als Beispiele für mittelbar kausale und fahrlässige, aber verkehrspflichtwidrige Eingriffe in das Recht am Gewerbebetrieb vorgestellt wurden[88], keineswegs so überflüssig zu sein, wie es teilweise suggeriert wird[89]. Wegen der vorgestellten dogmatischen Bedenken am Recht am Gewerbebetrieb[90] soll dennoch versucht werden, in den nächsten beiden Abschnitten alternative Lösungen für die Fallgruppen der nur fahrlässigen Schädigungen geschäftlichen Ansehens[91] wie auch die der fahrlässigen Mitwirkung an Angriffen auf unternehmenseigene Informationstechnologie[92] zu finden.

ThemaBotNetze/bot_netze.html, zuletzt geprüft am 20.03.2017; *Roos/Schumacher*, MMR 2014, 377 (378).

[86] Dies in Bezug auf OLG Hamburg MMR 2006, 744, 745 bejahend: *Schapiro:* Unterlassungsansprüche, S. 142 f. Zur A.A. vgl. bereits die Nachweise oben A. III.2.d).

[87] *Dorner*, CR 2014, 617 (619); *Gräfin von Brühl/Brandenburg*, ITRB 2013, 260 (262); *Mehrbrey/Schreibauer*, MMR 2016, 75 (76); *Spindler:* Verantwortlichkeiten, Rdnr. 279; *Werner:* Verkehrspflichten privater IT-Nutzer, S. 119. Vgl. auch OLG Hamburg MMR 2006, 744, 745 (hier jedoch vorsätzliches Handeln).

[88] Siehe oben A.II, III.1.

[89] Siehe oben F.I.1.

[90] Siehe oben Abschnitt E.

[91] Siehe unten Abschnitt G.

[92] Siehe unten Abschnitt H.

G. Lösungsvorschläge für die Fallgruppe der geschäftsschädigenden Äußerungen

I. Heranziehung des allgemeinen Persönlichkeitsrechts juristischer Personen

Von denjenigen, die das Recht am Gewerbebetrieb für überflüssig halten, wird neben den bei unwissentlichen Handeln und Unterlassen nicht einschlägigen §§ 823 II, 824, 826 BGB sowie den in außerwettbewerblichen Beziehungen nicht anwendbaren Normen des Wettbewerbsrechts[1] noch auf das allgemeine Persönlichkeitsrecht verwiesen, um fahrlässige Schädigungen des geschäftlichen Ansehens von Unternehmen zu sanktionieren[2].

Eine Behandlung der genannten Fälle über das allgemeine Persönlichkeitsrecht setzt jedoch voraus, dass erstens die Figur der Verkehrspflichtverletzung grundsätzlich für das allgemeine Persönlichkeitsrecht relevant ist[3] und zweitens das allgemeine Persönlichkeitsrecht auch für juristische Personen und Personengesellschaften gilt[4]. Zuvor soll jedoch das bereits häufiger erwähnte allgemeine Persönlichkeitsrecht vorgestellt werden, soweit es für die weitere Darstellung erforderlich ist.

1. Das allgemeine Persönlichkeitsrecht natürlicher Personen

a) Schutzbereich

Beim zivilrechtlichen allgemeinen Persönlichkeitsrecht handelt es sich um ein von der Rechtsprechung anerkanntes[5], sonstiges Recht i. S. von § 823 I BGB[6]. Wie das Recht am Gewerbebetrieb[7] wird es dennoch als „nicht

---

[1] Siehe dazu oben F.II.2.
[2] Siehe oben in F.I.1.
[3] Siehe unten G.I.1.c).
[4] Siehe unten G.I.2.
[5] Seit BGHZ 13, 334, 338.
[6] Vgl. BGHZ 24, 72, 76 f.
[7] Auch in der Rechtsprechung wird auf die Ähnlichkeit des Recht am Gewerbebetrieb und des allgemeinen Persönlichkeitsrechts als offene Tatbestände hingewiesen, etwa BGHZ 193, 227, 236; BGH NJW 2008, 2110, 2121; BGH NJW 2015, 773, 774.

absolut"[8], sondern als offener Tatbestand bzw. generalklauselartiges Rahmenrecht bezeichnet, dessen Reichweite erst durch eine Güter- und Interessenabwägung mit den schutzwürdigen Interessen der anderen Seite im Einzelfall bestimmt werden könne[9]. Seine Schutzgüter sind insbesondere die Intim-, Privat- und Sozialsphäre, die persönliche Ehre[10], die Selbstbestimmung und die soziale Geltung einer Person[11]. Aus dem umfassenden Recht des Menschen auf Achtung seiner Würde und freie Entfaltung seiner Persönlichkeit folgt jedoch, dass das allgemeine Persönlichkeitsrecht seinem Inhalte nach nicht abschließend festgelegt ist, sondern ein Quellrecht[12] darstellt, aus dem neben den in § 823 I BGB aufgezählten Schutzgütern wie Gesundheit, Freiheit und Eigentum auch weitere, noch unbekannte Schutzgüter genauso wie die besonders geregelten Rechte wie der Name (§ 12 BGB), das Recht am eigenen Bild (vgl. § 22 f. KUG) und das Urheberpersönlichkeitsrecht als gesetzliche Regelbeispiele des Persönlichkeitsrechts fließen[13]. Nach diesem Verständnis dienen letzten Endes alle Rechte und Rechtsgüter als spezielle Ausprägungen des Persönlichkeitsrechts dazu, dass eine Person ihr Leben

---

[8] BGHZ 98, 94, 99. Zum Streitstand, ob das allgemeine Persönlichkeitsrecht ein absolutes Recht darstellt, vgl. *Peukert:* Güterzuordnung als Rechtsprinzip, S. 187 ff. mit zahlreichen Nachweisen.

[9] Vgl. etwa BGHZ 24, 72, 78; BGHZ 183, 353, 356 f.; BGHZ 198, 346, 348; BGH NJW 1987, 2667, 2667; BGH NJW 1991, 1532, 1533; BGH NJW 2004, 762, 764; BGH NJW 2010, 2432, 2433; BGH NJW 2012, 763, 765; BGH NJW 2012, 3645, 3645; BGH NJW 2016, 789, 790; BGH NJW 2016, 2106, 2108 sowie (teilweise über positive Feststellung der Rechtswidrigkeit ähnlich wie beim Recht am Gewerbebetrieb, vgl. oben D.I.1.b) etwa *Fikentscher/Heinemann:* Schuldrecht, Rdnr. 1584; *Medicus/Lorenz:* Schuldrecht II, Rdnr. 1308; vgl. auch *v. Caemmerer*, in: Hundert Jahre deutsches Rechtsleben II, 102; *Esser/Weyers:* Gesetzliche Schuldverhältnisse, § 55 I 1 d, S. 158; *Neuner*, JuS 2015, 961 (963); *Wagner*, in: MünchKomm-BGB, § 826 BGB, Rdnr. 2. Differenzierend: *Larenz/Canaris:* Schuldrecht II/2, § 80 II, S. 498 f. Kritisch: *Beuthien*, in: Festschrift Medicus, S. 3 ff.; *Rixecker*, in: Münch-Komm-BGB, Anh. § 12 BGB, Rdnr. 10; *Stoll:* Richterliche Fortbildung, S. 24.

[10] Dazu speziell *Hager*, AcP 196 (1996), 168 (172).

[11] Zu den Fallgruppen und Schutzbereichen des allgemeinen Persönlichkeitsrechts etwa *Bamberger*, in: Bamberger/Roth, § 12 BGB, Rdnr. 143 ff.; *Beater*, in: Soergel, Anh. IV § 823 BGB, Rdnr. 67 ff.; *Ehmann*, JuS 1997, 193 (194); *Esser/Weyers:* Gesetzliche Schuldverhältnisse, § 55 I 1 d, S. 157; *Fikentscher/Heinemann:* Schuldrecht, Rdnr. 1585 ff.; *Kötz/Wagner:* Deliktsrecht, Rdnr. 376 ff.; *Larenz/Canaris:* Schuldrecht II/2, § 80 II, S. 498 ff. jeweils m.w.N. Aus der Rechtsprechung etwa BGHZ 198, 346, 348 m.w.N.

[12] *Larenz*, NJW 1955, 521 (525); *Schiemann*, in: Erman, § 823 BGB, Rdnr. 48. A.A.: *Beuthien*, in: Festschrift Medicus, S. 3 ff.; *Esser/Weyers:* Gesetzliche Schuldverhältnisse, § 55 I 1 d, S. 160.

[13] Vgl. BGHZ 24, 72, 78 sowie *Hubmann:* Das Persönlichkeitsrecht, S. 172 ff.; *Quante:* Persönlichkeitsrecht juristischer Personen, S. 24 f.; *Neuner*, JuS 2015, 961 (963); *Schiemann*, in: Erman, § 823 BGB, Rdnr. 48. Vgl. auch *Canaris*, VersR 2005, 577 (582); *Schnug*, JA 1985, 614 (616).

I. Heranziehung des allgemeinen Persönlichkeitsrechts juristischer Personen

nach eigenen, selbstverantwortlich entwickelten Vorstellungen gestalten kann[14], und sind daher auch im Lichte des allgemeinen Persönlichkeitsrechts auszulegen[15]. Für einen vollständigen Schutz der Persönlichkeit sind darüber hinaus jedoch nicht nur diese besonderen Persönlichkeitsrechte als absolute Rechte[16] geschützt[17], sondern wird das allgemeine Persönlichkeitsrecht in Form eines generalklauselartigen Gesamtrechts gewährleistet[18].

b) Die Legitimation des allgemeinen Persönlichkeitsrechts

Trotz des ähnlich weiten und unbestimmten Schutzbereichs[19] wird die Legitimität des allgemeinen Persönlichkeitsrechts im Gegensatz zu der des Rechts am Gewerbebetrieb[20] als sonstiges Recht im Sinne von § 823 I BGB heute nicht mehr bestritten[21]. Denn das allgemeine Persönlichkeitsrechts leitet sich unmittelbar aus dem verfassungsrechtlichen Schutzauftrag der Art. 1 I, 2 I GG[22] in Verbindung mit Art. 1 III GG[23] und dem Schutzauftrag des Art. 8 Nr. 1 EMRK[24] ab. Aus dieser verfassungsrechtlichen Verankerung, in Verbindung mit einem Mangel am anderweitigen zivilrechtlichen Schutz[25], wird die Anerkennung des allgemeinen Persönlichkeitsrechts gerechtfertigt, obwohl der BGB-Gesetzgeber von 1900 es gerade nicht als

---

[14] Vgl. BGHZ 124, 52, 54. A.A. *Esser/Weyers:* Gesetzliche Schuldverhältnisse, § 55 I 1 d, S. 160.

[15] Vgl. *Harke:* Besonderes Schuldrecht, Rdnr. 539.

[16] Differenzierend: *v. Caemmerer*, in: Karlsruher Forum 1961, S. 23.

[17] Vgl. *Deutsch:* Allgemeines Haftungsrecht, Rdnr. 70; *Deutsch/Ahrens:* Deliktsrecht, Rdnr. 270; *Larenz*, NJW 1955, 521 (524 f.); *Zeuner*, in: 25 Jahre Karlsruher Forum, S. 197; *Zeuner*, in: Soergel, 12. Aufl., § 823 BGB, Rdnr. 72. Vgl. aber *Larenz/Canaris:* Schuldrecht II/2, § 80 III 2, 3, S. 518 ff. m.w.N.; *Zöllner*, JZ 1997, 293 (295).

[18] Vgl. *Hubmann:* Das Persönlichkeitsrecht, S. 152; *Neuner*, JuS 2015, 961 (962).

[19] Vgl. *Esser/Weyers:* Gesetzliche Schuldverhältnisse, § 55 I 1 d, S. 157; *Körner:* Rechtsschutz des Unternehmens, S. 452; *Medicus/Petersen:* Bürgerliches Recht, Rdnr. 615; *Mestmäcker*, JZ 1958, 522 (525); *Larenz*, NJW 1955, 521 (522). Siehe auch *Hubmann:* Das Persönlichkeitsrecht, S. 6 ff. m.w.N.

[20] Siehe zur Kritik oben in Abschnitt E sowie insbesondere *Larenz/Canaris:* Schuldrecht II/2, § 81 IV, S. 560 ff.; *Riedl:* Das Recht am eingerichteten und ausgeübten Gewerbebetrieb, S. 92 ff.; *Sack:* Das Recht am Gewerbebetrieb, S. 142 ff.

[21] A.A.: *Beuthien*, in: Festschrift Medicus, S. 5 ff.; *Medicus/Petersen:* Bürgerliches Recht, Rdnr. 615.

[22] St. Rspr. seit BGHZ 13, 334, 338. Aktuell BGH NJW 2016, 2106, 2108. Zur Wirkung der Verfassungsvorgaben auf den Ehrenschutz vgl. auch *Hager*, AcP 196 (1996), 168 (175 ff.).

[23] BGHZ 24, 72, 77; BGHZ 27, 284, 286.

[24] BGHZ 27, 284, 285 f. Aktuell: BGH NJW 2016, 2106, 2108.

[25] Vgl. *Hubmann:* Das Persönlichkeitsrecht, S. 113.

Schutzgut des § 823 I BGB hatte anerkennen wollen[26]. Denn das Grundgesetz garantiert erst seit 1949 mit Art. 1 I GG einen umfassenden Schutz der Persönlichkeit, der Würde des Menschen sowie das Recht zur freien Entfaltung der Persönlichkeit als grundlegende Werte der Rechtsordnung. Diese veränderte Werteordnung hat die Auffassung des historischen Gesetzgebers des BGB überholt[27] und zusammen mit den durch das Aufkommen von Massenkommunikationsmitteln[28] entstanden neuen „Gefährdungen der Persönlichkeitsentfaltung"[29] nachträglich eine Lücke[30] im deliktischen Rechtsschutz geschaffen. Aus diesem Grund überwindet Art. 1 I GG[31] durch seine herausragende Bedeutung für die gesamte Rechtsordnung ausnahmsweise die Anforderungen an ein „sonstiges Recht" im Sinne des § 823 I BGB[32] und lässt für diesen Ausnahmefall ein nicht absolutes, sondern generalklauselartiges Rahmenrecht in § 823 I BGB zu[33].

c) Die Anwendbarkeit des Konzepts der Verkehrspflichtverletzung

Weil es trotz seiner Generalklauselartigkeit als sonstiges Recht im Sinne von § 823 I BGB behandelt wird, gelten die Verkehrspflichten nach allgemeiner Ansicht auch für das allgemeine Persönlichkeitsrecht[34]. Dadurch entsteht ein „zweistufiges"[35] Schema des objektiven Tatbestandes des § 823 I BGB, bestehend aus Rechtsgutsverletzung und separat zu prüfender

---

[26] Mugdan II, S. 1297. Vgl. auch RGZ 51, 369, 373 sowie *Bamberger*, in: Bamberger/Roth, § 12 BGB, Rdnr. 96; *Harke*: Besonderes Schuldrecht, Rdnr. 524; *Kötz/Wagner*: Deliktsrecht, Rdnr. 101, 366.

[27] BGHZ 13, 334, 338; BGHZ 24, 72, 77 f; BGHZ 26, 349, 355 f.

[28] *Beater*, in: Soergel, Anh. IV § 823 BGB, Rdnr. 5; *Hubmann*: Das Persönlichkeitsrecht, S. 1; *Larenz/Canaris*: Schuldrecht II/2, § 75 I 4 a, S. 359; *Neuner*, JuS 2015, 961 (962). Vgl. auch BVerfG NJW 2008, 822, 824 m.w.N. sowie *Glaser*, NVwZ 2012, 1432 (1432). Speziell in Bezug auf Gefährdungen des Persönlichkeitsrechts im Internet: *Götting*, in: Aktuelle Entwicklungen im Persönlichkeitsrecht, S. 55 f.; *Peifer*, JZ 2012, 851 (851 f.).

[29] BVerfGE 101, 361 = GRUR 2000, 446, 449.

[30] *Larenz/Canaris*: Schuldrecht II/2, § 75 I 4 a, S. 359, § 80 I 2, S. 492.

[31] Kritisch jedoch zur Erforderlichkeit einer verfassungsrechtlichen Ableitung *Hubmann*: Das Persönlichkeitsrecht, S. 113; *Larenz/Canaris*: Schuldrecht II/2, § 80 I 3, S. 492 f.

[32] Vgl. *Kötz/Wagner*: Deliktsrecht, Rdnr. 168: „Notlösung"; ablehnend daher: *Körner*: Rechtsschutz des Unternehmens, S. 45.

[33] Vgl. *Frank*, JA 1979, 583 (587). A.A.: *Beuthien*, in: Festschrift Medicus, S. 7, 14.

[34] Siehe oben A. III.1, 2.a).

[35] Siehe dazu oben D.III.1.

I. Heranziehung des allgemeinen Persönlichkeitsrechts juristischer Personen

zurechenbarer Verletzungshandlung kraft Verkehrspflichtverletzung[36]. Liegt nach Abwägung aller Umstände des Einzelfalls ein tatbestandlicher und rechtswidriger Eingriff in das allgemeine Persönlichkeitsrecht vor[37], kann diese Rechtsgutsverletzung im Sinne von § 823 I BGB mit Hilfe von Verkehrspflichten, insbesondere Organisationspflichten, auch fahrlässig handelnden Personen als Verletzern zugerechnet werden. Gerade die Haftung von Presseunternehmen ist beispielhaft für solche Verkehrspflichten zum Schutz des allgemeinen Persönlichkeitsrechts[38], genauso wie die Haftung von Providern und Administratoren für persönlichkeitsverletzende Äußerungen im Internet[39].

2. Das allgemeine Persönlichkeitsrecht juristischer Personen und Verbände

Umstrittener als die Geltung der Verkehrspflichten für das allgemeine Persönlichkeitsrecht ist das Bestehen eines allgemeinen Persönlichkeitsrechts auch für Personengesellschaften und juristische Personen.

a) Rechtsprechung

Vom Bundesgerichtshof wie auch vom Bundesarbeitsgericht wird das zivilrechtliche allgemeine Persönlichkeitsrecht auch Kapitalgesellschaften[40], nicht rechtsfähigen Vereinen[41] und Personengesellschaften des Handelsrechts[42] zuerkannt, wenn und soweit ihre Geschäftsehre[43] und ihr sozialer Geltungsanspruch in ihrem Aufgabenbereich[44], vor allem als Arbeitgeber

---

[36] A.A. v. *Bar:* Verkehrspflichten, S. 80, vgl. dazu oben A.III.2.b).
[37] Zu der Parallelproblematik beim Recht am Gewerbebetrieb siehe oben D.I.1.b). Mit Lösung über Wechselwirkungstheorie und praktische Konkordanz ebenso *Hager*, AcP 196 (1996), 168 (178). Mit anderer Akzentsetzung auch *Schiemann*, in: Erman, § 823 BGB, Rdnr. 48.
[38] *Hager*, AcP 196 (1996), 168 (194f.); *Hager*, in: Staudinger/Hager, § 823 BGB, Rdnr. C 119, E 6; *Larenz/Canaris:* Schuldrecht II/2, § 76 III 2 c, S. 406; § 80 II 6 b, S. 514; § 80 IV 2, S. 521.
[39] *Spindler:* Verantwortlichkeiten, Rdnr. 684.
[40] BGHZ 98, 94, 97.
[41] BGH NJW 1971, 1655, 1655.
[42] BGHZ 78, 24, 25; BGHZ 81, 75, 78.
[43] Vgl. BGH NJW 2015, 776, 777.
[44] BGHZ 78, 24, 26; BGHZ 98, 94, 97; BGHZ 166, 84, 111; BGH NJW 1994, 1281, 1282; BGH NJW 2006, 830, 841; BGH GRUR-RR 2011, 456, 458; BGH NJW 2015, 773, 774; BGH NJW 2016, 56, 59; BAGE 129, 145 = BAG NJW 2009, 1990, 1992.

oder als Wirtschaftsunternehmen[45] betroffen sind, d.h. solche Werte, die nicht mit der Natur des Menschen und seiner Würde gem. Art. 1 I GG untrennbar verbunden sind[46]. Dabei beruft sich gerade die neuere Rechtsprechung auf Art. 2 I, Art. 12 I GG und Art. 8 I EMRK i.V.m. Art. 19 III GG[47]. Teilweise ist sogar von einem neuen allgemeinen Unternehmenspersönlichkeitsrechts[48] als sonstigem Recht im Sinne von § 823 I BGB die Rede.

Das Bundesverfassungsgericht hingegen lässt diese Frage aus verfassungsrechtlicher Sicht offen[49] und weicht für juristische Personen und Personengesellschaften auf Art. 2 I GG als „die wirtschaftliche Betätigungsfreiheit, die als Teil der allgemeinen Handlungsfreiheit durch Art. 2 I GG geschützt wird"[50] sowie teilweise auch auf Art. 12 I GG[51] aus.

b) Literatur

Im Schrifttum wird teilweise das Bestehen eines – gegenüber dem Schutzumfang natürlicher Personen abgeschwächten[52] – allgemeinen Persönlichkeitsrechts juristischer Personen und Verbände in Übereinstimmung mit der Rechtsprechung befürwortet[53] und ebenfalls aus Art. 19 III GG, Art. 2 I GG[54]

---

[45] BGHZ 98, 94, 97; BGHZ 166, 84, 111; BGH NJW 1975, 1882, 1884; BGH NJW 1994, 1281, 1282; BGH NJW 2015, 773, 774; BGH NJW 2016, 56, 59; KG WRP 2016, 126, 126.
[46] Vgl. BGHZ 98, 94, 97.
[47] BGH NJW 2016, 56, 59 m.w.N.
[48] BGH NJW 2009, 1872, 1873; BGH GRUR-RR 2011, 456, 458; BGH NJW 2015, 776, 777; KG WRP 2016, 126, 126.
[49] Vgl. BVerfG NJW 2008, 838, 840; BVerfG NJW 2010, 3501, 3502 m.w.N.
[50] BVerfG NJW 1994, 1784, 1784.
[51] BVerfG NJW-RR 2004, 1710, 1711; BVerfG NJW 2010, 3501, 3502; vgl. auch BVerfGE 105, 252 = NJW 2002, 2621, 2622.
[52] Vgl. *Arnold:* Das Recht am Unternehmen, S. 77; *Gostomzyk*, NJW 2008, 2082 (2084); *Larenz/Canaris:* Schuldrecht II/2, § 81 III 2 c, S. 550 f.; *Preusche:* Unternehmensschutz und Haftungsbeschränkung, S. 115. Vgl. auch *Hubmann:* Das Persönlichkeitsrecht, S. 195 f.; *Stein:* Unternehmensbezogene Äußerungen, S. 139.
[53] Vgl. *Beater,* in: Soergel, Anh. IV § 823 BGB, Rdnr. 23; *Born*, AfP 2005, 110 (112); *Canaris,* VersR 2005, 577 (582); *Czernik*, GRUR 2012, 457, 457; *Fikentscher/Heinemann:* Schuldrecht, Rdnr. 1584; *Helle:* Der Schutz der Persönlichkeit, S. 95 f.; *Hubmann:* Das Persönlichkeitsrecht, S. 192 ff.; *Hubmann*, ZHR 117, 41 (57 f.); *Klippel*, JZ 1988 (1988), 625 (625 ff.); *Stadtmüller:* Schutzbereich und Schutzgegenstände, S. 349 f. Vgl. auch *Hager*, in: Staudinger, § 823 BGB, C 28 f; *Stein:* Unternehmensbezogene Äußerungen, S. 140. Einschränkend: *Emmerich:* Schuldrecht BT, § 22 Rn. 18. Nur in Bezug auf nichtwirtschaftlich tätige Verbände *Brüggemeier:* Haftungsrecht, S. 333.
[54] *Dünnwald*, ZUM 2009, 538 (546); *Fricke*, ZUM 2007, 487 (490); *Helle:* Der Schutz der Persönlichkeit, S. 95 f.; *Stadtmüller:* Schutzbereich und Schutzgegenstände, S. 351.

I. Heranziehung des allgemeinen Persönlichkeitsrechts juristischer Personen 169

sowie Art. 12 I GG[55] abgeleitet. Im Ergebnis gleich stellen andere auf die Aktivität der natürlichen Person im Verband und die Gleichstellung der juristischen mit der natürlichen Person ab[56]. Sogar die Entwicklung eines neuen sonstigen Rechts zum Schutze des sozialen Geltungsanspruchs eines Unternehmens wird gefordert[57].

Die Gegenansicht verweist hingegen auf Herleitung und Legitimation des allgemeinen Persönlichkeitsrechts, die untrennbar mit der Menschenwürde (Art. 1 I GG) verbunden seien[58], und daher bereits von vornherein nicht zum Schutz eines Unternehmens eingreifen könnten[59]. Auch die zur Begründung herangezogenen Art. 2 I GG oder Art. 12 I GG enthielten keinen der Menschenwürde vergleichbaren staatlichen Schutzauftrag, die es legitimierten, § 823 I BGB gegen den Willen des historischen Gesetzgebers noch weiter, als durch das allgemeine Persönlichkeitsrecht geschehen[60], generalklauselartig auszudehnen und einen ungeschriebenen Deliktstatbestand zu schaffen[61]. Daher sei allein auf die übrigen Regelungen des Delikts- und Wettbewerbsrechts abzustellen[62].

c) Stellungnahme

aa) Kein Menschenwürdebezug

Ohne den Bezug zur Menschenwürde fehlt es dem Persönlichkeitsrecht juristischer Personen und Personengesellschaften an einer verfassungsrechtlichen Grundlage, die es legitimieren würde, die bewusste Entscheidung des BGB-Gesetzgebers gegen die Aufnahme der Ehre in den Kreis der Schutzgü-

---

[55] *Czernik*, GRUR 2012, 457, 457. A.A.: *Stadtmüller:* Schutzbereich und Schutzgegenstände, S. 351.
[56] *Dunz*, § 823 Anh. I, S. 123; *Larenz/Canaris:* Schuldrecht II/2, § 80 IV 1 b, S. 520 f., § 81 III 1 a, S. 547; *Reuter,* Vor § 21 BGB, Rdnr. 17. A.A.: *Brüggemeier:* Haftungsrecht, S. 333.
[57] *Ziegelmayer*, GRUR 2012, 761 (765).
[58] Siehe oben G.I.1.b).
[59] *Kannowski*, in: Staudinger, Vorb. § 1 BGB, Rdnr. 30; *Kohlhaas:* Der Eingriff in den Gewerbebetrieb, S. 55 f.; *Koreng*, GRUR 2010, 1065 (1069); *Körner:* Rechtsschutz des Unternehmens, S. 40 f.; *Ziegelmayer*, GRUR 2012, 761 (763); *Peifer:* Individualität im Zivilrecht, S. 534; *Rixecker*, in: MünchKomm-BGB, Anh. § 12 BGB, Rdnr. 31. Vgl. auch *Wielthölter*, KritJ 1970, 121 (125): einseitige Verbuchung höchsten Verfassungsschutzes für Unternehmer.
[60] Siehe oben G.I.1.b).
[61] Vgl. *Peifer:* Individualität im Zivilrecht, S. 534. Aus verfassungsrechtlicher Sicht ebenso: *Kube*, in: Handbuch des Staatsrechts, Bd. VII, Rdnr. 75.
[62] *Peifer:* Individualität im Zivilrecht, S. 534 ff.

ter des § 823 I BGB zu überwinden[63]. Denn nur die menschliche Persönlichkeit kann und braucht wegen Art. 1 I GG in jeder ihrer Facetten gegen alle denkbaren Arten der Schädigung geschützt zu werden. Damit kann auch nur das allgemeine Persönlichkeitsrecht natürlicher Personen als einzige ungeschriebene Generalklausel in einem enumerativen Deliktssystem existieren, ohne gegen den Willen des BGB-Gesetzgebers und damit gegen den Vorrang des Gesetzes und den Grundsatz der Gewaltenteilung aus Art. 20 III GG zu verstoßen[64].

bb) Keine sonstige verfassungsrechtliche Grundlage für generalklauselartigen Schutz

Wegen des Ausschlusses der allgemeinen Handlungsfreiheit aus dem Schutz des § 823 I BGB[65] ist es zur Legitimation eines Persönlichkeitsrecht von Unternehmen auch nicht ausreichend, sich wie das Bundesverfassungsgericht auf Art. 2 I GG als „die wirtschaftliche Betätigungsfreiheit, die als Teil der allgemeinen Handlungsfreiheit durch Art. 2 I GG geschützt wird"[66] zu berufen. Dem Bundesverfassungsgericht, das nicht prüft, ob zivilrechtliche Normen richtig angewandt wurden[67], mag dies erlaubt sein; zivilrechtlich ist dieser Argumentationsansatz jedoch unbrauchbar. Er würde bedeuten, die allgemeine Handlungsfreiheit jedermann gegenüber unter negatorischen und deliktischen Schutz zu stellen, müsste dann konsequenter Weise auch für natürliche Personen gelten und ist folglich mit dem geltenden System des Haftungsrechts nicht vereinbar[68]. Ein Rekurs auf Art. 12 I GG[69] ist demgegenüber vorzuziehen[70], kann aber auch nicht überzeugen, wenn es darum geht, ein generalklauselartiges, nicht-absolutes und damit dem System des § 823 I BGB fremdes[71] sonstiges Recht zu schaffen. Eine derartig starke mittelbare Drittwirkung kann dem Art. 12 I GG im Gegensatz zu Art. 1 I GG[72] nicht einfach unterstellt werden.

---

63 Siehe oben G.I.1.b).
64 Vgl. dazu auch bereits oben B.V.1.b).
65 Vgl. oben B.V.1.b).
66 So aber BVerfG NJW 1994, 1784, 1784.
67 BVerfG NJW 2006, 3409, 3410.
68 *Rixecker*, in: MünchKomm-BGB, Anh. § 12 BGB, Rdnr. 31.
69 BVerfG NJW-RR 2004, 1710, 1711; BVerfG NJW 2010, 3501, 3502; vgl. auch BVerfGE 105, 252 = NJW 2002, 2621, 2622.
70 Vgl. ausführlich unten G.II.3.
71 Siehe oben E.I.1.
72 Siehe oben G.I.1.b).

I. Heranziehung des allgemeinen Persönlichkeitsrechts juristischer Personen

cc) Negativer Schutzbereich des Rechtsguts Freiheit in § 823 I BGB

Dies bestätigt umgekehrt auch die enge Auslegung des Begriffs der Freiheit in § 823 I BGB, die den Schutzbereich dieses Rechtsguts auf die körperliche Fortbewegungsfreiheit beschränkt[73] und damit die allgemeine Handlungsfreiheit im Sinne von Art. 2 I GG[74] sowie auch die wirtschaftliche Betätigungsfreiheit von Privatpersonen und Unternehmern[75] gerade aus dem Kreis der Rechtsgüter des § 823 I BGB heraus nimmt. Dieser „negative Schutzbereich"[76], der letztlich aus der Entscheidung des Gesetzgebers gegen eine allgemeine Fahrlässigkeitshaftung für reine Vermögensschäden resultiert[77], wurde bereits durch Anerkennung des allgemeinen Persönlichkeitsrechts natürlicher Personen partiell umgangen[78]. Diesen Ausnahmetatbestand ohne eine eigene Legitimation zu Gunsten juristischer Personen noch weiter auszudehnen, nähert sich insoweit stark einer weiten, auch die wirtschaftliche Betätigungsfreiheit umfassenden Auslegung des Freiheitsbegriffs in § 823 I BGB an. Diese ist jedoch gerade nicht gewollt, um eine verdeckte Umbildung des § 823 I BGB zur Generalklausel zu verhindern[79]. Letztlich steht damit auch der enge Freiheitsbegriff des § 823 I BGB einer über das verfassungsrechtlich Zwingende hinausgehenden Auslegung des allgemeinen Persönlichkeitsrechts zu Gunsten auch von juristischen Personen entgegen.

---

[73] *Esser/Weyers:* Gesetzliche Schuldverhältnisse, § 55 I 1 c, S. 156; *Fikentscher/Heinemann:* Schuldrecht, Rdnr. 1563; *Fuchs/Pauker:* Delikts- und Schadensersatzrecht, S. 19; *Hager,* in: Staudinger, § 823 BGB, B 53; *Larenz/Canaris:* Schuldrecht II/2, § 76 II 2 a, S. 385; *Neuner,* JuS 2015, 961 (964); *Sack:* Das Recht am Gewerbebetrieb, S. 193 ff.; *Sprau,* in: Palandt, § 823 BGB, Rdnr. 6; *Stoll,* AcP 162 (1963), 203 (214); *Wagner,* in: MünchKomm-BGB, § 823 BGB, Rdnr. 161. A.A.: *Eckert,* JuS 1994, 625 (630 f.) m.w.N. Zur Kritik an der Mindermeinung, speziell in Bezug auf die Rufschädigung *Schrauder:* Wettbewerbsverstöße, S. 180; *Stadtmüller:* Schutzbereich und Schutzgegenstände, S. 88.

[74] *Körner:* Rechtsschutz des Unternehmens, S. 49; *Sprau,* in: Palandt, § 823 BGB, Rdnr. 6; *Wagner,* in: MünchKomm-BGB, § 823 BGB, Rdnr. 161. Offen gelassen von RGZ 58, 24, 28 f.

[75] *Esser/Weyers:* Gesetzliche Schuldverhältnisse, § 55 I 1c, S. 156; *Katzenberger:* Recht am Unternehmen, S. 31; *Neuner,* JuS 2015, 961 (964); *Schiemann,* in: Erman, § 823 BGB, Rdnr. 23; *Spickhoff,* in: Soergel, § 823 BGB, Rdnr. 53; *Steffen,* in: RGRK, § 823 BGB, Rdnr. 14.

[76] Siehe oben D.II.1.c)bb)(1).

[77] Siehe oben B.V.1.b).

[78] Vgl. *Larenz/Canaris:* Schuldrecht II/2, § 76 II 3 a, S. 386; *Steffen,* in: RGRK, § 823 BGB, Rdnr. 14; *Wagner,* in: MünchKomm-BGB, § 823 BGB, Rdnr. 161. Ähnlich auch *Förster,* in: Bamberger/Roth, § 823 BGB, Rdnr. 117.

[79] Vgl. auch *Neuner,* JuS 2015, 961 (964); *Riedl:* Das Recht am eingerichteten und ausgeübten Gewerbebetrieb, S. 108; *Sack:* Das Recht am Gewerbebetrieb, S. 194 f.; *Seiter:* Streikrecht und Aussperrungsrecht, S. 458 f.; *Wagner,* in: MünchKomm-BGB, § 823 BGB, Rdnr. 161.

dd) Keine Ableitung über das Persönlichkeitsrecht der mittelbar betroffenen natürlichen Personen

Auch der Rekurs auf die hinter der juristischen Person stehenden natürlichen Personen verhilft nicht zur Anerkennung eines allgemeinen Persönlichkeitsrechts juristischer Personen. Erstens übergeht sie die Selbständigkeit und Trennung von juristischen Personen und ihren Gesellschaftern[80] und käme einer Verbandsklagebefugnis gleich[81]. Zweitens werden so zwei Problemkreise vermengt, deren Trennung im Strafrecht wesentlich deutlicher ist: Dort wird zwischen der Beleidigung einer Personengemeinschaft als solcher und der Beleidigung mehrerer Personen unter einer Kollektivbezeichnung unterschieden[82]. Genauso können durch geschäftsschädigende Äußerungen gleichzeitig sowohl die juristische Person als Unternehmensträger selbst geschädigt werden als auch die dahinter stehenden natürlichen Personen in ihrem Ansehen. Beide sind jedoch nicht gleichzusetzen, sondern jeweils für sich zu betrachten[83]. Der Schutz der juristischen Person kann damit nicht mit dem der natürlichen Person begründet werden.

ee) Fazit

Ein allgemeines, also generalklauselartiges Persönlichkeitsrecht juristischer Personen kann weder über Verfassungsnormen noch aus dem Schutz der einzelnen Personen legitimiert werden und stellt damit im Gegensatz zum allgemeinen Persönlichkeitsrecht natürlicher Personen keine zulässige Rechtsfortbildung dar.

3. Das Recht auf freie wirtschaftliche und berufliche Entfaltung

Ein anderer Ansatz zur Begründung eines Persönlichkeitsrechts für Unternehmen besteht darin, das Recht am Gewerbebetrieb selbst zu einem Persönlichkeitsrecht auf freie wirtschaftliche und berufliche Betätigung auszubauen.

---

[80] Vgl. *Heider*, in: MünchKomm-AktG, § 1 AktG, Rdnr. 47 m.w.N.
[81] *Rixecker*, in: MünchKomm-BGB, Anh. § 12 BGB, Rdnr. 33.
[82] *Leckner/Eisele*, in: Schönke/Schröder, Vor §§ 185 ff. StGB, Rdnr. 3, 5 m.w.N. Aus zivilrechtlicher Sicht aber *Hager*, in: Staudinger, § 823 BGB, C 21 ff.
[83] Vgl. auch *Peifer*: Individualität im Zivilrecht, S. 536, der nur den hinter einem Unternehmen stehenden natürlichen Personen Schutz ihrer Persönlichkeit zukommen lassen will.

I. Heranziehung des allgemeinen Persönlichkeitsrechts juristischer Personen

a) Darstellung

Diese Vorstellung hat sich aus der Diskussion um den persönlichen Schutzbereich des Rechts am Gewerbebetrieb entwickelt. Ausgangspunkt sind die in der Rechtsprechung aufgetretenen Ungleichbehandlungen, wie etwa zwischen noch zu gründenden und bereits eingerichteten und ausgeübten Gewerbebetrieben[84] sowie zwischen Gewerbetreibenden, Freiberuflern[85], nicht-gewerblichen Organisationen[86], Gewerkschaften und Arbeitgeberverbänden[87], Verei-

---

[84] So BGHZ 30, 338, 356; BGH NJW 1969, 1207, 1208, BGH NZS 2012, 261, 261 f. m. w. N.; ebenso *Buchner:* Die Bedeutung des Rechts am Gewerbebetrieb, S. 249 sowie *Bieling:* Unternehmensschädigende Demonstrationen, S. 28 f. A. A.: *Beater*, in: Soergel, Anh. V § 823 BGB, Rdnr. 31; *Fikentscher*, in: Festgabe Kronstein, S. 282; *Fikentscher/Heinemann:* Schuldrecht, Rdnr. 1579; *Hager*, in: Staudinger, § 823 BGB, D 10; *Hubmann:* Das Persönlichkeitsrecht, S. 193 f.; *Koebel*, JZ 1960, 433 (434); *Schnug*, JA 1985, 440 (445); *Schrauder:* Wettbewerbsverstöße, S. 179. Vgl. auch *Köhler*, in: Köhler/Bornkamm, Einleitung, Rdnr. 7.19 (Schutz nur über allgemeines Persönlichkeitsrecht).

[85] So bereits RGZ 64, 155, 156 f.; RGZ 155, 234, 239. Ausdrücklich jedoch nun auch Einbeziehung von freien Berufen durch BGHZ 193, 227, 233; offen gelassen noch von BGH NJW 2003, 1040, 1041. Zur Kritik der früheren Ansicht aus dem Schrifttum vgl. etwa *Arnold:* Das Recht am Unternehmen, S. 78; *v. Caemmerer*, in: Hundert Jahre deutsches Rechtsleben II, S. 90; *Deutsch*, JZ 1963, 385 (388); *Esser/Weyers:* Gesetzliche Schuldverhältnisse, § 55 I 2, S. 167; *Glückert*, AcP 166, 311 (321); *Hager*, in: Staudinger, § 823 BGB, D 6; *Harke:* Besonderes Schuldrecht, Rdnr. 546; *Hefermehl*, WuW 1953, 234 (236); *Helle:* Der Schutz der Persönlichkeit, S. 79; *Nipperdey/Säcker*, NJW 1985 (1987); *Schippel:* Das Recht am eingerichteten und ausgeübten Gewerbebetrieb, S. 14 ff.; *K. Schmidt*, JuS 1993, 985 (988); *Schnug*, JA 1985, 440 (445); *Spindler*, in: Bamberger/Roth, 37. Edition, § 823 BGB, Rdnr. 105; *Wagner*, in: MünchKomm-BGB, § 823 BGB, Rdnr. 255; *Zeuner*, in: Soergel, 12. Aufl., § 823 BGB, Rdnr. 150 f.; *Zeuner*, in: 25 Jahre Karlsruher Forum, S. 197. A. A.: (nur allgemeines Persönlichkeitsrecht): *Beater*, in: Soergel, Anh. V § 823 BGB, Rdnr. 23; *Katzenberger:* Recht am Unternehmen, S. 37. Zum Teil wird danach differenziert, ob eine einem Gewerbebetrieb vergleichbare Organisation vorliegt, so z. B.: *Buchner:* Die Bedeutung des Rechts am Gewerbebetrieb, S. 126 f.; *Kellenberger:* Der verfassungsrechtliche Schutz, S. 62 f.; *Stadtmüller:* Schutzbereich und Schutzgegenstände, S. 182; *Taupitz:* Haftung für Energieleiterstörungen, S. 153 f. Gegen diese Differenzierung: *Spindler*, in: Bamberger/Roth, 37. Edition, § 823 BGB, Rdnr. 105.

[86] Kritisch dazu *Hager*, in: Staudinger, § 823 BGB, D 7; *Harke:* Besonderes Schuldrecht, Rdnr. 546 mit Fn. 144; *Schippel:* Das Recht am eingerichteten und ausgeübten Gewerbebetrieb, S. 15 f.; *K. Schmidt*, JuS 1993, 985 (988); *Stadtmüller:* Schutzbereich und Schutzgegenstände, S. 27; *Wagner*, in: MünchKomm-BGB, § 823 BGB, Rdnr. 255.

[87] Kritisch dazu *Beater*, in: Soergel, Anh. V § 823 BGB, Rdnr. 12; *Hager*, in: Staudinger, § 823 BGB, D 8; *Spindler*, in: Bamberger/Roth, 37. Edition, § 823 BGB, Rdnr. 107. Vgl. auch BGHZ 42, 210, 219, auch wenn nicht explizit das Recht am Gewebebetrieb Erwähnung findet.

nen[88], Verbänden[89] sowie Arbeitnehmern bezüglich ihrer Arbeitskraft[90]. In manchen Fällen – die Rechtsprechung ist hier selbst nicht konsequent und eindeutig – wird das Recht am Gewerbebetrieb herangezogen, zuweilen auch das allgemeine Persönlichkeitsrecht oder keines von beiden. Dadurch kann es, je nachdem, welche Organisation oder Rechtsform gewählt wird, zu einem unterschiedlichen Schutzniveau kommen, selbst wenn die ausgeübte berufliche Tätigkeit jeweils gleich ist. Dies wird als ungerecht und gleichheitswidrig empfunden, da es bei dem Handeln all dieser Rechtssubjekte um wirtschaftliche Betätigung gehe, die daher auch einen einheitlichen Schutz verdiene.

Daher wird zur Erreichung eines vollkommen gleichwertigen Deliktsschutzes für sämtliche Beteiligte vorgeschlagen, das Recht am Gewerbebetrieb im allgemeinen Persönlichkeitsrecht aufgehen zu lassen und dieses so zu erweitern[91], dass allen Rechtssubjekten gleichermaßen und unabhängig von Organisation und Rechtsform ein Recht auf freie wirtschaftliche und berufliche Betätigung zusteht[92]. Auch dieser Schutz[93] wird aus Art. 12 I GG,

---

[88] Kritisch dazu *Hager*, in: Staudinger, § 823 BGB, D 7; *K. Schmidt*, JuS 1993, 985 (987); *Spindler*, in: Bamberger/Roth, 37. Edition, § 823 BGB, Rdnr. 107.Vgl. auch *Kellenberger*: Der verfassungsrechtliche Schutz, S. 64 f. A.A.: *Beater*, in: Soergel, Anh. V § 823 BGB, Rdnr. 25. Die Rechtsprechung ist hier uneinheitlich, bejahend: BGH NJW 1976, 753, 754, verneinend: BGHZ 41, 314, 316 f.

[89] Kritisch dazu *Hager*, in: Staudinger, § 823 BGB, D 7 ff.; *Quante*: Persönlichkeitsrecht juristischer Personen, S. 145; *K. Schmidt*, JuS 1993, 985 (987).

[90] Bspw. *v. Caemmerer*, in: Hundert Jahre deutsches Rechtsleben II, S. 90; *Deutsch*, JZ 1963, 385 (388); *Esser/Weyers*: Gesetzliche Schuldverhältnisse, § 55 I 2, S. 167; *Fabricius*, AcP 160 (1961), 273 (305 ff.); *Hacker*: Das Verhältnis von Sittenwidrigkeit und sozialer Inadäquanz, S. 8 ff., 152; *Hager*, in: Staudinger, § 823 BGB, B 191; *Heckelmann*, AuR 1970, 166 (174); *Helle*: Der Schutz der Persönlichkeit, S. 79; *Nipperdey/Säcker*, NJW 1985 (1987); *Preusche*: Unternehmensschutz und Haftungsbeschränkung, S. 112; *Säcker*, AuR 1965, 353 (360 f.); *Schnug*, JA 1985, 440 (445); *Schrauder*: Wettbewerbsverstöße, S. 180; *Zeuner*, in: 25 Jahre Karlsruher Forum, S. 197. Vgl. auch *Adomeit*, JZ 1970, 495 (495): „Bürgerrecht". im Ergebnis auch *Larenz/Canaris*: Schuldrecht II/2, § 81 IV 1 b, S. 561, jedoch über Recht auf informationelle Selbstbestimmung. Ob ein Recht am Arbeitsplatz im Sinne von § 823 I BGB besteht, wurde offengelassen von BAG NJW 1999, 164, 165 f.

[91] Vgl. jedoch *Zeuner*, in: Soergel, 12. Aufl., § 823 BGB, Rdnr. 153, der es gerade vom allgemeinen Persönlichkeitsrecht wegen des nur dort möglichen Geldersatz für immaterielle Schäden unterscheidet. Dazu auch *Fikentscher/Heinemann*: Schuldrecht, Rdnr. 1572; *Schrauder*: Wettbewerbsverstöße, S. 180, die ebenfalls zu einer Zweiteilung von allgemeinem und wirtschaftlichem Persönlichkeitsrecht tendieren.

[92] Vgl. *Brüggemeier*, JZ 1986, 969 (972); *Fikentscher/Heinemann*: Schuldrecht, Rdnr. 1572; *Koebel*, JZ 1960, 433 (434); *Nipperdey*: Gutachten Zeitungsstreik, S. 41; *Peukert*: Güterzuordnung als Rechtsprinzip, S. 719; *Schrauder*: Wettbewerbsverstöße, S. 180; *Zeuner*, in: 25 Jahre Karlsruher Forum, S. 197; *Zeuner*, in: Festschrift Flume I, S. 781; *Zeuner*, in: Soergel, 12. Aufl., § 823 BGB, Rdnr. 111.Vgl. auch *Helle*: Der Schutz der Persönlichkeit, S. 79. Ähnlich (Recht am Gewerbebetrieb als zusammengesetztes Recht aus einem Immaterialgüterrecht an den Organisationswerten einer-

2 I GG[94] sowie dem Gleichheitsgrundsatz des Art. 3 I GG[95] abgeleitet. Die hiervon abgeleitete Schutzpflicht des Staates zugunsten der wirtschaftlichen Betätigungsfreiheit soll die rechtsfortbildende Überwindung des Enumerationsprinzips, ähnlich wie beim allgemeinen Persönlichkeitsrecht[96], rechtfertigen[97].

b) Kritik

Der Anerkennung eines Persönlichkeitsrechts zum Schutz der beruflichen und wirtschaftlichen Betätigung und Entfaltung wird entgegengehalten, dass sie die Einteilung in Persönlichkeits- und Vermögensrechte[98] übergehe. Denn abgesehen von Kleinbetrieben seien nur einzelne wenige Bestandteile eines Unternehmens im besonderen Maße Ausdruck der Persönlichkeit des Unternehmers und untrennbar mit dessen Wesen verbunden, so z.B. die hohe Wertschätzung, die ein Geschäftsmann auf Grund seiner Persönlichkeit genieße[99]. Ansonsten sei die Tätigkeit des Unternehmers von seiner Person getrennt[100] und daher nicht mit der Tätigkeit des Gewerbebetrieb identisch[101]. Bei der gewerblichen Tätigkeit handle es sich daher nur um ein

---

seits und dem Persönlichkeitsrecht auf gewerbliche Betätigung andererseits) *Arnold:* Das Recht am Unternehmen, S. 36 ff.; *Hefermehl,* WuW 1953, 234 (235); *Hubmann:* Das Persönlichkeitsrecht, S. 192; *Hubmann,* ZHR 117, 41 (56 ff.); *Schippel:* Das Recht am eingerichteten und ausgeübten Gewerbebetrieb, S. 55.

[93] Für das Recht am Gewerbebetrieb vgl. bereits oben E.II.1.a); für das Persönlichkeitsrecht juristischer Personen G.I.2.

[94] *Hacker:* Das Verhältnis von Sittenwidrigkeit und sozialer Inadäquanz, S. 9; *Hubmann:* Das Persönlichkeitsrecht, S. 193 f.; *Kellenberger:* Der verfassungsrechtliche Schutz, S. 85; *Larenz,* NJW 1955, 521 (521); *Nipperdey:* Gutachten Zeitungsstreik, S. 41; *Nipperdey/Säcker,* NJW 1985 (1987); *Peukert:* Güterzuordnung als Rechtsprinzip, S. 719 f.; *Schramm,* GRUR 1973, 75 (76), der diesen Schutz jedoch nur zusätzlich zum Recht am Gewerbebetrieb in § 823 I BGB gewähren will; *Stadtmüller:* Schutzbereich und Schutzgegenstände, S. 351, der jedoch nur auf Art 2 I GG abstellen will; *Zeuner,* in: Festschrift Flume I, S. 781; *Zeuner,* in: 25 Jahre Karlsruher Forum, S. 197; *Zeuner,* in: Soergel, 12. Aufl., § 823 BGB, Rdnr. 111.

[95] *Fikentscher/Heinemann:* Schuldrecht, Rdnr. 1572; *Helle:* Der Schutz der Persönlichkeit, S. 79; *Schnug,* JA 1985, 440 (445). Vgl. auch *Schrauder:* Wettbewerbsverstöße, S. 179: Gebot der Gerechtigkeit.

[96] Siehe oben G.I.1.b).

[97] *Peukert:* Güterzuordnung als Rechtsprinzip, S. 719 f., 809 ff. Dazu auch *Fikentscher/Heinemann:* Schuldrecht, Rdnr. 1572.

[98] Vgl. *Körner:* Rechtsschutz des Unternehmens, S. 37 f.

[99] *Körner:* Rechtsschutz des Unternehmens, S. 41; vgl. auch *Arnold:* Das Recht am Unternehmen, S. 77.

[100] *Körner:* Rechtsschutz des Unternehmens, S. 39 f.; vgl. auch *Preusche:* Unternehmensschutz und Haftungsbeschränkung, S. 115.

[101] *K. Schmidt,* JuS 1993, 985 (988).

reines Vermögensrecht[102]. Ein Recht auf freie wirtschaftliche Betätigung aller Rechtssubjekte liefe also wie ein allgemeines Persönlichkeitsrecht juristischer Personen[103] auf einen allgemeinen und daher unzulässigen[104] primären Vermögensschutz hinaus[105], der im Ergebnis der ansonsten abgelehnten Ausweitung des Rechtsguts Freiheit in § 823 I BGB über die körperliche Bewegungsfreiheit hinaus zur allgemeinen deliktischen Generalklausel[106] entspräche[107]. Im Übrigen sei speziell für Arbeitnehmer der bereits bestehende Schutz des allgemeinen Persönlichkeitsrechts[108], das auch im Arbeitsverhältnis zu beachten ist[109], sowie das Vertragsrecht in Bezug auf den zu Grunde liegenden Arbeitsvertrag ausreichend[110].

c) Stellungnahme

Dass Vermögens- und Persönlichkeitsrechte voneinander zu trennen seien, ist kein überzeugendes Argument gegen die Anerkennung eines Rechts auf freie wirtschaftliche Betätigung. Geht man davon aus, dass das allgemeine Persönlichkeitsrecht Quellrecht aller subjektiven Rechte und Rechtsgüter einer natürlichen Person ist[111], ist selbst das Eigentum als Vermögensrecht schlechthin gewissermaßen auch ein Persönlichkeitsrecht, indem es der freien

---

[102] *Bieling:* Unternehmensschädigende Demonstrationen, S. 30; *Fikentscher,* in: Festgabe Kronstein, S. 286 f.; *Körner:* Rechtsschutz des Unternehmens, S. 39, 48; *Kötz/Wagner:* Deliktsrecht, Rdnr. 432; *Wagner,* in: MünchKomm-BGB, § 823 BGB, Rdnr. 255. Vgl. auch *Wielthölter,* KritJ 1970, 121 (127): Überhöhung von Vermögensschäden zu Persönlichkeitsrechtsverletzungen als „terminologische Frisur". A.A.: *Reinhardt,* in: Karlsruher Forum 1961, S. 11: Auch Vermögensschutz sei wie Persönlichkeitsschutz nur Reflex des „Funktionsschutzes".

[103] Siehe oben G.I.2.c).

[104] Vgl. dazu oben B.V.1.b).

[105] *Larenz/Canaris:* Schuldrecht II/2, § 81 IV 2 a, S. 562; *Riedl:* Das Recht am eingerichteten und ausgeübten Gewerbebetrieb, S. 108; *Sack:* Das Recht am Gewerbebetrieb, S. 162 f., 249 ff.; *Seiter:* Streikrecht und Aussperrungsrecht, S. 458 f.

[106] Siehe oben G.I.2.c)cc).

[107] *Seiter:* Streikrecht und Aussperrungsrecht, S. 458 f.

[108] *Beater,* in: Soergel, Anh. V § 823 BGB, Rdnr. 26; *Medicus/Lorenz:* Schuldrecht II, Rdnr. 1307; *Schiemann,* in: Erman, § 823 BGB, Rdnr. 60; *Spindler,* in: Bamberger/Roth, 37. Edition, § 823 BGB, Rdnr. 112; *Steffen,* in: RGRK, § 823 BGB, Rdnr. 38; *Wielthölter,* KritJ 1970, 121 (126 f.); *Zeuner,* in: Soergel, 12. Aufl., § 823 BGB, Rdnr. 152.

[109] Vgl. BAGE 105, 356 = BAG NJW 2003, 3436, 3437; BAGE 119, 238 = NJW 2007, 794, 795; BAG NJW 2010, 554, 557.

[110] *Buchner:* Die Bedeutung des Rechts am Gewerbebetrieb, S. 126; *Marschall v. Bieberstein,* in: Festschrift v. Caemmerer, S. 421 f.; *Medicus/Lorenz:* Schuldrecht II, Rdnr. 1307; *Sack:* Das Recht am Gewerbebetrieb, S. 249 ff.

[111] Siehe oben G.I.1.a).

Entfaltung einer Person dient[112]. Umgekehrt führt auch die Verletzung von Persönlichkeitsrechten, etwa des Körpers oder der Gesundheit im Sinne von § 823 I BGB, regelmäßig zu Vermögensschäden[113], etwa Heilbehandlungskosten. Die Rechtspositionen des § 823 I BGB sind daher eher als „komplexe Bündel funktional unterschiedlicher Rechtspositionen zu verstehen"[114], in denen jeweils materielle und immaterielle Werte vereint sind.

Gegen ein allgemeines Recht auf freie wirtschaftliche und berufliche Entfaltung können jedoch ähnliche Argumente wie die gegen ein allgemeines Persönlichkeitsrecht juristischer Personen vorgebracht werden: insbesondere die mangelnde verfassungsrechtliche Absicherung einer solchen Rechtsfortbildung zu Gunsten aller Rechtssubjekte, die Umgehung der Beschränkung des Rechtsguts Freiheit auf die körperliche Bewegungsfreiheit[115] und die daraus resultierende Gefahr der unzulässigen Umbildung des § 823 I BGB in eine Generalklausel[116].

Das durchaus legitime Bestreben, eine Gleichbehandlung aller Rechtssubjekte im Wirtschaftsleben zu erreichen, muss daher anders als mit Hilfe eines weiteren, verfassungsrechtlich nicht mehr zu legitimierenden generalklauselartigen Rahmenrechts gelöst werden[117].

4. Ergebnis

Weder ein allgemeines Persönlichkeitsrecht juristischer Personen und Personenvereinigungen noch ein allgemeines Recht auf freie berufliche und wirtschaftliche Entfaltung kann im geltenden Deliktsrecht als Rechtsfortbildung anerkannt werden. Auch diese Rechtsfiguren können damit bei Verzicht auf das Recht am Gewerbebetrieb nicht den vermissten Schutz von Unternehmen vor fahrlässiger, aber verkehrspflichtwidriger Schädigung ihres geschäftlichen Ansehens[118] leisten.

---

[112] St. Rspr. seit BVerfGE 24, 367, 389; dazu auch *Rosenbach*: Eigentumsverletzung durch Umweltveränderung, S. 85 f., 91.
[113] *Hubmann*, ZHR 117, 41 (79). A.A. *Beuthien*, in: Festschrift Medicus, S. 9 ff. In einen anderen Problemkreis gehört die Frage nach materiellem Schadensersatz bei Verletzung des allgemeinem Persönlichkeitsrechts, dazu BVerfG NJW 2006, 3409, 3410. Die Diskussion um die Verfassungsmäßigkeit des immateriellen Schadensersatzes bei Persönlichkeitsrechtsverletzungen hat sich durch die Billigung durch den Gesetzgeber erledigt, vgl. *Neuner*, JuS 2015, 961 (962) unter Verweis auf BT-Drucksache 14/7752, S. 24 f.
[114] *Wagner*, in: MünchKomm-BGB, § 823 BGB, Rdnr. 208 m.w.N.
[115] Siehe oben G.I.2.c)cc).
[116] Siehe oben G.I.2.c).
[117] Siehe dazu sogleich G.II.
[118] Siehe oben F.II.2.

II. Geschäftsschädigende Äußerungen als Ehrverletzungen im Sinne von § 823 I BGB

Denkbar ist aber, die persönliche wie auch die unternehmerische Ehre gleichermaßen als sonstiges Recht im Sinne von § 823 I BGB anzuerkennen.

1. Faktische Anerkennung der Ehre als Rechtsgut in § 823 I BGB

Dieser Vorschlag ist in der Lage, eine dogmatisch korrekte Basis für die Ergebnisse zu bilden, die in Rechtsprechung und Schrifttum mit leider nur unzureichenden und unbefriedigenden und daher in dieser Arbeit abgelehnten Begründungen[119] gefunden werden. Denn das Bestreben, sowohl natürlichen als auch juristischen Personen einen gleichwertigen Ehrenschutz innerhalb von § 823 I BGB zu gewähren, geht nicht grundsätzlich fehl. In einer Gesellschaft, die von Massenmedien und rasanter Informationsverbreitung geprägt wird, muss es eine Handhabe geben, um insbesondere falsche Tatsachenbehauptungen und die mit ihnen verbundenen, mitunter sehr großen und existentiellen immateriellen wie materiellen Schäden nicht sanktionslos zu lassen. Falsch ist lediglich der Versuch, diesen Schutz für natürliche und juristische Personen gleichermaßen über ein allgemeines Persönlichkeitsrecht zu gewähren[120].

Bei genauerer Betrachtung der einschlägigen Judikatur ergibt sich ohnehin, dass es ihr weniger auf die Begründung, sondern vielmehr auf das Ergebnis ankommt, nämlich allen in wirtschaftlich-gesellschaftlichen Kontext tätigen Personen und Organisationen Schutz vor nicht mehr hinzunehmenden Beeinträchtigung ihres beruflichen Ansehens zu gewähren. Ohne dass wesentliche Unterschiede im Schutzbereich der verschiedenen Begründungsansätze festzustellen wären[121], werden daher sowohl das allgemeine Persön-

---

[119] Siehe oben G.I.
[120] Siehe oben G.I.2.a), b)aa).
[121] Vgl. *Born*, AfP 2005, 110 (112); *Quante*: Persönlichkeitsrecht juristischer Personen, S. 130; *Sakowski*, WRP 2017, 138 (141); *Stein*: Unternehmensbezogene Äußerungen, S. 143. Kritisch dazu *Koreng*, GRUR 2010, 1065 (1067). A.A. *Ziegelmayer*, GRUR 2012, 761 (763): Wegen des Erfordernisses des betriebsbezogenen Eingriffs beim Recht am Gewerbebetrieb sei dessen Schutzbereich enger gefasst. Vgl. auch OLG Frankfurt, NJW 1982, 648, 648 unter Verweis auf BGH, NJW 1975, 1882 und BGH GRUR 1976, 379: Verletzungen des allgemeinen Persönlichkeitsrechts juristischer Personen müssen ebenfalls „betriebsbezogen" sein. In den dort als Beleg zitierten Urteilen des Bundesgerichtshofs taucht diese Einschränkung jedoch nicht auf.

II. Geschäftsschädigende Äußerungen als Ehrverletzungen 179

lichkeitsrecht[122] als auch das Recht am Gewerbebetrieb[123] zur Lösung von Fällen der Verletzung des geschäftlichen oder beruflichen Ansehens herangezogen. So gilt insbesondere für das Persönlichkeitsrecht wie auch das Recht am Gewerbebetrieb gleichermaßen[124] der zentrale Grundsatz, dass im Wirtschaftsleben Kritik und die Verbreitung sachlicher Informationen grundsätzlich zulässig sind[125], solange sie nicht unwahr sind[126] oder in herabsetzende

---

[122] BGHZ 36, 77, 80; BGHZ 202, 242, 253; BGH NJW 1994, 1281, 1282; BGH NJW-RR 1995, 301, 303; BGH NJW 2003, 2011, 2011 f.; BGH NJW 2009, 1872, 1873; BGH NJW 2015, 773, 774; BGH NJW 2015, 776, 777; BGH NJW 2016, 56, 59; BGH NJW 2016, 2106, 2108 ff.; KG GRUR-RR 2011, 456, 458. Vgl. aber OLG Stuttgart NJOZ 2003, 2285, 2286, wonach das Recht am Gewerbebetrieb subsidiär zum allgemeinen Persönlichkeitsrecht sei; OLG Köln MMR 2012, 197, 198; OLG Brandenburg NJW-RR 2013, 415, 417; KG WRP 2016, 126, 126. Das allgemeine Persönlichkeitsrecht präferieren – je nach Fallgestaltung – auch: *Beater*, in: Soergel, Anh. V § 823 BGB, Rdnr. 98 ff.; *Canaris*, VersR 2005, 577 (583); *Hager*, in: Staudinger, § 823 BGB, D 23; *Kisseler*: Auswirkungen und Bedeutung, S. 84 f.; *Larenz/Canaris*: Schuldrecht II/2, § 81 III 2 c, S. 550 f., § 81 IV 1 b), S. 561; *Sack*: Das Recht am Gewerbebetrieb, S. 167; *Schiemann*, in: Erman, § 823 BGB, Rdnr. 57, 61; *Spindler*, in: Bamberger/Roth, 37. Edition, § 823 BGB, Rdnr. 112. Siehe dazu auch bereits oben G.I.2.a).

[123] BGHZ 3, 270, 279; BGHZ 8, 142, 144; BGHZ 36, 18, 23; BGHZ 45, 296, 306 f; BGHZ 193, 227, 232 f.; BGH NJW 1985, 1620, 1620 f.; BGH NJW 1987, 2746, 2746; BGH NJW 1992, 1312, 1312 f.; BGH GRUR 2014, 904, 906; OLG Hamburg, MMR 2012, 605, 605 f.; OLG München GRUR 2014, 1126, 1129 ff. Auch das Reichsgericht (RGZ 58, 24, 28 ff.) griff auf das Recht am Gewerbebetrieb zurück, vgl. dazu *Sack*: Das Recht am Gewerbebetrieb, S. 193 f. sowie *Arnold*: Das Recht am Unternehmen, S. 25. Das Recht am Gewerbebetrieb präferieren auch *Bamberger*, in: Bamberger/Roth, § 12 BGB, Rdnr. 131; *Baston-Vogt*: Der sachliche Schutzbereich, S. 458; *Brüggemeier*: Haftungsrecht, S. 333, der im allgemeines Persönlichkeitsrecht nur bei nichtwirtschaftlich tätigen Verbänden annimmt; *Esser/Weyers*: Gesetzliche Schuldverhältnisse, § 55 I 1 d, S. 160; *Hager*, ZHR 158 (1994), 675 (676 f.); *Koreng*, GRUR 2010, 1065 (1069): Unternehmerpersönlichkeit als falsa demonstratio für das Recht am Gewerbebetrieb; *Quante*: Persönlichkeitsrecht juristischer Personen, S. 132 ff., 143 f. Vgl. auch *Hager*, in: Staudinger, § 823 BGB, D 5 für Warentests; *Förster*, in: Bamberger/Roth, § 823 BGB, Rdnr. 179; *Rixecker*, in: MünchKomm-BGB, Anh. § 12 BGB, Rdnr. 97. Innerhalb dieser Ansicht ist jedoch umstritten, ob sich nichtwirtschaftliche Verbände auf das Recht am Gewerbebetrieb berufen können, vgl. dazu *Brüggemeier*: Haftungsrecht, S. 333; *Koreng*, GRUR 2010, 1065 (1069); *Quante*: Persönlichkeitsrecht juristischer Personen, S. 145.

[124] Vgl. auch *Hager*, in: Staudinger, § 823 BGB, D 4.

[125] Für das allgemeine Persönlichkeitsrecht: BGHZ 36, 77, 80; BGHZ 202, 242, 251; BGH NJW-RR 1995, 301, 304. Für das Recht am Gewerbebetrieb: BGHZ 45, 296, 309 ff.; BGH NJW 2008, 2110, 2115.

[126] Für das allgemeine Persönlichkeitsrecht: BGH, Urteil vom 27.09.2016 – VI ZR 250/13, Tz. 21, 35. Für das Recht am Gewerbebetrieb: BGH NJW 2015, 773, 774; BGH NJW 2015, 776, 777; BGH NJW 2016, 56, 59.

Schmähkritik umschlagen[127] und dadurch Prangerwirkung entfalten[128]. Daher verwundert es auch nicht, dass nicht selten beide Rechtsfiguren nebeneinander herangezogen[129] und nicht voneinander abgegrenzt werden[130]. Spätestens seitdem nun sogar die einzelnen inhaltlichen Maßstäbe zur Beurteilung der Zulässigkeit einer Äußerung, die für das Recht am Gewerbebetrieb aufgestellt wurden, ausdrücklich und ganz selbstverständlich in der Argumentation auf das allgemeine Persönlichkeitsrecht übertragen werden[131], ist offensichtlich geworden, dass die Rechtsprechung selbst keine Unterscheidung zwischen beiden mehr trifft. Der Ehrenschutz aller Rechtssubjekte ist scheint bereits so selbstverständlich geworden, dass die Zuordnung zum Recht am Gewerbebetrieb oder zum allgemeinen Persönlichkeitsrecht auch für die Rechtsprechung inzwischen ohne Bedeutung ist.

Dazu kommt, dass kein Fall einer geschäftsschädigenden Äußerung ersichtlich ist, in denen ein Anspruch wegen Verletzung des Recht am Gewerbebetrieb mit der Begründung abgelehnt wurde, dass kein betriebsbezogener Eingriff vorgelegen hätte. Ganz im Gegenteil, das „Constanze-Urteil"[132] als erstes Urteil, in welchem eine geschäftsschädigende Äußerung außerhalb des Wettbewerbs als Eingriff in das Recht am Gewerbebetrieb behandelt wurde[133], nutzte gerade diese Fallgestaltung, um den Schutz hier auszuweiten und das vom Reichsgericht verwendete und für zu eng empfundene Kri-

---

[127] Für das allgemeine Persönlichkeitsrecht: BGH NJW 2009, 1872, 1874. Für das Recht am Gewerbebetrieb: BGHZ 3, 270, 280; BGH NJW 2015, 773, 774.

[128] Für das allgemeine Persönlichkeitsrecht: BGH NJW 2003, 2011, 2012; BGH NJW 2015, 776, 777; BGH, Urteil vom 27.09.2016 – VI ZR 250/13, Tz. 36. Für das Recht am Gewerbebetrieb: BGH NJW 1987, 2746, 2747; BGH NJW 2008, 2110, 2115 f.; BGH NJW 2015, 773, 775; OLG Hamburg, MMR 2012, 605, 606.

[129] BGHZ 98, 94, 97 ff.; BGHZ 91, 117, 120; BGHZ 166, 84, 111 ff.; BGH NJW 1991, 1532, 1532; BGH NJW 2005, 2766, 2769; BGH NJW 2006, 830, 839 ff.; BGH NJW 2008, 2110, 2111; BGH NJW 2015, 773, 774; OLG Stuttgart NJW-RR 2014, 680, 683; OLG Frankfurt/Main NJW-RR 2015, 995, 996; OLG München GRUR-RR 2015, 395, 396; OLG Düsseldorf NJW-RR 2016, 656, 656 ff.; BAGE 129, 145 = BAG NJW 2009, 1990, 1991 ff. Dies grundsätzlich befürwortend: *Hubmann:* Das Persönlichkeitsrecht, S. 192; *Klippel,* JZ 1988 (1988), 625 (634); *Stadtmüller:* Schutzbereich und Schutzgegenstände, S. 349 f.; *Schiemann,* in: Erman, § 823 BGB, Rdnr. 60; *Stein:* Unternehmensbezogene Äußerungen, S. 144 ff.; *Taupitz:* Haftung für Energieleiterstörungen, S. 153 f.; *Vonhoff,* MMR 2012, 571 (571). Eingeschränkt *Beater,* in: Soergel, Anh. V § 823 BGB, Rdnr. 18; *Rixecker,* in: MünchKomm-BGB, Anh. § 12 BGB, Rdnr. 97.

[130] So ausdrücklich in BGH GRUR 2007, 620, 620; *Kort,* NJW 2006, 1098 (1099). Vgl. auch *Koebel,* JZ 1960, 433 (434).

[131] BGH, Urteil vom 27.09.2016 – VI ZR 250/13, Tz. 21.

[132] BGHZ 3, 270, 278 f.

[133] Vgl. bereits oben C.I.

II. Geschäftsschädigende Äußerungen als Ehrverletzungen

terium des Bestandseingriffs[134] aufzuheben[135]. Das Merkmal der Betriebsbezogenheit als charakteristisches Tatbestandsmerkmal des Rechts am Gewerbebetrieb führt also hier nicht zu einer Einschränkung des Schutzes gegenüber dem allgemeinen Persönlichkeitsrecht und hat damit keinerlei Relevanz für die Fallgruppe der geschäftsschädigenden Äußerungen[136].

Symptomatisch für die Judikatur zum zivilrechtlichen Ehrenschutz insbesondere von Unternehmen, Unternehmern und freiberuflich tätigen Personen ist folglich, dass er seit dem „Constanze-Urteil"[137] einerseits und der illegitimen Erstreckung des allgemeinen Persönlichkeitsrechts auch auf juristische Personen und Personengesellschaften andererseits[138] in der diffusen Schnittmenge vom Recht am Gewerbebetrieb und dem allgemeinen Persönlichkeitsrecht stattfindet. Diese Gemengelage generalklauselartiger Rahmentatbestände[139] erlaubt ihr dabei den „Luxus", sich nicht auf das genaue Schutzobjekt festzulegen zu müssen und eine Auseinandersetzung mit der Problematik umgehen zu können, ob und gegebenenfalls inwieweit die Ehre auch eigenständig ein sonstiges Recht im Sinne von § 823 I BGB bildet. Noch entscheidender ist aber, dass so schon auf der begrifflichen Ebene verdeckt wird, dass in all diesen Fällen jeweils gleichermaßen die geschäftliche Ehre betroffen ist. Der Unterschied zu einer Einordnung der Ehre unter die sonstigen Rechte in § 823 I BGB ist damit aber ebenfalls nur noch begrifflicher Natur. Wenn auch im Verborgenen, hat dadurch jedoch zumindest faktisch eine Anerkennung der Ehre als deliktisch insbesondere auch gegen mittelbare und fahrlässige Eingriffe[140] umfassend zu schützendes Rechtsgut innerhalb von § 823 I BGB bereits stattgefunden. Die historische Entscheidung, die Ehre nicht als sonstiges Recht in den Schutz nach § 823 I BGB aufzunehmen[141] ist damit überholt[142].

---

[134] Siehe oben C.I.2.a).

[135] BGHZ 3, 270, 279 f.

[136] A.A. (genau anders herum): *Löwisch*: Der Deliktsschutz relativer Rechte, S. 105, der bei Verletzung des allgemeinen Persönlichkeitsrechts die Richtung der Handlung gegen die Persönlichkeit als Haftungsvoraussetzung fordert. Diese soll nicht gegeben sein bei reiner Fahrlässigkeit, wohl aber bei zumindest bewussten Handlungen. Zu diesem Ansatz kritisch: *Schwitanski*: Deliktsrecht, Unternehmensschutz und Arbeitskampfrecht, S. 157 ff.

[137] Vgl. auch zu dem ähnlichen Problem in Bezug auf Eigentumsverletzungen oben D.II.1.c)bb)(3)(c).

[138] Siehe oben G.I.2.a).

[139] Siehe zum Recht am Gewerbebetrieb oben E.I.2.a)bb), II.1.b)aa), zum allgemeinen Persönlichkeitsrecht juristischer Personen oben G.I.2., 3.

[140] Vgl. auch oben A.III.1.a,. sowie F.II.2. und G.I.1.c).

[141] Siehe oben G.I.1.b).

[142] *Rixecker*, in: MünchKomm-BGB, Anh. § 12 BGB, Rdnr. 94.

2. Ehre als absolutes Recht

Diese faktische Anerkennung ersetzt jedoch noch nicht die dogmatische Rechtfertigung durch Anerkennung des Rechtsgut Ehre als sonstiges Recht im Sinne von § 823 I BGB.

a) Der grundsätzliche Schutzbereich der Ehre

Die Ehre einer Person weist die für die Annahme eines absoluten Rechts erforderliche[143] generelle Ausschlusswirkung gegenüber jedem Dritten auf[144]. Denn der Begriff der Ehre verfügt, nicht zuletzt auch durch die gefestigte strafrechtliche Rechtsprechung[145], als normativ-faktischer Ehrbegriff[146] über feste Konturen[147]: Geschützt vor der Äußerung von Missachtung oder Nichtachtung ist der Ruf, das Ansehen einer Person in den Augen anderer, ihre soziale Geltung oder äußere Ehre[148]. Negative Kritik stellt daher nur ausnahmsweise bei einem darüber hinausgehenden Vorwurf, etwa eines strafrechtlich sanktionierten oder eines moralisch verwerflichen Verhaltens oder menschlicher oder beruflicher Unzulänglichkeit, eine Ehrverletzung dar[149]. Genauso wenig ist – auch im Hinblick auf die Beschränkung des § 824 BGB auf unwahre Tatsachenbehauptungen[150] – die Verbreitung wahrer Tatsachen eine Ehrverletzung, sofern sich nicht aus Form oder Umständen etwas anderes ergibt (vgl. § 192 StGB)[151]. Durch diese – wenn auch recht

---

[143] Siehe oben E.I.1.b), d).
[144] *Hubmann:* Das Persönlichkeitsrecht, S. 291.
[145] Vgl. dazu *Valerius*, in: BeckOK-StGB, § 185 StGB, Rdnr. 1.1 m.w.N. Kritisch hierzu *Baston-Vogt:* Der sachliche Schutzbereich, S. 414.
[146] Zum Ehrbegriff im Strafrecht m.w.N.: *Leckner/Eisele*, in: Schönke/Schröder, Vor §§ 185 ff. StGB, Rdnr. 1; *Valerius*, in: BeckOK-StGB, § 185 StGB, Rdnr. 2, 2.1. Für ein subjektives Verständnis der Ehre im Zivilrecht jedoch *Hager*, AcP 196 (1996), 168 (199), allerdings unter Verweis auf den umfassenden Schutz des allgemeinen Persönlichkeitsrecht.
[147] *Katzenberger:* Recht am Unternehmen, S. 172 f.; *Rixecker*, in: MünchKomm-BGB, Anh. § 12 BGB, Rdnr. 95. A.A.: *Baston-Vogt:* Der sachliche Schutzbereich, S. 414; *Ehmann*, JuS 1997, 193 (198): „Ehrbegriff schwer zu erfassen"; *Hager*, in: Staudinger, § 823 BGB, C 63: „schwer subsumierbare Definition".
[148] *Rixecker*, in: MünchKomm-BGB, Anh. § 12 BGB, Rdnr. 95. Vgl. auch *Helle:* Der Schutz der Persönlichkeit, S. 6 f.
[149] *Rixecker*, in: MünchKomm-BGB, Anh. § 12 BGB, Rdnr. 95. Vgl. aber *Stoll:* Richterliche Fortbildung, S. 39: Die persönliche Ehre sei gegen herabsetzende Werturteile generell nicht geschützt, sondern nur über § 826 BGB, d.h. in der Regel nur gegen Schmähkritik.
[150] Vgl. in Bezug auf das Recht am Gewerbebetrieb *Völp*, WRP 1963, 107 (114).
[151] *Hubmann:* Das Persönlichkeitsrecht, S. 293. Vgl. aber *Stoll:* Richterliche Fortbildung, S. 37: Die persönliche Ehre sei gegen herabsetzende Tatsachenbehauptungen

II. Geschäftsschädigende Äußerungen als Ehrverletzungen 183

enge – Schutzbereichseingrenzungen ist der Bereich abgesteckt, den jeder beliebige Dritte nicht ohne weiteres überschreiten darf.

b) Kein Entgegenstehen von Grundrechten, insb. Art. 5 I GG

Der Annahme eines absoluten Rechts steht auch nicht entgegen, dass nicht per se, sondern erst durch Interessenabwägung mit dem Grundrecht auf Meinungsäußerungsfreiheit aus Art. 5 I GG festzustellen ist, ob eine Rechtsgutsverletzung im Sinne von § 823 I BGB vorliegt[152].

Erstens wurde bereits gezeigt, dass die These von der Rechtswidrigkeitsindikation in dem Sinne, dass bereits die Rechtsverletzung die Rechtswidrigkeit der Verletzungshandlung indiziert, nur für vorsätzliche und unmittelbar kausale Verletzungshandlungen gelten kann. Abgesehen davon, dass diese These nur eine argumentative Verkürzung darstellt, indem eine Verhaltenspflichtverletzung unausgesprochen unterstellt wird[153], kann damit die Rechtswidrigkeitsindikation von vornherein kein notwendiges Merkmal eines absoluten Rechts sein. Denn absolute Rechte sind grundsätzlich auch gegen nur mittelbar kausale Eingriffe geschützt und hier ist zur Feststellung einer tatbestandlichen Verletzungshandlung stets in Form der Prüfung eines Verkehrspflichtverstoßes eine Güter- und Interessenabwägung auf Tatbestandsebene[154] erforderlich[155]. Gerade in den Fällen, die im Rahmen dieser Arbeit als problematisch herausgearbeitet worden sind, also bei Ehrverletzungen in der Presse und in den Medien, handelt es sich typischer Weise um solche fahrlässigen und mittelbar kausalen Handlungen.

Zweitens ist speziell bei Verletzung der Ehre die Ursache der im Regelfall gebotenen Interessenabwägung nicht das Rechtsgut „Ehre" als solches, sondern die Tatsache, dass sich bei Ehrverletzungen der Äußernde regelmäßig auf den Grundrechtsschutz von Art. 5 I GG berufen kann. Dieses Grundrecht ist, sogar bei unmittelbaren Handlungen[156], bei der Formulierung von Verhaltenspflichten auf Tatbestandsebene zu berücksichtigen[157]. Käme es zur Verletzung anderer, anerkannter absoluter Rechtsgüter im Sinne von § 823 I BGB durch Handlungen, bei denen sich der Verletzte auf Art. 5 I GG berufen

---

generell geschützt, wobei in der Rechtfertigung eine Güterabwägung mit berechtigten Interessen erforderlich werden kann.
[152] Vgl. dazu auch E.I.2.b)aa).
[153] Siehe oben B.IV.3.
[154] Vgl. dazu bereits B.V.2.d), D.I.1.b)cc).
[155] Siehe dazu oben E.I.2.b)cc)(1). Vorsichtig in diese Richtung auch *Hager*, AcP 196 (1996), 168 (174).
[156] Vgl. B.IV.3.a), b).
[157] BGHZ 65, 325, 331 ff., dazu oben D.I.1.b)aa).

könnte, wäre in gleicher Weise eine Interessenabwägung durchzuführen[158], ohne dass der generelle Ausschlussgehalt dieser Rechtsposition entfiele. Die Relevanz von Art. 5 I GG für Fälle der Ehrverletzungen ergibt sich also nicht aus dem Rechtsgut selbst, sondern aus den für dieses Rechtsgut typischen Verletzungshandlungen. An dieser Stelle, also bei der Frage nach einer Verletzungshandlung des Schädigers, muss mittels einer Güter- und Interessenabwägung im Einzelfall geprüft werden, ob Art. 5 I GG das Verhalten des Inanspruchgenommenen deckt. Verneint man dies, ist die Rechtswidrigkeit des Eingriffs auch bei einer Ehrverletzung in dem Sinne indiziert, dass auf Ebene der Rechtswidrigkeit nur noch Rechtfertigungsgründe zu prüfen sind[159].

c) Kein Entgegenstehen der Wettbewerbsordnung

Auch die freie Wettbewerbsordnung steht einer Einordnung der Ehre nicht nur natürlicher, sondern auch juristischer Personen unter die sonstigen Rechte im Sinne von § 823 I BGB nicht entgegen: Zwar kann sich ein Unternehmen nicht auf seinem guten Ruf ausruhen, sondern muss sich fortwährend gegen die Konkurrenz behaupten[160]. Das schließt aber nicht aus, dass die Geschäftsehre eines Unternehmens einen generellen Ausschlussgehalt gegenüber jedermann besitzt.

Erstens fallen Äußerungen, die den geschriebenen und ungeschriebenen Verhaltensnormen des Wettbewerbs entsprechen, insbesondere durch legitime Konkurrenz, bereits von vornherein aus dem Kreis der in Frage kommenden tatbestandlichen Verletzungshandlungen heraus[161] und können damit per se nicht das geschäftliche Ansehen verletzen. Dem entspricht, dass auch natürliche Personen keinen Anspruch auf ein bestimmtes Maß an sozialer Anerkennung haben, sondern lediglich darauf, gegenüber Dritten weder entstellt noch bloßgestellt zu werden[162].

Zweitens bedürfen auch andere absolute Rechtsgüter gewisser stetiger „Erhaltungsmaßnahmen" seitens des Rechtsinhabers[163], ohne dass an dem

---

158 Vgl. oben D.II.2.b).

159 Vgl. D.I.1.b)cc) sowie *Larenz/Canaris:* Schuldrecht II/2, § 80 II 2 b, S. 501; *Neuner,* JuS 2015, 961 (963 ff.).

160 Vgl. auch in Bezug auf den Schutz von Chancen und günstige Gelegenheiten in Art. 14 I GG: BVerfGE 105, 252 = BVerfG NJW 2002, 2621, 2625. Ablehnend daher: *Stadtmüller:* Schutzbereich und Schutzgegenstände, S. 259.

161 Siehe oben D.I.1.a).

162 Vgl. *Neuner,* JuS 2015, 961 (967) sowie oben G.II.2.a).

163 Nur das allgemeine Persönlichkeitsrecht stellt hierbei eine Ausnahme dar, da es sich von der per se jedem Menschen zustehenden Menschenwürde aus Art. 1 I GG ableitet und daher von eigenen Leistungen völlig unabhängig ist.

generellen Ausschlussgehalt dieser Rechtspositionen gegenüber Dritten gezweifelt wird, seien es Reparaturen von genutztem Eigentum oder die Heilung von Krankheiten und Gesundheitsverletzungen. Diese „Erhaltungsmaßnahmen" betreffen nur das Verhältnis des Rechtguts zum Rechtsinhaber und beeinflussen nicht das Verhältnis des Rechtsguts zu Dritten: Auch nicht in Stand gehaltenes Eigentum, auch ein erkrankter Mensch ist selbstverständlich vor Eingriffen Dritter deliktsrechtlich geschützt. Genauso ist auch ein Unternehmen, dessen *besonders* guter Ruf im Lauf der Zeit – ggf. auch auf Grund eigener Handlungen[164] – verloren gegangen ist, zumindest grundsätzlich weiterhin geschützt. Erst wenn dieser vollständig verloren gegangen ist, etwa durch Einstellung der Tätigkeit, kann der Ruf eines Unternehmens nicht mehr geschützt sein. Ein dem aus Art. 1 I GG abgeleiteten *postmortalen* Persönlichkeitsrecht natürlicher Personen[165] vergleichbarer Schutz vergangener (Geschäfts-)Ehre existiert nicht.

d) Irrelevanz der Einordnung als Persönlichkeits- oder Vermögensrecht

Auch das Argument, dass es bei der geschäftlichen Ehre anders als bei der persönlichen Ehre regelmäßig nur um Vermögensschäden, um den Kredit als „die Fähigkeit, Geldgeber, Geschäftspartner und Kunden an sich zu binden"[166], gehe[167], verhindert nicht die Einordnung der Ehre als Oberbegriff des persönlichen wie des geschäftlichen Ansehens unter die „sonstigen Rechte" im Sinne von § 823 I BGB.

Erstens handelt es sich bei der Frage, ob ein Vermögensschaden beim Verletzten eingetreten ist, um ein Problem der Rechtsfolgen[168], nicht des Tatbestandes und steht damit einer Einordnung der Ehre als absolutes Recht nicht entgegen. Zweitens zeigt schon der Vergleich mit dem allgemeinen Persönlichkeitsrecht nach bisheriger Rechtsprechung, dass immaterielle Nachteile und Vermögensschäden einander weder ausschließen noch sich voneinander trennen lassen und auch Persönlichkeitsrechtsverletzungen zu materiellen Schäden führen können[169]. Drittens könnte diese Argumentation ähnlich gegen andere absolute Rechtspositionen von Unternehmen vorgebracht werden: So ist das Eigentum für Unternehmen im Gegensatz zu natürlichen Personen

---

[164] *Valerius*, in: BeckOK-StGB, § 185 StGB, Rdnr. 3.
[165] Seit BGHZ 50, 133, 137.
[166] *Peifer*, NJW 2016, 23 (24).
[167] *Medicus/Lorenz*: Schuldrecht II, Rdnr. 1294.
[168] Vgl. dazu auch BGH NJW 2008, 2110, 2111, wo zwischen der Verletzung des unternehmerischen und betrieblichen Ansehens und dem daraus resultierenden wirtschaftlichen Schaden unterschieden wird.
[169] Siehe dazu bereits oben G.I.3.c).

keine die reine Persönlichkeitsentfaltung gewährleistende Rechtsposition[170], sondern zunächst einmal die Grundlage für deren rein wirtschaftliche Tätigkeit. Umgekehrt bedeutet das, dass sich die Funktion eines Rechtsguts und dadurch auch die Auswirkungen seiner Verletzung für natürliche und juristische Personen unterscheiden können; die verschiedenen Arten, ein Rechtsgut wirtschaftlich oder ideell zu nutzen, sind für den Schutz des Rechtsguts selbst jedoch irrelevant.

e) Ergebnis

Geht man vom Begriff des sonstigen Rechts in § 823 I BGB aus, bestehen keine Bedenken gegen die Einordnung der Ehre in diese Gruppe. Auch die geschäftliche Ehre einer juristischen Person kann damit als sonstiges Recht im Sinne von § 823 I BGB verstanden werden[171].

3. Rechtsfortbildung gegen den Willen des Gesetzgebers

Probleme ergeben sich hingegen daraus, dass der historische BGB-Gesetzgeber von 1900 die Ehre bewusst nicht in den Rechtsgüterkatalog in § 823 I BGB hatte aufnehmen wollen[172]. Die Überwindung dieser bewussten gesetzgeberischen Entscheidung bedarf daher trotz der faktischen Anerkennung der Ehre als von § 823 I BGB geschütztes Rechtsgut[173] zu ihrer Legitimation eingehender Begründung[174]. Durch die begriffliche Klarstellung werden aber immerhin diese Problematik und das Begründungsdefizit bewusst offengelegt.

a) Art. 1 I GG zur Rechtfertigung allein nicht ausreichend

Trotz der Ähnlichkeit zum allgemeinen Persönlichkeitsrecht kann man sich nicht mit dem Argument begnügen, dass bereits dieses eine nach heutiger Ansicht als zulässig anerkannte Überwindung jener ursprünglichen legislativen Entscheidung war[175]. Denn die Legitimation des allgemeinen Persönlichkeitsrechts als Generalklausel und als rechtsfortbildender Rahmentat-

---

170 Dazu oben G.I.3.c).
171 Im Ergebnis auch *Fabricius*, AcP 160 (1961), 273 (292); *Ziegelmayer*, GRUR 2012, 761 (765). Vgl. auch *Stoll:* Richterliche Fortbildung, S. 41.
172 Siehe oben G.I.1.b).
173 Siehe oben G.II.1.
174 Vgl. zur Legitimation einer Rechtsfortbildung gegen den Willen des Gesetzgebers auch oben B.V.1.b).
175 Siehe dazu oben G.I.1.b).

II. Geschäftsschädigende Äußerungen als Ehrverletzungen

bestand, der gegen den Willen des historischen Gesetzgebers den Schutz der Ehre in § 823 I BGB aufnimmt, speist sich aus der durch das Grundgesetz hinzugekommen überragenden Bedeutung der Menschenwürde (Art. 1 I GG) für die gesamte Rechtsordnung[176] und ist damit auf den Schutz natürlicher Personen begrenzt[177].

Die Ehre natürlicher Personen lässt sich damit zwar – wie alle anderen Persönlichkeitsrechtsgüter – letztlich auf das allgemeine Persönlichkeitsrecht als „Quellrecht" zurückführen[178]. Ein sonstiges Rechtsgut Ehre im Sinne von § 823 I BGB, das allen Rechtssubjekten – natürlichen wie juristischen Personen gleichermaßen – zustehen soll, kann sich daraus aber nicht ableiten lassen. Dies gelingt nur, wenn die Ehre als „besonderes Persönlichkeitsrecht"[179] neben dem allein natürlichen Personen zustehenden generalklauselartigen allgemeinen Persönlichkeitsrecht eigens legitimiert werden kann[180].

b) Hinzuziehung von Art. 12 I GG

Weil nur die Entscheidung, natürlichen Personen Schutz ihrer persönlichen Ehre in § 823 I BGB zu gewähren, auf Art. 1 I GG zurückgehen kann[181], fehlt es noch an einer überzeugenden Begründung dafür, auch juristischen Personen den Schutz ihrer wirtschaftlichen Ehre zu gewähren. Sie gelingt, wenn man sich vor Augen führt, dass sich auch der Ehrenschutz natürlicher Personen nicht *allein* aus Art. 1 I GG speist. Zumindest im wirtschaftlichen und beruflichen Kontext wird ihr allgemeines Persönlichkeitsrecht durch die mittelbare Drittwirkung von Art. 12 I GG verstärkt[182]. Dieser schützt die berufliche Betätigung vor inhaltlich unzutreffenden Informationen oder vor Wertungen, die auf sachfremden Erwägungen beruhen oder herabsetzend formuliert sind, wenn der Wettbewerb in seiner Funktionsweise durch sie gestört wird und sie in der Folge den betroffenen Wettbewerber in der Frei-

---

[176] Siehe dazu oben G.I.1.b).
[177] Vgl. bereits oben G.I.2.c).
[178] Siehe oben G.I.1.a).
[179] Zur hier nicht behandelten Frage einer grundsätzlichen Umbildung des allgemeinen Persönlichkeitsrechts in besondere Persönlichkeitsrechte: *v. Bar*: Verkehrspflichten, S. 154; *Beuthien*, in: Festschrift Medicus, S. 13; *Deutsch/Ahrens*: Deliktsrecht, Rdnr. 270; *Larenz*, NJW 1955, 521 (524 f.). Dagegen: *Fikentscher/Heinemann*: Schuldrecht, Rdnr. 1572; *Larenz/Canaris*: Schuldrecht II/2, § 80 I b, S. 493; § 80 III 3, S. 519 f.
[180] Vgl. aber *Kannowski*, in: Staudinger, Vor § 1 BGB, Rdnr. 28, der den Ehrenschutz aus dem Kreis der besonderen Persönlichkeitsrechte ausnimmt.
[181] Siehe soeben oben G.II.3.a).
[182] BGHZ 202, 242, 250 f.; BGH NJW 2015, 776, 777; BGH, Urteil vom 27.09.2016 – VI ZR 250/13, Tz. 20; OLG Düsseldorf NJW-RR 2016, 656, 660.

heit seiner beruflichen Tätigkeit beeinträchtigen[183]. Nicht gewährleistet wird hingegen ein Anspruch auf Erfolg im Wettbewerb oder auf Sicherung künftiger Erwerbsmöglichkeiten[184] und damit auch nicht auf die aus einem guten Ruf resultierenden bloßen Umsatz- oder Gewinnchancen. Dies deckt sich mit der oben dargestellten Einschränkung des Ehrbegriffs[185], das gerade kein Recht vermittelt, so dargestellt zu werden, wie man es selber wünscht, sondern nur vor Beeinträchtigungen des Rufes, des Ansehens in den Augen anderer, der sozialen Geltung oder der äußeren Ehre schützt.

Die mittelbare Drittwirkung von Art. 12 I GG in § 823 I BGB kam schon als Argument in der Diskussion um ein Persönlichkeitsrecht juristischer Personen bzw. auf freie wirtschaftliche Betätigung zur Sprache[186]. Im Unterschied hierzu handelt es sich bei der Ehre aber nicht um ein generalklauselartiges und damit dem System des § 823 I BGB fremdes sonstiges Recht[187], sondern um ein abgegrenztes, absolutes Recht, das sich ohne Verbiegung dieses Begriffes in den Kreis der Rechtsgüter des § 823 I BGB einreiht[188]. Nur die Entscheidung des historischen Gesetzgebers, die Ehre nicht in den Rechtsgüterkatalog aufzunehmen, wird damit vor dem Hintergrund der Grundrechte revidiert, nicht aber die Entscheidung für abgegrenzte Deliktstatbestände und gegen eine deliktische Generalklausel.

c) Zweigleisigkeit des Rechtsgut Ehre

aa) Ehrenschutz natürlicher Personen

Daraus ergibt sich, dass sich die Ehre *natürlicher* Personen, soweit es um ihre berufliche Tätigkeit geht, sowohl auf ihre persönliche Würde, die Ausfluss der Menschenwürde (Art. 1 I GG) und des Menschseins schlechthin ist, als auch auf den Schutz ihres Ansehen als beruflich und wirtschaftlich tätige Person in Bezug auf ihre insoweit erbrachten Leistungen (Art. 12 I GG) zurückführen lässt[189]. Dies entspricht der Zweiteilung des Ehrbegriffes in die jedem Einzelnen von der Natur mitgegebene Menschenwürde und die indivi-

---

[183] Vgl. BVerfG NJW-RR 2004, 1710, 1711.
[184] BGH NJW 2011, 2204, 2206 m.w.N.
[185] Siehe oben G.II.2.a).
[186] Vgl. oben G.I.2.b), 3.a).
[187] Siehe oben G.I.2.c)bb).
[188] Siehe oben G.II.2.a).
[189] Vgl. etwa BGHZ 202, 242, 250: von Art. 12 I GG geschütztes Recht auf freie Berufsausübung sowie insbesondere zuletzt BGH NJW 2016, 2106, 2108.: „das durch Art. 1 Abs. 1, 2 Abs. 1 GG (auch i.V.m. Art. 12 Abs. 1 GG) und Art. 8 Abs. 1 EMRK gewährleistete Interesse des Kl. am Schutz seiner sozialen Anerkennung und seiner (Berufs)Ehre".

II. Geschäftsschädigende Äußerungen als Ehrverletzungen

duelle, persönliche Werthaftigkeit, die sich der Einzelne durch Leistung erworben hat[190].

Diese Zweigleisigkeit eines Rechtsguts ist nichts Außergewöhnliches: So lässt sich auch das Eigentum im Sinne von § 823 I BGB einerseits rein vermögensrechtlich verstehen; anderseits beinhaltet es aber auch persönlichkeitsrechtliche Aspekte, indem es die freie Gestaltung des Lebens und freie individuelle Entfaltung des Eigentümers sichern soll[191]. Trotzdem ist es völlig unbestritten, dass sich Unternehmen auf den Schutz des Eigentums im Sinne von § 823 I BGB berufen können, obwohl auf sie nicht der persönlichkeitsrechtliche Einschlag des Eigentumsschutzes zutrifft[192]. Nicht anders verhält es sich mit dem Rechtsgut der Ehre. Dies unterfällt zwar nicht – auch nicht als Geschäftsehre – dem Schutz des Eigentumsgrundrechts aus Art. 14 I GG[193], wohl aber als Recht auf Außendarstellung dem Art. 12 I GG[194].

bb) Ehrenschutz juristischer Personen und Personengesellschaften

Die Zweiteilung des Ehrbegriffes *natürlicher* Personen macht die Erstreckung auf *juristische* Personen und Personengesellschaften möglich: Diese können sich zwar nicht auf den Schutz der Achtung der Person aus Art. 1 I GG berufen, wohl aber auf den eher vermögensrechtlichen, von Art. 12 I GG geprägten Aspekt des Rechtsguts Ehre als ihr durch berufliche und wirtschaftliche Leistung erworbenes Ansehen. Beschränkt man sich auf diesen Aspekt, entgeht man auch dem Einwand, ein Unternehmen sei schlechthin nicht zu „beleidigen", weil es nicht gekränkt und in seinem Selbstbild verletzt sein könnte[195]. Diese Kritik richtet sich nur gegen ein persönlichkeitsbezogenes Verständnis des Rechts eines Unternehmens auf Außendarstellung im Sinne eines Unternehmenspersönlichkeitsrechts[196]. Sie deckt sich im Ergebnis mit der hier vertretenen Ansicht, dass die Ehre als Geschäftsehre nur einen Teilbereich der nur natürlichen Personen zustehenden, aus dem Schutz der Menschenwürde resultierenden umfassenderen persönlichen Ehre darstellt. Dies wiederum ist keine „künstliche Aufspaltung des allgemeinen

---

[190] *Hubmann:* Das Persönlichkeitsrecht, S. 288 f. Grundlegend für das Strafrecht: BGHSt 11, 67, 70 f. Dazu *Valerius*, in: BeckOK-StGB, § 185 StGB, Rdnr. 2.
[191] Vgl. dazu oben G.I.1.a), 3.c).
[192] Siehe oben G.II.2.d).
[193] *Koreng*, GRUR 2010, 1065 (1069) unter Verweis auf BVerfGE 105, 252 = BVerfG NJW 2002, 2621, 2625. Vgl. auch bereits die Nachweise zur Legitimation des Rechts am Gewerbebetrieb durch Art. 14 I GG oben E.II.1.a).
[194] *Ziegelmayer*, GRUR 2012, 761 (762) m.w.N. Vgl. dazu auch bereits die Nachweise zu Art. 12 I GG oben E.II.1.a), G.I.2.a), b)aa); G.I.3.a).
[195] Vgl. *Koreng*, GRUR 2010, 1065 (1067).
[196] Vgl. auch *Ziegelmayer*, GRUR 2012, 761 (762).

Persönlichkeitsrechts in einzelne Teilgehalte, deren Anwendung auf juristische Personen teilweise bejaht, teilweise verneint werden soll"[197]. Die Trennung folgt vielmehr daraus, dass das Grundrecht der Berufsfreiheit aus Art. 12 I GG, anders als das der Menschenwürde, natürlichen wie juristischen Personen und Personenvereinigungen gleichermaßen zusteht[198] und damit von Staat auch ebenso zu schützen ist.

Der Gedanke einer Zweipoligkeit des Ehrbegriffs findet sich im Ergebnis sogar in der Rechtsprechung wieder. Denn hier heißt es in Bezug auf das allgemeine Persönlichkeitsrecht juristischer Personen, diese könnten sich auf ein allgemeines Persönlichkeitsrecht berufen, wenn und soweit ihr sozialer Geltungsanspruch in ihrem Aufgabenbereich, vor allem als Arbeitgeber oder als Wirtschaftsunternehmen betroffen sei – also die Werte, die nicht mit der Natur des Menschen und seiner Würde gem. Art. 1 I GG untrennbar verbunden sind[199]. Abgesehen von der falschen Verortung des Ehrenschutzes von Unternehmen innerhalb des allgemeinen Persönlichkeitsrechts[200] lässt sich hier die im Übrigen richtige Annahme wiedererkennen, dass die Geschäftsehre als Unterfall der umfassenderen Ehre natürlicher Personen anzusehen ist. Auch das Schrifttum verfolgt diesen Gedanken, wenn es das vermeintlich existierende[201] allgemeine Persönlichkeitsrecht juristischer Personen[202] bzw. das Recht auf freie wirtschaftliche und berufliche Entfaltung[203] sowie das Recht am Gewerbebetrieb[204] jeweils auch in Art. 12 I GG verfassungsrechtlich abzusichern versucht.

4. Gleichbehandlung von Privatpersonen und Unternehmern

Für eine Anerkennung der privaten wie geschäftlichen Ehre als eigenständig von § 823 I BGB geschütztes Rechtsgut spricht zuletzt noch die dadurch mögliche Gleichbehandlung von Unternehmern mit Privatpersonen – und das in zweierlei Hinsicht.

Wie die Diskussionen um den persönlichen Schutzbereich des Rechts am Gewerbebetrieb[205] und um das Bestehen eines allgemeinen Persönlichkeits-

---

[197] *Koreng*, GRUR 2010, 1065 (1068 f.).
[198] *Scholz*, in: Maunz/Dürig, Art. 12 GG, Rdnr. 106.
[199] Vgl. die Nachweise oben in G.I.2.a), insb. BGHZ 98, 94, 97.
[200] Siehe oben G.I.2.c).
[201] Vgl. E.II.1.b)aa) (für Recht am Gewerbebetrieb); G.I.2.c), 3.c) (für allgemeines bzw. wirtschaftliches Persönlichkeitsrecht).
[202] Siehe oben G.I.2.a), b)aa).
[203] Siehe oben G.I.3.a).
[204] Siehe oben E.II.1.a).
[205] Siehe oben G.I.3.a).

rechts juristischer Personen[206] zeigen, widerspricht es nicht nur dem Gerechtigkeitsgefühl, ausschließlich natürlichen Personen – sei es als Arbeitnehmern oder Freiberuflern – Schutz gegen Verletzung ihrer Ehre im beruflichen Kontext zu gewähren. Eine solche Unterscheidung verstieße auch gegen den Schutzauftrag des Art. 3 I GG[207] als ein bei der Rechtsfortbildung zu beachtendes Gleichheitsgebot[208]. Wahrte man es nicht, wäre es von organisatorischen und oft nur steuerlich und gesellschaftsrechtlich motivierten Entscheidungen – etwa zwischen der Gründung der Ein-Personen-Unternehmergesellschaft oder der Tätigkeit als Einzelkaufmann – abhängig, ob eine Person Schutz gegen Verletzungen ihrer Ehre als Wirtschaftsteilnehmer genießt. Natürliche Personen sollen hier also hinsichtlich des Schutzes ihres Ansehens nicht *besser* gestellt werden; vielmehr ist die Geschäftsehre eines Unternehmens dem Persönlichkeitsrecht einer natürlichen Person gleichzustellen[209].

Zweitens wird umgekehrt gegen das Recht am Gewerbebetrieb eingewandt, es handle sich um einen Sonderdeliktsschutz für Gewerbetreibende[210], der zu einer *Schlechterstellung* von Nichtgewerbetreibenden führe. Um dies zu vermeiden, müsse man auf das Recht am Gewerbebetrieb verzichten und stattdessen, soweit Rechtsschutz notwendig ist, auf das allgemeine Persönlichkeitsrecht abstellen[211]. Mit der hier vertreten Ansicht erreicht man dieses Ergebnis ohne Rückgriff auf das dogmatisch zweifelhafte Persönlichkeitsrecht juristischer Personen[212], da sich so jede natürliche und juristische Person im beruflich-wirtschaftlichen Kontext auf den Schutz ihrer beruflichen Ehre und ihres geschäftlichen Ansehens als sonstiges Recht im Sinne von § 823 I BGB berufen kann.

III. Ergebnis

Durch die Anerkennung der persönlichen wie geschäftlichen Ehre als sonstiges Recht im Sinne von § 823 I BGB können die schon eingangs beschriebe-

---

[206] Siehe oben G.I.2.
[207] Siehe oben G.I.3.a).
[208] *Säcker*, AuR 1965, 353 (361).
[209] Vgl. auch *Harke:* Besonderes Schuldrecht, Rdnr. 547.
[210] Zu diesem Kritikpunkt insb. *Mertens*, in: MünchKomm-BGB, 3. Aufl., § 823 BGB, Rdnr. 9; *Sack:* Das Recht am Gewerbebetrieb, S. 160 ff.; *Schiemann*, in: Erman, § 823 BGB, Rdnr. 49; *Wielthölter*, KritJ 1970, 121 (130); *Zöllner*, JZ 1997, 293 (295). A.A. *Möschel*, JuS 1977, 1 (4): Wegen zurückhaltender Rechtsprechung erfolge keine tatsächliche Privilegierung.
[211] Vgl. *Canaris*, VersR 2005, 577 (583); *Kisseler:* Auswirkungen und Bedeutung, S. 84 f.; *Larenz/Canaris:* Schuldrecht II/2, § 81 III 2 c, S. 550 f., § 81 IV 1 b), S. 561. Vgl. auch bereits oben F.I.1.
[212] Siehe oben G.I.2.c).

nen Fälle der mittelbaren und fahrlässigen Verletzung des unternehmerischen Ansehens wegen Verletzung einer Verkehrspflicht bewältigt werden.

Stellt eine Äußerung in den Medien, in einem Meinungsforum oder in einem Bewertungsportal im Internet auch nach sorgfältiger Prüfung der Meinungsfreiheit des Äußernden (Art. 5 I GG) eine Verletzung des wirtschaftlichen und geschäftlichen Ansehens einer natürlichen oder juristischen Person oder einer Personengesellschaft dar, kann auch der dafür nur mittelbar verantwortliche Verbreiter der entsprechenden Äußerung oder Behauptung bei einem Verstoß gegen eine ihm obliegende Verkehrspflicht nicht nur als Störer auf Unterlassung[213], sondern unter Berücksichtigung etwaiger Haftungseinschränkungen wie § 9 S. 2 UWG (ggf. analog)[214] oder §§ 7 ff. TMG[215] auch auf Schadensersatz in Anspruch genommen werden.

---

[213] Siehe dazu oben C.IV.
[214] Vgl. Nachweis oben F.II.2.
[215] In Bezug auf Verletzungen des allgemeinen Persönlichkeitsrechts *Götting*, in: Aktuelle Entwicklungen im Persönlichkeitsrecht, S. 62 ff. m.w.N. Vgl. auch B.IV.4.b) bb).

H. Lösungsvorschläge für die Fallgruppe der Angriffe auf informationstechnologische Systeme von Unternehmen

Die andere Fallgruppe, in der das Recht am Gewerbebetrieb nicht ohne weiteres als überflüssig bezeichnet werden kann, ist die mittelbare und fahrlässige Mitwirkung an Angriffen auf informationstechnologische Systeme von Unternehmen. Beispiele hierfür sind das Inverkehrbringen von Software mit Sicherheitslücken[1] oder die unzureichende Sicherung eigener Computer und Netzwerksysteme. Hierdurch wird es Dritten möglich gemacht, Computerviren oder Spam-E-Mails von Nutzer unbemerkt weiterzuverbreiten oder den Rechner für die Teilnahme an DDoS-Attacken fernzusteuern[2].

I. Bestehen einer Verkehrspflicht zur Sicherung eigener IT-Systeme

Die deliktischen Produzentenhaftung wegen des Inverkehrbringens von Software mit Sicherheitslücken als Folge einer Verkehrspflichtverletzung ist allgemein anerkannt[3]. Eine deliktische Haftung auch der Internetnutzer, die über ein unbemerkt installiertes Schadprogramm auf ihrem Computer unwissentlich an einem Angriff auf die informationstechnologischen Systeme eines Unternehmens beteiligt sind, setzt jedoch den Verstoß gegen eine Verkehrspflicht zur Sicherung ihrer eigenen IT-Systeme voraus[4]. Besteht eine solche, hat der Beherrscher dieser Gefahrenquelle auch für die Schäden einzustehen, die erst durch das vorsätzliche Ausnutzen der durch die mangelnde Sicherung verursachten Gefahr durch Dritte entstehen[5].

1. Verkehrspflichten von Unternehmen

Die Ableitung einer Verkehrspflicht, auf Grund derer Unternehmen verpflichtet sind, Maßnahmen zum Schutz ihrer IT-Systeme auch vor dem Miss-

---

[1] Siehe bereits oben A.II.
[2] Siehe oben A.II; F.II.3.
[3] Siehe oben A.II.
[4] Vgl. *Werner:* Verkehrspflichten privater IT-Nutzer, S. 105 f.
[5] Siehe oben B.II.

brauch durch Dritte zu ergreifen, bereitet vergleichsweise wenig Probleme. Es existieren verschiedene Gesetze[6], die organisatorische Sicherungspflichten statuieren und aus deren Gesamtschau in Verbindung mit internationalen Standards zum Management von Informationssicherheit[7] eine allgemeine Verkehrspflicht zum Schutz unternehmenseigener Informationstechnologie abgeleitet werden kann[8]. Zu den relevanten Gesetzen zählt insbesondere das IT-Sicherheitsgesetz vom 17.7.2015, BGBl. I, S. 1324 ff., mit dem auch im TMG der § 13 VII TMG neu hinzugefügt wurde. Diensteanbieter gemäß § 2 Nr. 1 TMG, also insbesondere auch die Anbieter einer Website, trifft demnach bei geschäftlicher Tätigkeit ausdrücklich eine Pflicht zum Schutz ihrer technischen Einrichtungen vor Störungen auch von außen (§ 13 VII 1 Nr. 2 lit. b). Dies wird zivilrechtlich als Verkehrspflicht im Sinne des § 823 I BGB gedeutet[9]. Außerdem können entsprechende Verpflichtungen zur Organisation einer sicheren Informationstechnik auch allgemeiner gehaltenen Vorschriften entnommen werden, z.B. § 93 I AktG für die Sorgfaltspflichten des Vorstandes einer Aktiengesellschaft, § 43 GmbHG für die Sorgfaltspflichten eines GmbH-Geschäftsführers, § 25a KWG und § 33 I, Ia WpHG für die Geschäftsorganisation von Kreditinstituten und Wertpapierdienstleistungsunternehmen sowie besonders § 9 S. 1 BDSG für die technischen und organisatorischen Maßnahmen bei der Erhebung, Verarbeitung und Speicherung personenbezogener Daten[10].

Die Verkehrspflichten zur Sicherung eigener IT bestehen dabei nicht nur im Verhältnis von Unternehmen gegenüber Privaten („B2C" = business-to-consumer),[11] sondern auch gegenüber anderen Unternehmen („B2B" = business-to-business). Denn wegen deren eigenen IT-Sicherheitspflichten und

---

[6] Zur Bedeutung gesetzlicher Vorschriften als Ausgangspunkt für Verkehrspflichten siehe oben B.III.

[7] Insb. ISO 27001, dazu *Bundesamt für Sicherheit in der Informationstechnologie,* BSI-Standard 100-1 Managementsysteme für Informationssicherheit (ISMS), https://www.bsi.bund.de/SharedDocs/Downloads/DE/BSI/Publikationen/ITGrundschutzstandards/standard_1001_pdf.pdf?__blob=publicationFile&v=1, S. 9, zuletzt geprüft am 20.03.2017.

[8] Vgl. *Koch,* CR 2009, 485 (486); *Spindler,* CR 2005, 741 (744); *Werner:* Verkehrspflichten privater IT-Nutzer, S. 102. Vgl. auch *Heckmann,* MMR 2008, 280 (283). Insbesondere zur Bedeutung des IT-Sicherheitsgesetzes für die Bestimmung von Verkehrspflichten *Spindler,* CR 2016, 297 (308).

[9] Dazu *Djeffal,* MMR 2015, 716 (719).

[10] Vgl. zu diesen Vorschriften *Bräutigam/Klindt,* NJW 2015, 1137 (1140 f.); *Spindler:* Verantwortlichkeiten, Rdnr. 334 ff.; *Spindler,* MMR 2008, 7 (10 f.); *Werner:* Verkehrspflichten privater IT-Nutzer, S. 102.

[11] So aber *Koch,* NJW 2004, 801 (806). Vgl. auch LG Köln NJW 1999, 3206, 3206 bzgl. einer Haftung für Schäden aus mittels Diskette übertragenen Computerviren im Verhältnis eines Unternehmens zu einem Freiberufler.

wegen der hohen Schadensrisiken[12] besteht hier die berechtigte Verkehrserwartung[13], dass auch die anderen Verkehrsteilnehmer jene Sicherheitsmaßnahmen getroffen haben[14]. Dabei gilt der Grundsatz, dass mit der Bedeutung des Systems für die Wirtschaft und Versorgung gleichzeitig die Anforderungen an die IT-Sicherheit wachsen[15].

2. Verkehrspflichten von Privatpersonen

Schwieriger ist die Begründung von IT-Sicherungspflichten privater Nutzer, da für diese keine entsprechenden Vorschriften existieren[16]. Eine Sicherungspflicht für privat genutzte Informationstechnologie soll sich dennoch aus dem allgemeinen haftungsrechtlichen Grundsatz[17] ergeben, dass derjenige, der eine Gefahrenlage schafft, verpflichtet ist, die notwendigen und zumutbaren Vorkehrungen zu treffen, um eine Schädigung anderer möglichst zu vermeiden[18].

Weil es für solche Verkehrspflichten privater IT-Nutzer jedoch keine den Anforderungen an Unternehmen vergleichbare gesetzliche Grundlagen gibt, werden im Allgemeinen geringere Anforderungen an Private als an Unternehmer gestellt[19] und das Bestehen und der Umfang solcher Verkehrspflichten unter verschiedenen Gesichtspunkten eingeschränkt, etwa weil das Vertrauen des Verkehrs auf eine Sicherung privat genutzter IT geringer anzusiedeln sei[20]. Aus dem Fehlen eines IT-Sicherheitsgesetz für Privathaushalte ließe sich zudem schließen, dass ein privat genutzter Computer oder ein privates Netzwerk nicht per se als Gefahrenquelle gelten; erst ihr Missbrauch

---

[12] Vgl. oben A.II.
[13] Zu diesen Kriterien zur Bestimmung von Verkehrspflichten siehe oben B.III.
[14] Vgl. *Libertus*, MMR 2005, 507 (509) m.w.N.
[15] Vgl. in Bezug auf das IT-Sicherheitsgesetz *Bräutigam/Klindt*, NJW 2015, 1137 (1140f.).
[16] *Werner:* Verkehrspflichten privater IT-Nutzer, S. 102. Vgl. *Bräutigam/Klindt*, NJW 2015, 1137 (1140f.), der jedoch z.B. § 675 l S. 1 BGB nennt.
[17] Siehe oben B.II.
[18] Vgl. *Koch*, CR 2009, 485 (487); *Libertus*, MMR 2005, 507 (508ff.); *Mantz*, K&R 2007, 566 (567); *Spindler:* Verantwortlichkeiten, Rdnr. 282, 645f.; *Spindler*, CR 2016, 297 (310f.); *Werner:* Verkehrspflichten privater IT-Nutzer, S. 139ff. Vgl. auch (in Bezug auf Zugangsdaten) BGH NJW 2009, 1960, 1961. A.A.: *Koch*, NJW 2004, 801 (806): Nur für Unternehmer bestehe im Verhältnis zu privaten Empfängern („B2C") eine Verkehrspflicht zum Virenschutz auf Grund dessen allgemeinem Persönlichkeitsrechts.
[19] *Spindler:* Verantwortlichkeiten, Rdnr. 331; *Spindler*, MMR 2008, 7 (11); *Spindler*, CR 2016, 297 (310f.); *Werner:* Verkehrspflichten privater IT-Nutzer, S. 17.
[20] *Koch*, NJW 2004, 801 (805); *Libertus*, MMR 2005, 507 (509).

aufgrund des Fehlen ausreichender Sicherheitsvorkehrungen[21] mache sie zu einer solchen[22]. Einschränkende Voraussetzung für das Bestehen einer Verkehrspflicht im Einzelfall sei daher, dass es eine generelle und bekannte Lösung für ein Sicherheitsproblem gebe, die technisch und wirtschaftlich zumutbar[23] sei[24], etwa das Installieren und regelmäßige Updaten einer Anti-Virus-Software[25]. Solche ganz grundlegenden und einfachen Sicherheitsmaßnahmen bewegen sich im Rahmen dessen, was auch Privatpersonen ohne einschlägige Fachkenntnisse leisten können und müssen[26]. Werden sie schuldhaft unterlassen, kann dies zu einer Verantwortlichkeit wegen eines Verkehrspflichtverstoßes führen.

3. Ergebnis

Insbesondere Unternehmen sind verpflichtet, technische und organisatorische Vorkehrungen gegen die Schädigungen Dritter durch den Missbrauch ihrer IT-Systeme zu treffen, bei deren Verletzung Ansprüche anderer Internetnutzer, insbesondere auch anderer Unternehmen, aus § 823 I BGB in Betracht kommen können. Auch Privatpersonen müssen wenigstens einen Basisschutz ihrer Computer und Heimnetzwerke gegen Missbrauch einrichten. Für die von Angriffen Betroffenen werden wegen der regelmäßig hohen Schadenssummen wohl in den meisten Fällen jedoch nur zahlungskräftige Unternehmen als realistische Anspruchsgegner in Betracht kommen.

Unter dieser Voraussetzung werden nun einzelne Formen von Angriffen auf die IT-Systeme von Unternehmen, die unter Ausnutzung von Sicherheitslücken im Internet vorgenommen werden, unter dem Gesichtspunkt einer Haftung wegen Verkehrspflichtverletzung untersucht. Dadurch kann schließlich beurteilt werden, ob das Recht am Gewerbebetrieb hier weiterhin erforderlich ist.

---

[21] *Koch*, CR 2009, 485 (487); *Libertus*, MMR 2005, 507 (509).Vgl. auch *Werner*: Verkehrspflichten privater IT-Nutzer, S. 58.

[22] Vgl. *Hoeren/Jakopp*, ZRP 2014, 72 (74); *Koch*, NJW 2004, 801 (803); *Libertus*, MMR 2005, 507 (509). Vgl. auch *Mantz*, K&R 2007, 566 (567).

[23] Siehe zu dieser Voraussetzung oben B.III.

[24] *Spindler:* Verantwortlichkeiten, Rdnr. 294.

[25] *Koch*, CR 2009, 485 (486 ff.); *Spindler*, CR 2005, 741 (744), der aber auf die abweichende Entscheidung BGHZ 158, 201, 210 hinweist. Zu den verschiedenen konkret möglichen Maßnahmen (Virenscanner, Firewalls, Patches etc.) und ihrer Zumutbarkeit für den einzelnen Nutzer siehe ausführlich *Spindler:* Verantwortlichkeiten, Rdnr. 294 ff.

[26] Ausführlich zum Problem der Verkehrspflichten privater IT-Nutzer: *Werner:* Verkehrspflichten privater IT-Nutzer, S. 139 ff. sowie die oben in H.I.2. genannten.

II. Eigentumsverletzung durch Substanzbeeinträchtigung an Daten

Nachdem Ansprüche aus dem Wettbewerbsrecht, § 826 BGB oder § 823 II BGB in den hier betrachteten Fällen nicht in Betracht kommen[27] und auch ein allgemeines Persönlichkeitsrecht juristischer Personen wegen seiner dogmatischen Unzulässigkeit[28] nicht weiter helfen kann, kommt noch der Rückgriff auf den Schutz von Eigentum und Besitz im Sinne von § 823 I BGB in Betracht[29]. Sollten Angriffe auf die IT-Systeme (auch) von Unternehmen solche Eigentums- und/oder Besitzverletzungen darstellen, wäre in der Tat auch hier die Annahme eines Rechts am Gewerbebetrieb entbehrlich. Dabei sollen die verschiedenen Angriffsvarianten darauf untersucht werden, ob sie Erscheinungsformen der Eigentumsverletzung darstellen. Grundsätzlich können Eigentumsverletzungen im Sinne von § 823 I BGB als unberechtigte Verfügungen, Besitzentzug, unberechtigte Benutzung, Substanzverletzungen oder Beeinträchtigungen der Nutzungsmöglichkeit auftreten[30].

1. Substanzverletzung im engen Sinne: Zerstörung oder Beschädigung

a) Definition

Als klassischer Fall[31] und gleichsam „Kernbereich"[32] der Eigentumsverletzung gilt die Beschädigung oder Zerstörung der körperlichen Substanz einer Sache.

b) Substanzbeschädigung unmittelbar an betroffener Hardware

Käme es durch massive Angriffe auf die Informationstechnologie eines Unternehmens zu Schäden direkt an der betroffenen Hardware, etwa an

---

[27] Vgl. oben F.II.3.
[28] Siehe oben G.I.2.c).
[29] Vgl. oben F.I.1.
[30] Zu den Formen der Eigentumsverletzung: *J. Lange*, in: jurisPK-BGB, § 823 BGB, Rdnr. 11; *Schiemann*, in: Erman, § 823 BGB, Rdnr. 25; *Schnug*, JA 1985, 614 (616); *Spindler*, in: Bamberger/Roth, 37. Edition, § 823 BGB, Rdnr. 40; *Wagner*, in: MünchKomm-BGB, § 823 BGB, Rdnr. 164.
[31] *Förster*, in: Bamberger/Roth, § 823 BGB, Rdnr. 125; *J. Lange*, in: jurisPK-BGB, § 823 BGB, Rdnr. 13. Vgl. auch *Schiemann*, in: Erman, § 823 BGB, Rdnr. 27.
[32] *Larenz/Canaris*: Schuldrecht II/2, § 76 II 3 c, S. 390 f.

Computern oder an einem Server oder dessen Host[33], läge unproblematisch eine Eigentumsverletzung in der Form der Substanzverletzung vor[34]. Das wird jedoch eher die Ausnahme sein: Spam-E-Mails blockieren zwar Speicherplatz, aber beschädigen oder zerstören nicht das anzeigende Endgerät oder den diese Nachrichten speichernden Server. Computerviren können zwar durchaus auch einzelne Softwarekomponenten schädigen; eine unmittelbare Beschädigung oder Zerstörung der Hardware ist damit aber nicht verbunden. DDoS-Attacken führen zwar unter Umständen zum Ausfall der überlasteten Server; diese werden jedoch nicht über der Dauer des Angriffes hinaus beschädigt oder zerstört.

c) Mittelbare Substanzbeschädigung durch Ausfall von Regelungssystemen und anderen Systemen

Relevanter sind Substanzschäden in Zusammenhang mit anderen internetfähigen Maschinen und Geräten, gerade im Zeitalter des „Internet[s] der Dinge"[35]. Denn der Trend geht dahin, Haushaltsgegenstände genauso wie Maschinen direkt mit dem Internet zu verbinden, um diese auch über Apps aus größerer Entfernung steuern zu können. Fällt dann wegen Virenbefalls etwa die Temperatursteuerungssoftware eines internetfähigen Kühlschranks aus[36], so liegt eine mittelbar verursachte Substanzschädigung an den im Kühlschrank gelagerten, kühlbedürftigen Gegenständen vor, wenn diese verderben[37]. Dieses Szenario erinnert stark an den „Bruteierfall"[38], wo es durch die Zerstörung einer Freileitung in Folge des Fällens von Straßenbäumen zu einer Unterbrechung der Stromzufuhr in einer Geflügelzucht kam. Der strombetriebene, mit Eiern beschickte Brutapparat fiel aus; die Eier und Küken darin verdarben. Hier nahm der Bundesgerichtshof an, dass der Tatbestand einer Eigentumsverletzung an den Bruteiern im Sinne vom § 823 I

---

[33] Zu den nicht ganz eindeutigen und sich überschneidenden Begrifflichkeiten „Host" (als Hardware) und „Server" (als Hardware oder Software) *Sieber*, in: Handbuch Multimedia-Recht, Rdnr. 20 mit Fn. 1.

[34] *Libertus*, MMR 2005, 507 (508); *Mantz*, K&R 2007, 566 (567); *Schneider/ Günther*, CR 1997, 389 (392); *Spickhoff*, in: Soergel, § 823 BGB, Rdnr. 79; *Werner*: Verkehrspflichten privater IT-Nutzer, S. 107.

[35] Dazu *Bräutigam/Klindt*, NJW 2015, 1137 (1137).

[36] Vgl. zum Kühlschrankbeispiel auch bereits oben A.II.

[37] Vgl. *Förster*, in: Bamberger/Roth, § 823 BGB, Rdnr. 127. Ähnlich bereits BGHZ 41, 123, 126: „Bedarf eine Sache zur Erhaltung ihrer Substanz der ständigen Zufuhr von Wasser, Strom oder dergl., so bewirkt (im Rechtssinne) auch derjenige ihre Zerstörung, der sie durch Abschneiden dieser Zufuhr vernichtet. [...] Hierzu gehören vor allem Erzeugnisse, die einer elektrisch konstant gehaltenen Temperatur (Wärme oder Kühlung) bedürfen, um nicht zu verderben."

[38] BGHZ 41, 123, 125 ff.

BGB erfüllt ist. Dass das Fällen der Straßenbäume in Folge einer „Kettenreaktion"[39] nur mittelbar kausal für den Schaden an den Eiern war, wurde für unerheblich gehalten[40]. Vielmehr sei eine Eigentumsverletzung immer dann gegeben, wenn eine Sache zur Erhaltung ihrer Substanz der ständigen Zufuhr von Wasser, Strom und insbesondere einer elektrisch konstant gehaltenen Temperatur benötige und durch das Abschneiden dieser Zufuhr vernichtet werde[41]. Mittelbar kausal verursachte Substanzverletzungen in Folge von Angriffen auf die informationstechnologischen Systeme von Unternehmen sind daher ebenfalls als Eigentumsverletzungen im Sinne von § 823 I BGB zu erfassen[42].

In größerem Umfang – denkt man etwa an ein Kühllager, dessen Regelungssystem virenbefallen ist oder auch an einen Computer, der die Überhitzung einzelner Maschinen durch Steuerungskreise verhindern soll – hat diese Form der mittelbaren Substanzbeschädigung bzw. -zerstörung auch und gerade in Unternehmen großes Schadenspotential. Nicht zuletzt hat auch der staatlich initiierte Einsatz des Computervirus „Stuxnet", der ausschließlich dazu bestimmt war, die Rotationsgeschwindigkeit von Gasultrazentrifugen zur Urananreicherung im Iran zu manipulieren, diese so unbemerkt zu zerstören und dadurch das iranische Atomprogramm zu behindern[43], unabhängig von seinem politischen Hintergrund gezeigt, dass die Sabotage von Industrieanlagen eine konkrete Bedrohung für Unternehmen darstellt.

2. Substanzverletzung im weiteren Sinne: Einwirkung auf die Substanz einer Sache

a) Definition

Substanzbeeinträchtigungen sind jedoch nicht nur auf die Sonderfälle der Beschädigung oder Zerstörung der Sachsubstanz begrenzt. Denn alle Arten von physikalischen Veränderungen der Substanz selbst, die die Verwendungs-

---

[39] BGHZ 41, 123, 125.
[40] Vgl. auch *Hager*, in: Staudinger, § 823 BGB, B 85.
[41] BGHZ 41, 123, 125 f.
[42] Für das Einschleusen von Viren auch *Hager*, in: Staudinger, § 823 BGB, B 60; *Schneider/Günther*, CR 1997, 389 (392).
[43] Dazu etwa *Martin-Jung*, Stuxnet legt Irans Rechner lahm, Süddeutsche Zeitung 27. September 2010, abrufbar unter http://www.sueddeutsche.de/digital/viren attacke-stuxnet-legt-irans-rechner-lahm-1.1004774, zuletzt geprüft am 20.03.2017; *Krüger*, Zentrifugen, die sich zu schnell drehen, Süddeutsche Zeitung 17. Januar 2011, abrufbar unter http://www.sueddeutsche.de/politik/virus-stuxnet-und-irans-atom programm-zentrifugen-die-sich-zu-schnell-drehen-1.1047249, zuletzt geprüft am 20.03.2017.

fähigkeit der Sache beeinträchtigen, stellen, wenn sie gegen den Willen des Eigentümers vorgenommen werden, Einwirkungen auf die Substanz der Sache und damit Eigentumsverletzungen im Sinne des § 823 I BGB dar[44]. Die Beschädigung und Verletzung der Sachsubstanz ist dann nach diesem Verständnis nur ein Spezialfall der Eigentumsverletzung durch körperliche Einwirkungen auf die Sache selbst[45]. Daneben unterfallen diesem Oberbegriff insbesondere aber auch unberechtigt vorgenommene, physikalisch messbare oder chemische Veränderungen der Sachsubstanz[46]. Herkömmliche Beispiele hierfür sind das Durcheinanderbringen eines Bibliothekskatalogs, einer Kartei oder eines Archivs[47], das Befüllen eines Tanks oder Behälters gegen den Willen des Eigentümers[48] oder die Veränderung des Aggregatzustandes einer Sache[49].

---

[44] Vgl. *v. Bar:* Deliktsrechtliche Eigentumsverletzungen, S. 26 ff.; *Förster*, in: Bamberger/Roth, § 823 BGB, Rdnr. 126; *Isenbeck*, NJW 1973, 1755 (1755); *Wagner*, in: MünchKomm-BGB, § 823 BGB, Rdnr. 175 m.w.N.

[45] Vgl. *Larenz/Canaris:* Schuldrecht II/2, § 76 II 3 b, S. 387 f.; *Wagner*, in: MünchKomm-BGB, § 823 BGB, Rdnr. 164. A.A. wohl BGH NJW 1990, 908, 909; BGH NJW-RR 1990, 1172, 1173; BGH NJW-RR 1995, 342, 342; BGH NJW 2004, 356, 358, wo zwischen Eigentumsverletzungen durch Substanzverletzungen und solchen durch Verhinderung der Benutzung der Sache unterschieden wird, sowie *Spindler*, in: Bamberger/Roth, 37. Edition, § 823 BGB, Rdnr. 50, der den Substanzschutz auf die Zerstörung, Beschädigung und Entziehung der Sache beschränkt.

[46] Nur im Ergebnis so auch *Spindler*, in: Bamberger/Roth, 37. Edition, § 823 BGB, Rdnr. 50, der statt einer physikalischen eine wertende Betrachtungsweise unter Einbeziehung der Anschauung der für die Nutzung der Sache maßgeblichen Verkehrskreise heranziehen will.

[47] *Hager*, in: Staudinger, § 823 BGB, B 82 (als Verletzung des Bestimmungsrechts des Eigentums); *Larenz/Canaris:* Schuldrecht II/2, § 76 II 3 b, S. 387 f.; *Wagner*, in: MünchKomm-BGB, § 823 BGB, Rdnr. 175. Unter dem Aspekt der Ortsveränderung: *v. Bar:* Deliktsrechtliche Eigentumsverletzungen, S. 11. Als eigenständige Fallgruppe hingegen *Spindler:* Verantwortlichkeiten, Rdnr. 110 f. sowie wohl BGHZ 76, 216, 220.

[48] BGH NJW 2003, 3702, 3702; BGH NJW-RR 2006, 270, 270; BGH NJW-RR 2006, 566, 566; *Grotheer*, GRUR 2006, 110 (111 ff.) mit zahlreichen Nachweisen auch zur Gegenansicht; *Möschel*, JuS 1977, 1 (2); *Wagner*, in: MünchKomm-BGB, § 823 BGB, Rdnr. 175.

[49] *v. Bar:* Deliktsrechtliche Eigentumsverletzungen, S. 27; *Hager*, in: Staudinger, § 823 BGB, B 82 (als Verletzung des Bestimmungsrechts des Eigentums); *Isenbeck*, NJW 1973, 1755 (1755); *Larenz/Canaris:* Schuldrecht II/2, § 76 II 3 b, S. 387 f.; *Förster*, in: Bamberger/Roth, § 823 BGB, Rdnr. 127; *Möschel*, JuS 1977, 1 (2); *Schnug*, JA 1985, 614 (617); *Spindler*, in: Bamberger/Roth, 37. Edition, § 823 BGB, Rdnr. 50; *Wagner*, in: MünchKomm-BGB, § 823 BGB, Rdnr. 175. A.A.: OLG Hamm, NJW 1973, 760, 760 (mit dem Argument, es handle sich bei reversiblen Veränderungen lediglich um einen Produktionsausfall); offen gelassen von BGHZ 66, 388, 394.

II. Eigentumsverletzung durch Substanzbeeinträchtigung an Daten

b) Substanzverletzung durch Datenveränderung oder -löschung

Stellt man folglich für eine Eigentumsverletzung im Sinne einer Substanzverletzung entscheidend darauf ab, ob auf die Sache selbst eingewirkt wurde, können auch Datenveränderungen oder -löschungen als Eigentumsverletzung aufgefasst werden[50]. Erforderlich ist hierfür aber, dass den Daten zunächst Sacheigenschaft zukommt, da nur Sachen im Sinne des § 90 BGB Gegenstand des Eigentumsschutzes sind[51]. Um von § 823 I BGB geschützt zu werden, dürfen sie daher nicht nur vorübergehend verfügbar sind, wie z. B. im Arbeitsspeicher[52], sondern müssen dauerhaft auf einer Sache, also dem Datenträger, verkörpert sein[53]. In dieser verkörperten Form stellen Daten nicht nur elektrische Spannungen[54], sondern physikalisch messbare magnetische Muster auf der Oberfläche von Datenträgern, wie zum Beispiel Festplatten, dar[55]. Auch flash-Speicher, die zum Beispiel in USB-Sticks ver-

---

[50] Vgl. zum Eigentumsschutz von Daten *Förster*, in: Bamberger/Roth, § 823 BGB, Rdnr. 141; *Hager*, in: Staudinger, § 823 BGB, B 60; *Koch*, NJW 2004, 801 (802); *Libertus*, MMR 2005, 507 (508); *Mantz*, K&R 2007, 566 (567); *Meier/Wehlau*, NJW 1998, 1585 (1588); *Wagner*, in: MünchKomm-BGB, § 823 BGB, Rdnr. 175; *Werner:* Verkehrspflichten privater IT-Nutzer, S. 108. Unter dem Gesichtspunkt der Integrität und der inneren Ordnung des Eigentums ebenfalls *Feldmann/Heidrich*, CR 2006, 406 (408); *Schultze-Melling*, CR 2005, 73 (77); *Spindler*, NJW 1999, 3737 (3738); *Spindler*, CR 2005, 741 (742); *Spindler:* Verantwortlichkeiten, Rdnr. 110 f.; *Spindler*, in: Bamberger/Roth, 37. Edition, § 823 BGB, Rdnr. 55; *Taeger:* Außervertragliche Haftung, S. 261.

[51] *Hager*, in: Staudinger, § 823 BGB, B 58.

[52] *Werner:* Verkehrspflichten privater IT-Nutzer, S. 111 f. A.A. *Mantz*, K&R 2007, 566 (567); wohl auch BGH NJW 2007, 2394, 2394 f. (Verkörperung von Daten auf Festplatte oder als flüchtige Speicherung gleich gestellt).

[53] *Feldmann/Heidrich*, CR 2006, 406 (408); *Hager*, in: Staudinger, § 823 BGB, B 60; *Koch*, NJW 2004, 801 (802); *Larenz/Canaris:* Schuldrecht II/2, § 76 II 3 b, S. 387 f.; *Maume*, MMR 2007, 620 (621 ff.); *Meier/Wehlau*, NJW 1998, 1585 (1588); *Sprau*, in: Palandt, § 823 BGB, Rdnr. 9; *Wagner*, in: MünchKomm-BGB, § 823 BGB, Rdnr. 175. Vgl. auch BGH NJW 1990, 320, 321; BGH, NJW 1993, 2436 (2437 f.) bzgl. eines kaufrechtlichen Sachverhaltes sowie OLG Karlsruhe NJW 1996, 200, 201; OLG Oldenburg CR 2012, 77, 77. A.A. *Mantz*, K&R 2007, 566 (567); *Spindler*, in: Bamberger/Roth, 37. Edition, § 823 BGB, Rdnr. 55 unter Verweis auf den Schutz der Ordnung von Archiven (BGHZ 76, 216, 220); wohl auch BGH NJW 2007, 2394, 2394 f. (Verkörperung von Daten auf Festplatte oder als flüchtige Speicherung gleich gestellt). Vgl. auch *Esser/Weyers:* Gesetzliche Schuldverhältnisse, § 55 I 2 a, S. 160 f. Fn. 70: Nur „Stellvertretungsfunktion" von Eigentums- und Besitzschutz.

[54] So aber LG Konstanz, NJW 1996, 2662; OLG Dresden NJW-RR 2013, 27, 28 (stattdessen Vertragsrecht sowie § 823 II BGB i.V.m. §§ 274 I Nr. 2 und 303a StGB).

[55] *Meier/Wehlau*, NJW 1998, 1585 (1588); *Werner:* Verkehrspflichten privater IT-Nutzer, S. 108. Unter Berufung auf *Meier/Wehlau* ebenso OLG Oldenburg CR 2012, 77, 77.

wendet werden, funktionieren über physikalisch messbare, dauerhafte Veränderungen auf dem Speichermedium[56]. Durch das Ändern oder Löschen von Daten, gleich, ob es sich um Daten des Betriebssystems, Programmdaten oder Benutzerdaten handelt[57], werden auch diese physikalischen Zustände auf der Oberfläche des Datenträgers dauerhaft verändert und dadurch auch dessen Informationsgehalt insgesamt verändert oder aufgehoben[58]. Eine solche Einwirkung stellt damit, unabhängig von der Wiederherstellbarkeit des ursprünglichen Zustandes[59], eine Eigentumsverletzung in Form der Substanzbeeinträchtigung dar. Dementsprechend stellt auch die Belegung von zuvor ungenutztem Speicherplatz eine Eigentumsverletzung dar[60], zumal sie mit dem Fremdbefüllen eines Behältnisses[61] vergleichbar ist.

c) Anwendung dieser Grundsätze

Bei Anwendung dieser Grundsätze ergibt sich ein gemischtes Bild hinsichtlich der Frage, ob Computerviren, Spam oder Überlastungsangriffe eine Haftung nach § 823 I BGB auslösen.

aa) Unwissentliche Weiterverbreitung von Computerviren

Recht eindeutig ist die Lage bei der Infektion eines Rechners mit einem Computervirus: Bereits die durch das selbstständige Installieren eines Computervirus erfolgende Belegung von freiem Speicherplatz auf einem Computer gegen den Willen des Eigentümers stellt als unerwünschte physikalische Veränderung des Speichermediums[62] für sich genommen eine Verletzung

---

[56] *Werner:* Verkehrspflichten privater IT-Nutzer, S. 111 f.

[57] *Werner:* Verkehrspflichten privater IT-Nutzer, S. 112. Vgl. auch *Koch,* NJW 2004, 801 (802).

[58] Vgl. *Bartsch,* CR 2000, 721 (723); *Förster,* in: Bamberger/Roth, § 823 BGB, Rdnr. 141 (zweifelnd aber im Hinblick auf Software „an sich"); *Mehrbrey/ Schreibauer,* MMR 2016, 75 (76); *Meier/Wehlau,* NJW 1998, 1585 (1588); *Taeger:* Außervertragliche Haftung, S. 261; *Wagner,* in: MünchKomm-BGB, § 823 BGB, Rdnr. 165; *Werner:* Verkehrspflichten privater IT-Nutzer, S. 108; OLG Oldenburg CR 2012, 77, 77.

[59] *Meier/Wehlau,* NJW 1998, 1585 (1588). Vgl. auch *Schnug,* JA 1985, 614 (616): Wiederherstellbarkeit der Sache spielt erst bei Schadenumfang eine Rolle.

[60] *Werner:* Verkehrspflichten privater IT-Nutzer, S. 112. A.A. wohl *Spindler:* Verantwortlichkeiten, Rdnr. 114 in Bezug auf die unerwünschte Installation eines Trojaners.

[61] Siehe oben H.II.2.a).

[62] Siehe oben H.II.2.b).

II. Eigentumsverletzung durch Substanzbeeinträchtigung an Daten

des hieran bestehenden Eigentums dar[63]. Des Weiteren sind auch die infolge von Infizierung mit diesem Computervirus im Anschluss bewirkten Datenveränderungen oder -löschungen selbstständige Eigentumsverletzungen[64]. Sie begründen eine Haftung nach § 823 I BGB, wenn demjenigen, der diesen Virus – wenn auch unwissentlich – weiterverbreitet hat, oder dem Ersteller derjenigen Software, deren Sicherheitslücken für diesen Virus ausgenutzt wurden, die Verletzung einer Verkehrspflicht[65] vorgeworfen werden kann.

bb) Automatisierter Spamversand

Differenzierter gestaltet ist die Lage bei dem Empfang von unerwünschten Werbe-E-Mails.

(1) E-Mail-Server auf im Eigentum des Empfängers stehendem Rechner

Nach den oben entwickelten Grundsätzen kann auch der Versand unerwünschter Spam-E-Mails grundsätzlich als Eigentumsverletzung eingeordnet werden, da zuvor ungenutzter Speicherplatz zumindest vorübergehend gegen den Willen des Eigentümers belegt wird[66]. Erforderlich hierfür ist aber in jedem Fall, dass sich das Speichermedium, auf dem sich die E-Mail befindet, also im Regelfall der Rechner, auf dem der E-Mail-Server betrieben wird, auch im Eigentum des Empfängers befindet[67]. Hingegen ist irrelevant, ob die mit dem Empfang einer einzigen unerwünschten Werbe-E-Mail verbundene Beeinträchtigung für den einzelnen Internetnutzer nur geringfügig

---

[63] *v. Bar:* Deliktsrechtliche Eigentumsverletzungen, S. 26; *Werner:* Verkehrspflichten privater IT-Nutzer, S. 112. A.A. wohl *Spindler:* Verantwortlichkeiten, Rdnr. 114 in Bezug auf die selbstständige Installation eines Trojaners.

[64] *Bartsch,* CR 2000, 721 (723). Vgl. auch *Koch,* NJW 2004, 801 (802); *Larenz/Canaris:* Schuldrecht II/2, § 76 II 3 b, S. 387 f. sowie *Spickhoff,* in: Soergel, § 823 BGB, Rdnr. 79. Unter dem Gesichtspunkt der Zerstörung der inneren Ordnung des Datenträgers auch *Spindler:* Verantwortlichkeiten, Rdnr. 110 f. Offen lassend: *Libertus,* MMR 2005, 507 (508); *Schneider/Günther,* CR 1997, 389 (393).

[65] Siehe dazu oben H.I.

[66] So grundsätzlich BAGE 129, 145 = BAG NJW 2009, 1990, 199. Zustimmend *Wagner,* in: MünchKomm-BGB, § 823 BGB, Rdnr. 165; wohl auch *Seeliger,* NJOZ 2014, 281 (282). Zumindest, wenn der Mail-Server infolge des erhöhten Mail-Aufkommens nicht mehr bestimmungsgemäß funktioniert, auch *Hoeren,* NJW 2004, 3513 (3513 f.). Vgl. in Bezug auf die Belegung von Speicherplatz durch Einträge in Internetforen ebenso *Maume,* MMR 2007, 620 (621 ff.).

[67] Siehe oben H.II.2.b).

ist[68]. Denn eine Substanzverletzung liegt grundsätzlich auch bereits bei geringfügiger physischer Veränderung einer Sache vor. In dem hier vorliegenden Kontext handelt es sich daher allenfalls um das Problem, ob aus dem Empfang einer einzelnen Werbe-E-Mail ein bezifferbarer Schaden entsteht. Gerade für die hier besonders wichtigen Unterlassungsansprüche ist dies jedoch nicht von Bedeutung.

Unter der Annahme, dass eine Verkehrspflicht zu Sicherung eigener Informationstechnologie existiert[69], kämen folglich bei fahrlässiger Verletzung dieser Pflicht an Stelle einer Verletzung des Rechts am Gewerbebetrieb Ansprüche des Empfängers unerwünschter Werbe-E-Mails wegen mittelbarer und verkehrspflichtwidriger Verletzung seines Eigentums gegen jeden Dritten in Betracht, der diese Pflicht missachtet und dadurch den Versand jener E-Mails unwissentlich ermöglicht[70].

(2) E-Mail-Server auf nicht im Eigentum des Empfängers stehendem Rechner

Ist der Empfänger der unerwünschten Werbe-E-Mail nicht zugleich der Eigentümer des Rechners, auf welchem der E-Mail-Server betrieben wird, kann in Bezug auf den Empfänger[71] keine Eigentumsverletzung durch die Belegung von Speicherplatz durch den Empfang der unerwünschten Werbe-E-Mail begründet werden. Dies ist der Regelfall bei Privatpersonen[72], aber auch bei Unternehmen nicht ungewöhnlich, etwa bei ausgelagerten Rechenzentren oder der Nutzung von cloud computing[73].

---

68 So aber *Ayad*, CR 2001, 533 (538); *Baetge*, NJW 2006, 1037 (1038 f.); *Ohly*, in: Ohly/Sosnitza, § 7 UWG, Rdnr. 17 ff.; *Riedl:* Das Recht am eingerichteten und ausgeübten Gewerbebetrieb, S. 196 ff.
69 Siehe dazu oben H.I.
70 Vgl. oben A.II.
71 In Bezug auf Provider siehe *Hoeren*, NJW 2004, 3513 (3513 f.).
72 Diese können sich jedoch ersatzweise auf ihr allgemeines Persönlichkeitsrecht berufen, siehe oben F.II.3.a).
73 Vgl. die Pressemitteilung vom 12.5.2016 der *Bitkom Research im Auftrag der KPMG AG:* Erstmals nutzt die Mehrheit der Unternehmen Cloud Computing, abrufbar unter https://www.bitkom.org/Presse/Presseinformation/Erstmals-nutzt-die-Mehrheit-der-Unternehmen-Cloud-Computing.html, zuletzt geprüft am 20.03.2017, sowie *BITKOM*: Nutzung von Cloud Computing in Unternehmen boomt. Pressemitteilung vom 14.03.2017. Online verfügbar unter https://www.bitkom.org/Presse/Presseinformation/Nutzung-von-Cloud-Computing-in-Unternehmen-boomt.html, zuletzt geprüft am 20.03.2017, wonach einer repräsentativen Studie zufolge im Jahr 2015 etwa 54 Prozent und im Jahr 2016 bereits 65 Prozent der Unternehmen in Deutschland Cloud Computing nutzten. Zu den verschiedenen Formen des cloud computing vgl. den Leitfaden des Bundesverband Informationswirtschaft, Telekommunikation und neue

II. Eigentumsverletzung durch Substanzbeeinträchtigung an Daten

(a) Besitz am Rechner

Wenn lediglich der rein technische Betrieb des Rechenzentrum ausgelagert ist, also ein externer Dienstleister nur die Anschaffung, Aufbewahrung und Wartung der Rechner übernimmt („Server-Housing"[74]), kann sich der Nutzer, also zum Beispiel ein Unternehmen, beim Empfang unerwünschter Werbe-E-Mails auf seinen berechtigten Besitz an den betroffenen Servern als sonstiges Recht im Sinne von § 823 I BGB[75] berufen[76]. Bei dieser „traditionellen" Form des Hostings steht dem einzelnen Kunden nämlich eine dezidierte IT-Ressource exklusiv zur Verfügung[77], wodurch das Unternehmen die alleinige Verfügungsgewalt über Einsatz und Nutzen dieser konkreten Ressource und über seine ständige Benutzung und Einwirkungsmöglichkeit auch tatsächliche Sachherrschaft hat[78]. Hier gilt dann wieder, dass die durch unerwünscht empfangene E-Mails verursachte physikalisch messbare Inanspruchnahme von zuvor unbelegtem Speicherplatz[79] eine Verletzung des berechtigten Besitzes darstellt und damit Schadensersatzansprüche gemäß § 823 I BGB oder Unterlassungsansprüche gemäß § 1004 I BGB analog auslöst.

Medien e.V. *BITKOM,* https://www.bitkom.org/Publikationen/2009/Leitfaden/Leitfaden-Cloud-Computing/090921-BITKOM-Leitfaden-CloudComputing-Web.pdf, S. 22 ff., zuletzt geprüft am 20.03.2017 sowie das Aktionsprogramm Cloud Computing des *Bundesministerium für Wirtschaft und Technologie* https://www.trusted-cloud.de/sites/default/files/aktionsprogramm_cloud_computing.pdf, S. 10 f., zuletzt geprüft am 20.03.2017, sowie die Pressemitteilung *Bitkom Research im Auftrag der KPMG AG:* Erstmals nutzt die Mehrheit der Unternehmen Cloud Computing (12.05.2016), abrufbar unter https://www.bitkom.org/Presse/Presseinformation/Erstmals-nutzt-die-Mehrheit-der-Unternehmen-Cloud-Computing.html, zuletzt geprüft am 20.03.2017.

[74] *Redeker*, ITRB 2003, 82 (85).
[75] Siehe dazu oben D.II.1.c)bb)(3).
[76] Vgl. *Spickhoff*, in: Soergel, § 823 BGB, Rdnr. 79 sowie auch *Maume*, MMR 2007, 620 (621 ff.), der jedoch nicht zwischen den einzelnen Formen der Auslagerung von Rechenkapazität unterscheidet. Dazu sogleich auch unten H.II.2.c)bb)(2)(b). A.A.: *Werner:* Verkehrspflichten privater IT-Nutzer, S. 117, der auf den berechtigten Besitz als absolutes Recht gar nicht eingeht und stattdessen auf das Recht am eigenen Datenbestand zurückgreifen will, siehe dazu ebenfalls unten H.II.2.c)bb)(2)(b).
[77] *BITKOM*, Cloud Computing – Evolution in der Technik, Revolution im Business, https://www.bitkom.org/Publikationen/2009/Leitfaden/Leitfaden-Cloud-Computing/090921-BITKOM-Leitfaden-CloudComputing-Web.pdf, S. 23, zuletzt geprüft am 20.03.2017.
[78] Vgl. *Maume*, MMR 2007, 620 (621 ff.). In Bezug auf Erdkabel und die Durchleitung von Strom ähnlich *Schulze*, VersR 1998, 12 (13).
[79] Vgl. dazu oben H.II.2.b).

(b) Kein Besitz am Rechner

Anders stellt sich die Lage beim cloud computing dar. Zwar enthalten die zu Grunde liegenden Verträge auch mietvertragliche Elemente, wenn es um die Bereitstellung einer Hardware-Umgebung und/oder von Speicherplatz geht[80]. Die Nutzer einer cloud erhalten diesen Service jedoch im Gegensatz zu dem soeben geschilderten Modell[81] nicht als physikalische, sondern nur als bloß virtuelle, sich dynamisch anpassende Ressource[82]. Der Nutzer hat also nicht die Verfügungsgewalt über einen bestimmten Teil des Rechenzentrum oder eines einzelnen Rechners, sondern bucht nur abstrakt eine gewisse Menge an Leistung beziehungsweise Speicherplatz[83]. Der Betreiber kann so IT-Infrastruktur hinsichtlich maximaler Effizienz und Standardisierung optimieren, indem Hard- und Software gemeinsam und gleichzeitig von vielen Nutzern genutzt werden, und damit für den Nutzer größtmögliche Flexibilität bei möglichst geringen Kosten erreicht wird[84]. Aus dinglicher Sicht bedeutet das, dass an diesem abstrakten, nicht physikalisch existenten Speicherplatz wegen des sachenrechtlichen Bestimmtheitsgrundsatzes[85] kein Besitz bestehen kann[86]. Denn dieser besagt, dass – im Unterschied zu Verpflichtungsgeschäften – dingliche Rechte und Verfügungen nur in Bezug auf individuell bestimmte Sachen existieren bzw. vorgenommen werden können[87]. Damit ist es zwar möglich, durch einen entsprechenden Vertrag einen schuldrechtlichen Anspruch auf virtuellen Speicherplatz zu begründen; für eine dingliche Rechtsposition wäre es jedoch nötig, vertraglich genau zu bestim-

---

[80] *BITKOM*, Cloud Computing – Was Entscheider wissen müssen, https://www.bitkom.org/Publikationen/2010/Leitfaden/Leitfaden-Cloud-Computing-Was-Entscheider-wissen-muessen/BITKOM-Leitfaden-Cloud-Computing-Was-Entscheider-wissen-muessen.pdf, S. 40, zuletzt geprüft am 20.03.2017. Zur rechtlichen Einordnung von Web-Hosting-Verträgen vgl. m.w.N.: BGH NJW 2010, 1449, 1451; BGH MMR 2013, 783, 784; OLG Düsseldorf MMR 2014, 521, 522; *Redeker*: IT-Recht, Rdnr. 1105 f.; *Redeker*, in: Handbuch Multimedia-Recht, Rdnr. 234 ff.; *Schneider*, CR 2005, 695 (700).

[81] Siehe soeben oben H.II.2.c)bb)(2)(b).

[82] Vgl. *Kirn/Müller-Hengstenberg* NJW 2017, 433 (433 f.).

[83] Vgl. *Redeker*, ITRB 2003, 82 (85).

[84] *BITKOM*, Cloud Computing – Evolution in der Technik, Revolution im Business, https://www.bitkom.org/Publikationen/2009/Leitfaden/Leitfaden-Cloud-Computing/090921-BITKOM-Leitfaden-CloudComputing-Web.pdf, S. 24, zuletzt geprüft am 20.03.2017.

[85] Vgl. etwa BGHZ 21, 52, 55.

[86] Vgl. auch BGH NJW 2007, 2394, 2395 für den Fall der Softwareüberlassung. A.A. wohl *Feldmann/Heidrich*, CR 2006, 406 (409), *Maume*, MMR 2007, 620 (621 ff.) die allgemein beim Hosting von berechtigten Besitz im Sinne von § 823 I BGB kraft Mietvertrages ausgehen.

[87] *Gaier*, in: MünchKomm-BGB, Bd. 7, Einl. SachenR, Rdnr. 21.

men, welche einzelnen körperlichen Speichermedien konkret einem bestimmten Nutzer zugeordnet werden. Eine solche Bestimmtheit ist beim cloud computing jedoch gerade von beiden Seiten nicht gewollt.

Der Nutzer einer cloud hat damit keinen dinglichen Besitz an diesem Speicherplatz und kann damit weder gemäß § 823 I BGB Schadensersatz noch nach § 1004 I BGB analog Unterlassungsansprüche geltend machen[88]. Auch ein unter Umständen anzuerkennendes „Recht am eigenen Datenbestand"[89] als sonstiges Recht im Sinne von § 823 I BGB würde in diesem Fall keinen weitergehenden Schutz gewähren, da es nicht um die Beeinträchtigung bereits vorhandener Daten geht. Der Nutzer einer cloud kann daher nur gegebenenfalls bestehende vertragliche Ansprüche geltend machen.

(c) Umsetzung der Datenschutzrichtlinie 2002/58/EG

Bestehen Eigentum und/oder berechtigter Besitz des Empfängers einer unerwünschten Werbe-E-Mail an dem Rechner, auf dem der E-Mail-Server betrieben wird, so stellt der Empfang einer solchen E-Mail wegen der damit verbundenen unerwünschten Inanspruchnahme von Speicherplatz als Beeinträchtigung der Sachsubstanz eine Verletzung des Eigentums beziehungsweise des berechtigten Besitzes im Sinne von § 823 I BGB dar. Diese kann bei Verletzung einer Verkehrspflicht auch nur fahrlässig handelnden Personen zugerechnet werden.

Befindet sich der E-Mail-Server hingegen nicht im Eigentum oder Besitz des Empfängers, kann der Empfänger keine Ansprüche wegen Verletzung dieser Rechte nach § 823 I BGB geltend machen. Für Privatpersonen ist dies wegen des generalklauselartigen Schutzes, den das allgemeine Persönlichkeitsrecht auch hier gewährt, freilich nicht von Bedeutung. Hier ist anerkannt, dass der Versand unerwünschter Werbe-E-Mails wegen der damit verbundenen Belästigung in der Privatsphäre einen Eingriff in das allgemeine Persönlichkeitsrecht des Empfängers darstellt[90]. Sie können also in jedem Fall Ansprüche aus § 823 I BGB, § 1004 I BGB analog geltend machen.

---

[88] Vgl. auch *Spindler:* Verantwortlichkeiten, Rdnr. 673 bzgl. Daten des Nutzers, die auf dem Server des Providers abgelegt sind.

[89] Vgl. dazu etwa *Dorner*, CR 2014, 617 (619) m.w.N.; *Heun/Assion*, CR 2015, 812 (813f.); *Heymann*, CR 2016, 650 (654ff.); *Hoeren*, MMR 2013, 486 (491); *Mehrbrey/Schreibauer*, MMR 2016, 75 (76); *Meier/Wehlau*, NJW 1998, 1585 (1588f.); *Specht*, CR 2016, 288 (294ff.); *Spindler:* Verantwortlichkeiten, 116 m.w.N.; *Spindler*, in: Bamberger/Roth, 37. Edition, § 823 BGB, Rdnr. 93; *Zech*, CR 2015, 137 (143ff. m.w.N. in Fn. 39).

[90] Siehe oben F.II.3.a).

Anders ist dies für Unternehmen, die in immer größerem Umfang cloud computing nutzen[91]. Als juristische Personen oder Personengesellschaften können sie sich nicht auf ein allgemeines Persönlichkeitsrecht berufen[92], sondern nur auf den relativ engen direkten Anwendungsbereich des § 7 II Nr. 3 UWG[93]. Sie würden sich daher bei einem Verzicht auf das Recht am Gewerbebetrieb, das aktuell trotz der dogmatischen Bedenken in dieser Fallgruppe – zum Teil zähneknirschend[94] – noch herangezogen wird[95], nicht gegen den Empfang unerwünschter E-Mails wehren können.

Dieses Ergebnis widerspräche dem bereits oben vorgestellten Art. 13 VI S. 1 der Richtlinie 2002/58/EG (Datenschutzrichtlinie für die elektronische Kommunikation) in der Fassung der Richtlinie 2009/136/EG, wonach natürlichen und juristischen Personen die Möglichkeit eingeräumt werden muss, gegen die dort als unzulässig bezeichneten Werbeformen vorzugehen[96]. Die Möglichkeit der grundsätzlich gebotenen richtlinienkonformen Auslegung oder Rechtsfortbildung[97] von § 823 I BGB besteht hier nicht[98]. Denn deren Grenze ist stets die Auslegung des Gesetzes *conta legem*, wobei als Maßstab die Methodik des nationalen Rechts gilt[99]. Wie dargelegt, lässt sich das Recht am Gewerbebetrieb jedoch nicht auf dogmatisch zulässige Art und Weise in § 823 I BGB integrieren[100].

---

[91] Vgl. die Pressemittteilung *Bitkom Research im Auftrag der KPMG AG:* Erstmals nutzt die Mehrheit der Unternehmen Cloud Computing (12.05.2016), abrufbar unter https://www.bitkom.org/Presse/Presseinformation/Erstmals-nutzt-die-Mehrheit-der-Unternehmen-Cloud-Computing.html, zuletzt geprüft am 20.03.2017, sowie *Bitkom*, Nutzung von Cloud Computing in Unternehmen boomt, Pressemitteilung vom 14.3.2017, abrufbar unter https://www.bitkom.org/Presse/Presseinformation/Nutzung-von-Cloud-Computing-in-Unternehmen-boomt.html, zuletzt geprüft am 20.3.2017, wonach einer repräsentativen Studie zufolge im Jahr 2015 etwa 54 Prozent und im Jahr 2016 bereits 65 Prozent der Unternehmen in Deutschland im Jahr 2015 Cloud Computing nutzten.
[92] Siehe oben G.I.2.c).
[93] Siehe oben F.II.3.a).
[94] Vgl. etwa *Ohly*, in: Ohly/Sosnitza, § 7 UWG, Rdnr. 18 f.
[95] Siehe oben F.II.3.a).
[96] Siehe oben F.II.3.a).
[97] Dazu BGHZ 179, 27, 33 m.w.N.
[98] Von einer vollständigen Richtlinienumsetzung über §§ 823 I BGB, 1004 I BGB geht jedoch die Bundesregierung aus, vgl. Bt-Drs. 17/6689, S. 3. A.A. *Brömmelmeyer*, GRUR 2006, 285, 291 f., der die mangelnde Umsetzung der Richtlinie durch §§ 823 I, 1004 I BGB bemängelt, gleichzeitig aber eine richtlinienkonforme Aulegung fordert. Vgl. auch *Köhler*, WRP 2012, 1329, 1335.
[99] BGHZ 179, 27, 34 f.
[100] Vgl. oben Abschnitt E.I.

Wegen des Gebotes richtlinienkonformer Auslegung sind jedoch ausnahmsweise[101] die Verbotstatbestände in § 7 II UWG, welche Art. 13 der Richtlinie 2002/58/EG (Datenschutzrichtlinie für die elektronische Kommunikation) in der Fassung der Richtlinie 2009/136/EG umsetzen, als Schutzgesetz im Sinne des § 823 II BGB anzuerkennen[102], soweit die Umsetzung ansonsten lückenhaft wäre. Zwar werden die §§ 3–7 UWG insbesondere wegen der speziell geregelten Aktivlegitimation in §§ 8 III, 9 UWG sowie der kurzen Verjährungsfrist in § 11 UWG grundsätzlich nicht als Schutzgesetze gemäß § 823 II BGB anerkannt[103]. In diesem Fall kann aber der in Art. 13 VI der Richtlinie 2002/58/EG bestimmte Personenkreis über den Wortlaut der §§ 8 III, 9 UWG hinaus[104] durch § 823 II BGB mit einem eigenen Klagerecht ausgestattet werden, wie es dem Schutzweck dieser Vorschrift entspricht. Das europarechtlich vorgegebene Schutzniveau wird durch das Heranziehen von § 823 II BGB also nicht ausgehöhlt, sondern vielmehr erreicht. Auch § 11 UWG wird nicht unzulässig umgangen, wenn man bedenkt, dass für den entsprechenden Schutz natürlicher Personen durch § 823 I BGB i.V.m. Art. 2 I, 1 I GG (allgemeines Persönlichkeitsrecht) die allgemeinen Verjährungsfristen des BGB gelten und der Schutz natürlicher und juristischer Personen nach dem Wortlaut des Art. 13 VI der Richtlinie 2002/58/EG („natürliche oder juristische Personen") gleich auszugestalten ist. Einzuschränken ist der Schutzzweck dieser Haftungsgrundlage wegen des Verweises von Art. 13 VI der Richtlinie 2002/58/EG auf die vorstehenden Absätze des Artikels („durch Verstöße gegen die aufgrund dieses Artikels erlassenen nationalen Vorschriften") jedoch auf Verletzungshandlungen, die „zum Zwecke der Direktwerbung" (vgl. Art. 13 I-IV der Richtlinie 2002/58/EG) erfolgen. Erforderlich ist nach der Richtlinie also ein zielgerichtetes Handeln, das bei einem nur mittelbar kausalen, unwissentlichen und lediglich fahrlässig verursachten Verstoß nicht vorliegt. § 823 II BGB i.V.m. § 7 II Nr. 3 UWG ermöglicht es daher nicht, gegen denjenigen vorzugehen, der nur unwissentlich durch mangelnde Sicherheitsvorkehrungen den Versand von unerwünschten Werbe-E-Mails ermöglicht.

(3) Ergebnis

Eine Haftung wegen mittelbarer und verkehrspflichtwidriger Mitwirkung an dem Versand unerwünschter Werbe-E-Mails kommt als mittelbare Verlet-

---

[101] Siehe oben E.II.1.b)bb)(3).
[102] A.A: *Neuner*, JuS 2015, 961 (967).
[103] Siehe oben E.II.1.b)bb)(3).
[104] Zu der anderen Frage, ob § 8 III UWG in Bezug auf § 7 II Nr. 2 UWG zu weit gefasst ist, vgl. etwa *Köhler*, WRP 2012, 1329, 1333; *Köhler* WRP 2013, 567, 567 ff.

zung von Eigentum und Besitz im Sinne von § 823 I BGB in Betracht, wenn der Empfänger auch Eigentümer oder berechtigter Besitzer an dem Rechner ist, auf dem der E-Mail-Server läuft.

cc) Überlastungsangriffe

Wendet man das oben entwickelte Kriterium, wonach es für eine Eigentumsverletzung in Form der Substanzbeeinträchtigung entscheidend auf die unerwünschte physikalische Veränderung der Sache selbst ankommt[105], auf die Fallgruppe der Überlastungsangriffe (DDoS-Attacken)[106] an, muss man mit der herrschenden Meinung eine Eigentums- oder Besitzverletzung nach § 823 I BGB unter dem Aspekt der Substanzbeeinträchtigung selbst dann ablehnen, wenn der jeweilige Rechner im Eigentum oder Besitz[107] des betroffenen Unternehmens steht. Denn bei solchen Überlastungsangriffen werden keine bereits vorhandenen Daten des Hosts verändert, gelöscht oder dauerhaft[108] Speicherplatz auf diesem belegt, sondern lediglich missbräuchlich eine große Anzahl, scheinbar regulärer, in Wahrheit aber sinnloser Anfragen an einen Server geschickt. Die Sachsubstanz selbst bleibt also unberührt.

Auch das Abstürzen des Servers in Folge der missbräuchlichen Anfragen hat keine dauerhaften physikalischen Konsequenzen; der Angriff lässt sich später nicht mehr auf dem Datenträger in irgendeiner Form wiederfinden. Durch den Überlastungsangriff ist folglich nicht die physische Substanz, sondern nur die Nutzung für einen gewissen Zeitraum verhindert. Eine Eigentumsverletzung im Sinne einer Substanzveränderung wird durch DDoS-Attacken folglich nicht bewirkt, sodass eine Haftung der Eigentümer der als Werkzeuge eingesetzten Rechner wegen Verletzung einer Verkehrspflicht unter diesem Gesichtspunkt nicht in Betracht kommt. Ob jedoch der Ausfall der bestimmungsgemäßen Nutzbarkeit der Rechner auch ohne Substanzbeeinträchtigung als Eigentumsverletzung im Sinne von § 823 I BGB angesehen werden kann, wird direkt im Anschluss an diesen Abschnitt behandelt werden[109].

---

[105] Siehe dazu oben H.II.2.b).
[106] Siehe dazu oben A.II., F.II.3.c).
[107] Vgl. zu den entsprechenden Konstellationen bei Hosting etc. oben H.II.2.c)bb) (1), (2).
[108] Zum Kriterium der Dauerhaftigkeit und auch der Gegenansicht, dass eine flüchtige Speicherung ausreicht, siehe oben H.II.2.b).
[109] Siehe unten H.III.2.

3. Fazit

Die durch Computerviren verursachten Veränderungen an der Hardware des betroffenen Rechners stellen als physische Einwirkungen Eigentumsverletzungen im Sinne von Substanzeinwirkungen dar. Bei dem Empfang unerwünschter Werbe-E-Mails ist zu differenzieren: Nur wenn der Empfänger der unerwünschten Werbe-E-Mail auch Eigentümer des Rechners ist, auf dem der E-Mail-Server installiert ist, stellt der Empfang dieser E-Mail eine Substanzeinwirkung auf den Rechner dar; entsprechendes gilt für die Verletzung des berechtigten Besitzes. Dieser besteht aber nicht beim cloud computing, sodass hier Ansprüche aus Eigentums- oder Besitzverletzung gemäß § 823 I BGB nicht gegeben sind. Bei Überlastungsangriffen (DDoS-Attacken) wird hingegen nur auf die Nutzbarkeit, nicht aber auf die Substanz der Datenträger eingewirkt, sodass hier Eigentums- oder Besitzverletzungen an der betroffenen Serverhardware unter dem Aspekt der Beeinträchtigung der Sachsubstanz ebenfalls ausscheiden.

III. Eigentumsverletzung durch Nutzungsbeeinträchtigung

Die durch Überlastungsangriffe (DDoS-Attacken) hervorgerufenen Serverausfälle verletzen jedoch das an ihnen bestehende Eigentum bzw. den an ihnen bestehenden berechtigten Besitz durch Verhinderung der bestimmungsgemäßen Nutzbarkeit[110].

1. Eigentumsverletzung durch Nutzungsbeeinträchtigung

a) Die bisherige Diskussion

Es ist heute anerkannt, dass grundsätzlich auch die Beeinträchtigung der Nutzbarkeit einer Sache ohne Beeinträchtigung der Sachsubstanz als Eigentumsverletzung angesehen werden kann[111]. Denn das Eigentum schützt auch die Funktion und den Ausschluss Dritter von der Nutzung eines Gutes[112] als

---

[110] Siehe zu den verschiedenen Formen der Eigentumsverletzung oben H.II.
[111] Vgl. *v. Bar:* Deliktsrechtliche Eigentumsverletzungen, S. 31 ff.; *Boecken:* Deliktsrechtlicher Eigentumsschutz, S. 94 m.w.N. in Fn. 214; *Esser/Schmidt:* Schuldrecht AT, § 25 IV 1 b, S. 65; *Hager,* in: Staudinger, § 823 BGB, Rdnr. B 89 ff.; *Medicus,* JZ 1997, 403 (403); *Rosenbach:* Eigentumsverletzung durch Umweltveränderung, S. 107 f.; *Wagner,* in: MünchKomm-BGB, § 823 BGB, Rdnr. 185; *Willoweit,* NJW 1975, 1190 (1190); *Zeuner,* in: Festschrift Flume I, S. 778. A.A.: *Reinhardt,* JZ 1961, 713 (719); *Picker,* NJW 2015, 2304 (2306); *Stoll,* AcP 162 (1963), 203 (219).
[112] *Spindler,* in: Bamberger/Roth, 37. Edition, § 823 BGB, Rdnr. 55.

durch § 903 S. 1 BGB geschützte Dispositionsbefugnisse des Eigentümers, mit der Sache nach Belieben zu verfahren[113]. Hierbei handelt es sich jedoch nicht mehr um den „Kernbereich"[114] der Eigentumsverletzungen[115], sondern ihren Randbereich, der an der Schnittstelle zu dem von § 823 I BGB nicht geschützten Vermögen[116] und der allgemeinen Handlungsfreiheit[117] und damit in einer Art „Grauzone"[118] liegt. Daher ist eine Eingrenzung derjenigen Nutzungsbeeinträchtigungen, die gleichzeitig Eigentumsverletzungen im Sinne von § 823 I BGB darstellen[119], erforderlich.

Hierfür wird in Rechtsprechung und Schrifttum nach brauchbaren Kriterien gesucht. Nach Ansicht der Rechtsprechung sind Nutzungsbeeinträchtigungen dann als Eigentumsverletzungen aufzufassen, wenn sie einem Sachentzug gleichkommen[120]. Dies sei dann der Fall, wenn durch unmittelbare tatsächliche[121] oder rechtliche[122] Einwirkung auf die Sache[123] gegen den

---

[113] Vgl. BGHZ 105, 346, 350; BGHZ 156, 172, 175 sowie etwa *v. Bar:* Deliktsrechtliche Eigentumsverletzungen, S. 31; *Brüggemeier*, VersR 1984, 902 (902); *Esser/Schmidt:* Schuldrecht AT, § 25 IV 1 b, S. 65; *Hager*, in: Staudinger, § 823 BGB, Rdnr. B 96; *J. Lange*, in: jurisPK-BGB, § 823 BGB, Rdnr. 11.

[114] *Larenz/Canaris:* Schuldrecht II/2, § 76b II 3 c, S. 390 f. Siehe schon oben H.II.1.a).

[115] *Zeuner*, in: Festschrift Flume I, S. 786.

[116] *Emmerich:* Schuldrecht BT, § 22 Rn. 2; *Förster*, in: Bamberger/Roth, § 823 BGB, Rdnr. 128; *Hager*, in: Staudinger, § 823 BGB, Rdnr. B 96; *Jansen:* Struktur des Haftungsrechts, S. 504; *Lambrich/Sander*, NZA 2014, 337 (338); *Larenz/Canaris:* Schuldrecht II/2, § 76 II 3 c, S. 390 f.; *Looschelders:* Schuldrecht BT, Rdnr. 1209; *Schiemann*, in: Erman, § 823 BGB, Rdnr. 3; *Spindler:* Verantwortlichkeiten, Rdnr. 112; *Wagner*, in: MünchKomm-BGB, § 823 BGB, Rdnr. 185.

[117] Vgl. *Reinhardt*, in: Karlsruher Forum 1961, S. 9; *Reinhardt*, JZ 1961, 713 (719); *Rosenbach:* Eigentumsverletzung durch Umweltveränderung, S. 107; *Zeuner*, in: Festschrift Flume I, S. 779. Ebenso *Looschelders:* Schuldrecht BT, Rdnr. 1209: „wirtschaftliche Betätigungsfreiheit".

[118] *Kötz/Wagner:* Deliktsrecht, Rdnr. 147. Ähnlich auch *Hager*, in: Staudinger, § 823 BGB, Rdnr. B 61: „weitgehend ungeklärt ist die Abgrenzung zwischen dem Eigentum und dem Vermögen".

[119] Vgl. auch die Forderung von *Jansen:* Struktur des Haftungsrechts, S. 504 nach einer klaren Konturierung des Schutzbereichs.

[120] BGH, VersR 2016, 1194, 1196; OLG Köln NJOZ 2015, 676, 677. Vgl. auch BGHZ 55, 153, 159; BGHZ 137, 89, 97; BGH NJW 2004, 356, 358; BGH NJW-RR 2005, 673, 674; OLG München NJW-RR 2015, 435, 439: „seinem bestimmungsgemäßen Gebrauch entzogen" sowie BGH NJW-RR 1990, 1172, 1173: „Verhinderung der Benutzung".

[121] BGHZ 55, 153, 159; BGH VersR 1975, 658, 659; BGH NJW 1989, 2251, 2252; BGH NJW 2004, 356, 358; BGH NJW-RR 2005, 673, 674; BGH, VersR 2016, 1194, 1196.

[122] Vgl. BGHZ 105, 346, 350; BGH NJW 1977, 2264, 2265; BGH NJW 2015, 1174, 1175.

[123] BGH NJW 2015, 1174, 1175 m.w.N. Vgl. auch BAG NJW 2016, 666, 667.

III. Eigentumsverletzung durch Nutzungsbeeinträchtigung

Willen des Eigentümers[124] wenigstens vorübergehend[125] jeder bestimmungsgemäße Gebrauch der Sache nicht bloß wirtschaftlich[126], sondern objektiv[127] unmöglich gemacht wird[128]. Noch nicht endgültig geklärt ist dabei die Frage, ob und inwieweit die Dauer der Beeinträchtigung eine Rolle spielt[129]. Im Schrifttum gilt die Fallgruppe der Eigentumsverletzungen durch Nutzungsbeeinträchtigungen als in seinen Einzelheiten noch ungeklärtes Problem[130]. Im Grundsatz werden wie in der Rechtsprechung[131] von vornherein solche Nutzungsbeeinträchtigungen ausgenommen, die nur den Eigentümer als Person betreffen[132]. Im Übrigen werden zumeist ebenfalls eine unmittelbare rechtliche oder tatsächliche Einwirkung auf die Sache selbst[133] sowie eine wenigstens vorübergehende objektive[134] und vollständige[135] Aufhebung jeglicher[136]

---

[124] BGHZ 156, 172, 175.

[125] Vgl. BGHZ 63, 203, 206; BGH VersR 1975, 658, 659; BGH NJW 1977, 2264, 2265.

[126] Vgl. BGHZ 86, 152, 155; BGH VersR 1979, 905, 906; BGH NJW 1990, 908, 909; BGH NJW-RR 1990, 1172, 1173; BGH NJW-RR 2005, 673, 675; BGH NJW 2015, 1174, 1175. Vgl. aber die Kritik an der Entscheidung BGH NJW 2015, 1174 von *Wagner*, JZ 2015, 682 (683).

[127] Vgl. BGHZ 63, 203, 206 f.; BGH, VersR 2016, 1194, 1196.

[128] BGHZ 55, 153, 159; BGHZ 63, 203, 206; BGH NJW 1977, 2264, 2265; BGH NJW 2004, 356, 358; BGH NJW-RR 2005, 673, 674; BGH, VersR 2016, 1194, 1196 f.; BAG NJW 2016, 666, 667.Vgl. auch BGHZ 138, 230, 235; BGH NJW 1994, 517, 518: „nicht unerhebliche Beeinträchtigung der bestimmungsgemäßen Verwendung".

[129] Vgl. einerseits BGH NJW 1977, 2264, 2265; BGH NJW 2004, 356, 358; BGH NJW-RR 2005, 673, 674; BAG NJW 2016, 666, 667. Gegen eine Relevanz der Dauer hingegen sehr deutlich BGH, VersR 2016, 1194, 1197. Vgl. auch bereits BGH NJW-RR 2011, 1476, 1477; dazu auch *Baldus*, in: MünchKomm-BGB, § 1004 BGB, Rdnr. 112.

[130] *Hager*, in: Staudinger, § 823 BGB, B 89; *Picker*, NJW 2015, 2304 (2304) m.w.N. Vgl. auch *Lambrich/Sander*, NZA 2014, 337 (338).

[131] Vgl. BGHZ 63, 203, 206.

[132] *Brüggemeier*, VersR 1984, 902 (902); *Boecken*: Deliktsrechtlicher Eigentumsschutz, S. 221 ff.; *Förster*, in: Bamberger/Roth, § 823 BGB, Rdnr. 128; *Hager*, in: Staudinger, § 823 BGB, B 89; *Rosenbach*: Eigentumsverletzung durch Umweltveränderung, S. 102 f.; *Sack*: Das Recht am Gewerbebetrieb, S. 188 f.; *Zeuner*, in: Festschrift Flume I, S. 779.

[133] *Förster*, in: Bamberger/Roth, § 823 BGB, Rdnr. 129; *Larenz/Canaris*: Schuldrecht II/2, § 76 II 3 b, S. 387 f.; *Möschel*, JuS 1977, 1 (4); *Schmid*, NJW 1975, 2056 (2056); *Schnug*, JA 1985, 614 (616). Im Ausgangspunkt sehr weit gefasst: *Boecken*: Deliktsrechtlicher Eigentumsschutz, S. 219.

[134] *Fikentscher/Heinemann*: Schuldrecht, Rdnr. 1566; *Medicus/Lorenz*: Schuldrecht II, Rdnr. 1290.

[135] Kritisch hierzu *Medicus/Lorenz*: Schuldrecht II, Rdnr. 1290. Vgl. auch *Boecken*: Deliktsrechtlicher Eigentumsschutz, S. 219.

[136] *Emmerich*: Schuldrecht BT, § 22 Rn. 2; *Förster*, in: Bamberger/Roth, § 823 BGB, Rdnr. 132; *Jansen*: Struktur des Haftungsrechts, S. 504 ff.; *Lambrich/Sander*, NZA 2014, 337 (339); *Wagner*, in: MünchKomm-BGB, § 823 BGB, Rdnr. 181.

sozialtypischen[137] Nutzungsmöglichkeiten der Sache durch eine tatsächliche Behinderung[138] gefordert. Zusätzlich werden weitere Kriterien wie die Beeinträchtigung des (Markt-)Werts der Sache[139] oder seines Zuweisungsgehalts[140], die Intensität[141], die Erheblichkeit beziehungsweise Spürbarkeit der Beeinträchtigung[142], ökonomische[143] sowie Risikoverwirklichungsaspekte[144], die Willensrichtung des Verletzers[145], die Objektbezogenheit der Verletzungshandlung[146], die Überschreitung der physischen Grenzen der Sache[147] oder eine Interessenabwägung im Einzelfall[148] herangezogen. Insbesondere, ob eine gewisse Zeitdauer der Nutzungsbeeinträchtigung als Abgrenzungsmerk-

---

[137] *Möschel,* JuS 1977, 1 (4); *Schnug,* JA 1985, 614 (616 f.); *Taupitz:* Haftung für Energieleiterstörungen, S. 121 ff. Im Ergebnis auch *Rosenbach:* Eigentumsverletzung durch Umweltveränderung, S. 103 f., 109. A.A.: *Boecken:* Deliktsrechtlicher Eigentumsschutz, S. 152 ff.; *Müller-Graff,* JZ 1983, 860 (863).

[138] *Baldus,* in: MünchKomm-BGB, § 1004 BGB, Rdnr. 112 unter Verweis auf BGH NJW-RR 2011, 1476, 1477 f. A.A.: *Rosenbach:* Eigentumsverletzung durch Umweltveränderung, S. 107.

[139] *Mertens,* in: MünchKomm-BGB, 3. Aufl., § 823 BGB, Rdnr. 113; *Möschel,* JuS 1977, 1 (4); *Sack:* Das Recht am Gewerbebetrieb, S. 189. A.A.: *Boecken:* Deliktsrechtlicher Eigentumsschutz, S. 152 ff.; *Brüggemeier,* VersR 1984, 902 (902); *Hager,* in: Staudinger, § 823 BGB, B 94; *J. Lange,* in: jurisPK-BGB, § 823 BGB, Rdnr. 16; *Larenz/Canaris:* Schuldrecht II/2, § 76 II 3 c, S. 389; *Müller-Graff,* JZ 1983, 860 (862); *Rosenbach:* Eigentumsverletzung durch Umweltveränderung, S. 65 ff.; *Schnug,* JA 1985, 614 (617); *Wagner,* in: MünchKomm-BGB, § 823 BGB, Rdnr. 185.

[140] *Looschelders:* Schuldrecht BT, Rdnr. 1209.

[141] *Fikentscher/Heinemann:* Schuldrecht, Rdnr. 1566; *Lambrich/Sander,* NZA 2014, 337 (338) *Spindler:* Verantwortlichkeiten, Rdnr. 112; *Taupitz:* Haftung für Energieleiterstörungen, S. 121 ff.; *Wagner,* in: MünchKomm-BGB, § 823 BGB, Rdnr. 181.

[142] *Hager,* in: Staudinger, § 823 BGB, B 97; *Lambrich/Sander,* NZA 2014, 337 (338); *J. Lange,* in: jurisPK-BGB, § 823 BGB, Rdnr. 16; *Looschelders:* Schuldrecht BT, Rdnr. 1210; *Spindler:* Verantwortlichkeiten, Rdnr. 112.

[143] *Wagner,* JZ 2015, 682 (683).

[144] *Müller-Graff,* JZ 1983, 860 (863). A.A.: *Boecken:* Deliktsrechtlicher Eigentumsschutz, S. 152 ff.; *Schnug,* JA 1985, 614 (617).

[145] *Lambrich/Sander,* NZA 2014, 337 (339); *Schwitanski:* Deliktsrecht, Unternehmensschutz und Arbeitskampfrecht, S. 346 f. A.A.: *Boecken:* Deliktsrechtlicher Eigentumsschutz, S. 152 ff.

[146] *Boecken:* Deliktsrechtlicher Eigentumsschutz, S. 74; *Schiemann,* in: Erman, § 823 BGB, Rdnr. 3. Vgl. auch *Hager,* in: Staudinger, § 823 BGB, B 61.

[147] *Picker,* NJW 2015, 2304 (2306).

[148] *Boecken:* Deliktsrechtlicher Eigentumsschutz, 284, 319 ff.; *Emmerich:* Schuldrecht BT, § 22 Rn. 2; *Rosenbach:* Eigentumsverletzung durch Umweltveränderung, S. 71, 101. A.A.: *Sack:* Das Recht am Gewerbebetrieb, S. 192; *Wagner,* in: MünchKomm-BGB, § 823 BGB, Rdnr. 185.

mal erforderlich ist, ist dabei auch vor dem Hintergrund der nicht ganz eindeutigen Rechtsprechung[149] umstritten[150].

Auch das von der Rechtsprechung entscheidend herangezogene Kriterium der unmittelbaren Einwirkung auf die Sache selbst wird teilweise angegriffen: Es wird kritisiert, dieser Begriff sei ähnlich unbestimmt wie das Kriterium der Betriebsbezogenheit beim Recht am Gewerbebetrieb[151] und transportiere lediglich die Wertungen des allgemeinen Lebensrisikos und des Schutzzwecks der Norm[152]. Nach anderer Ansicht geht er sogar vollständig fehl: Man könne die „unmittelbare Einwirkung" weder kausal verstehen, da dieses Merkmal dann nicht mehr mit dem heutigen Verständnis des Verhaltensunrechts vereinbar[153] und willkürlich wäre[154], noch im physischen Sinne, da es dann bei solchen Eingriffen versagen müsste, die nicht die Substanz der Sache, sondern nur die Umwelt der Sache betreffen[155], also gerade in den Fällen, zu deren Bewältigung er eigentlich etabliert wurde[156].

---

[149] Siehe oben H.III.1.a).
[150] Dafür: *Emmerich:* Schuldrecht BT, § 22 Rn. 2; *Fikentscher/Heinemann:* Schuldrecht, Rdnr. 1566; *Jansen:* Struktur des Haftungsrechts, S. 505 Fn. 318; *Lambrich/Sander*, NZA 2014, 337 (339); *Mertens*, in: MünchKomm-BGB, 3. Aufl., § 823 BGB, Rdnr. 113; *Riedl:* Das Recht am eingerichteten und ausgeübten Gewerbebetrieb, S. 145 f.; *Spindler:* Verantwortlichkeiten, Rdnr. 112; *Sprau*, in: Palandt, § 823 BGB, Rdnr. 7; *Taupitz:* Haftung für Energieleiterstörungen, S. 124 ff.; *Teichmann*, in: Jauernig, § 823 BGB, Rdnr. 8. Dagegen: *Baldus*, in: MünchKomm-BGB, § 1004 BGB, Rdnr. 112; *Förster*, in: Bamberger/Roth, § 823 BGB, Rdnr. 129 f. (jedoch „gewisse Zeit"); *Grüneberg*, NJW 1992, 945 (948); *Jahr*, AcP 183 (1983), 725 (756); *J. Lange*, in: jurisPK-BGB, § 823 BGB, Rdnr. 16 unter Verweis auf BGH VersR 2016, 1194, 1196; *Larenz/Canaris:* Schuldrecht II/2, § 76 II 3 c, S. 389; *Picker*, JZ 2010, 541 (542); *Sack:* Das Recht am Gewerbebetrieb, S. 191; *Schnug*, JA 1985, 614 (617).
[151] *Brüggemeier*, ZVglRWiss 82 (1983), 62 (82).
[152] *Frank*, JA 1979, 583 (587 f.). Den Schutzzweckgedanken aber zusätzlich heranziehend: *Larenz/Canaris:* Schuldrecht II/2, § 76 II 3 c, S. 388 ff. Vgl. die Parallele zum betriebsbezogenen Eingriff oben D.II.1.a).
[153] Vgl. dazu oben B.I. sowie zum ähnlichen Problem in Bezug auf den betriebsbezogenen Eingriff C.II.
[154] *Picker*, NJW 2015, 2304 (2305).
[155] *Picker*, NJW 2015, 2304 (2305). Vgl. auch *Fraenkel:* Tatbestand und Zurechnung, S. 130.
[156] *Picker*, NJW 2015, 2304 (2305). Dem zustimmend *Brüggemeier*, ZVglRWiss 82 (1983), 62 (82 mit Fn. 103).

b) Stellungnahme

Das Problem der Eigentumsverletzungen durch Nutzungsbeeinträchtigungen muss über den Begriff des absoluten Rechts[157] gelöst werden[158], da nur so eine Abgrenzung dieser „Grauzone"[159] zum nicht von § 823 I BGB geschützten Vermögen gelingen kann[160]. Es kommt damit entscheidend darauf an, inwieweit die Nutzung einer Sache eine absolute Rechtsposition darstellt, also gegenüber jedermann geschützt ist[161].

Die Nutzung einer Sache ist in erster Linie Ausdruck der allgemeinen Handlungsfreiheit des Eigentümers[162]; ihn trifft das Verwendungsrisiko[163]. Folglich realisiert sich grundsätzlich auch nur das allgemeine Lebensrisiko, wenn einer Sache entgegen der Annahmen und Planungen des Eigentümers ein Vorteil aus ihrer Umwelt entzogen und der Eigentümer dadurch beeinträchtigt wird[164]. Dem Eigentum ist also inhärent, dass es unter Umständen in Folge von Handlungen Dritter nicht wie vom Eigentümer beabsichtigt genutzt werden kann. Das bedeutet zugleich, dass die freie und uneingeschränkte Nutzbarkeit einer Sache keine Rechtsposition ist, die gegenüber jedermann als Ausschlussrecht wirkt[165].

Der Ansatz der Rechtsprechung, die eine qualitative Gleichstellung mit der Entziehung der Sachsubstanz fordert[166], ist daher überzeugend. Er geht nicht von der abstrakt unlösbaren Aufgabe einer Abgrenzung dieses „Randbereichs" der Eigentumsverletzung von reinen Vermögensschäden[167] aus, sondern umgekehrt von der anerkannten Fallgruppe der Eigentumsverletzung durch Sachentziehung[168]. Denn auch in dieser Fallgruppe bleibt das Eigentum als Recht zwar unangetastet, doch kann der Inhaber seine Sache wenigs-

---

[157] Siehe oben E.I.1.
[158] Vgl. auch *Looschelders:* Schuldrecht BT, Rdnr. 1209: Abgrenzung über den Zuweisungsgehalt des Eigentums.
[159] Siehe oben H.III.1.
[160] Vgl. zum Problem, dass das Vermögen nicht abstrakt bestimmt werden kann, oben D.II.1.a)bb)(1).
[161] Siehe oben E.I.1.d).
[162] Siehe oben H.III.1.
[163] Vgl. *Müller-Graff*, JZ 1983, 860 (863) sowie *Schmid*, NJW 1975, 2056 (2057) in Bezug auf Grundstückverkäufe sowie *Martinek*, in: Staudinger, § 433 BGB, Rdnr. 145 aus schuldrechtlicher Sicht in Bezug auf den Käufer einer Sache.
[164] Vgl. auch die Kritik von *Frank*, JA 1979, 583 (587f.). Daher im Grundsatz auch richtig *Picker*, NJW 2015, 2304 (2306).
[165] *Rosenbach:* Eigentumsverletzung durch Umweltveränderung, S. 107.
[166] Siehe oben H.III.1.a).
[167] Siehe oben D.II.1.a)bb)(1).
[168] Vgl. zu den Formen der Eigentumsverletzung bereits oben H.II.

III. Eigentumsverletzung durch Nutzungsbeeinträchtigung

tens vorübergehend nicht nutzen[169]. Eine Eigentumsverletzung in Form der Beeinträchtigung des bestimmungsgemäßen Gebrauchs liegt also erst dann vor, wenn das Interesse, eine Sache zu benutzen, mit dem Interesse vergleichbar ist, dass die Sache nicht beschädigt oder dem Eigentümer entzogen wird[170]. Dafür muss ein vollständiger Verlust jeglicher bestimmungsgemäßen[171] Nutzungsmöglichkeit und nicht bloß eine Beeinträchtigung der wirtschaftlichen Verwendung[172] vorliegen[173].

Einer genaueren Betrachtung bedarf freilich der Begriff der tatsächlichen oder rechtlichen Einwirkung auf die Sache selbst[174]. Schon der „Fleet-Fall"[175] als Leitentscheidung zur Eigentumsverletzung durch Gebrauchsbeeinträchtigung[176] zeigt, dass es bei der Einwirkung auf die Sache selbst nicht um Fragen der Kausalität oder um das Erfordernis einer physikalischen Einwirkung geht[177]. Denn dort lag das vorwerfbare Handeln, das zur Einsperrung des einen Schiffes durch den Einsturz der Ufermauer führte, in einem verkehrspflichtwidrigen Unterlassen des Gewässerunterhaltspflichtigen[178]. Auch die Fälle einer nur rechtlichen Einwirkungen auf die Sache, wie zum Beispiel der Entzug des Fahrzeugscheines, offenbaren, dass auch indirekte Einwirkungen auf die Sache Eigentumsverletzungen im Sinne von § 823 I BGB darstellen können, das heißt solche, die objektiv die Brauchbarkeit völlig aufheben, ohne dass körperlich auf die Substanz der Sache zugegriffen wird[179]. Die tatsächliche oder rechtliche Einwirkung auf die Sache,

---

[169] Vgl. *Hager*, in: Staudinger, § 823 BGB, B 102.

[170] *Jansen:* Struktur des Haftungsrechts, S. 500 Fn. 288. Vgl. auch *Larenz/Canaris:* Schuldrecht II/2, § 76 II 3 c, S. 388 ff.; sowie *Jahr*, AcP 183 (1983), 725 (756): Die Nutzungsentziehung unterscheide sich von der Entziehung des gesamten Eigentums nur in der Zeitdimension.

[171] Aus diesem Grund wird die Entscheidung BGHZ 86, 152, 154 f. kritisiert, vgl. *Brüggemeier*, VersR 1984, 902 (903); *Jansen:* Struktur des Haftungsrechts, S. 506 Fn. 323; *Medicus/Petersen:* Bürgerliches Recht, Rdnr. 613; *Müller-Graff*, JZ 1983, 860 (861 f.); *Rosenbach:* Eigentumsverletzung durch Umweltveränderung, S. 64 f.; *Schnug*, JA 1985, 614 (616); *Schildt*, WM 1996, 2261 (2264 f.). Ähnlich fragwürdig daher auch BGH NJW-RR 2005, 673, 675, wo wegen der Zerstörung von Oberleitungen keine Elektrolokomotiven mehr benutzt werden konnten.

[172] Vgl. oben H.III.1.a).

[173] *Förster*, in: Bamberger/Roth, § 823 BGB, Rdnr. 132. Siehe dazu und auch zum so verstandenen Kriterium der „Intensität" der Beeinträchtigung auch bereits die Nachweise oben H.III.1.a).

[174] Vgl. oben H.III.1.a).

[175] BGHZ 55, 153, 156 f.

[176] Siehe oben D.II.1.c)bb)(3)(c).

[177] So aber die Kritik von *Picker*, NJW 2015, 2304 (2306).

[178] Vgl. *Brüggemeier*, ZVglRWiss 82 (1983), 62 (64).

[179] Vgl. *Sack:* Das Recht am Gewerbebetrieb, S. 188 f.

die für eine Eigentumsverletzung durch Nutzungsbeeinträchtigung gefordert wird, ist also nicht mit der physikalischen Veränderung der Sache selbst, die zu einer Substanzbeeinträchtigung führt[180], zu verwechseln. Der Begriff der Einwirkung auf die Sache selbst ist insoweit missverständlich[181] und zu vermeiden.

Des Weiteren legt der „Fleet-Fall" mit der dort vorgenommenen Unterscheidung zwischen dem eingesperrten und dem nur ausgesperrten Schiff[182] für die Beantwortung der Frage nach einer qualitativen Gleichstellung von Nutzungsbeeinträchtigung und Sachentzug die Bildung einer Parallele mit der Freiheitsentziehung im Sinne von § 823 I BGB nahe[183]. Diese setzt ebenfalls den Verlust jeder Bewegungsfreiheit voraus, sodass auch dort zwischen Ein- und Aussperren differenziert wird: Wird jemand am Verlassen seines Aufenthaltsorts gehindert, so liegt eine Verletzung der persönlichen Freiheit vor, während die Verwehrung des Zutrittes zu irgendeinem anderen Ort für eine solche nicht ausreichend ist[184]. In diesem Fall liegt nur eine Verletzung der nicht von § 823 I BGB geschützten allgemeinen Handlungsfreiheit vor[185]. Dementsprechend muss auch für das Vorliegen einer unmittelbaren Einwirkung *jede* bestimmungsgemäße Verwendung einer Sache aufgehoben sein[186]. Dies geschieht etwa beim unerlaubten Zuparken einer Ausfahrt, das bewirkt, dass ein Auto nicht mehr genutzt werden kann[187] und eingesperrt ist[188].

---

[180] Siehe dazu oben H.II.2.a).

[181] *Sack:* Das Recht am Gewerbebetrieb, S. 188 f.

[182] BGHZ 55, 153, 159 ff.

[183] A.A.: *Reinhardt,* JZ 1961, 713 (719).

[184] *Förster,* in: Bamberger/Roth, § 823 BGB, Rdnr. 132; *Hager,* in: Staudinger, § 823 BGB, B 54. Vgl. zum (in der Urteilsbegründung jedoch nicht erwähnten) „Aussperren" BGH NJW 2004, 356, 358.

[185] Vgl. oben G.I.2.c)cc).

[186] Wegen dieser Parallele zum Rechtsgut der Freiheit in § 823 I BGB handelt es sich bei der Differenzierung zwischen dem ein- und dem ausgesperrten Schiff im „Fleet-Fall" auch um kein Zufallskriterium, so aber *Brüggemeier,* ZVglRWiss 82 (1983), 62 (83). Gegen eine Differenzierung zwischen ein- und ausgesperrten Schiff im „Fleet-Fall" und für eine Gleichbehandlung beider Fälle unter dem Gesichtspunkt der Verhaltenspflichtverletzung daher: *Brüggemeier,* ZVglRWiss 82 (1983), 62 (84 f.). Für die Differenzierung im „Fleet-Fall" hingegen auch *Hager,* in: Staudinger, § 823 BGB, B 98; *Jansen:* Struktur des Haftungsrechts, S. 504 ff.; *Larenz/Canaris:* Schuldrecht II/2, § 76 II 3 c, S. 389; *Schnug,* JA 1985, 614 (617 f.).

[187] *Grüneberg,* NJW 1992, 945 (945); *Medicus/Petersen:* Bürgerliches Recht, Rdnr. 613; *Rosenbach:* Eigentumsverletzung durch Umweltveränderung, S. 107; *Spickhoff,* in: Soergel, § 823 BGB, Rdnr. 63; *Steffen,* in: RGRK, § 823 BGB, Rdnr. 18. Nur, wenn mehrtägige Dauer: *Taupitz:* Haftung für Energieleiterstörungen, S. 125 f.

[188] *Jansen:* Struktur des Haftungsrechts, S. 504 ff.; *Larenz/Canaris:* Schuldrecht II/2, § 76 II 3 c, S. 389; vgl. auch *Taupitz:* Haftung für Energieleiterstörungen,

III. Eigentumsverletzung durch Nutzungsbeeinträchtigung

Die Parallele zum Rechtsgut Freiheit spricht auch gegen eine Bedeutung der Dauer der Gebrauchsbeeinträchtigung für das Vorliegen einer Eigentumsverletzung[189]. Denn die Freiheit im Sinne von § 823 I BGB wird verletzt, wenn sie gegen den Willen des Betroffenen fühlbar[190] beeinträchtigt wird, was dort prinzipiell keine Mindestdauer voraussetzt[191]. Auch an die Dauer eines Sachentzuges oder einer Sachbeschädigung, werden keine zeitlichen Mindestanforderungen gestellt[192]. Fraglich ist allenfalls, ob bei nur sehr kurzer Dauer einer Nutzungsbeeinträchtigung ein ersatzfähiger Schaden vorliegt[193]. Dies betrifft jedoch nicht den Haftungsgrund, sondern die Rechtsfolgenseite.

Überdies wäre auch die abstrakte Bestimmung einer solchen Zeitspanne unmöglich, wie der „Tanklager-Fall"[194] sehr gut verdeutlicht: In einem Tanklager war ein Tanklastzug bei seiner unsachgemäßen Betankung in Brand geraten. Weil befürchtet werden musste, dass das Feuer auf die Tanks übergreifen könnte, wurde auch das unmittelbar angrenzende Betriebsgrundstück der Klägerin für zwei Stunden polizeilich geräumt und gesperrt. Danach hatten Einsatzfahrzeuge von Polizei und Feuerwehr die Zufahrtstraßen diesem angrenzenden Grundstück für weitere drei Stunden blockiert, sodass insgesamt für fünf Stunden der Betrieb stilllag. Die zweistündige polizeiliche Räumung wurde vom Bundesgerichtshof wegen der Verhinderung der Nutzbarkeit des Betriebsgrundstückes als Eigentumsverletzung bewertet, während dies für die weitere dreistündige Blockierung der Zufahrt als „abwegig"[195] bezeichnet wurde. Wertungswidersprüche sind also durch eine Argumentation mit der Zeitdauer der Nutzungsbeeinträchtigung bereits vorprogrammiert[196]. Stellt man stattdessen auf das Kriterium der Ein- beziehungsweise

---

S. 121 ff.: Einwirkung auf die Sache selbst ist auch bei einer Einwirkung auf die Umwelt gegeben, wenn eine enge Abhängigkeit besteht, insbesondere bei Ortsgebundenheit, z.B. durch Einsperren oder wegen Größe/Gewicht der Sache. Richtig zwar im Ergebnis, aber falsch in der Begründung BGH NJW 2004, 356, 358, wo auf die Dauer der Behinderung abgestellt wird. Denn hier war der Kran an der Weiterfahrt zu einer bestimmten Stelle verhindert, d.h. nicht ein-, sondern ausgesperrt, was allein maßgeblich ist.

[189] Vgl. hierzu bereits die Nachweise oben H.III.1.a).
[190] Vgl. zur Spürbarkeit und Erheblichkeit oben H.III.1.a).
[191] *Förster*, in: Bamberger/Roth, § 823 BGB, Rdnr. 118.
[192] *Rosenbach:* Eigentumsverletzung durch Umweltveränderung, S. 121.
[193] *Rosenbach:* Eigentumsverletzung durch Umweltveränderung, S. 122 Fn. 417.
[194] BGH NJW 1977, 2264, 2265.
[195] BGH NJW 1977, 2264, 2265.
[196] Kritisch zu der Differenzierung auch *Rosenbach:* Eigentumsverletzung durch Umweltveränderung, S. 114; *Schildt*, WM 1996, 2261 (2265). Vgl. auch *Schnug*, JA 1985, 614 (618) mit dem richtigen Argument, das auch in der anschließenden dreistündigen Sperrung eine Eigentumsverletzung an den Transportfahrzeugen, die auf

Aussperrung und darauf ab, ob eine dem Besitzentzug vergleichbare vollständige Aufhebung jeder Nutzungsmöglichkeit vorliegt, können klare Entscheidungen getroffen werden, ohne auf vage Zeitmaßstäbe wie „nur wenige Stunden"[197] zurückzugreifen. Daher verwundert es auch nicht, dass in der neueren Rechtsprechung des BGH ausdrücklich auf eine zeitliche Mindestdauer der Gebrauchsbeeinträchtigung verzichtet wird[198].

Neben der Dauer verlieren auch andere im Schrifttum diskutierte Merkmale zur Eingrenzung der Eigentumsverletzung durch Nutzungsbeeinträchtigung – etwa der Marktwert der Sache, die Willensrichtung des Verletzers, die Objektbezogenheit der Verletzungshandlung, eine Interessen- oder Risikoabwägung und Schutzzweckaspekte[199] – an Bedeutung, wenn diese Fallgruppe dem Sachentzug angenähert und durch Bildung von Parallelen zur Verletzung der Freiheit im Sinne von § 823 I BGB konkretisiert wird. Denn auch Sachen ohne Marktwert[200] können dem Eigentümer entzogen werden, wodurch dessen Eigentum verletzt wird[201]. Auch hier stellt sich wieder höchstens die Frage, ob für einen Schadensersatzanspruch im Sinne von § 823 I BGB ein ersatzfähiger Schaden vorliegt[202], was bei Unterlassungsansprüchen aber gar nicht von Bedeutung ist.

Auch die Willensrichtung des Verletzers[203] ist nicht für das Vorliegen einer Rechtsgutsverletzung, sondern erst auf Verschuldensebene von Belang[204]. Auch unwissentlich, aber gegebenenfalls verkehrspflichtwidrig und fahrlässig können Sachen dem Eigentümer entzogen oder Menschen der Freiheit beraubt werden. Dementsprechend wäre auch das Erfordernis einer Objektbezogenheit der Verletzungshandlung[205] – also ein verhaltensorientiertes Verständnis der Eigentumsverletzung[206] – nicht mit der sonstigen

---

dem Betriebsgrundstück faktisch eingesperrt waren, vorgelegen hätte. Der Rechtsprechung zustimmend hingegen *Hager*, in: Staudinger, § 823 BGB, D 14; *Larenz/Canaris:* Schuldrecht II/2, § 76 II 3 c, S. 390; *Looschelders:* Schuldrecht BT, Rdnr. 1210; *Medicus/Petersen:* Bürgerliches Recht, Rdnr. 613.

[197] BGH NJW 2004, 356, 358.

[198] Vgl. BGH, VersR 2016, 1194, 1197 sowie bereits BGH NJW-RR 2011, 1476, 1477. A.A. jedoch BAG NJW 2016, 666, 667. Siehe bereits oben H.III.1.a).

[199] Siehe oben H.III.1.a).

[200] Siehe oben H.III.1.a).

[201] Vgl. hierzu auch aus strafrechtlicher Sicht *Kühl*, in: Lackner/Kühl, § 242 StGB, Rdnr. 2 m.w.N.

[202] Vgl. auch *Schnug*, JA 1985, 614 (617).

[203] Siehe oben H.III.1.a).

[204] Vgl. dazu bereits in Bezug auf den betriebsbezogenen Eingriff beim Recht am Gewerbebetrieb oben C.III.3.

[205] Siehe oben H.III.1.a).

[206] *Schiemann*, in: Erman, § 823 BGB, Rdnr. 3.

III. Eigentumsverletzung durch Nutzungsbeeinträchtigung

Dogmatik in § 823 I BGB vereinbar, wonach es grundsätzlich nicht auf die Art und Weise der Verletzungshandlung ankommt[207].

Eine Interessenabwägung im Einzelfall[208] ist zu einzelfallabhängig und daher zu unbestimmt für eine abstrakte Bestimmung der Grenzen der Eigentumsverletzung durch Nutzungsbeeinträchtigung. Der Schutzzweck der Norm[209] ist hingegen bei allen Deliktstatbeständen zu beachten und daher nicht hilfreich für eine Eingrenzung gerade der Eigentumsverletzungen[210]. Wenn überhaupt, dann geht es um Risikoverwirklichungsaspekte[211], wenn man darauf abstellt, ob eine Eigentumsbeeinträchtigung noch als Realisierung des Verwendungsrisikos zu betrachten ist oder wertungsmäßig schon einem Sachentzug entspricht.

c) Ergebnis

Die Fallgruppe der Eigentumsverletzung durch Nutzungsbeeinträchtigungen ist über den Begriff des absoluten Rechts zu bewältigen. Eine Nutzungsbeeinträchtigung ist dann als im Sinne von § 823 I BGB relevante Rechtsverletzung zu verstehen, wenn diese ebenso wie ein Sachentzug jeden bestimmungsgemäßen Gebrauch der Sache unmöglich macht. In diesem Sinne lässt sich das von der Rechtsprechung herangezogene Kriterium der tatsächlichen oder rechtlichen Einwirkung auf die Sache selbst verstehen. Anderen Kriterien, insbesondere der Dauer des Eingriffs, kommt demgegenüber keine entscheidende Bedeutung zu.

2. Nutzungsbeeinträchtigung durch DDoS

Bei Anwendung dieser Ergebnisse zeigt sich, dass der durch Überlastungsangriffe (DDoS-Attacken) bewirkte Ausfall von Servern als Eigentumsverletzung durch Nutzungsbeeinträchtigung im Sinne von § 823 I BGB aufgefasst werden kann.

---

[207] Vgl. dazu schon oben bei Recht am Gewerbebetrieb C.II.3, III.3. Auch *Schiemann*, in: Erman, § 823 BGB, Rdnr. 6 bildet eine Parallele zwischen den Merkmalen der Betriebsbezogenheit und der Einwirkung auf die Sache selbst.
[208] Siehe oben H.III.1.a).
[209] Siehe oben H.III.1.a).
[210] Vgl. dazu schon oben ähnlich zur Betriebsbezogenheit D.II.1.a)bb)(3).
[211] Siehe oben H.III.1.a).

a) Quasi-Sachentzug durch Überlastungsangriff

Regelmäßige Folge eines massenhaften missbräuchlichen Versendens von Anfragen an einen Server ist, dass eine darüber gehostete Website zumindest vorübergehend überhaupt nicht mehr bestimmungsgemäß – zum Beispiel zum Kundenkontakt oder zum Onlinehandel – genutzt werden. Erfolgreiche Attacken bewirken also einen vorübergehenden vollständigen Ausfall jeglicher Nutzungsmöglichkeit des Serverrechners. Dies entspricht faktisch einem zeitweisen Entzug der Serverhardware, wodurch eine Eigentumsverletzung im Sinne von § 823 I BGB durch die Beeinträchtigung jeder Gebrauchsmöglichkeit vorliegt[212].

Die vergleichsweise kurze Zeitdauer eines Überlastungsangriffes stellt nach dem oben herausgearbeiteten Grundsätzen kein Ausschlusskriterium für die Annahme einer Eigentumsverletzung dar[213]. Ferner liegt die Überlastung des Servers auch außerhalb des allgemeinen Lebensrisikos: Denn von der Überlastung ist nicht der Gemeingebrauch an der im Internet insgesamt verfügbaren Übertragungsgeschwindigkeit beeinträchtigt, sondern konkret nur ein einzelner Zielrechner. Bildlich gesprochen handelt es sich also nicht um eine Art „Verkehrsstau"[214] im Internet, sondern eher um ein dem „Zuparken" einer Einfahrt[215] ähnliches Blockieren des Zugangs zu einem konkreten Server.

Steht die Serverhardware nicht im Eigentum des betroffenen Unternehmens[216], kommt unter den oben dazu erarbeiteten Voraussetzungen[217] ein Anspruch wegen Verletzung des berechtigten Besitzes in Betracht[218]. Denn

---

[212] Vgl. *Taeger:* Außervertragliche Haftung, S. 261; *Werner:* Verkehrspflichten privater IT-Nutzer, S. 116, allerdings über einen Vergleich mit der Zerstörung der inneren Ordnung von Archiven, welcher in dieser Arbeit dem Substanzschutz zugeordnet wird. Vgl. aus strafrechtlicher Sicht auch OLG Frankfurt/Main MMR 2006, 547, 550, die im Rahmen von § 240 StGB einen Vergleich zwischen dem Ausfall der Website und dem Nichtnutzenkönnen einer Sache auf Grund Diebstahls bilden. Vgl. für die Systemabstürze durch Viren auch *Koch,* NJW 2004, 801 (802) sowie für Spam-E-Mails bei E-Mail-Providern auch schon *Hoeren,* NJW 2004, 3513 (3514).
[213] A.A.: *Kraft/Meister,* MMR 2003, 366 (373) unter Verweis auf BGHZ 55, 153, 159; BGHZ 105, 346, 350; BGH NJW 1998, 1942, 1943; BGH NJW 1977, 2264 ff.; *Spindler:* Verantwortlichkeiten, Rdnr. 113. Allerdings bejahen *Kraft/Meister,* MMR 2003, 366 (374) Unterlassungsansprüche wegen Beeinträchtigung des Eigentums aus § 1004 I 2 BGB, was einen Widerspruch darstellt.
[214] Zu Stau und dem Gemeingebrauch an öffentlichen Straßen vgl. auch oben D.II.1.c)bb)(4).
[215] Zu Eigentumsbeeinträchtigungen durch Zuparken siehe oben H.III.1.b).
[216] Vgl. oben H.II.2.c)bb)(2). A.A.: *Werner:* Verkehrspflichten privater IT-Nutzer, S. 117, der auf den berechtigten Besitz als absolutes Recht gar nicht eingeht.
[217] Siehe oben H.III.1.b).
[218] *Spickhoff,* in: Soergel, § 823 BGB, Rdnr. 79.

III. Eigentumsverletzung durch Nutzungsbeeinträchtigung 223

Eigentum und berechtigter Besitz sind hinsichtlich des Schutzes gegen Nutzungsbeeinträchtigungen gleichgestellt[219], wenn der Besitz gerade dazu dienen soll, eine bestimmte Nutzung der Sache zu ermöglichen[220]. Dies ist typischer Weise der Fall, wenn große und mittelständische Unternehmen die Anschaffung, den Betrieb sowie den Unterhalt der Hardware im Rahmen von Outsourcing durch Dienstleister ausführen lassen, während sie selbst die Rechner anmieten und alleine ihre Rechen- und Speicherkapazität nutzen[221]. Fällt hier die Nutzbarkeit in Folge eines Überlastungsangriffes aus, können sie daher Ansprüche aus § 823 I BGB wegen Verletzung ihres berechtigten Besitzes geltend machen, da die bestimmungsgemäße Verwendung der Server durch eine unmittelbare Einwirkung beeinträchtigt wurde.

b) Exkurs: Vergleich einer DDoS-Attacke mit einer Flashmob-Aktion

Die Richtigkeit dieses Ergebnisses bestätigt sich an einer anderen Konstellation: Im Schrifttum werden DDoS-Attacken auch als „virtuelle Sit-ins" bezeichnet und unter diesem Gesichtspunkt mit sogenannten Flashmob-Aktionen verglichen[222]. Als Flashmob („flash" – Blitz; „mob" – mobilisieren) bezeichnet man einen kurzen, scheinbar spontanen Menschenauflauf auf öffentlichen oder halböffentlichen Plätzen, der über Weblogs, Nachrichtengruppen, E-Mail-Kettenbriefe oder per SMS organisiert wird[223]. Im Dezember 2007 organisierte die Gewerkschaft ver.di einen solchen Flashmob als Arbeitskampfmittel: Per SMS wurden die Teilnehmer kurzfristig zur Filiale eines Einzelhandelsunternehmens bestellt und aufgerufen, dort zeitgleich Cent-Artikel zu kaufen, die Kasse zu blockieren, beladene Einkaufswägen in den Gängen stehen lassen oder nach dem Einscannen der Artikel an der Kasse zu behaupten, das Geld vergessen zu haben[224]. Dadurch sollte das Unternehmen daran gehindert werden, während der „Blockade" anderen Kunden etwas zu verkaufen, und ihm zusätzliche, überflüssige Arbeit aufgebürdet werden[225]. Dies ähnelt einer DDoS-Attacke insoweit, als auch diese darauf gerichtet ist, durch Überlastung des Unternehmensservers die Kommunikation von Kunden mit dem Unternehmen selbst zu verhindern.

---

[219] *Picker*, NJW 2015, 2304 (2304 Fn. 4). Vgl. auch *Looschelders:* Schuldrecht BT, Rdnr. 1217.
[220] BGHZ 137, 89, 97; vgl. auch BGH NJW 1977, 2264, 2265; BGH NJW-RR 2005, 673, 675; BGH NJW 2015, 1174, 1175; BGH, VersR 2016, 1194, 1197.
[221] Siehe oben H.II.2.c)bb)(2)(a).
[222] *Möhlen*, MMR 2013, 221 (223). Vgl. auch *Kraft/Meister*, MMR 2003, 366 (374).
[223] *Krieger/Günther*, NZA 2010, 20 (20).
[224] *Krieger/Günther*, NZA 2010, 20 (20).
[225] *Neumann*, NVwZ 2011, 1171 (1177).

Nach Ansicht der Rechtsprechung soll es sich bei diesem Flashmob um einen Eingriff in das Recht am Gewerbebetrieb gehandelt haben[226]. Doch trotz des Subsidiaritätsgrundsatzes[227] wurde zuvor nicht geprüft, ob durch den Flashmob Eigentum und Besitz an den Geschäftsräumen verletzt werden[228]. In der Interessenabwägung zur Feststellung eines Eingriffs in das Recht am Gewerbebetrieb wurde jedoch damit argumentiert, dass der Arbeitgeber zur Abwehr solcher Aktionen von seinem Besitz- und Eigentumsschutz Gebrauch machen könne und auch der Schutz des § 123 I 2. Alt StGB vor Hausfriedensbruch zu seinen Gunsten bestünde[229]. Bereits mit dieser Begründung hätten sich also auch ohne Rückgriff auf das Recht am Gewerbebetrieb Ansprüche auf Unterlassung und Schadensersatz aus §§ 862 I, 858 I BGB[230], § 823 II BGB i.V.m. § 858 I BGB[231] sowie § 823 II BGB i.V.m. § 123 I 2. Alt StGB, ggf. i.V.m. § 1004 I BGB analog ergeben. Außerdem wurde nach den oben herausgearbeiteten Grundsätzen[232] das Eigentum bzw. der berechtigte Besitz gemäß § 823 I BGB an der Ladenfläche verletzt. Denn für die Dauer der Flashmob-Aktion wird durch eine vollständige Besetzung und Blockade der Geschäftsräume jeder bestimmungsgemäße Gebrauch der Ladenfläche als Verkaufsraum unmöglich gemacht. Dies entspricht faktisch einem Entzug der tatsächlichen Sachherrschaft[233] über die Ladenfläche und ist daher als Eigentums- bzw. Besitzverletzung im Sinne von § 823 I BGB zu bewerten[234]. DDoS-Attacken und Flashmobs sind damit in derselben Weise zu behandeln, da sie gleichermaßen über scheinbar reguläres, aber miss-

---

[226] BAGE 132, 140 = BAG NJW 2010, 631, 633. Zustimmend: *Bertke*, NJW 2014, 1852 (1853); *Lange*, in: jurisPK-BGB, § 823 BGB, Rdnr. 43, 79; *Neumann*, NVwZ 2011, 1171 (1177). Ablehnend wegen Vorrang von § 823 II BGB und mangels Vorliegen eines betriebsbezogenen Eingriffs: *Kraft/Meister*, MMR 2003, 366 (374).

[227] Siehe zu diesem Problem oben D.II.1.c)bb)(3); sowie dazu, dass das Bundesarbeitsgericht den Subsidiaritätsgrundsatz nicht anwendet, vgl. die Nachweise oben D.II.1.c)bb)(1).

[228] So auch die Kritik von *Schwarze*, JA 2010, 468 (469). Auch in der Vorinstanz LAG Berlin-Brandenburg, NZA-RR 2009, 149, 152 wurden nur etwaige Substanzverletzungen durch das Beladen der Einkaufswägen mit verderblicher Frischware angesprochen.

[229] BAGE 132, 140 = BAG NJW 2010, 631, 637; gebilligt von BVerfG NJW 2014, 1874, 1876.

[230] *Löwisch*, NZA 2010, 209 (210f.).

[231] Zu § 858 BGB als Schutzgesetz im Sinne von § 823 II BGB etwa *Hager*, in: Staudinger, § 823 BGB, G 41 m.w.N.

[232] Siehe oben H.III.1.b).

[233] Vgl. *Wagner*, in: MünchKomm-BGB, § 823 BGB, Rdnr. 173: „Störungen des Besitzes unterhalb der Schwelle der Besitzentziehung"

[234] Eine Eigentumsverletzung unter dem Gesichtspunkt der Nutzungsbeeinträchtigung bejahen auch etwa *Förster*, in: Bamberger/Roth, § 823 BGB, Rdnr. 253; *Säcker*, NJW 2010, 1115 (1116f. mit Fn. 25); *Schwarze*, JA 2010, 468 (469); *Wagner*, in:

III. Eigentumsverletzung durch Nutzungsbeeinträchtigung

bräuchliches und massenhaft auftretendes Verhalten für einen bestimmten Zeitraum die bestimmungsgemäße Nutzbarkeit einer Sache vollständig aufheben und damit das Eigentum an dieser verletzen.

c) Besitznutzungsbeeinträchtigungen und das Recht am eigenen Datenbestand

Bestehen weder Eigentum noch berechtigter Besitz an dem Server[235], der von einem Überlastungsangriff betroffen ist, kann man das bereits angesprochene „Recht am eigenen Datenbestand"[236] als verletztes sonstiges Recht im Sinne von § 823 I BGB in Betracht ziehen. Über dieses könnte man zum Beispiel nicht verkörperte Daten im Arbeitsspeicher[237] oder in einer cloud erfassen. Diese zu schützen, entspräche einerseits den aktuellen technischen und wirtschaftlichen Entwicklungen[238] und dem dadurch gewachsenem Bedürfnis nach einem rechtlichen Schutz virtueller Datenbestände, insbesondere von Unternehmen[239]. Andererseits gilt es aber auch hier, den „negativen Schutzbereich"[240] des Eigentums und des berechtigten Besitzes im Sinne von § 823 I BGB nicht zu unterlaufen, da dieser auf körperliche Gegenstände beschränkt ist[241]. Einen immateriellen Schutz geordneter Datenbankbestände unabhängig von ihrer Verkörperung hat der Gesetzgeber hingegen nur im Rahmen von § 87b UrhG geschaffen[242]; daneben tritt der inhaltlich beschränkte Schutz von Geschäftsgeheimnissen über §§ 17 f. UWG[243]. Einem weitergehenden Ausschließlichkeitsrecht stehen auf der einen Seite die grundsätzliche Gemeinfreiheit von Daten[244] und auf der anderen Seite datenschutzrechtliche Erwägungen entgegen, da personenbezogenen Daten von vornherein nur dem Betroffenen nach § 3 I BDSG zugeordnet werden könnten[245]. Aus diesen Gründen

---

MünchKomm-BGB, § 823 BGB, Rdnr. 173 (unter dem Gesichtspunkt der Einwirkung auf die Sache selbst). Vgl. auch BVerfG NJW 2015, 2485, 2485 f.
[235] Vgl. oben H.II.2.c)bb)(2)(b).
[236] Siehe oben H.II.2.c)bb)(2)(b).
[237] Sofern eine Verkörperung der Daten für erforderlich gehalten wird, vgl. oben H.II.2.b).
[238] Siehe zum cloud computing bereits oben H.II.2.c)bb)(2)(b).
[239] *Specht*, CR 2016, 288 (296 m. w. N.). Vgl. auch *Zech*, CR 2015, 137 (144 ff.).
[240] Vgl. oben D.II.1.c)bb)(4).
[241] Siehe oben H.II.2.b).
[242] *Grützmacher*, CR 2016, 485 (487 f.).
[243] *Grützmacher*, CR 2016, 485 (488 f.); *Heymann*, CR 2016, 650, 652; *Specht*, CR 2016, 288 (291).
[244] *Heun/Assion*, CR 2015, 812 (814); *Heymann*, CR 2016, 650 (656); *Specht*, CR 2016, 288 (293 f.).
[245] *Heymann*, CR 2016, 650 (656); *Specht*, CR 2016, 288 (292).

wäre für einen deliktischen Ausschließlichkeitsschutz von Daten erforderlich, ein entsprechendes Immaterialgüterrecht unter Berücksichtigung sowohl des Verwertungs- und Ausschließlichkeitsanspruch des individuell Berechtigten als auch des Nutzungsanspruchs der Öffentlichkeit sehr sorgfältig auszubalancieren[246] und in dem so zu bestimmenden Umfang durch ein Gesetz[247] exakt zu definieren. Diese Ausgestaltungen setzen aber politische Grundsatzentscheidungen voraus, die erst noch zu treffen sind. Eine Rechtsfortbildung über den Begriff des „sonstigen Rechts" in § 823 I BGB kann diese Entscheidungsfindung weder vorwegnehmen noch ersetzen. Die Existenz eines „Rechts am eigenen Datenbestand" kann daher zurzeit nicht anerkannt werden.

Für diese Arbeit bedeutet das, dass fahrlässig ermöglichte Angriffe auf informationstechnologische Systeme von Unternehmen, insbesondere in Form von ferngesteuert ausgeführten DDoS-Attacken, nicht sanktioniert werden können, wenn die betroffenen Server weder im Eigentum noch im berechtigten Besitz des Anspruchsstellers stehen. Vor allem diejenigen, die cloud computing nutzen, können damit Ansprüche nur gegen die vorsätzlich handelnden Initiatoren richten[248] und stehen damit vor den bereits angesprochenen Problemen in der tatsächlichen Durchsetzung dieser Ansprüche[249].

d) Ergebnis

Überlastungsangriffe auf IT-Systeme stellen Nutzungsbeeinträchtigungen dar, die unter den Schutz des Eigentums beziehungsweise des berechtigten Besitzes im Sinne von § 823 I BGB fallen können. Ein über diese Rechtspositionen hinausgehendes „Recht am eigenen Datenbestand" als sonstiges Recht im Sinne des § 823 I BGB kann zurzeit nicht anerkannt werden. Das bedeutet, dass keine Ansprüche aus § 823 I BGB hergeleitet werden können, wenn etwa cloud computing genutzt wird und es in Folge eines Überlastungsangriffes zum Abstürzen von Servern und zur Nichterreichbarkeit von Websites kommt. Hier ist man auf die nur bei Vorsatz eingreifenden § 823 II BGB i. V. m. § 303b StGB sowie § 826 BGB[250] beschränkt.

---

[246] *Heun/Assion*, CR 2015, 812 (814).
[247] *Zech*, CR 2015, 137 (145 f.).
[248] Siehe oben F.II.3.c).
[249] Siehe bereits oben A.II.
[250] Siehe oben F.II.3.c).

3. Nutzungsbeeinträchtigungen durch Verkehrspflichtverletzungen

Überlastungsangriffe auf Server können, wenn sie vorübergehend dessen Nutzbarkeit vollständig aufheben, Verletzungen von Eigentum und Besitz im Sinne von § 823 I BGB darstellen. Dies ist jedoch noch nicht ohne weiteres ausreichend, um auch die unwissentliche Mitwirkung – etwa als „Zombie" in einem „Botnetz"[251] – durch verkehrspflichtwidriges Unterlassen von Sicherheitsmaßnahmen[252], als fahrlässige Eigentumsverletzung aufzufassen.

a) Die Problematik der „Stromkabelfälle"

Die Beurteilung solcher Schädigungshandlungen anhand der Figur der Verkehrspflichtverletzung bedarf vor allem wegen der in den bekannten „Stromkabelfällen" vorgenommen Differenzierungen einer besonderen Begründung. Nur bei Substanzschäden ist völlig unstrittig, dass der Tatbestand der Eigentumsverletzung auch durch nur fahrlässiges und mittelbares Handeln verwirklicht werden kann. Dies zeigt der bereits vorgestellte „Bruteierfall"[253], in dem die Zerstörung eines Stromkabels genügte, um eine Haftung wegen des Verderbs der Bruteier in dem strombetriebenen Brutkasten auszulösen[254]. Dasselbe Handeln wurde hingegen nicht für ausreichend erachtet, wenn es nur dazu führt, dass die mit Strom versorgten Maschinen nicht genutzt werden können[255]. Eine Eigentumsverletzung unter dem Gesichtspunkt der Gebrauchsbeeinträchtigung wurde in den entsprechenden Entscheidungen noch nicht einmal angesprochen[256]. Nach Ansicht der Rechtsprechung, die im Schrifttum vielfach geteilt wird[257], soll dieses mittelbare

---

[251] Siehe oben A.II., F.II.3.c).
[252] Siehe oben H.I.
[253] BGHZ 41, 123, 125 ff.; siehe oben H.II.1.c).
[254] BGHZ 41, 123, 125 f.
[255] Vgl. BGHZ 29, 65, 75, wo es nur heißt, es sein kein absolutes Recht verletzt, sowie BGHZ 66, 388 393 f., wo in Bezug auf § 823 I BGB nur das Recht am Gewerbebetrieb und der Unterschied zu Sachschäden angesprochen wird.
[256] So auch die Kritik von *Boecken*: Deliktsrechtlicher Eigentumsschutz, S. 135 ff.; *Brüggemeier*, VersR 1984, 902 (903); *Möschel*, JuS 1977, 1 (2); *Schnug*, JA 1985, 614 (614); *Stadtmüller*: Schutzbereich und Schutzgegenstände, S. 38; *Taupitz*: Haftung für Energieleiterstörungen, S. 118 ff. Siehe dazu bereits oben D.II.1.c) bb)(3)(a).
[257] Vgl. *v. Caemmerer*, ZHR 127, 241 (247); *Fikentscher*, in: Festgabe Kronstein, S. 290 f.; *Förster*, in: Bamberger/Roth, § 823 BGB, Rdnr. 127; *Larenz/Canaris*: Schuldrecht II/2, § 76 II 3 c, S. 390 f.; *Looschelders*: Schuldrecht BT, Rdnr. 1211; *Medicus/Petersen*: Bürgerliches Recht, Rdnr. 612; *Rosenbach*: Eigentumsverletzung durch Umweltveränderung, S. 129; *Teichmann*, in: Jauernig, § 823 BGB, Rdnr. 8; *Wagner*, in: MünchKomm-BGB, § 823 BGB, Rdnr. 187; wohl auch *K. Schmidt*, JuS

und fahrlässige Handeln also nur bei Substanzschäden, nicht aber bei der Aufhebung jeglicher Nutzungsmöglichkeit eine Haftung wegen Eigentumsverletzung im Sinne von § 823 I BGB auslösen[258].

Angesichts der restriktiv gehandhabten „Stromkabelfälle" ist daher gesondert zu begründen, dass eine Eigentumsverletzung durch Nutzungsbeeinträchtigung auch durch fahrlässige Verletzung einer Verkehrspflicht verwirklicht werden kann.

b) Kein verhaltensorientiertes Verständnis des Kriteriums der tatsächlichen oder rechtlichen Einwirkung

Gegen eine Heranziehung der Figur des Verkehrspflichtverstoßes könnte zunächst das Merkmal der tatsächlichen Einwirkung auf die Sache selbst sprechen, das für eine Eigentumsverletzung durch Aufhebung jeder Gebrauchsmöglichkeit notwendig ist[259]. Denn verstünde man dieses Merkmal wie Teile des Schrifttums verhaltensorientiert, indem man auf die Objektbezogenheit des Eingriffs, die Willensrichtung des Verletzers oder die Überschreitung der physischen Grenzen der Sache abstellt[260], müsste man – ähnlich wie beim Recht am Gewerbebetrieb[261] – die Möglichkeit einer nur mittelbaren und fahrlässigen, insbesondere unwissentlichen, Verwirklichung des Tatbestands einer Nutzungsbeeinträchtigung durch Verkehrspflichtverletzung verneinen. Abgesehen davon, dass dieses Verständnis bereits abgelehnt worden ist[262], zeigt bereits der „Fleet-Fall" als Leitentscheidung zur Eigentumsverletzung durch Gebrauchsbeeinträchtigung[263], dass das Kriterium der unmittelbaren Einwirkung keine Beschreibung der Verletzungshandlung, sondern des -erfolgs meint: In dieser Entscheidung wird nämlich zwischen der „tatsächliche Einwirkung"[264] auf das eingesperrte Schiff, also der Rechtsgutsverletzung, und dem verkehrspflichtwidrigen Unterlassen des Gewässerunterhaltspflichtigen[265] unterschie-

---

1993, 985 (991). Im Ergebnis ebenso *Taupitz*: Haftung für Energieleiterstörungen, S. 121 ff.

258 Zur Kritik hieran siehe unten H.III.5.

259 Vgl. oben H.III.1. sowie zum Folgenden die entsprechenden Ausführungen zum Recht am Gewerbebetrieb oben in C.II., III.

260 Vgl. oben H.III.1.a).

261 Siehe oben C.II., III. Auch *Schiemann*, in: Erman, § 823 BGB, Rdnr. 6 zieht den Vergleich der Betriebsbezogenheit mit der unmittelbaren Einwirkung bei der Eigentumsverletzung.

262 Vgl. oben H.III.1.b).

263 Siehe oben D.II.1.c)bb)(3)(c).

264 BGHZ 55, 153, 159.

265 Vgl. *Brüggemeier*, ZVglRWiss 82 (1983), 62 (64).

III. Eigentumsverletzung durch Nutzungsbeeinträchtigung

den, über die die Zurechnung dieses Erfolgseintrittes auf den Verkehrspflichtigen erfolgt[266].

Im Gegensatz zum betriebsbezogenen Eingriff, dessen Berechtigung als eigenständiges Tatbestandsmerkmal verneint und der stattdessen verhaltensorientiert als Erfordernis einer Verkehrspflichtverletzung interpretiert worden ist[267], bezeichnet damit die tatsächliche oder rechtliche Einwirkung auf die Sache selbst und – trotz ihres sprachlich ähnlichen Anscheins – keine spezielle Art einer Verletzungshandlung, sondern den Erfolg einer Handlung: Dieser muss eine Verletzung der Ausschlussbefugnisse des Eigentümers darstellen und einem Sachentzug gleichstehen[268]. Der Begriff der tatsächlichen oder rechtlichen Einwirkung auf die Sache suggeriert lediglich sprachlich eine Verwandtschaft mit dem Begriff der Betriebsbezogenheit, die in Wirklichkeit gar nicht existiert[269]. Sofern eine vollständige Beeinträchtigung jedes bestimmungsgemäßen Gebrauchs und damit eine Rechtsgutsverletzung im Sinne von § 823 I BGB vorliegt[270], kann daher auch die Eigentumsverletzung in Form der Nutzungsbeeinträchtigung wie jeder andere Tatbestand des § 823 I BGB auf jede beliebige Weise[271], also auch durch ein nur mittelbares und fahrlässiges Handeln oder pflichtwidriges Unterlassen, herbeigeführt werden[272].

4. Zwischenergebnis

Das Bestehen und die schuldhafte Verletzung einer Verkehrspflicht vorausgesetzt[273], kommt bei einer DDoS-Attacke eine Haftung der unwissentlich über ein Botnetz ferngesteuerten „Zombies" wegen einer fahrlässigen Verletzung von Eigentum oder Besitz gemäß § 823 I BGB in Betracht.

---

[266] BGHZ 55, 153, 156 f.
[267] Siehe oben D.II.3.a).
[268] Siehe oben H.III.1.b).
[269] Vgl. aber noch BGHZ 3, 270, 279 f.: „Wie das Eigentum [...] durch § 823 Abs 1 BGB vor unmittelbaren Eingriffen geschützt ist, muß nach dieser Schutzvorschrift auch das Recht am eingerichteten und ausgeübten Gewerbebetrieb [...] vor unmittelbaren Störungen bewahrt bleiben". Hier spiegelt sich noch die substanzorientierte Sichtweise der Eigentumsverletzung [siehe oben D.II.1.c)bb)(3)] wider. A.A. auch: *Schiemann*, in: Erman, § 823 BGB, Rdnr. 6.
[270] Siehe oben H.III.1.b).
[271] *Förster*, in: Bamberger/Roth, § 823 BGB, Rdnr. 133.
[272] *Sprau*, in: Palandt, § 823 BGB, Rdnr. 7. Vgl. auch BGHZ 55, 153, 160.
[273] Siehe oben H.I.

5. Exkurs: Lösung der „Stromkabelfälle"

Dieser Lösungsvorschlag für die Problematik der DDoS-Attacken kann auch zu einer Neubewertung der „Stromkabelfälle"[274] herangezogen werden: In beiden Fällen fallen Maschinen beziehungsweise Rechner aus, was jeweils zum vollständigen Stillstand der Produktion respektive jeglicher Unternehmenskommunikation und -tätigkeit[275] und dadurch zu erheblichen Gewinneinbußen führen kann[276]. Im Gegensatz zu DDoS-Attacken, wo durch das (wenn auch unwissentliche) Senden der Anfragen aktiv auf den betroffenen Server eingewirkt wird, wird bei einem Stromausfall durch die Zerstörung des Stromkabels zwar lediglich die vertraglich vereinbarte Versorgung durch einen Dritten unterbrochen[277]. In beiden Fällen führt dies jedoch zum gleichen Ergebnis: einem vorübergehenden vollständigen Entzug der Nutzung der Sache, dem ein vorübergehender Sachentzug gleichzustellen ist. Dieser Unterschied rechtfertigt folglich – insbesondere vor dem Hintergrund, dass Tun und Unterlassen im Deliktsrecht grundsätzlich gleichgestellt sind[278] – keine unterschiedliche Behandlung beider Fallgestaltungen.

Angesichts der Vertragsgestaltung[279] mit dem Stromlieferanten, die sich regelmäßig von der Haftung freizeichnen[280], könnte man jedoch die Stromunterbrechung als sozialtypisches Risiko ansehen[281] oder von einer Anspruchskürzung bis auf null wegen Mitverschuldens, zum Beispiel wegen eines fehlenden Notstromaggregats, ausgehen[282]. Dann ließe sich allerdings auch nicht mehr erklären, warum Substanzbeeinträchtigungen in Folge von

---

[274] Siehe bereits oben H.III.3.a).
[275] Siehe bereits oben A.II.
[276] Vgl. auch *Spindler:* Verantwortlichkeiten, Rdnr. 693, der ebenfalls eine Parallele von DDoS-Attacken zu den „Stromkabelentscheidungen" zieht.
[277] So auch der Ausgangspunkt von *Picker*, NJW 2015, 2304 (2306); vgl. auch *Picker*, JZ 2010, 541 (542 f.) sowie *Stoll*, AcP 187 (1987), 505 (509).
[278] Siehe oben B.I. sowie BGHZ 55, 153, 160.
[279] Daher für eine Lösung über das Vertragsrecht *Picker*, JZ 2010, 541 (545); *Stoll*, AcP 187 (1987), 505 (509).
[280] *v. Caemmerer*, ZHR 127, 241 (247).
[281] Vgl. *v. Caemmerer*, ZHR 127, 241 (247); *Deutsch:* Allgemeines Haftungsrecht, Rdnr. 609; *G. Hager*, JZ 1979, 53 (56 f.); *Schapiro:* Unterlassungsansprüche, S. 141; *Taupitz:* Haftung für Energieleiterstörungen, S. 121 ff. Vgl. auch *Müller-Graff*, JZ 1983, 860 (863).
[282] *Hager*, in: Staudinger, § 823 BGB, B 99. Vgl. zur Bedeutung von § 254 BGB für das Recht am Gewerbebetrieb auch *Schiemann*, in: Erman, § 823 BGB, Rdnr. 31 f.; *Taupitz:* Haftung für Energieleiterstörungen, S. 238. Zum Gedanken des Eigenschutzes auch *Kötz/Wagner:* Deliktsrecht, Rdnr. 149; *Rosenbach:* Eigentumsverletzung durch Umweltveränderung, S. 129; *Wagner*, in: MünchKomm-BGB, § 823 BGB, Rdnr. 187.

III. Eigentumsverletzung durch Nutzungsbeeinträchtigung 231

Stromausfällen nicht ebenfalls als Realisierung dieses allgemeinen Lebensrisikos aufgefasst werden, sondern ersatzfähige Eigentumsverletzungen sein sollen[283]. Konsequenterweise muss man also Substanzbeeinträchtigungen und Nutzungsbeeinträchtigungen in Folge eines Stromausfalls spätestens seit dem „Fleet-Fall"[284] aus dem Jahr 1970, der als Leitentscheidung zur Nutzungsbeeinträchtigung erst Jahre später nach dem schon 1958 beurteilten „Stromkabelfall"[285] entschieden wurde, einheitlich entweder als Eigentumsverletzungen auffassen oder aber einheitlich als Realisierung des allgemeinen Lebensrisikos verneinen[286]. Bejaht man in beiden Fällen eine Eigentumsverletzung[287] sowie im Einzelfall die schuldhafte Verletzung einer Verkehrspflicht[288], wäre damit der Produktionsstillstand in Folge eines Stromausfalls ebenso wie die Folgen eines Überlastungsangriffes auf IT-Systeme als Eigentumsverletzung durch Nutzungsbeeinträchtigung zu behandeln.

---

[283] So aber *Taupitz:* Haftung für Energieleiterstörungen, S. 121 ff.
[284] BGHZ 55, 153.
[285] BGHZ 29, 65.
[286] Kritisch zu der zufällig erscheinenden Ungleichbehandlung zwischen Substanz- und Nutzungsausfallschäden auch *Frank*, JA 1979, 583 (588); *Glückert*, AcP 166, 311 (318); *G. Hager*, JZ 1979, 53 (54); *Hager*, in: Staudinger, § 823 BGB, Rdnr. B 96 ff.; *Jansen:* Struktur des Haftungsrechts, S. 506 ff.; *Jansen*, AcP 216 (2016), 112 (217 f.); *Kramer*, JZ 1976, 338 (345 f.); *Löwisch/Meier-Rudolph*, JuS 1982, 237 (243); *Möschel*, JuS 1977, 1 (2); *Neumann-Duesberg*, NJW 1968, 1990 (1991); *Preusche:* Unternehmensschutz und Haftungsbeschränkung, S. 66 f.; *Sack:* Das Recht am Gewerbebetrieb, S. 144 ff.; *Schildt*, WM 1996, 2261 (2263 f.); *Schnug*, JA 1985, 614 (615 f.); *Schrauder:* Wettbewerbsverstöße, S. 222 f.; *Stadtmüller:* Schutzbereich und Schutzgegenstände, S. 37.
[287] so *Hager*, in: Staudinger, § 823 BGB, B 98; *Mertens/Reeb*, JuS 1971, 469 (471); *Möschel*, JuS 1977, 1 (4); *Schiemann*, in: Erman, § 823 BGB, Rdnr. 31 f., 54 (wenn auch meist wegen § 254 BGB eingeschränkt); *Schnug*, JA 1985, 614 (617). Stark einschränkend *Taupitz:* Haftung für Energieleiterstörungen, S. 118 ff. Über Recht am Gewerbebetrieb auch *Brüggemeier*, VersR 1984, 902 (903 f.); *Neumann-Duesberg*, NJW 1968, 1990 (1992); *Schrauder:* Wettbewerbsverstöße, S. 222 f.; *Scriba:* Anwendungsbereich und Konkretisierung, S. 110 f. Über Schutz vom Zugang zur Versorgung mit Strom, Wasser, Verkehrsverbindungen und Kommunikationsmedien als solchem *Brüggemeier*, VersR 1984, 902 (903 f.); *Esser/Weyers:* Gesetzliche Schuldverhältnisse, § 55 I 2 c, S. 167. A.A.: (gegen Schadenersatz sowohl bei Substanz- als auch Nutzungsausfallschäden) *Fraenkel:* Tatbestand und Zurechnung, S. 148 f.; *G. Hager*, JZ 1979, 53 (56 f.).
[288] Vgl. *Jansen*, AcP 216 (2016), 112 (217 f.); *Rosenbach:* Eigentumsverletzung durch Umweltveränderung, S. 127, 130. Ausführlich dazu *Schulze*, VersR 1998, 12 (13 ff.); bejahend ferner *Brüggemeier*, VersR 1984, 902 (903 f.); *Schnug*, JA 1985, 614 (617). Verneinend, auch über Vergleich mit Schockschäden, *G. Hager*, JZ 1979, 53 (56 f.). Vgl. auch die Diskussionen um die räumliche Nähe als Indiz für eine Verhaltenspflichtverletzung (oben B.IV.3.) und die Betriebsbezogenheit (oben D.II.1.d) aa)).

IV. Ergebnis

Die hier behandelten Arten der Angriffe auf die Informationstechnologie von Unternehmen können als Eigentums- oder Besitzverletzungen in Form von Substanzbeeinträchtigungen[289] oder Nutzungsbeeinträchtigungen[290] aufgefasst werden, wenn die betroffene Hardware im Eigentum beziehungsweise berechtigten Besitz des Betroffenen steht. Diese Rechtspositionen können auch nur mittelbar und fahrlässig auf Grund der Verletzung einer Verkehrspflicht beschädigt werden. Eines Rückgriffes auf das Recht am Gewerbebetrieb bedarf es daher nicht mehr. In Fällen, in denen der Betroffene weder Eigentum noch berechtigten Besitz an der betroffenen Hardware hat[291], besteht hingegen kein deliktischer Rechtsschutz; hier kommt es auf die jeweiligen Vertragsgestaltungen an.

---

[289] Siehe oben H.II.2.
[290] Siehe oben H.III.2.
[291] Siehe oben H.II.2.c)bb)(2)(b); H.III.2.b).

I. Ergebnisse

Die hier vorgestellten Fälle, in denen ein Eingriff in das Recht am Gewerbebetrieb kraft Verkehrspflichtverletzung bereits angenommen wurde oder diskutiert wird[1], lassen sich als Verletzungen der Ehre als sonstiges Recht im Sinne von § 823 I BGB und im Übrigen bis auf wenige Fälle[2] als Verletzungen des Eigentums oder Besitzes behandeln. In beiden Fällen hängt die Zurechnung eines Verletzungserfolgs zu einer bestimmten Verletzungshandlung[3] ganz regulär von der Frage ab, ob im Einzelfall Verkehrspflichten bestehen und diese verletzt wurden.

In allen anderen Fällen sind schon wegen des Subsidiaritätsgrundsatzes[4] zum einen „einstufig"[5] aufgebaute Tatbestände wie § 826 BGB und § 3 I UWG[6] und zum anderen insbesondere der „zweistufig"[7] aufgebaute Schutz des Eigentums und des berechtigten Besitzes in § 823 I BGB[8] vorrangig anzuwenden und das Recht am Gewerbebetrieb daher „überflüssig"[9]. Es existiert nur noch als Relikt in einer vor allem historisch gewachsenen, diffusen Gemengelage[10] aus Überschneidungen mit dem Wettbewerbsrecht[11] und § 826 BGB[12] sowie der Diskussionen um ein Persönlichkeitsrecht juristischer Personen[13] und den Eigentumsschutz vor Nutzungsbeeinträchtigungen[14]. Wegen der verjährungsrechtlichen Problematik[15] wurde und wird aber nur die Abgrenzung zum Wettbewerbsrecht eingehend diskutiert. In Bezug auf die beiden anderen Fallgruppen ist die Diskussion weniger

---

[1] Siehe oben A.II., III.
[2] Siehe oben H.II.2.c)bb)(2)(b); H.III.2.b).
[3] Siehe oben B.V.d.
[4] Siehe oben D.II.1.c)bb)(1).
[5] Vgl. oben D.III.2.
[6] Siehe oben F.I.1.
[7] Vgl. oben D.III.1.a).
[8] Siehe oben F.I.1.; H.II., III.
[9] Siehe oben F.I.
[10] Vgl. auch *Kübler*, AcP 172 (1972), 177 (188).
[11] Siehe oben D.II.1.d)bb)(2)(a), (b).
[12] Siehe oben D.II.1.d)bb)(5).
[13] Siehe oben G.II.1.
[14] Siehe oben D.II.1.c)bb)(3)(c).
[15] Siehe oben D.II.1.d)bb)(2)(b).

intensiv geführt worden. Der Grund hierfür dürfte sein, dass eine Verletzung des Rechts am Gewerbebetrieb genauso wie eine Verletzung des allgemeinen Persönlichkeitsrechts und eine Eigentumsverletzung durch Nutzungsbeeinträchtigung gleichermaßen die Rechtsfolgen des § 823 I BGB hervorruft[16]. Eine Abgrenzung dieser Rechtsgüter zum Recht am Gewerbebetrieb ist seltener entscheidungserheblich als dessen Abgrenzung zum Wettbewerbsrecht, zumal der betriebsbezogene Eingriff hier Möglichkeiten zur individuellen Einzelfalllösung bietet[17]. Richtige Ergebnisse legitimieren jedoch noch keine falschen Begründungen.

Folgt man den Vorschlägen dieser Arbeit, können hingegen die eingangs vorgestellten Fallkonstellationen[18] interessengemäß erfasst werden, ohne die dogmatischen Zweifel am Recht am Gewerbebetrieb – vor allem seine Einordnung als sonstiges Recht[19], der Vorwurf des Sonderdeliktsschutzes für reine Vermögensschäden[20], und den Verstoß gegen das Enumerationsprinzip[21] – ignorieren zu müssen.

---

[16] Zu diesem Argument schon oben D.II.1.c)bb)(3)(c).
[17] Siehe oben Abschnitt D.II.
[18] Siehe oben A.II., III.
[19] Siehe oben E.I.2.
[20] Siehe oben D.II.1.; G.II.4.
[21] Siehe oben E.I.4.b); E.II.1.b)aa), 2.b).

J. Zusammenfassung

Die Frage nach der Gültigkeit des Konzepts der Haftung wegen Verkehrspflichtverletzung für das Recht am Gewerbebetrieb ist bislang nicht geklärt: Zum Teil werden sie, insbesondere als Organisationspflichten, zur Zurechnung eines Unternehmenseingriffes an nur mittelbar handelnde Personen benutzt, zum Teil werden sie aber auch als integraler Bestandteil seines angeblich generalklauselartigen Tatbestandes gehandhabt.

Davon ausgehend, dass Verkehrspflichten sich als Teil des Tatbestandes des § 823 I BGB ohne Brüche in diesen einfügen, erfordern sie weder eine besondere Dogmatik für mittelbar kausale und fahrlässig verursachte Verletzungshandlungen noch eine gänzlich vom Gesetzestext losgelöste Neukonzeption des Deliktsrechts. Sie erfüllen eine Hilfsfunktion bei der Anwendung des § 823 I BGB sowie anderer Tatbestände wie zum Beispiel § 3 I UWG in Bezug auf das Tatbestandsmerkmal „unlauter", bilden wegen des Enumerationsprinzips aber nicht die Grundlage für einen eigenständigen Tatbestand.

Der sogenannte betriebsbezogene Eingriff nimmt die für den Anwendungsbereich der Figur der Verkehrspflichten typischen mittelbar kausalen und fahrlässig verursachten Verletzungen eines Unternehmens nicht per se aus dem Anwendungsbereich des Rechts am Gewerbebetrieb heraus, wie sowohl eine Analyse der Rechtsprechung als auch der Dogmatik des § 823 I BGB bestätigen. Ein Eingriff in das Recht am Gewerbebetrieb durch Verkehrspflichtverletzung ist insoweit also nicht von vornherein ausgeschlossen. Auch die Störerhaftung, die sich in den letzten Jahren zum speziellen Instrument gegen mittelbar handelnde Personen insbesondere im Internet entwickelt hat, steht einer Haftung wegen Eingriffs in das Recht am Gewerbebetrieb durch Verkehrspflichtverletzung nicht entgegen, sondern stellt vielmehr eine zweifelhafte Sonderdogmatik dar.

Das Merkmal der Betriebsbezogenheit, sofern es nicht nur als Hinweis auf allgemeine Grundsätze des Deliktsrechts – wie das Verbot des Drittschadensersatzes und des Unterlaufens der Schutzbereiche anderer Rechtsgüter und deren Abgrenzung zum allgemeinen Lebensrisiko – zu verstehen ist, lässt sich durch die Prüfung einer Verkehrspflichtverletzung ersetzen. In dieser geht auch die für die Bestimmung eines Eingriffs in das Recht am Gewerbebetrieb zum Teil gesondert vorgenomme Güter- und Interessenabwägung auf, mit der Grundrechte auf Seiten des Schädigers berücksichtigt werden. Bei einem solchen Verständnis weicht das Recht am Gewerbebetrieb in Bezug auf eine Heranziehung der Figur der Verkehrspflichtverletzung nur hinsichtlich der historisch gewachsenen, abweichenden Terminologie von der herkömmlichen Deliktsrechtsdogmatik ab.

Probleme ergeben sich jedoch, wenn die so zur Prüfung einer Verkehrspflicht zusammen gefassten Kriterien der Betriebsbezogenheit und der Güter- und Interessenabwägung auf das Recht am Gewerbebetrieb angewandt werden sollen, was wohl auch die widersprüchliche dogmatische Handhabung durch die Rechtsprechung erklärt: Einerseits wird es wie ein sonstiges Recht im Sinne von § 823 I BGB behandelt, für das die Verkehrspflichten, zum Beispiel als Organisations- oder Prüfpflichten, grundsätzlich als Zurechnungsnormen regulär zum Tragen kommen. Anderseits wird es aber auch als einem reinen „Verkehrspflichtentatbestand" ähnlicher einstufiger Tatbestand des Verhaltensunrechts geprüft, innerhalb dessen sämtliche Erwägungen auch zur Zurechnung mittelbarer Verletzungshandlungen gemeinsam vorgenommen werden.

Das Recht am Gewerbebetrieb stellt jedoch weder ein sonstiges Recht im Sinne von § 823 I BGB noch ein generalklauselartiges Rahmenrecht oder Ähnliches dar. Es kann nicht in zulässiger Art und Weise im Deliktsrechtssystem platziert werden. Trotz des Subsidiaritätsgrundsatzes ist das Recht am Gewerbebetrieb aber auch nicht so überflüssig, wie teilweise behauptet wird. Insbesondere für unvorsätzliche und mittelbar kausale Eingriffe außerhalb von Wettbewerbsverhältnissen kann hierauf nicht ohne weiteres verzichtet werden, da § 826 BGB nur bei Vorsatz des Schädigers und § 3 I UWG nur bei Vorliegen einer geschäftlichen Handlung eingreifen können.

Durch die Anerkennung der Ehre als „sonstiges Recht" im Sinne von § 823 I BGB können die Fälle der mittelbaren und fahrlässigen Verletzung des unternehmerischen Ansehens erfasst werden, die bislang dem Recht am Gewerbebetrieb oder dem ebenfalls dogmatisch nicht zu rechtfertigenden allgemeinen Persönlichkeitsrecht juristischer Personen und Personengesellschaften zugeordnet werden. Sofern eine vor allem im Hinblick auf Art. 5 I GG sorgfältig zu prüfende Verletzung des Geschäftsehre vorliegt, kann folglich auch der dafür nur mittelbar verantwortliche „Verbreiter" der entsprechenden Äußerung oder Behauptung nicht nur auf Unterlassung, sondern unter Berücksichtigung etwaiger Haftungseinschränkungen auch auf Schadensersatz in Anspruch genommen werden, wenn ihm die Verletzung einer entsprechenden Verkehrspflicht vorzuwerfen ist.

Beeinträchtigungen der IT-Systeme von Unternehmen – etwa durch Viren, unerwünschte Werbe-E-Mails oder Überlastungsangriffe (DDoS-Attacken) – können statt als Eingriffe in das Recht am Gewerbebetrieb als Eigentums- oder Besitzverletzungen im Sinne von § 823 I BGB in Form von Substanzbeeinträchtigungen oder Nutzungsbeeinträchtigungen aufgefasst werden,

J. Zusammenfassung

wenn die betroffene Hardware im Eigentum oder berechtigten Besitz des Eigentümers steht.

Als Nutzungsbeeinträchtigungen in diesem Sinne sind solche Einwirkungen auf die Sache zu verstehen, die zumindest vorübergehend jeden bestimmungsgemäßen Gebrauch vollständig aufheben und damit einem Sachentzug als anerkannter Form der Eigentumsverletzung ähneln. Der in diesem Zusammenhang gebrauchte Begriff der tatsächlichen oder rechtlichen Einwirkung auf die Sache ist dabei nicht verhaltensorientiert zu verstehen und bedeutet so kein Hindernis für eine Zurechnung einer Nutzungsbeeinträchtigung an eine nur fahrlässig handelnde Person kraft Verkehrspflichtverletzung. Damit kommt – das Bestehen und die Verletzung einer Verkehrspflicht vorausgesetzt – eine Haftung unwissentlich an Internetkriminalität mitwirkender Personen wegen der Verletzung des Eigentums oder berechtigten Besitzes an Rechnern und Servern gemäß § 823 I BGB in Betracht.

Literaturverzeichnis

Adomeit, Klaus: Wahrnehmung berechtigter Interessen. Zur Dogmatik zivilrechtlicher Rechtfertigungsgründe, insbesondere bei Eingriffen in Persönlichkeitsrechte und in Unternehmerrechte (Äußerungsdelikte). In: JZ 1970, S. 495–500.

Ahrens, Hans-Jürgen: 21 Thesen zur Störerhaftung im UWG und im Recht des Geistigen Eigentums. In: WRP 2007, S. 1281–1290.

– Einleitung G. Stellung des Wettbewerbsrechts im Gesamtsystem. In: Henning Harte-Bavendamm und Frauke Henning-Bodewig: Gesetz gegen den unlauteren Wettbewerb (UWG). Mit Preisangabenverordnung; Kommentar. 4. Aufl. München 2016.

Ann, Christoph/*Hauck,* Ronny: Teil I. Grundlagen. In: Heermann, Peter; Schlingloff, Jochen: Münchener Kommentar zum Lauterkeitsrecht (zitiert als: MünchKomm-UWG). 2. Aufl. München 2016.

Arnold, Klaus: Das Recht am Unternehmen in der Rechtsprechung des Schweizerischen Bundesgerichts und des deutschen Bundesgerichtshof. Zürich 1971, zitiert als: *Arnold:* Das Recht am Unternehmen.

Assmann, Hans-Dieter/*Kübler,* Friedrich: Testhaftung und Testwerbung. In: ZHR 142 (1978), S. 413–452.

Ayad, Patrick: E-Mail-Werbung – Rechtsgrundlagen und Regelungsbedarf. In: CR 2001, S. 533–544.

Baetge, Dietmar: Unverlangte E-Mail-Werbung zwischen Lauterkeits- und Deliktsrecht. In: NJW 2006, S. 1037–1040.

Baldus, Christian: § 1004 BGB. In: Münchener Kommentar zum Bürgerlichen Gesetzbuch (zitiert als: MünchKomm-BGB). Band 7. 7. Aufl. München 2016.

Bamberger, Heinz Georg: § 12 BGB. In: Heinz Georg Bamberger und Herbert Roth: Beck'scher Online-Kommentar BGB. 41. Edition. München 2016.

Bar, Christian von: Anmerkung zu BGH JZ 1979, 725. In: JZ 1979, S. 728–730.

– Entwicklung und rechtsstaatliche Bedeutung der Verkehrs(sicherungs)pflichten. In: JZ 1979, S. 332–337.

– Entwicklungen und Entwicklungstendenzen im Recht der Verkehrs(sicherungs)pflichten. In: JuS 1988, S. 169–174.

– Verkehrspflichten. Richterliche Gefahrsteuerungsgebote im deutschen Deliktsrecht. Köln/Berlin/Bonn/München 1980.

– Vorbeugender Rechtsschutz vor Verkehrspflichtverletzungen. In: 25 Jahre Karlsruher Forum. Jubiläumsausgabe 1983. Karlsruhe 1983, S. 80–85.

– Probleme der Haftpflicht für deliktsrechtliche Eigentumsverletzungen. Karlsruhe 1992. Zitiert als: *v. Bar:* Deliktsrechtliche Eigentumsverletzungen.

Bär, Wolfgang: Urteilsanmerkung zu LG Düsseldorf, Urteil vom 22.3.2011 – 3 KLs 1/11, MMR 2011, 624. In: MMR 2011, S. 625–626.

Bartsch, Michael: Computerviren und Produkthaftung. In: CR 2000, S. 721–725.

Baston-Vogt, Marion: Der sachliche Schutzbereich des zivilrechtlichen allgemeinen Persönlichkeitsrechts. Tübingen 1997. Zitiert als: *Baston-Vogt:* Der sachliche Schutzbereich.

Beater, Axel: Anh. IV § 823 BGB. In: Hans Theodor Soergel: Bürgerliches Gesetzbuch. Mit Einführungsgesetz und Nebengesetzen. Band 12. Schuldrecht 10. §§ 823–853. 13. Aufl. Stuttgart [u. a.] 2005.

– Anh. V § 823 BGB. In: Hans Theodor Soergel: Bürgerliches Gesetzbuch. Mit Einführungsgesetz und Nebengesetzen. Band 12. Schuldrecht 10. §§ 823–853. 13. Aufl. Stuttgart [u. a.] 2005.

– Unlauterer Wettbewerb. Tübingen 2011.

Beuthien, Volker: Ist das allgemeine Persönlichkeitsrecht eine juristische Missgeburt? In: Volker Beuthien (Hg.): Perspektiven des Privatrechts am Anfang des 21. Jahrhunderts. Festschrift für Dieter Medicus zum 80. Geburtstag am 9. Mai 2009. Köln 2009, S. 1–15.

Bieling, Marlies: Die Rechtswidrigkeit von unternehmensschädigenden Demonstrationen. Tübingen 1973. Zitiert als: *Bieling:* Unternehmensschädigende Demonstrationen.

BITKOM (Hg.): Cloud Computing – Evolution in der Technik, Revolution im Business. BITKOM-Leitfaden. Berlin 2009. Online verfügbar unter https://www.bitkom.org/Publikationen/2009/Leitfaden/Leitfaden-Cloud-Computing/090921-BITKOM-Leitfaden-CloudComputing-Web.pdf, zuletzt geprüft am 20.03.2017.

– Cloud Computing – Was Entscheider wissen müssen. Ein ganzheitlicher Blick über die Technik hinaus. Positionierung, Vertragsrecht, Datenschutz, Informationssicherheit, Compliance. Leitfaden. Berlin 2010. Online verfügbar unter https://www.bitkom.org/Publikationen/2010/Leitfaden/Leitfaden-Cloud-Computing-Was-Entscheider-wissen-muessen/BITKOM-Leitfaden-Cloud-Computing-Was-Entscheider-wissen-muessen.pdf, zuletzt geprüft am 20.03.2017.

– Erstmals nutzt die Mehrheit der Unternehmen Cloud Computing. Pressemitteilung vom 12.05.2016. Berlin 2016. Online verfügbar unter https://www.bitkom.org/Presse/Presseinformation/Erstmals-nutzt-die-Mehrheit-der-Unternehmen-Cloud-Computing.html, zuletzt geprüft am 20.03.2017.

– Nutzung von Cloud Computing in Unternehmen boomt. Pressemitteilung vom 14.03.2017. Berlin 2017. Online verfügbar unter https://www.bitkom.org/Presse/Presseinformation/Nutzung-von-Cloud-Computing-in-Unternehmen-boomt.html, zuletzt geprüft am 20.03.2017.

Boecken, Winfried: Deliktsrechtlicher Eigentumsschutz gegen reine Nutzungsbeeinträchtigungen. Berlin 1995. Zitiert als: *Boecken:* Deliktsrechtlicher Eigentumsschutz.

Börgers, Michael: Von den „Wandlungen" zur „Restrukturierung" des Deliktsrechts? Berlin 1993. Zitiert als: *Börgers:* Von den „Wandlungen" zur „Restrukturierung"?

Borges, Georg: Die Haftung des Internetanschlussinhabers für Urheberrechtsverletzungen durch Dritte. In: NJW 2014, S. 2305–2310.

Born, Christian: Gen-Milch und Goodwill – Äußerungsrechtlicher Schutz durch das Unternehmenspersönlichkeitsrecht. In: AfP 2005, S. 110–117.

Bräutigam, Peter/*Klindt,* Peter: Industrie 4.0, das Internet der Dinge und das Recht. In: NJW 2015, S. 1137–1142.

Brömmelmeyer, Christoph: E-Mail-Werbung nach der UWG-Reform. In: NJW 2006, 285–292.

Brüggemeier, Gert: Der BGH und das Problem der „Vermögensfunktionsstörung". In: VersR 1984, S. 902–905.

– Die vertragsrechtliche Haftung für fehlerhafte Produkte und der deliktsrechtliche Eigentumsschutz nach § 823 Abs. 1 BGB. In: VersR 1983, S. 501–511.

– Judizielle Schutzpolitik de lege lata – Zur Restrukturierung des BGB-Deliktsrechts. In: JZ 1986, S. 969–979.

– Gesellschaftliche Schadensverteilung und Deliktsrecht. In: AcP 182 (1982), S. 385–452.

– Privater Schadensersatz beim Ausfall öffentlicher Funktionen? Das deliktsrechtliche Problem des gewerblichen Drittschutzes bei Betriebsstörungen, insbes. bei Beeinträchtigungen des Gemeingebrauchs und beim Streik öffentlicher Bediensteter, im Lichte jüngerer deutscher und amerikanischer Urteile. In: ZVglRWiss 82 (1983), S. 62–87.

– Organisationshaftung. Deliktsrechtliche Aspekte innerorganisatorischer Funktionsdifferenzierung. In: AcP 191 (1991), S. 33–68.

– Haftungsrecht. Struktur, Prinzipien, Schutzbereich. Ein Beitrag zur Europäisierung des Privatrechts. Berlin 2006.

Brühl, Friederike Gräfin von/*Brandenburg,* Anne: Cyberbedrohungen: Rechtliche Rahmenbedingungen und praktische Lösungen. In: ITRB 2013, S. 260–263.

Buchner, Herbert: Die Bedeutung des Rechts am eingerichteten und ausgeübten Gewerbebetrieb für den deliktsrechtlichen Unternehmensschutz. München 1971. Zitiert als: *Buchner:* Die Bedeutung des Rechts am Gewerbebetrieb.

Bundesamt für Sicherheit in der Informationstechnik (Hg.): BSI-Standard 100-1. Managementsysteme für Informationssicherheit (ISMS). Bonn 2008. Online verfügbar unter https://www.bsi.bund.de/SharedDocs/Downloads/DE/BSI/Publikationen/ITGrundschutzstandards/standard_1001_pdf.pdf?__blob=publicationFile&v=1, zuletzt geprüft am 20.03.2017.

– Botnetze. Bonn 2014. Online verfügbar unter https://www.bsi-fuer-buerger.de/BSIFB/DE/Risiken/BotNetze/ThemaBotNetze/bot_netze.html, zuletzt geprüft am 20.03.2017.

Bundesministerium für Wirtschaft und Technologie (Hg.): Aktionsprogramm Cloud Computing. Eine Allianz aus Wirtschaft, Wissenschaft und Politik. Berlin 2010.

Online verfügbar unter https://www.trusted-cloud.de/sites/default/files/aktionsprogramm_cloud_computing.pdf, zuletzt geprüft am 20.03.2017.

Caemmerer, Ernst von: Das Problem des Drittschadensersatzes. In: ZHR 127 (1965), S. 241–279.

– Die Bedeutung des Schutzbereichs einer Rechtsnorm für die Geltendmachung von Schadensersatzansprüchen aus Verkehrsunfällen. In: DAR 1970, S. 283–292.

– Bereicherung und unerlaubte Handlung. In: Festschrift für Ernst Rabel. Band I. Rechtsvergleichung und internationales Privatrecht. Unter Mitarbeit von Hans Dölle, Max Rheinstein und Konrad Zweigert. 2 Bände. Tübingen 1954, S. 333–401.

– Wandlungen des Deliktsrechts. In: Hundert Jahre deutsches Rechtsleben. Festschrift zum Hundertjährigen Bestehen des deutschen Juristentages, Band II. Unter Mitarbeit von Ernst von Caemmerer, Ernst Friesenhahn und Richard Lange. 2 Bände. Karlsruhe 1960, S. 49–136.

– Die absoluten Rechte in § 823 Abs. 1 BGB. In: Karlsruher Forum 1961. Referate und Diskussionen zum Thema Grundprobleme der Haftung in § 823 Abs. 1 BGB, Karlruhe 1961, S. 19–27.

Canaris, Claus-Wilhelm: Grundstrukturen des deutschen Deliktsrechts. In: VersR 2005, S. 577–584.

– Notstand und „Selbstaufopferung" im Straßenverkehr. In: JZ 1963, S. 655–662.

– Schutzgesetze – Verkehrspflichten – Schutzpflichten. In: Claus-Wilhelm Canaris und Uwe Diederichsen (Hg.): Festschrift für Karl Larenz zum 80. Geburtstag am 23. April 1983. München 1983.

Czernik, Ilja: Heimliche Bildaufnahmen – ein beliebtes Ärgernis. In: GRUR 2012, S. 457–461.

Czychowski, Christian/*Nordemann,* Jan Bernd: Grenzenloses Internet – entgrenzte Haftung? Leitlinien für ein Haftungsmodell der Vermittler. In: GRUR-Beilage 2014, S. 3–13.

Deutsch, Erwin: Anmerkung zu BGH JZ 1976, 449. In: JZ 1976, S. 451–452.

– Das „allgemeine Lebensrisiko" als negativer Zurechnungsgrund. In: VersR 1993, S. 1041–1046.

– Entwicklung und Entwicklungsfunktion der Deliktstatbestände. Ein Beitrag zur Abgrenzung der rechtsetzenden von der rechtsprechenden Gewalt im Zivilrecht. In: JZ 1963, S. 385–391.

– Entwicklungstendenzen des Schadensrechts in Rechtsprechung und Wissenschaft. In: JuS 1967, S. 152–158.

– Grundmechanismen der Haftung nach deutschem Recht. In: JZ 1968, S. 721–727.

– Allgemeines Haftungsrecht. 2. Aufl. Köln/Berlin/Bonn/München 1996.

Deutsch, Erwin/*Ahrens,* Hans-Jürgen: Deliktsrecht. Unerlaubte Handlungen, Schadensersatz, Schmerzensgeld. 6. Aufl. München 2104.

Diederichsen, Uwe/*Marburger,* Peter: Die Haftung für Demonstrationsschäden. In: NJW 1970, S. 777–784.

Dieselhorst, Jochen/*Schreiber,* Lutz: Die Rechtslage zum E-Mail-Spamming in Deutschland. Auswirkungen der BGH-Rechtsprechung und der UWG-Novelle auf die E-Mail-Werbung in Deutschland. In: CR 2004, S. 680–684.

Dietz, Rolf: Grundfragen des Streikrechts. In: JuS 1968, S. 1–7.

Djeffal, Christian: Neue Sicherungspflicht für Telemediendiensteanbieter. Webseitensicherheit jetzt Pflicht nach dem IT-Sicherheitsgesetz. In: MMR 2015, S. 716–721.

Döring, Reinhard: Die Haftung für eine Mitwirkung an Wettbewerbsverstößen nach der Entscheidung des BGH „Jugendgefährdende Medien bei eBay". In: WRP 2007, S. 1131–1140.

Dorner, Michael: Big Data und „Dateneigentum". Grundfragen des modernen Daten- und Informationshandels. In: CR 2014, S. 617–628.

Dünnwald, Dirk: Anmerkungen zum Contergan-Urteil des Oberlandesgerichts Hamburg vom 16. Dezember 2008, ZUM-RD 2009, 200. Zugleich eine Auseinandersetzung mit den Esra-Urteilen des Bundesgerichtshofs vom 21. Juni 2005 (ZUM 2005, 735) und des Bundesverfassungsgerichts vom 13. Juni 2007 (ZUM 2007, 829). In: ZUM 2009, S. 538–546.

Dunz, Walter: § 823 Anh. I. In: Das Bürgerliche Gesetzbuch. Mit besonderer Berücksichtigung der Rechtsprechung des Reichsgerichts und des Bundesgerichtshofes: Kommentar. 12. neubearb. Aufl. Berlin, New York 1989.

Eberl-Borges, Christina: § 830 BGB. In: J. von Staudingers Kommentar zum Bürgerlichen Gesetzbuch: Staudinger BGB (zitiert als: Staudinger). Buch 2: Recht der Schuldverhältnisse. §§ 830–838 (Unerlaubte Handlungen 3). Neubearbeitung 2012. Berlin 2012.

Eckert, Jörn: Der Begriff Freiheit im Recht der unerlaubten Handlung. In: JuS 1994, S. 625–631.

Eckhardt, Jens: Unzulässige E-Mail-Werbung. Reichweite des Unterlassungsanspruchs aus §§ 823, 1004 BGB analog. In: MMR 2014, S. 213–217.

Edenfeld, Stefan: Die Grenzen der Verkehrssicherungspflicht. In: VersR 2002, S. 272–278.

Ehmann, Horst: Zur Struktur des allgemeinen Persönlichkeitsrechts. In: JuS 1997, S. 193–203.

Eisele, Jörg: vor § 13 StGB. In: Adolf Schönke und Horst Schröder: Strafgesetzbuch. Kommentar. 29. Aufl. München 2104.

Emmerich, Volker: BGB-Schuldrecht Besonderer Teil. 14., neu bearbeitete Auflage. Heidelberg 2015. Zitiert als: *Emmerich:* Schuldrecht BT.

Eser, Albin/*Eisele,* Jörg: § 240 StGB. In: Adolf Schönke und Horst Schröder: Strafgesetzbuch. Kommentar. 29. Aufl. München 2014.

Esser, Josef: Die Zweispurigkeit unseres Haftpflichtrechts. In: JZ 1953, S. 129–134.

– Handlung – Tatbestandsmäßigkeit – Rechtswidrigkeit – Verschulden. In: Karlsruher Forum 1959. Karlsruhe 1959, S. 15–20.

Esser, Josef/*Schmidt,* Eike: Schuldrecht Band I Allgemeiner Teil. Durchführungshindernisse und Vertragshaftung, Teilband 2 Schadensausgleich und Mehrseitigkeit beim Schuldverhältnis. 8., völlig neubearb. Aufl. Heidelberg 2000. Zitiert als: *Esser/Schmidt:* Schuldrecht AT.

Fabricius, Fritz: Der Eingriff in den eingerichteten und ausgeübtem Gewerbebetrieb – BGHZ 29, 65. In: JuS 1961, S. 151–154.

– Zur Dogmatik des „sonstigen Rechts" gemäß § 823 Abs. I BGB. Unter Berücksichtigung des sog. „Rechts am Arbeitsplatzes" und des sog. „Rechts auf den ungestörten Bestand der ehelichen Lebensgemeinschaft". In: AcP 160 (1961), S. 273–336.

Faust, Florian: Anmerkung zu JZ 2006, 365. In: JZ 2006, S. 365–368.

Faustmann, Jörg: Der deliktische Datenschutz. In: VuR 2006, S. 260–263.

Feldmann, Thorsten/*Heidrich,* Joerg: Rechtsfragen des Ausschlusses von Usern aus Internetforen. Praktische Analyse der Voraussetzungen eines Anspruchs auf Ausschluss. In: CR 2006, S. 406–412.

Fikentscher, Wolfgang: Das Recht am Gewerbebetrieb (Unternehmen) als „Sonstiges Recht" im Sinne des § 823 Abs. 1 BGB in der Rechtsprechung des Reichsgerichts und des Bundesgerichtshofs. Eine kritische Übersicht. In: Kurt Hans Biedenkopf, Helmut Coing und Ernst-Joachim Mestmäcker (Hg.): Das Unternehmen in der Rechtsordnung. Festgabe für Heinrich Kronstein aus Anlass seines 70. Geburtstages am 12. September 1967. Karlsruhe 1967, S. 261–304.

Fikentscher, Wolfgang/*Heinemann,* Andreas: Schuldrecht. 10. Aufl. Berlin 2006.

Fikentscher, Wolfgang/*Möllers,* Thomas: Die (negative) Informationsfreiheit als Grenze von Werbung und Kunstdarbietung. In: NJW 1998, S. 1337–1344.

Finger, Peter: Buchbesprechung: Rainer Preusche, Unternehmensschutz und Haftungsbeschränkung im Deliktsrecht, 1974. In: JZ 1976, S. 653–656.

Förster, Christian: § 823 BGB. In: Heinz Georg Bamberger und Herbert Roth: Beck'scher Online-Kommentar BGB. 41. Edition. München 2016.

Fraenkel, Michael: Tatbestand und Zurechnung bei § 823 Abs. 1 BGB. Berlin 1979. Zitiert als: *Fraenkel:* Tatbestand und Zurechnung.

Frank, Rainer: Die Schutzobjekte des § 823 Abs. 1 BGB und ihre Bedeutung für die Systematik der Deliktstatbestände. In: JA 1979, S. 583–590.

Freund, Georg: Vor §§ 13 StGB: Münchener Kommentar zum Strafgesetzbuch (zitiert als: MünchKomm-StGB). 2. Aufl. München 2012.

Freytag, Stefan M.: Haftung im Netz. Verantwortlichkeit für Urheber-, Marken- und Wettbewerbsrechtsverletzungen nach § 5 TDG und § 5 MDStV. München 1999.

Fricke, Michael: Anmerkung zu OLG Hamburg, Az. 7 U 141/07, 142/07, 143/07, 144/07, ZUM 2007, 483. In: ZUM 2007, S. 487–490.

Fuchs, Maximilian/*Pauker,* Werner: Delikts- und Schadensersatzrecht. 8. Aufl. Berlin 2012.

Gaier, Reinhard: Einleitung zum Sachenrecht. In: Münchener Kommentar zum Bürgerlichen Gesetzbuch (zitiert als: MünchKomm-BGB). Band 7. 7. Aufl. München 2016.

Gerke, Marco: Urteilsanmerkung zu OLG Frankfurt/M., Beschluss vom 22.5.2006 – 1 Ss 319/05 (AG Frankfurt/M.) (rechtskräftig), MMR 2006, 547. In: MMR 2006, S. 552–553.

Gieseke, Paul: Recht am Unternehmen und Schutz des Unternehmens. Alte und neue deutsche Rechtsprechung. In: GRUR 1950, S. 298–311.

Glaser, Andreas: Grundrechtlicher Schutz der Ehre im Internetzeitalter. In: NVwZ 2012, S. 1432–1438.

Glückert, Jürgen: Schadensansprüche der Stromabnehmer bei Stromleitungsbeschädigungen. Bemerkungen zu einem ungelösten Schadensersatzproblem. In: AcP 166 (1966), S. 311–329.

golem.de: Botnetz infiziert Kühlschrank. Unter Mitarbeit von Werner Pluta. Hg. v. golem.de. Berlin 2014. Online verfügbar unter http://www.golem.de/news/thing bot-botnetz-infiziert-kuehlschrank-1401-103978.html, zuletzt geprüft am 20.03.2017.

Gostomzyk, Tobias: Äußerungsrechtliche Grenzen des Unternehmenspersönlichkeitsrechts – Die Gen-Milch-Entscheidung des BGH. In: NJW 2008, S. 2082–2085.

Götting, Horst-Peter: Persönlichkeitsrechte in Zeiten des Web 2.0. In: Horst-Peter Götting und Anne Lauber-Rönsberg (Hg.): Aktuelle Entwicklungen im Persönlichkeitsrecht. 1. Aufl. Baden-Baden 2010, S. 51–70.

Gräbig, Johannes: Aktuelle Entwicklungen bei Haftung für mittelbare Rechtsverletzungen. Vom Störer zum Täter – ein neues einheitliches Haftungskonzept? In: MMR 2011, S. 504–509.

Gramespacher, Thomas: Entscheidungsbesprechung zu BGH WRP 2016, 493 „Persönlichkeitsrechtsverletzung durch Autoreply-E-Mails mit Werbung". In: WRP 2016, S. 495–497.

Groh, Dennis: Plädoyer für ein flankierendes Behördenmodell bei der Bekämpfung unerwünschter E-Mail-Werbung. In: GRUR 2015, S. 551–559.

Grothe, Helmut: § 227 BGB. In: Münchener Kommentar zum Bürgerlichen Gesetzbuch (zitiert als: MünchKomm-BGB). Band 1. 7. Aufl. München 2015.

Grotheer, Marc: Der eigentumsrechtliche Unterlassungsanspruch nach § 1004 BGB als Schutz vor Konkurrenten – am Beispiel der Rechtsprechung zur Fremdbefüllung von Flüssiggastanks. In: GRUR 2006, S. 110–118.

Grüneberg, Christian: Schadensersatzpflicht bei verkehrshindernd abgestellten Kraftfahrzeugen. In: NJW 1992, S. 945–949.

Grunewald, Barbara: Die Haftung des Experten für seine Expertise gegenüber Dritten. In: AcP 187 (1987), S. 285–308.

Grützmacher, Malte: Dateneigentum – ein Flickenteppich. Wem gehören die Daten bei Industrie 4.0, Internet der Dinge und Connected Cars? In: CR 2016, S. 485–495.

Hacker, Eleonore: Das Verhältnis von Sittenwidrigkeit und sozialer Inadäquanz bei Arbeitskämpfen. Köln 1963. Zitiert als: *Hacker:* Das Verhältnis von Sittenwidrigkeit und sozialer Inadäquanz.

Haedicke, Maximilian: Anmerkung zu BGH JZ 2006, 576. In: JZ 2006, S. 578–580.

Hager, Günter: Haftung bei Störung der Energiezufuhr. In: JZ 1979, S. 53–58.

Hager, Johannes: Schutz einer Handelsgesellschaft gegen die Analyse ihrer Jahresabschlüsse im Lichte der Grundrechte. Zugleich eine Besprechung von BGH, 8.2.1994, VI ZR 286/93 und BVerfG, 3.5.1994, 1 BvR 737/94. In: ZHR 158 (1994), S. 675–684.

– Der Schutz der Ehre im Zivilrecht. In: *AcP* 196 (1996), S. 168–218.

– § 823 BGB. In: Julius von Staudinger und Johannes Hager: J. von Staudingers Kommentar zum Bürgerlichen Gesetzbuch: Staudinger BGB (zitiert als: Staudinger). Buch 2: Recht der Schuldverhältnisse. §§ 823 A–D (Unerlaubte Handlungen 1 – Rechtsgüter und Rechte; Persönlichkeitsrecht; Gewerbebetrieb)). Neubearbeitung 2017. Berlin 2017.

– § 823 BGB. In: Julius von Staudinger und Johannes Hager: J. von Staudingers Kommentar zum Bürgerlichen Gesetzbuch: Staudinger BGB (zitiert als: Staudinger). Buch 2: Recht der Schuldverhältnisse. §§ 823 E–I, 824, 825 (Unerlaubte Handlungen 1 – Teilband 2). Neubearbeitung 2010. Berlin 2010.

Harke, Jan Dirk: Besonderes Schuldrecht. Heidelberg, New York 2011.

Harte-Bavendamm, Henning: § 17 UWG. In: Henning Harte-Bavendamm und Frauke Henning-Bodewig: Gesetz gegen den unlauteren Wettbewerb (UWG). Mit Preisangabenverordnung; Kommentar. 4. Aufl. München 2016.

Härting, Niko/*Eckart*, Christian: Provider gegen Spammer. Können sich Provider mit rechtlichen Ansprüchen gegen die Mailflut wehren? In: CR 2004, S. 119–122.

Heckelmann, Dieter: Die einstweilige Verfügung im Arbeitskampf. In: AuR 1970, S. 166–178.

Heckmann, Dirk: Rechtspflichten zur Gewährleistung von IT-Sicherheit im Unternehmen. Maßstäbe für ein IT-Sicherheitsrecht. In: MMR 2008, S. 280–285.

Hefermehl, Wolfgang: Der Warentest in rechtlicher Sicht. In: GRUR 1962, S. 611–619.

– Urteilsanmerkung zu OLG Düsseldorf, WuW 1953, 232. In: WuW 1953, S. 234–236.

Heider, Karsten: § 1 AktG. In: Münchener Kommentar zum Aktiengesetz (zitiert als: MünchKomm-AktG). 4. Auflage. München 2016.

Heimann-Trosien, Georg: vor § 812 BGB. In: Das Bürgerliche Gesetzbuch. Mit besonderer Berücksichtigung der Rechtsprechung des Reichsgerichts und des Bundesgerichtshofes: Kommentar. 12. neubearb. Aufl. Berlin 1989.

heise.de (Hg.): Internet of Things: Mein Kühlschrank als Spammer. Hannover 2014. Online verfügbar unter http://www.heise.de/newsticker/meldung/Internet-of-Things-Mein-Kuehlschrank-als-Spammer-2088336.html, zuletzt geprüft am 20.03.2017.

– USB-Spionageköder: Niederländische Firma beißt nicht an. Hannover 2012. Online verfügbar unter http://www.heise.de/newsticker/meldung/USB-Spionage koeder-Niederlaendische-Firma-beisst-nicht-an-1641190.html, zuletzt geprüft am 20.03.2017.

Helle, Ernst: Der Schutz der Persönlichkeit, der Ehre und des wirtschaftlichen Rufes im Privatrecht. vornehmlich auf Grund der Rechtsprechung. 2. Aufl. Tübingen 1969. Zitiert als: *Helle:* Der Schutz der Persönlichkeit.

Hellwig, Hans-Jürgen: Schadensersatzpflichten aus prozessualem Verhalten. In: NJW 1968, S. 1072–1076.

Heun, Sven-Erik/*Assion*, Simon: Internet(recht) der Dinge. Zum Aufeinandertreffen von Sachen- und Informationsrecht. In: CR 2015, S. 812–818.

Heymann, Thomas: Rechte an Daten. Warum Daten keiner eigentumsrechtlichen Logik folgen. In: CR 2016, S. 650–657.

Hoeren, Thomas: Anmerkung zu BGH MMR 2004, 386. In: MMR 2004, S. 389–390.

– Dateneigentum. Versuch einer Anwendung von § 303a StGB im Zivilrecht. In: MMR 2013, S. 486–491.

– Virenscanning und Spamfilter. Rechtliche Möglichkeiten im Kampf gegen Viren, Spams & Co. In: NJW 2004, S. 3513–3517.

Hoeren, Thomas/*Jakopp*, Sebastian: WLAN-Haftung – A never ending story? In: ZRP 2014, S. 72–75.

Hoffmann, Reinhard: Einstweilige Verfügungen gegen Streiks? In: AuR 1968, S. 33–50.

Hofmann, Franz: Die Haftung des Inhabers eines privaten Internetanschlusses für Urheberrechtsverletzungen Dritter. In: ZUM 2014, S. 654–660.

Hönn, Günther: § 826 BGB. In: Hans Theodor Soergel: Bürgerliches Gesetzbuch. Mit Einführungsgesetz und Nebengesetzen. Band 12. Schuldrecht 10. §§ 823–853. 13. Aufl. Stuttgart [u. a.] 2005.

Huber, Konrad: Verkehrspflichten zum Schutz fremden Vermögens. In: Festschrift für Ernst von Caemmerer zum 70. Geburtstag. Unter Mitarbeit von Hans Claudius Ficker. Tübingen 1978, S. 359–388.

Huber, Ulrich: Normzwecktheorie und Adäquanztheorie. Zugleich eine Besprechung des Urteils des BGH vom 7.6.1968. In: JZ 1969, S. 677–683.

– Zivilrechtliche Fahrlässigkeit. In: Festschrift für Ernst Rudolf Huber zum 70. Geburtstag am 8. Juni 1973. Unter Mitarbeit von Ernst Rudolf Huber, Ernst Forsthoff, Werner Weber und Franz Wieacker. Göttingen 1973, S. 253–289.

Hubmann, Heinrich: Anmerkung zu BGH JZ 1957, 751. In: JZ 1957, S. 753–755.

- Das Recht am eingerichteten und ausgeübten Gewerbebetrieb. Buchbesprechung zu Schippel, Helmut: Das Recht am eingerichteten und ausgeübten Gewerbebetrieb. In: GRUR 1956, S. 525.
- Das Recht am Unternehmen. In: ZHR 117, S. 41–81.
- Das Persönlichkeitsrecht. 2. Auflage. Köln 1967.

Isenbeck, Helmut: Anmerkung zu OLG Hamm, Haftung für Stromausfall durch Bauarbeiten, NJW 1973, 760. In: NJW 1973, S. 1755–1756.

Jahr, Günther: Schadensersatz wegen deliktischer Nutzungsentziehung – zu Grundlagen des Rechtsgüterschutzes und des Schadensersatzrechts. In: AcP 183 (1983), S. 725–794.

Jakobs, Horst Heinrich: Eingriffserwerb und Vermögensverschiebung in der Lehre von der ungerechtfertigten Bereicherung. Bonn 1964. Zitiert als: *Jakobs:* Eingriffserwerb und Vermögensverschiebung.

Jansen, Nils: Das Problem der Rechtswidrigkeit bei § 823 Abs. 1 BGB. In: *AcP* 202 (2002), S. 517–554.

- Die Struktur des Haftungsrechts. Geschichte, Theorie und Dogmatik außervertraglicher Ansprüche auf Schadensersatz. Tübingen 2003. Zitiert als: *Jansen:* Struktur des Haftungsrechts.
- Gesetzliche Schuldverhältnisse. Eine historische Strukturanalyse. In: AcP 216 (2016), S. 112–233.

Kannowski, Bernd: Vorb. § 1 BGB. In: Julius von Staudinger und Johannes Hager: J. von Staudingers Kommentar zum Bürgerlichen Gesetzbuch (zitiert als: Staudinger). Mit Einführungsgesetz und Nebengesetzen. 14. Bearb. Berlin 2009.

- Vor § 1 BGB. In: Julius von Staudinger: J. von Staudingers Kommentar zum Bürgerlichen Gesetzbuch mit Einführungsgesetz und Nebengesetzen (zitiert als: Staudinger). 15. Aufl. Berlin 2013.

Katzenberger, Paul: Recht am Unternehmen und unlauterer Wettbewerb. Köln 1967. Zitiert als: *Katzenberger:* Recht am Unternehmen.

Kellenberger, Claus: Der verfassungsrechtliche Schutz des eingerichteten und ausgeübten Gewerbebetriebs. Frankfurt am Main, New York 1999. Zitiert als: *Kellenberger:* Der verfassungsrechtliche Schutz.

Keller, Erhard: Einleitung A. Entwicklung und gegenwärtiger Stand des deutschen Lauterkeitsrechts. In: Henning Harte-Bavendamm und Frauke Henning-Bodewig: Gesetz gegen den unlauteren Wettbewerb (UWG). Mit Preisangabenverordnung; Kommentar. 4. Aufl. München 2016.

Kirn, Stefan/*Müller-Hengstenberg,* Claus: Überfordert die digitale Welt der Industrie 4.0 die Vertragstypen des BGB? In: NJW 2017, S. 433–438.

Kisseler, Marcel: Auswirkungen und Bedeutung des Rechts am Unternehmen. Bonn 1962. Zitiert als: *Kisseler:* Auswirkungen und Bedeutung.

Kleindiek, Detlef: Deliktshaftung und juristische Person. Zugleich zur Eigenhaftung von Unternehmensleitern. Tübingen 1997.

Kleinheyer, Gerd: Rechtsgutverwendung und Bereicherungsausgleich. In: JZ 1970, S. 471–477.

Kleinmanns, Stefanie: Mittelbare Täterschaft im Lauterkeitsrecht. Hamburg 2013.

Klippel, Diethelm: Der zivilrechtliche Persönlichkeitsschutz von Verbänden. In: JZ 1988, S. 625–635.

Knopp, Werner: Grundfragen der rechtlichen Beurteilung von Unternehmensschädigungen durch Demonstranten. In: Ernst-Wolfgang Böckenförde und Werner Knopp (Hg.): Rechtsfragen der Gegenwart. Festgabe für Wolfgang Hefermehl zum 65. Geburtstag. Stuttgart 1972, S. 403–421.

Koch, Frank: Updating von Sicherheitssoftware – Haftung und Beweislast. Eine Problemskizze zur Verkehrssicherungspflicht zum Einsatz von Antivirenprogrammen. In: CR 2009, S. 485–491.

Koch, Robert: Haftung für die Weiterverbreitung von Viren durch E-Mails. In: NJW 2004, S. 801–807.

Koebel, Ulrich: Der Schutz der gewerblichen und beruflichen Betätigung gegen schädigende nicht wettbewerbliche Äußerungen. In: JZ 1960, S. 433–435.

Köhler, Helmut: Die Umsetzung der Richtlinie über unlautere Geschäftspraktiken in Deutschland – eine kritische Analyse. In: GRUR 2012, S. 1073–1082.

– „Täter" und „Störer" im Wettbewerbs- und Markenrecht. Zur BGH-Entscheidung „Jugendgefährdende Medien bei eBay". In: GRUR 2008, S. 1–7.

– Ist die Regelung der Telefonwerbung im UWG richtlinienkonform? In: WRP 2012, S. 1329–1335.

– Verbandsklagen gegen unerbetene Telefon-, Fax- und E-Mail-Werbung: Was sagt das Unionsrecht? In: WRP 2013, S. 567–571.

– § 11 UWG. In: Helmut Köhler und Joachim Bornkamm: Gesetz gegen den unlauteren Wettbewerb. Preisangabenverordnung, Unterlassungsklagengesetz, Dienstleistungs-Informationspflichten-Verordnung. 35. Aufl. München 2017.

– § 2 UWG In: Helmut Köhler und Joachim Bornkamm: Gesetz gegen den unlauteren Wettbewerb. Preisangabenverordnung, Unterlassungsklagengesetz, Dienstleistungs-Informationspflichten-Verordnung. 35. Aufl. München 2017.

– § 9 UWG Einleitung. In: Helmut Köhler und Joachim Bornkamm: Gesetz gegen den unlauteren Wettbewerb. Preisangabenverordnung, Unterlassungsklagengesetz, Dienstleistungs-Informationspflichten-Verordnung. 35. Aufl. München 2017.

– Einleitung. In: Helmut Köhler und Joachim Bornkamm: Gesetz gegen den unlauteren Wettbewerb. Preisangabenverordnung, Unterlassungsklagengesetz, Dienstleistungs-Informationspflichten-Verordnung. 35. Aufl. München 2017.

Kohlhaas, Georg Peter: Der Eingriff in den eingerichteten und ausgeübten Gewerbebetrieb. Köln 1974. Zitiert als: *Kohlhaas:* Der Eingriff in den Gewerbebetrieb.

Koreng, Ansgar: Das „Unternehmenspersönlichkeitsrecht" als Element des gewerblichen Reputationsschutzes. In: GRUR 2010, S. 1065–1070.

Körner, Gerhard: Der Rechtsschutz des Unternehmens nach § 823 Abs. 1 BGB. Frankfurt/Main 1959. Zitiert als: *Körner:* Rechtsschutz des Unternehmens.

Kort, Michael: Gesellschaftsrechtliche Aspekte des „Kirch/Deutsche Bank"-Urteils des BGH. In: NJW 2006, S. 1098–1100.

Kötz, Hein/*Wagner,* Gerhard: Deliktsrecht. 12. Aufl. München 2013.

Kraft, Dennis/*Meister,* Johannes: Rechtsprobleme virtueller Sit-ins. In: MMR 2003, S. 366–374.

Kramer, Ernst: Schutzgesetz und adäquate Kausalität. In: JZ 1976, S. 338–346.

– Buchbesprechung zu Michael Fraenkel: Tatbestand und Zurechnung bei § 823 Abs. 1 BGB (Schriften zum Bürgerlichen Recht, Bd. 51), Berlin 1979. In: AcP 180 (1980), S. 523–527.

Krause, Rüdiger: Anh. II § 823 BGB. In: Hans Theodor Soergel: Bürgerliches Gesetzbuch. Mit Einführungsgesetz und Nebengesetzen. Band 12. Schuldrecht 10. §§ 823–853. 13. Aufl. Stuttgart [u. a.] 2005.

Kreuzer, Karl: Buchbesprechung zu Christian v. Bar: Verkehrspflichten. Richterliche Gefahrsteuerungsgebote im deutschen Deliktsrecht. Köln, Berlin, Bonn, München 1980. In: AcP 184 (1984), S. 81–90.

Krieger, Steffen/*Günther,* Jens: Streikrecht 2.0 – Erlaubt ist, was gefällt!?. In: NZA 2010, S. 20–23.

Krüger, Christof: Der Störerbegriff. Eine Divergenz für den großen Senat? In: ZUM 2016, S. 335–338.

Krüger, Paul-Anton: Zentrifugen, die sich zu schnell drehen. In: Süddeutsche Zeitung, 17.01.2011. München 2011. Online verfügbar unter http://www.sueddeut sche.de/politik/virus-stuxnet-und-irans-atomprogramm-zentrifugen-die-sich-zu-schnell-drehen-1.1047249, zuletzt geprüft am 20.03.2017.

Krüger-Nieland, Gerda: Das Problem der Rechtswidrigkeit bei Beeinträchtigungen der Persönlichkeit. In: Karlsruher Forum 1961. Referate und Diskussionen zum Thema Grundprobleme der Haftung in § 823 Abs. 1 BGB. Karlsruhe 1961, S. 15–18.

Kube, Hanno: § 148 Persönlichkeitsrecht. In: Josef Isensee und Paul Kirchhof (Hg.): Handbuch des Staatsrechts der Bundesrepublik Deutschland, Band VII: Freiheitsrechte. 3. Auflage. XII. Heidelberg 2014.

Kübler, Friedrich: Anmerkung zu BGH, Urteil vom 21.06.1966, Az. VI ZR 261/64 (Höllenfeuer), JZ 1967, 174 ff. In: JZ 1967, S. 177–179.

– Boykott gegen Presse. In: AfP 1973, S. 405–411.

– Öffentliche Kritik an gewerblichen Erzeugnissen und beruflichen Leistungen. In: AcP 172 (1972), S. 177–202.

Kühl, Kristian: § 242 StGB. In: Karl Lackner und Kristian Kühl: Strafgesetzbuch. Kommentar. 28. Aufl. München 2014.

Kunze, Gerd: Zum Rechtsschutz gegen ungerechtfertigte Schutzrechtsverwarnungen. In: WRP 1965, S. 7–11.

Lambrich, Thomas/*Sander,* Charlotte: Von streikenden Fluglotsen, Vorfeldmitarbeitern und Schleusenwärtern – wenn Gewerkschaften Dritte instrumentalisieren. In: NZA 2014, S. 337–343.

Lange, Hermann: Adäquanztheorie, Rechtswidrigkeitszusammenhang, Schutzzwecklehre und selbständige Zurechnungsmomente. In: JZ 1976, S. 198–207.

Lange, Jérôme: § 823 BGB. In: Maximilian Herberger, Michael Martinek, Helmut Rüßmann und Stefan Weth: juris Praxiskommentar BGB (zitiert als: jurisPK-BGB), Stand: 01.12.2016. 8. Auflage. Saarbrücken 2016.

Larenz, Karl: Das „allgemeine Persönlichkeitsrecht" im Recht der unerlaubten Handlungen. In: NJW 1955, S. 521–525.

– Urteilsanmerkung zu OLG München, NJW 1956, 1719. In: NJW 1956, S. 1720.

– Möglichkeiten einer Begrenzung der Haftung über Kausalität, Rechtswidrigkeit, Verschulden. In: Karlsruher Forum 1959. Karlsruhe 1959, S. 10–15.

– Rechtswidrigkeit und Handlungsbegriff im Zivilrecht. In: Vom deutschen zum europäischen Recht. Festschrift für Hans Dölle. Band I. 2 Bände. Tübingen 1963, S. 169–200.

– Methodenlehre der Rechtswissenschaft. 6. Aufl. Berlin/New York 1991. Zitiert als: *Larenz:* Methodenlehre.

Larenz, Karl/*Canaris,* Claus-Wilhelm: Lehrbuch des Schuldrechts. Band II. Halbband 2. Besonderer Teil 13. Aufl. München 1994. Zitiert als: *Larenz/Canaris:* Schuldrecht II/2.

Leckner, Theodor/*Eisele,* Jörg: Vor §§ 185 ff. StGB. In: Adolf Schönke und Horst Schröder: Strafgesetzbuch. Kommentar. 29. Aufl. München 2014.

Lehmann, Heinrich: Anmerkung zu BGH NJW 1959, 479. In: NJW 1959, S. 670.

Leistner, Matthias: Störerhaftung und mittelbare Schutzrechtsverletzung. In: GRUR-Beilage 2010, S. 1–32.

Leistner, Matthias/*Pothmann,* Julia: E-Mail-Direktmarketing im neuen europäischen Recht und in der UWG-Reform. In: WRP 2003, S. 815–831.

Leistner, Matthias/*Stang,* Felix: Die Neuerung der wettbewerbsrechtlichen Verkehrspflichten – Ein Siegeszug der Prüfungspflichten? Zugleich ein Beitrag zur dogmatischen Fortentwicklung des Maßstabs der Prüfungspflichten. In: WRP 2008, S. 533–555.

Libertus, Michael: Zivilrechtliche Haftung und strafrechtliche Verantwortlichkeit bei unbeabsichtigter Verbreitung von Computerviren. In: MMR 2005, S. 507–512.

Looschelders, Dirk: Die haftungsrechtliche Relevanz außergesetzlicher Verhaltensregeln im Sport. In: JR 2000, S. 265–274.

– Schuldrecht, Besonderer Teil. 11. Auflage. München 2016. Zitiert als: *Looschelders:* Schuldrecht BT.

Lorenz, Stephan: vor § 812 BGB. In: Stephan Lorenz: J. von Staudingers Kommentar zum Bürgerlichen Gesetzbuch (zitiert als: Staudinger). Neubearb. Berlin 2007.

Lorenz, Werner: Fortschritte der Schuldrechtsdogmatik. In: JZ 1961, S. 433–439.

Löwisch, Manfred: Der Deliktsschutz relativer Rechte. Berlin 1970.

– Besitzschutz gegen Flashmob. In: NZA 2010, S. 209–211.

Löwisch, Manfred/*Meier-Rudolph*, Wolfgang: Das Recht am eingerichteten und ausgeübten Gewerbebetrieb in der Rechtsprechung des BGH und BAG. In: JuS 1982, S. 237–244.

Mansel, Heinz-Peter: § 12 BGB. In: Jauernig: Bürgerliches Gesetzbuch. Mit Allgemeinem Gleichbehandlungsgesetz (Auszug); Kommentar. 16. Aufl. München 2015.

Mantz, Reto: Haftung für kompromittierte Computersysteme – § 823 Abs. 1 BGB und Gefahren aus dem Internet. In: K&R 2007, S. 566–567.

Marschall v. Bieberstein, Wolfgang: Schadensersatz für Gewinnentgang bei Eigentumsverletzung. In: Festschrift für Ernst von Caemmerer zum 70. Geburtstag. Unter Mitarbeit von Hans Claudius Ficker. Tübingen 1978, S. 411–434.

Martinek, Michael: § 433 BGB. In: Julius von Staudinger: J. von Staudingers Kommentar zum Bürgerlichen Gesetzbuch mit Einführungsgesetz und Nebengesetzen (zitiert als: Staudinger). 15. Aufl. Berlin 2013.

Martin-Jung, Helmut: Stuxnet legt Irans Rechner lahm. In: Süddeutsche Zeitung, 27.09.2010. München 2010. Online verfügbar unter http://www.sueddeutsche.de/digital/virenattacke-stuxnet-legt-irans-rechner-lahm-1.1004774, zuletzt geprüft am 20.03.2017.

Maume, Philipp: Bestehen und Grenzen des virtuellen Hausrechts. In: MMR 2007, S. 620–625.

Medicus, Dieter: Zivilrecht und Umweltschutz. In: JZ 1983, S. 778–785.

– Buchbesprechung: Winfried Boecken. Deliktsrechtlicher Eigentumsschutz gegen reine Nutzungsbeeinträchtigungen. In: JZ 1997, S. 403.

– Buchbesprechung: Rolf Sack. Das Recht am Gewerbebetrieb, Geschichte und Dogmatik. In: JZ 2007, 457.

Medicus, Dieter/*Lorenz*, Stephan: Schuldrecht II. Besonderer Teil. Ein Studienbuch. Unter Mitarbeit von Dieter Medicus und Stephan Lorenz. 17. Aufl. München 2014.

Medicus, Dieter/*Petersen*, Jens: Bürgerliches Recht. Eine nach Anspruchsgrundlagen geordnete Darstellung zur Examensvorbereitung. 25. Aufl. München 2015.

Mehrbrey, Kim Lars/*Schreibauer*, Lars: Haftungsverhältnisse bei Cyber-Angriffen. Ansprüche und Haftungsrisiken von Unternehmen und Organen. In: MMR 2016, S. 75–82.

Meier, Klaus/*Wehlau*, Andreas: Die zivilrechtliche Haftung für Datenlöschung, Datenverlust und Datenzerstörung. In: NJW 1998, S. 1585–1591.

Meier, Patrick/*Jocham*, Felix: Rechtsfortbildung – Methodischer Balanceakt zwischen Gewaltenteilung und materieller Gerechtigkeit. In: JuS 2016, S. 392–398.

Mertens, Hans-Joachim: Verkehrspflichten und Deliktsrecht – Gedanken zu einer Dogmatik der Verkehrspflichtverletzung. In: VersR 1980, S. 397–408.

– Deliktsrecht und Sonderprivatrecht – Zur Rechtsfortbildung des deliktischen Schutzes von Vermögensinteressen. In: AcP 178 (1978), S. 227–262.

– § 823 BGB. In: Münchener Kommentar BGB (zitiert als: MünchKomm-BGB). 3. Auflage. München 1997.

Mertens, Hans-Joachim/*Reeb,* Hartmut: Grundfälle zum Recht der unerlaubten Handlung. In: JuS 1971, S. 409–412.

– Grundfälle zum Recht der unerlaubten Handlung. In: JuS 1971, S. 469–474.

Mestmäcker, Ernst-Joachim: Eingriffserwerb und Rechtsverletzung in der ungerechtfertigten Bereicherung. In: JZ 1958, S. 522–526.

Möhlen, Christian: Das Recht auf Versammlungsfreiheit im Internet. Anwendbarkeit eines klassischen Menschenrechts auf neue digitale Kommunikations- und Protestformen. In: MMR 2013, S. 221–230.

Möschel, Wernhard: Der Schutzbereich des Eigentums nach § 823 I BGB. In: JuS 1977, S. 1–6.

Moser von Filsek, Richard: Zur Frage der vergleichenden Werbung. Soll das Recht zur vergleichenden Werbung durch Gesetz geregelt werden? In: GRUR 1963, S. 182–187.

Müller-Erzbach, Rudolf: Das Unternehmen und die Unternehmer- und Abnehmerfreiheit. Die Elemente des Zusammenlebens und ihr Einfluss auf die Rechtsbildung. In: JZ 1952, S. 193–199.

Müller-Graff, Peter-Christian: Anmerkung zu BGH JZ 1983, 857. In: JZ 1983, S. 860–864.

Münzberg, Wolfgang: Verhalten und Erfolg als Grundlage der Rechtswidrigkeit und Haftung. Frankfurt am Main 1966. Zitiert als: *Münzberg*: Verhalten und Erfolg.

Nastelski, Karl: Der Schutz des Betriebsgeheimnisses. In: GRUR 1957, S. 1–8.

Nettesheim, Wolfgang: Öffentliche Kritik eines Verbrauchers an mangelhaften Waren. In: BB 1976, S. 18–19.

Neumann-Duesberg, Horst: Das Recht am eingerichteten und ausgeübten Gewerbebetrieb. In: NJW 1972, S. 133–135.

– Korrektur des Unmittelbarkeitsbegriffs beim Eingriff in den Gewerbebetrieb (§ 823 BGB). In: NJW 1968, S. 1990–1992.

Neuner, Jörg: Der privatrechtliche Schutz der Persönlichkeit. In: JuS 2015, S. 961–968.

Nipperdey, Hans Carl: Rechtswidrigkeit, Sozialadäquanz, Fahrlässigkeit, Schuld im Zivilrecht. In: NJW 1957, S. 1777–1782.

– Die Frage des Schutzes des Unternehmens nach § 823 Abs. 1 BGB. In: Friedrich Klausing, Gottlieb Bansa und Hans Carl Nipperdey (Hg.): Beiträge zum Wirtschaftsrecht. Zweiter Band. Einzelfragen. Marburg 1931, S. 445–491.

- Die Ersatzansprüche für die Schäden, die durch den von den Gewerkschaften gegen das geplante Betriebsverfassungsgesetz geführten Zeitungsstreik vom 27.–29. Mai 1952 entstanden sind. Rechtsgutachten erstattet von Dr. H. C. Nipperdey. Köln 1953. Zitiert als: *Nipperdey:* Gutachten Zeitungsstreik.
- Rechtswidrigkeit und Schuld im Zivilrecht. In: Karlsruher Forum 1959. Karlsruhe 1959, S. 3–9.

Nipperdey, Hans Carl/*Säcker,* Franz Jürgen: Tatbestandsaufbau und Systematik der deliktischen Grundtatbestände. Zum „Referentenentwurf eines Gesetzes zur Änderung und Ergänzung schadenersatzrechtlicher Vorschriften". In: NJW 1967, S. 1985–1994.

Obergfell, Eva Inés: Internettauschbörsen als Haftungsfalle für private WLAN-Anschlussinhaber. In: NJW 2016, S. 910–913.

Oechsler, Jürgen: § 826 BGB. In: Julius von Staudinger: J. von Staudingers Kommentar zum Bürgerlichen Gesetzbuch, mit Einführungsgesetz und Nebengesetzen (zitiert als: Staudinger). Neubearbeitung 2014. Berlin 2014.

Oetker, Hartmut: § 249 BGB. In: Münchener Kommentar zum Bürgerlichen Gesetzbuch (zitiert als: MünchKomm-BGB). 7. Aufl. München 2016.

Ohly, Ansgar: § 9 UWG. In: Ansgar Ohly und Olaf Sosnitza: Gesetz gegen den unlauteren Wettbewerb. Mit Preisangabenverordnung. 7. Aufl. München 2016.
- Einführung. In: Ansgar Ohly und Olaf Sosnitza: Gesetz gegen den unlauteren Wettbewerb. Mit Preisangabenverordnung. 7. Aufl. München 2016.
- § 7 UWG. In: Ansgar Ohly und Olaf Sosnitza: Gesetz gegen den unlauteren Wettbewerb. Mit Preisangabenverordnung. 7. Aufl. München 2016.
- Einführung D. Das UWG im deutschen Rechtssystem. In: Ansgar Ohly und Olaf Sosnitza: Gesetz gegen den unlauteren Wettbewerb. Mit Preisangabenverordnung. 7. Aufl. München 2016.

Omsels, Hermann-Josef: D. § 4 Nr. 4 (Behinderungswettbewerb). In: Henning Harte-Bavendamm und Frauke Henning-Bodewig: Gesetz gegen den unlauteren Wettbewerb (UWG). Mit Preisangabenverordnung; Kommentar. 4. Aufl. München 2016.

Papier, Hans-Jürgen: Art. 14 GG. In: Theodor Maunz und Günter Dürig: Grundgesetz. Kommentar. Stand: Dezember 2015. München 2016.

Peifer, Karl-Nikolaus: Beseitigungsansprüche im digitalen Äußerungsrecht. Ausweitung der Pflichten des Erstverbreiters. In: NJW 2016, S. 23–25.
- Persönlichkeitsschutz und Internet – Anforderungen und Grenzen einer Regulierung. In: JZ 2012, S. 851–859.
- Individualität im Zivilrecht. Der Schutz persönlicher, gegenständlicher und wettbewerblicher Individualität im Persönlichkeitsrecht, Immaterialgüterrecht und Recht der Unternehmen. Tübingen 2001.

Pentz, Vera von: Ausgewählte Fragen des Medien- und Persönlichkeitsrechts im Lichte der aktuellen Rechtsprechung des VI. Zivilsenats. In: AfP 2014, S. 8–18.

Peukert, Alexander: Güterzuordnung als Rechtsprinzip. Tübingen 2008.

Pick, Olaf: Verkehrspflichten und Handlungsfreiheit des „Schädigers". Frankfurt am Main, [u. a.] 2005.

Picker, Eduard: Deliktsrechtlicher Eigentumsschutz bei Störungen der Sach-Umwelt-Beziehungen. Eine Skizze. In: JZ 2010, S. 541–553.

- Die Nutzungsbeeinträchtigung ohne Substanzverletzung als systemrelevantes Deliktsrechtsproblem. In: NJW 2015, S. 2304–2306.
- Vertragliche und gesetzliche Schadenshaftung. Überlegungen zu einer Neustrukturierung der Haftungssysteme. In: JZ 1987, S. 1041–1058.
- Positive Forderungsverletzung und culpa in contrahendo. Zur Problematik der Haftung „zwischen" Vertrag und Delikt. In: AcP 183 (1983), S. 369–520.

Prasse, Christian: Spam-E-Mails in der neueren Rechtsprechung. In: MDR 2006, S. 361–365.

Preusche, Rainer: Unternehmensschutz und Haftungsbeschränkung im Deliktsrecht. Berlin 1974, zitiert als: *Preusche:* Unternehmensschutz und Haftungsbeschränkung.

Quante, Frank (1999): Das allgemeine Persönlichkeitsrecht juristischer Personen. Eine zivilrechtliche Studie. Frankfurt am Main u. a. 1999. Zitiert als: *Quante:* Persönlichkeitsrecht juristischer Personen.

Raab, Thomas: Die Bedeutung der Verkehrspflichten und ihre systematische Stellung im Deliktsrecht. In: JuS 2002, S. 1041–1048.

Raiser, Ludwig: Der Stand der Lehre vom subjektiven Recht im Deutschen Zivilrecht. In: JZ 1961, S. 465–473.

Ramm, Thilo: Sozialadäquanztheorie und freiheitlicher sozialer Rechtsstaat. In: AuR 1966, S. 161–166.

Redeker, Helmut: Provider-Verträge – ihre Einordnung in die Vertragstypen des BGB. In: ITRB 2003, S. 82–86.

- IT-Recht. 5., neubearb. Aufl. München 2012.
- Teil 12 Vertragsrecht für Internetdienste. In: Thomas Hoeren, Ulrich Sieber und Bernd Holznagel (Hg.): Handbuch Multimedia-Recht. Rechtsfragen des elektronischen Geschäftsverkehrs. Stand: Juni 2015 (42. Erg.-Lfg.). München 2015.

Reinhardt, Rudolf: Das subjektive Recht in § 823 I BGB. In: JZ 1961, S. 713–719.

- Das subjektive Recht in § 823 Abs. 1 BGB. In: Karlsruher Forum 1961. Referate und Diskussionen zum Thema Grundprobleme der Haftung in § 823 Abs. 1 BGB. Karlsruhe 1961, S. 3–14.

Reuter, Dieter: Vor § 21 BGB. In: Münchener Kommentar zum Bürgerlichen Gesetzbuch (zitiert als: MünchKomm-BGB). Band 1. 7. Aufl. München 2015.

Riedl, Leopold J.: Das Recht am eingerichteten und ausgeübten Gewerbebetrieb – eine noch zeitgemäße Rechtsfigur? Hamburg 2011.

Rixecker, Roland: Anhang zu § 12 BGB. In: Münchener Kommentar zum Bürgerlichen Gesetzbuch. Band 1 (zitiert als: MünchKomm-BGB). 7. Aufl. München 2015.

Rödig, Jürgen: Erfüllung des Tatbestandes des § 823 Abs. 1 BGB durch Schutzgesetzverstoß. Zugleich ein Beitrag zum Deliktschutz verkörperter relativer Rechte. Bielefeld 1973. Zitiert als: *Rödig:* Erfüllung des Tatbestandes.

Rockstroh, Sebastian/*Kunkel,* Hanno: IT-Sicherheit in Produktionsumgebungen. In: MMR 2017, S. 77–82.

Roos, Philipp/*Schumacher,* Philipp: Botnetze als Herausforderung für Recht und Gesellschaft. Zombies außer Kontrolle? In: MMR 2014, S. 377–383.

Rosenbach, Arnim: Eigentumsverletzung durch Umweltveränderung. Zugleich ein Beitrag zur Dogmatik des § 823 BGB. München 1997.

Rössel, Markus/*Kruse,* Wilhelm: Schadensersatzhaftung bei Verletzung von Filterpflichten. Verkehrssicherungspflichten der Telemediendienstanbieter. In: CR 2008, S. 35–41.

Sack, Rolf: Die Subsidiarität des Rechts am Gewerbebetrieb. In: VersR 2006, S. 1001–1010.

– Produkthaftung für reine Vermögensschäden von Endabnehmern. In: VersR 2006, S. 582–588.

– Unbegründete Schutzrechtsverwarnungen – lückenloser Unternehmensschutz durch das UWG seit 2004. In: NJW 2009, S. 1642–1645.

– Das Recht am Gewerbebetrieb. Geschichte und Dogmatik. Tübingen 2007.

Säcker, Franz Jürgen: Betriebs- oder unternehmensbezogene Verhaltenspflichten des Arbeitnehmers und Betriebsrates bei parteipolitischer Betätigung i. S. des § 51 Satz 2 BetrVG? In: AuR 1965, S. 353–361.

– Von der offenen Arbeitseinstellung zur verdeckten Betriebsblockade. Der Arbeitskampf im Wandel zum Partisanenkampf. In: NJW 2010, S. 1115–1118.

– Wahrnehmung legitimer politischer Interessen und Deliktsrecht. In: ZRP 1969, S. 60–65.

– § 12 BGB. In: Münchener Kommentar zum Bürgerlichen Gesetzbuch. Band 1 (zitiert als: MünchKomm-BGB). 7. Aufl. München 2015.

Sakowski, Paetrick: Unternehmen in der Kritik – Die Grenzen der Meinungsfreiheit im wirtschaftlichen Kontext. In: WRP 2017, S. 138–145.

Schapiro, Leo: Anhaltende Rechtsunsicherheit für die Betreiber von Internetmeinungsportalen? Das Urteil des EGMR „Delfi AS v. Estonia" und seine Auswirkungen auf die deutsche Rechtslage. In: MMR 2014, S. 201–210.

– Unterlassungsansprüche gegen die Betreiber von Internet-Auktionshäusern und Internet-Meinungsforen. Zugleich ein Beitrag zugunsten einer Aufgabe der Störerhaftung im Urheber-, Marken- und Wettbewerbsrecht. Tübingen 2011. Zitiert als: *Schapiro:* Unterlassungsansprüche.

Schaub, Renate: Haftung des Inhabers eines privaten Internetanschlusses für Rechtsverletzungen im Rahmen von Online-Musiktauschbörsen. In: GRUR 2016, S. 152–156.

Schieferdecker, Alexander: Die Haftung der Domainvergabestelle. Köln, München [u. a.] 2003.

Schiemann, Gottfried: § 249 BGB. In: Julius von Staudinger und Johannes Hager: J. von Staudingers Kommentar zum Bürgerlichen Gesetzbuch (zitiert als: Staudinger). Buch 2: Recht der Schuldverhältnisse. §§ 249–254 (Schadensersatzrecht). Neubearbeitung 2017. Berlin 2017.

– § 823 BGB. In: Walter Erman: Erman. Bürgerliches Gesetzbuch. Handkommentar mit AGG, EGBGB (Auszug), ErbbauRG, LPartG, ProdHaftG, UKlaG, VBVG, VersAusglG und WEG. 14. Aufl. Köln 2014.

Schildt, Bernd: Der deliktische Schutz des Rechts am Gewerbebetrieb. In: WM 1996, S. 2261–2266.

Schippel, Helmut: Anmerkung zu BGH 09.12.1958 VI ZR 199/57, GRUR 1959, 282. In: GRUR 1959, S. 284–285.

– Das Recht am eingerichteten und ausgeübten Gewerbebetrieb. München/Köln/Berlin 1956.

Schmid, Michael: Nochmals: Deliktsrechtlicher Eigentumsschutz bei Vereitelung eines Grundstückskaufs? In: NJW 1975, S. 2056–2057.

Schmidt, Karsten: Integritätsschutz von Unternehmen nach § 823 BGB – Zum „Recht am eingerichteten und ausgeübten Gewerbebetrieb". In: JuS 1993, S. 985–992.

Schmiedel, Burkhard: Deliktsobligationen nach deutschem Kartellrecht. Zivilrechtsdogmatische Grundlegung: Untersuchungen zu § 823 Abs. 2 BGB. 2 Bände. Tübingen 1974. Zitiert als: *Schmiedel:* Deliktsobligationen.

Schneider, Angelika: Vom Störer zum Täter? Verantwortlichkeit für mittelbare Wettbewerbs-, Urheber- und Markenrechtsverletzungen im Online-Bereich auf der Grundlage einer täterschaftlichen Haftung aufgrund Verkehrspflichtverletzung. 1. Aufl. Baden-Baden 2012.

Schneider, Jochen: IT-Vertragsrecht. Ein schuldrechtsmodernisierter Rück- und Überblick zu den Problemen mit den Vertragstypen des BGB. In: CR 2005, S. 695–700.

Schneider, Jochen/*Günther,* Andreas: Haftung für Computerviren. In: CR 1997, S. 389–396.

Schnug, Rüdiger: Das Recht am Gewerbebetrieb – ein Fremdkörper im deliktischen Haftungssystem? In: JA 1985, S. 440–449.

– Das Recht am Gewerbebetrieb – eine notwendige Rechtsfigur? In: JA 1985, S. 614–622.

Scholz, Rupert: Art. 12 GG. In: Theodor Maunz und Günter Dürig: Grundgesetz. Kommentar. Stand: Dezember 2015. München 2016.

Schramm, Karl: Der eingerichtete und ausgeübte Geschäftsbetrieb. In: GRUR 1973, S. 75–77.

Schrauder, Gerhard: Wettbewerbsverstöße als Eingriffe in das Recht am Gewerbebetrieb. Bielefeld 1970, zitiert als: *Schrauder:* Wettbewerbsverstöße.

Schricker, Gerhard: Öffentliche Kritik an gewerblichen Erzeugnissen und beruflichen Leistungen. In: AcP 172 (1972), S. 203–234.

Schuhmann, Kay: Das 41. StrÄndG zur Bekämpfung der Computerkriminalität. In: NStZ 2007, S. 675–680.

Schultze-Melling, Jyn: IT-Sicherheit in der anwaltlichen Beratung. Rechtliche, praktische und wirtschaftliche Aspekte eines effektiven Information Security-Managements. In: CR 2005, S. 73–80.

Schulze, Olaf: Die Beschädigung von Erdkabeln und sonstigen Erdleitungen der Energieversorgungsunternehmen durch unerlaubte Handlungen Dritter, insbesondere durch Tiefbauunternehmen. In: VersR 1998, S. 12–21.

Schuster, Heidi: Haftung für Malware im Arbeitsverhältnis. Haftung für Schäden, die Mitarbeitern aus der erlaubten privaten Nutzung der IT-Infrastruktur des Arbeitgebers entstehen. In: DuD 2006, S. 424–432.

Schwarze, Roland: Streikbegleitende „Flashmob-Aktion" im Einzelhandel – Recht am eingerichteten und ausgeübten Gewerbebetrieb – Grundsatz der Verhältnismäßigkeit. In: JA 2010, S. 468–470.

Schwitanski, Heinz-Georg: Deliktsrecht, Unternehmensschutz und Arbeitskampfrecht. Versuch einer systemorientierten Harmonisierung. Berlin 1986.

Scriba, Bodo: Anwendungsbereich und Konkretisierung des deliktsrechtlichen Unternehmensschutzes aus § 823 Abs. 1 BGB. München 1970. Zitiert als: *Scriba:* Anwendungsbereich und Konkretisierung.

Seeliger, Per: Das Überbauen von Leitungen – eine Eigentumsstörung? In: NJOZ 2014, S. 281–283.

Seiter, Hugo: Streikrecht und Aussperrungsrecht. Ein Arbeitskampfrechtssystem auf d. Grundlage subjektiv-privater Kampfrechte. Tübingen 1975.

Sesing, Andreas: Täterschaftliche Verantwortlichkeit von Anschlussinhabern. Haftungsbegründung in Filesharing-Fällen – „Tauschbörse I–III". In: MMR 2016, S. 82–86.

Sieber, Ulrich: Teil 1 Technische Grundlagen. In: Thomas Hoeren, Ulrich Sieber und Bernd Holznagel (Hg.): Handbuch Multimedia-Recht. Rechtsfragen des elektronischen Geschäftsverkehrs. Stand: Juni 2015 (42. Erg.-Lfg.). München 2015.

Sinn, Arndt: § 240 StGB. In: Münchener Kommentar zum Strafgesetzbuch (zitiert als: MünchKomm-StGB). 2. Aufl. München 2012.

Sosnitza, Olaf: § 11 UWG. In: Ansgar Ohly und Olaf Sosnitza: Gesetz gegen den unlauteren Wettbewerb. Mit Preisangabenverordnung; Kommentar. 6., neubearb. Aufl. München 2014.

Specht, Louisa: Ausschließlichkeitsrechte an Daten – Notwendigkeit, Schutzumfang, Alternativen. Eine Erläuterung des gegenwärtigen Meinungsstands und Gedanken für eine zukünftige Ausgestaltung. In: CR 2016, S. 288–296.

Spickhoff, Andreas: § 823 BGB. In: Hans Theodor Soergel: Bürgerliches Gesetzbuch. Mit Einführungsgesetz und Nebengesetzen. Band 12. Schuldrecht 10. §§ 823–853. 13. Aufl. Stuttgart [u.a] 2005.

– vor § 823 BGB. In: Hans Theodor Soergel: Bürgerliches Gesetzbuch. Mit Einführungsgesetz und Nebengesetzen. Band 12. Schuldrecht 10. §§ 823–853. 13. Aufl. Stuttgart [u.a.]: 2005.

Spindler, Gerald: Das Jahr 2000-Problem in der Produkthaftung: Pflichten der Hersteller und der Softwarenutzer. In: NJW 1999, S. 3737–3745.

– Haftung und Verantwortlichkeit im IT-Recht. Ein Rück- und Ausblick zu den Bewährungsproben der allgemeinen Grundsätze des Haftungsrechts. In: CR 2005, S. 741–747.

– IT-Sicherheit – Rechtliche Defizite und rechtspolitische Alternativen. In: MMR 2008, S. 7–13.

– IT-Sicherheit und Produkthaftung – Sicherheitslücken, Pflichten der Hersteller und der Softwarenutzer. In: NJW 2004, S. 3145–3150.

– IT-Sicherheitsgesetz und zivilrechtliche Haftung. Auswirkungen des IT-Sicherheitsgesetzes im Zusammenspiel mit der endgültigen EU-NIS-Richtlinie auf die zivilrechtliche Haftung. In: CR 2016, S. 297–312.

– Verantwortlichkeiten von IT-Herstellern, Nutzern und Intermediären. Studie im Auftrag des BSI durchgeführt von Prof. Dr. Gerald Spindler, Universität Göttingen. Göttingen 2007. Online verfügbar unter https://www.bsi.bund.de/SharedDocs/Downloads/DE/BSI/Publikationen/Studien/ITSicherheitUndRecht/Gutachten_pdf.pdf?__blob=publicationFile&v=2, zuletzt geprüft am 20.03.2017. Zitiert als: *Spindler:* Verantwortlichkeiten.

– Unternehmensorganisationspflichten. Zivilrechtliche und öffentlich-rechtliche Regelungskonzepte. 2., unveränd. Aufl. Göttingen 2011.

– § 823 BGB. In: Heinz Georg Bamberger und Herbert Roth: Beck'scher Online-Kommentar BGB. 37. Edition. München 2013.

– § 830 BGB. In: Heinz Georg Bamberger und Herbert Roth: Beck'scher Online-Kommentar BGB. 41. Edition. München 2016.

Spindler, Gerald/*Volkmann,* Christian (2003): Die zivilrechtliche Störerhaftung der Internet-Provider. In: WRP 2003, S. 1–15.

Sprau, Hartwig: § 823 BGB. In: Peter Bassenge, Gerd Brudermüller, Jürgen Ellenberger, Isabell Götz, Christian Grüneberg, Hartwig Sprau et al.: Palandt. Bürgerliches Gesetzbuch. mit Nebengesetzen. 75. Aufl. München 2106.

Staake, Marco/*Bressensdorf,* Tobias von: Grundfälle zum deliktischen Unternehmensschutz. In: JuS 2016, S. 297–303.

Stadtmüller, Ralph (1985): Schutzbereich und Schutzgegenstände des Rechts am Unternehmen. Ein Beitrag zur Konkretisierung des deliktsrechtlichen Unternehmensschutzes. München 1985. Zitiert als: *Stadtmüller:* Schutzbereich und Schutzgegenstände.

Stang, Felix/*Hühner,* Sebastian (2010): Anmerkung zu BGH, Störerhaftung des WLAN-Inhabers, GRUR 2010, 633. In: GRUR, S. 636–637.

Steffen, Erich: Verkehrspflichten im Spannungsfeld von Bestandsschutz und Handlungsfreiheit. In: VersR 1980, S. 409–412.

– § 823 BGB: Das Bürgerliche Gesetzbuch. Mit besonderer Berücksichtigung der Rechtsprechung des Reichsgerichts und des Bundesgerichtshofes: Kommentar (zitiert als: RGRK). 12. neubearb. Aufl. Berlin/New York 1989.

- § 826 BGB: Das Bürgerliche Gesetzbuch. Mit besonderer Berücksichtigung der Rechtsprechung des Reichsgerichts und des Bundesgerichtshofes: Kommentar (zitiert als: RGRK). 12. neubearb. Aufl. Berlin/New York 1989.

Stein, Alexander: Unternehmensbezogene Äußerungen im allgemeinen Privatrecht. 1. Auflage. Tübingen 2000. Zitiert als: *Stein:* Unternehmensbezogene Äußerungen.

Steindorff, Ernst: Buchbesprechung zu Nikisch, Arthur, Arbeitsrecht, 2.Auflage Bd. II. Tübingen, 1959. In: JZ 1960, S. 582–584.

Stoll, Hans: Zum Rechtfertigungsgrund des verkehrsrichtigen Verhaltens. In: JZ 1958, S. 137–143.

- Unrechtstypen bei der Verletzung absoluter Rechte. In: AcP 162 (1963), S. 203–236.

- Richterliche Fortbildung und gesetzliche Überarbeitung des Deliktrechts. Heidelberg 1984. Zitiert als: *Stoll:* Richterliche Fortbildung.

- Buchbesprechung zu Gert Brüggemeier: Deliktsrecht. Ein Hand- und Lehrbuch. In: AcP 187 (1987), S. 505–510.

Stree, Walter/*Hecker,* Bernd: § 303b StGB. In: Adolf Schönke und Horst Schröder: Strafgesetzbuch. Kommentar. 29. Aufl. München 2014.

Taeger, Jürgen: Außervertragliche Haftung für fehlerhafte Computerprogramme. Tübingen 1995.

Taupitz, Jochen: Haftung für Energieleiterstörungen durch Dritte. Berlin 1981. Zitiert als: *Taupitz*: Haftung für Energieleiterstörungen.

Teichmann, Arndt: § 823 BGB. In: Jauernig: Bürgerliches Gesetzbuch. Mit Allgemeinem Gleichbehandlungsgesetz (Auszug); Kommentar. 16. Aufl. München 2015.

Uhlitz, Otto: Gewerbeschädigende Werturteile. Zugleich Besprechung eines BGH-Urteils und ein Beitrag zur Auslegung des § 193 StGB. In: NJW 1966, S. 2097–2099.

Valerius, Brian: § 185 StGB. In: Bernd von Heintschel-Heinegg: Beck'scher Online Kommentar StGB. 31. Edition. München 2016

Vehslage, Thorsten: Kommentar zu AG Kiel, Entscheidung vom 30. September 1999 – 110 C 243/99. In: K&R 200, S. 203–205.

Volkmann, Christian: Der Störer im Internet. Zur Verantwortlichkeit der Internet-Provider im allgemeinen Zivil-, Wettbewerbs-, Marken- und öffentlichen Recht. München 2005.

Völp, Fromut: Probleme des Rechts am Gewerbebetrieb. In: WuW 1956, S. 31–43.

- Vergleichende Warentests. In: WRP 1963, S. 107–117.

Vonhoff, Hans: Negative Äußerungen auf Unternehmensbewertungsportalen. Haftungsrisiko für die Betreiber. In: MMR 2012, S. 571–574.

Voss, Laurenz: Die Verkehrspflichten. Eine dogmatisch-historische Legitimierung. Berlin 2007.

Wagner, Gerhard: Anmerkung zu BGH JZ 2015, 680. In: JZ 2015, S. 682–684.
- § 823 BGB. In: Münchener Kommentar zum Bürgerlichen Gesetzbuch. Band 5. (zitiert als: MünchKomm-BGB) 6. Aufl. München 2013.
- § 826 BGB. In: Münchener Kommentar zum Bürgerlichen Gesetzbuch. Band 5. (zitiert als: MünchKomm-BGB) 6. Aufl. München 2013.
- § 840 BGB. In: Münchener Kommentar zum Bürgerlichen Gesetzbuch. Band 5. (zitiert als: MünchKomm-BGB) 6. Aufl. München 2013.
- Vor §§ 823 ff. In: Münchener Kommentar zum Bürgerlichen Gesetzbuch. Band 5 (zitiert als: MünchKomm-BGB). 6. Aufl. München 2013.

Wandt, Manfred: Gesetzliche Schuldverhältnisse. Deliktsrecht – Schadensrecht – Bereicherungsrecht – GoA; ein Lehrbuch für Studium und Examen // Deliktsrecht, Schadensrecht, Bereicherungsrecht, GoA. 7. Aufl. München 2015.

Weick, Günter: Der Boykott zur Verfolgung nichtwirtschaftlicher Interessen. Frankfurt am Main 1971. Zitiert als: *Weick:* Der Boykott.

Weitnauer, Hermann: Gedanken zu Stand und Reform des Schadensersatzrechts. In: VersR 1963, S. 101–111.

- Zum Schutz der absoluten Rechte. In: Karlsruher Forum 1961. Referate und Diskussionen zum Thema Grundprobleme der Haftung in § 823 Abs. 1 BGB. Karlsruhe 1961, S. 28–32.

Weller, Marc-Philippe: Die Haftung von Fußballvereinen für Randale und Rassismus. In: NJW 2007, S. 960–964.

Welzel, Hans: Die deutsche strafrechtliche Dogmatik der letzten 100 Jahre und die finale Handlungslehre. In: JuS 1966, S. 421–425.

- Das deutsche Strafrecht. Eine systematische Darstellung. 11. Auflage. Berlin 1969.

Werkmeister, Christoph/*Hermstrüwer*, Yoan: Ausnahmen vom Grundsatz der Netzneutralität – Wer darf auf die Überholspur im Internet? Warum das europäische Recht der Netzneutralität noch keine Rechtssicherheit schafft. In: CR 2015, S. 570–576.

Werner, Dennis: Verkehrspflichten privater IT-Nutzer in Bezug auf die Verbreitung von Schadsoftware. 1. Aufl. Baden-Baden 2010. Zitiert als: *Werner:* Verkehrspflichten privater IT-Nutzer.

Wieacker, Franz: Rechtswidrigkeit und Fahrlässigkeit im Bürgerlichen Recht. In: JZ 1957, S. 535–537.

Wieck-Noodt, Brunhild: § 303b StGB. In: Münchener Kommentar zum Strafgesetzbuch (zitiert als: MünchKomm-StGB). 2. Aufl. München 2012.

Wielthölter, Rudolf: Zur politischen Funktion des Rechts am eingerichteten und ausgeübten Gewerbebetrieb. In: KritJ 1970, S. 121–139.

Wilhelmi, Rüdiger: Risikoschutz durch Privatrecht. Eine Untersuchung zur negatorischen und deliktischen Haftung unter besonderer Berücksichtigung von Umweltschäden. Tübingen 2009.

Willoweit, Dietmar: Deliktsrechtlicher Eigentumsschutz bei Vereitelung eines Grundstücksverkaufs? In: NJW 1975, S. 1190–1193.

Würthwein, Susanne: Schadensersatz für Verlust der Nutzungsmöglichkeit einer Sache oder für entgangene Gebrauchsvorteile? Zur Dogmatik des Schadensersatzrechts. Tübingen 2001. Zitiert als: *Würthwein:* Schadensersatz für Verlust der Nutzungsmöglichkeit.

Zech, Herbert: Daten als Wirtschaftsgut – Überlegungen zu einem „Recht des Datenerzeugers". Gibt es für Anwenderdaten ein eigenes Vermögensrecht bzw. ein übertragbares Ausschließlichkeitsrecht? In: CR 2015, S. 137–146.

Zeuner, Albrecht: Bemerkungen zum Problem der Rechtswidrigkeit aus zivilrechtlicher Sicht. In: JZ 1961, S. 41–46.

– Störungen des Verhältnisses zwischen Sache und Umwelt als Eigentumsverletzung. Gedanken über Inhalt und Grenzen von Eigentum und Eigentumsschutz. In: Festschrift für Werner Flume, Band I. Köln 1978, S. 775–787.

– Historische Linien in der Entwicklung des Rechts am Gewerbebetrieb, des allgemeinen Persönlichkeitsrechts und der Verkehrspflichten. In: 25 Jahre Karlsruher Forum. Jubiläumsausgabe 1983. Karlsruhe 1983, S. 196–199.

– § 823 BGB. In: Hans Theodor Soergel: Bürgerliches Gesetzbuch. Mit Einführungsgesetz und Nebengesetzen. Band 5/2 (§§ 823–853): Produkthaftungsgesetz; Umwelthaftungsgesetz. 12. Aufl. Stuttgart [u. a.] 1998.

Ziegelmayer, David: Die Reputation als Rechtsgut. Plädoyer für die Stärkung des sozialen Geltungsanspruchs von Unternehmen im Netz. In: GRUR 2012, S. 761–765.

Zimmermann, Reinhard: Verletzungserfolg, Spielregeln und allgemeines Sportrisiko. Zur Haftung des Sportlers für Unfälle bei Wettspielen. In: VersR 1980, S. 497–502.

Zöllner, Wolfgang: Buchbesprechung zu Larenz/Canaris: Lehrbuch des Schuldrechts. Bd 2, Besonderer Teil, 2. Halbbd. 13. Aufl. – München: C.H.Beck, 1994. 734 S. In: JZ 1997, S. 293–295.

Sachregister

absolutes Recht 111, 120–132, 143, 166, 182, 183, 216
allgemeine Handlungsfreiheit 45, 85, 168–171, 212, 216, 218
allgemeines Lebensrisiko 75, 76, 78, 79, 86, 90, 93, 98–100, 107, 216, 222, 231
allgemeines Persönlichkeitsrecht 28, 64, 104, 132, 140, 159, 160, 163–167, 174, 175, 178–181, 207
allgemeines Persönlichkeitsrecht juristischer Personen 151, 152, 167–172, 176, 177, 190, 191, 233
Analogie 96, 134–136, 144
Anti-Virus-Software 196
Arbeitnehmer 174, 176
Arbeitskampfrecht 151
Arbeitsvertrag 176
Auffangtatbestand 83
Aufsichts- und Organisationspflicht 18, 22, 43, 47, 109, 110, 113, 156, 167, 194
Auslegung conta legem 208

Berufsfreiheit 138, 146, 168–170, 174, 187–190
Berufshaftung 44
Besitz 85–90, 132, 151, 155, 197, 205–207, 222–223, 233
bestandsverletzender Eingriff 55, 56, 180, 181
betriebsbezogener Eingriff *siehe* Betriebsbezogenheit
Betriebsbezogenheit 27, 52–63, 74–86, 90–93, 96–110, 112, 125, 129, 130, 132, 141, 149, 152, 162, 181, 215, 229
Betriebsblockade 153

Botnetz 19, 20, 227, 229
Boykott 18, 25, 57, 59, 62, 68, 111, 153, 156
Briefkastenwerbung 96, 158
Bruteierfall 198, 227

cloud computing 204, 206–208, 211, 226
Computervirus 25, 160, 193, 198, 199, 202, 203, 211
Constanze-Urteil 53, 55, 72, 88, 94, 180, 181

Daten als Sachen 201
Datenschutzrichtlinie 160, 208
DDoS-Attacke 19, 24, 156, 161, 193, 198, 210, 211, 221–226, 229
Drittschadensersatz 79, 107

Ehre 96, 164, 169, 178–192, 233
Eigentum 85–90, 132, 151, 164, 176, 197–204, 210–213, 216–226, 233
Einwirkung auf die Sache selbst 212–215, 217, 221, 228, 229
Enumerationsprinzip 45, 139, 140, 170, 175, 234
Erfolgsunrecht *siehe* Lehre vom Erfolgsunrecht

Fahrlässigkeit 27, 38, 59–63, 125, 153, 157
falsche Tatsachenbehauptung 178
Faxwerbung 158
Fernsehen 18, 156
Flashmob 223–225
flash-Speicher 201
Fleet-Fall 88, 217, 218, 228, 231
Fluglotsenentscheidungen 99

Sachregister

Freiberufler 173
Freiheit 85, 164, 171, 176, 177, 218

Gefahrvermeidungs- und -abwendungspflichten *siehe* Verkehrspflicht
Gemeinfreiheit von Daten 225
Gemeingebrauch 91, 222
Generalklausel 26, 39, 45, 48, 114, 121, 130, 136–141, 143, 147, 164, 166, 169–171, 177, 181, 186
geschäftliches Ansehen 131, 132, 157, 179, 184, 189–192
Geschäftsboykott *siehe* Boykott
geschäftsschädigende Äußerungen 53, 58, 59, 111, 180
Gewaltenteilung 46, 170
gewerbeschädigende Kritik 67, 68, 104, 152, 154, 155
Gewerkschaften 95, 105, 144, 173
Gewohnheitsrecht 47, 133, 146, 147
Gleichbehandlungsgrundsatz 175, 190
Grundgesetz 69, 140
Grundrechte 67, 104–107, 183
Güter- und Interessenabwägung 26, 66, 72, 96, 102–112, 129, 130, 132, 141, 149, 164, 184

Hacker 158
Haftung im Internet 65
Hardware 197, 206, 211, 232
Höllenfeuer-Entscheidung 68, 102, 104

Immaterialgüterrecht 40–43, 64
Informationstechnologie 18
informationstechnologische Systeme 157, 193
Internet 64, 110, 167
Internet der Dinge 198
Internetmeinungsforum 18, 64, 156, 157, 192
IT-Compliance 20
IT-Sicherheitsgesetz 194
IT-Sicherungspflichten privater Nutzer 195, 196

Juteplüsch-Entscheidung 54

Konkurrenz 67, 127, 130, 184

Lehre vom Erfolgsunrecht 34
Lehre vom Verhaltensunrecht 26, 35, 39
lex Aquilia 36, 88
Lückenfüllung 84, 93, 153, 166
Lüth-Urteil 68

Markenrecht 64
Medien 95, 156, 157, 178, 183, 192
Meinungsfreiheit 68, 69, 105, 183, 192
Menschenrechte 67
Menschenwürde 140, 164, 166, 169, 187, 188–190
Minderjähriger 41
mittelbarer Schaden 79, 80, 93
mittelbarer Täterschaft 17
mittelbare Verletzungshandlung 33–43, 52, 55–59, 111, 157, 199, 227–229, 232
mittelbar Geschädigter 93, 99

Nebentäterschaft 32
Nutzungsbeeinträchtigung 87–90, 131, 151, 211–214, 216–223, 226–229, 231, 233

offener Tatbestand 69, 70, 72, 107, 137, 164
Online-Protest 161
Organisationspflichten *siehe* Aufsichts- und Organisationspflicht

Persönlichkeitsrechte 117
Prangerwirkung 180
Presse 18, 156, 167, 183
Privatpersonen 92, 195, 196, 204
Produzentenhaftung 20, 193
Provider 167

Quellrecht 164, 176, 187

Rahmenrecht 26, 122, 137, 164, 166, 177, 181, 187
Recht am eigenen Datenbestand 207, 225
Recht auf freie wirtschaftliche und berufliche Entfaltung 174–177, 190
Rechtsfortbildung 177
Rechtsfortbildung praeter legem 138, 148
Rechtssicherheit 83
Rechtswidrigkeit 34, 48–50, 68–73, 98, 107
Rechtswidrigkeitsindikation 37, 50, 72, 116, 124, 127, 129, 183
Reichsgericht 30, 54, 87, 120, 180
Religionsgemeinschaften 95, 144
Richtlinienumsetzung 160
Risikoveranlassung 33
Rundfunk 18

Sabotage 99
Sachentzug 212, 216, 218, 221
Schadensersatz 43, 192, 205
Schmähkritik 146, 180
Schockschäden 81
Schutzbereich des Rechts am Gewerbebetrieb 53, 67, 75–78, 82, 83, 85, 89, 90, 94, 101, 124, 127, 130–132, 173, 190
Schutzgesetz 44, 46, 47, 145–147
Schutzrechtsverwarnung 54, 57, 59, 62, 111, 154
Server 203, 222
Sicherheitslücke 19, 21, 193, 196, 203
Sittenwidrigkeit 143, 152
Software 21, 193, 198, 203, 206
sonstiges Recht 114–116, 118–121, 123, 126, 127, 132, 148, 163, 166, 168, 169, 178, 181, 182, 191, 233
Sozialtypische Offenkundigkeit 118
Spam-E-Mails 18, 23, 96, 158–160, 193, 198, 203–204, 207–210
Spätheimkehrerfall 22, 156
Störer 41, 42, 155, 192

Störerhaftung 24, 39, 40, 64, 65, 110
Streik 18, 57, 59, 111, 146, 153
Stromausfall 80
Stromkabelfälle 23, 56, 59, 89, 102, 104, 108, 227, 228, 230, 231
Subsidiaritätsgrundsatz 82–91, 125, 150, 224, 233
Substanzbeeinträchtigung 88, 197–199, 202, 210, 230

Tanklager-Fall 219

Unlauterkeit 144, 153
unmittelbare Einwirkung auf die Sache selbst *siehe* Einwirkung auf die Sache selbst
unmittelbare Verletzungshandlung 34, 36, 37, 55–58, 129, 183
Unterlassen 20, 29, 34, 52, 56, 64, 229
Unterlassungsanspruch 23, 24, 40, 42, 43, 64, 156, 159, 204, 205, 207, 220
Unternehmenspersönlichkeitsrecht 168, 189
unwahre Tatsachenbehauptungen 182
Urheberrecht 40, 42, 64
USB-Stick 18, 201

Verbände 174
Vereine 174
Verhaltensnormen 91–93, 96–99, 102–104, 138, 146, 184
Verjährung 94, 145, 209, 233
Verkehrspflichten 26–34, 37, 39, 44–52, 58, 73, 98, 107, 109, 112, 130, 135, 141, 146, 147, 149, 166, 233
Verkehrspflichtverletzung 17, 25, 26, 34, 35, 38, 40–43, 48, 49, 59, 64, 65, 108–110, 112, 132, 137, 141, 143, 148–150, 163, 167, 183, 233
Verkehrspflicht zur Sicherung von IT-Systemen 193–196
verkehrsrichtiges Verhalten 48
Verkehrsstau 91, 222
Verletzungserfolg 34, 37, 50, 110–112, 114, 148, 233

Verletzungshandlung 18, 34–40, 49, 56, 61, 64, 69, 74, 77, 79, 100, 110, 114, 136, 148, 167, 183, 184, 220, 228, 233

Vermögen 47, 76, 77, 84, 114, 120, 141, 212, 216, 233

Vermögensrecht 117, 176, 185

Vermögensschaden 44–47, 75, 76, 78–81, 85, 86, 89–91, 93, 114, 125, 131, 142, 144, 171, 177, 185, 234

Vermögensschutz 82, 83, 176

Vertrauensschutz 33

Verwendungsrisiko 216

Vorhaltekosten 20

Vorrang des Gesetzes 46, 83, 140, 170

Vorsatz 38, 39, 59–63, 98–100, 125, 129, 142, 144, 153, 183, 193

Wettbewerbsrecht 28, 39, 67, 93, 94, 96, 143–145, 152, 153, 159, 163, 169, 184, 197, 233

Willensrichtung des Verletzers 60, 63, 98, 214, 220

wirtschaftliche Betätigungsfreiheit 168, 170

Zeitdauer der Nutzungsbeeinträchtigung 214, 219, 220

Zuparken einer Ein- bzw. Ausfahrt 218, 222

Zurechnung 30, 33, 50, 75, 108–111, 113, 136, 148, 233